भारत में सांप्रदायिक दंगे और आतंकवाद

भारत में सांप्रदायिक दंगे और आतंकवाद

प्रतीप के. लाहिरी

अनुवाद

सुशील त्रिवेदी

राजकमल प्रकाशन

नयी दिल्ली पटना इलाहाबाद

मूल कृति *'Decoding (Riots and the Emergence of Terrorism in India) Intolerance'* का अनुवाद।

ISBN : 978-81-267-2341-6

मूल्य : ₹ 550

पहला संस्करण : 2012

प्रकाशक : राजकमल प्रकाशन प्रा.लि.
1-बी, नेताजी सुभाश मार्ग, दरियागंज
नई दिल्ली-110 002

शाखाएँ : अशोक राजपथ, साइंस कॉलेज के सामने, पटना-800 006
पहली मंज़िल, दरबारी बिल्डिंग, महात्मा गांधी मार्ग, इलाहाबाद-211 001

वेबसाइट : www.rajkamalprakashan.com
ई-मेल : info@rajkamalprakashan.com

आवरण : महेश्वर

मुद्रक : बी.के. ऑफसेट
नवीन शाहदरा, दिल्ली-110 032

BHARAT MEIN SAMPRADAYIK DANGE AUR AATANKVAD
by Prateep K. Lahiri
Translated by Sushil Trivedi

प्राक्कथन

बशीर पहले दिन शाला जाने के बाद घर लौटकर आता है और अपनी माँ से पूछता है कि डेस्क में उसके साथ बैठने वाला लड़का अपने आप को राम क्यों कहता है। उसका नाम उसके या उसके चचेरे भाई, इम्तियाज से अलग क्यों है? माँ समझाती है कि हम मुसलमान हैं और वे हिंदू हैं। राम उनके हैं। बशीर चुप रहता है परंतु वह इस बात को स्वीकार नहीं कर पाता है कि नाम अलग होने से उनके समुदाय क्यों अलग हो जाने चाहिए।

क्या इस तरह की अवधारणाएँ शालाओं में जन्म लेती हैं? या वह स्थान घर है जहाँ इस तरह के अलगावों को स्पष्ट किया जाता है? यह सच है कि दोनों धर्म, हिंदू और इस्लाम, एक–दूसरे से बिलकुल अलग हैं। परंतु जब इन धर्मों के अनुयायी प्रार्थना में झुकते हैं तो वे कितने एक समान दिखाई देते हैं? यह आस्था नहीं है जो उन्हें अलग करती है। यह तो वह दावा है कि एक धर्म दूसरे से बेहतर है, जो पूर्वग्रह लाता है। बशीर और राम दोनों, या फिर उस लिहाज से, सभी मुसलमान और हिंदू, यह धारणा रखते हैं कि अकेला उनका धर्म ही सिखाता है कि क्या सही है, क्या सचमुच दैवीय विधान है।

भारत में जहाँ दोनों समुदायों का समान इतिहास और एक समान संस्कृति की साझेदारी है, उनकी राष्ट्रीयता एक है। कुछ मुसलमान हैं और कुछ हिंदू हैं किंतु दोनों भारतीय हैं। न्यस्त स्वार्थों या धार्मिक नेताओं द्वारा इनके बीच जान–बूझकर अलगाव पैदा किया जाता है और फिर उसे बढ़ावा दिया जाता है जिससे कि चुनावी तथा अन्य कारणों के लिए दोनों समुदायों को एक–दूसरे से दूर रखा जाए। यह अलगाव पूर्वग्रह और धर्मांधता का पोषण करता है।

यदि कोई किसी दंगे के कारणों का विश्लेषण करता है, चाहे वह जमशेदपुर, भागलपुर या मुंबई में हुआ हो, वह एक ही निष्कर्ष पर पहुँचेगा : जब तर्क की आवाज कमजोर पड़ जाती है तब कट्टरता हावी हो जाती है। दोनों ही समुदाय धर्म के नाम पर हत्या करते हैं, वह धर्म जो मैत्री और सहमति की सीख देता है। इससे भी बुरी बात है कि पुलिस बल भी पक्षपाती बन गया है। अधिकांश दंगे हिंदुओं और मुसलमानों के बीच किसी झड़प से शुरू होते हैं और मुसलमानों और पुलिस के बीच एक संघर्ष में समाप्त होते हैं। अनेक जाँच प्रतिवेदनों ने यह उल्लेख किया है कि पुलिस बल किस प्रकार भ्रष्ट हो गया है और वह किस प्रकार अकसर बहुसंख्यक समाज के पक्ष में खड़ा रहता है।

चाहे वह अंतरात्मा की आवाज हो या मात्र संवेदनशीलता, कुछ वरिष्ठ पुलिस अधिकारी प्रधानमंत्री मनमोहन सिंह से उनके समक्ष यह तर्क प्रस्तुत करने के लिए मिलते रहे हैं कि 'किसी भी सांप्रदायिक गड़बड़ी को कुछ ही घंटों के भीतर प्रभावकारी ढंग से रोका' जा सकता है। उनके अनुभव ने उन्हें बताया है कि जहाँ कहीं भी दंगे लंबे खिंचते हैं, वहाँ पुलिस का पक्षपातपूर्ण रवैया उसे चलाता रहता है।

एक दशक से अधिक समय पहले, उत्तर प्रदेश के एक वरिष्ठ पुलिस अधिकारी ने सांप्रदायिक दंगों के दौरान पुलिस की निष्पक्षता पर एक शोध परियोजना के तहत 10 प्रमुख दंगों का अध्ययन किया था। वे इस निष्कर्ष पर पहुँचे थे कि उन्होंने जितने भी दंगों का विश्लेषण किया था उन सभी में पुलिस ने 'निष्पक्ष कानून लागू करने वाली एजेंसी के रूप में कार्य नहीं किया था'। उन्होंने बल के उपयोग, प्रतिबंधात्मक गिरफ्तारी करने, तथ्यों को प्रतिवेदित करने, जाँच करने, अभियोजन आदि में 'सुस्पष्ट भेदभाव' पाया था। उनके अध्ययन में प्रदर्शित किया गया कि कोई भी सांप्रदायिक दंगा 'बिना अधिकारियों की मौन सहमति के' 24 घंटे से ज्यादा नहीं चल सकता।

प्रत्येक जाँच आयोग ने–आजादी के बाद कोई तीस आयोगों ने–यह बतलाया है कि 'स्थानीय पुलिस कितनी अत्यधिक लापरवाह और क्रूर थी'। जघन्य अपराधों के मामले में भी वरिष्ठ अधिकारियों द्वारा अनिवार्य पर्यवेक्षण नहीं किया गया है। उदाहरण के लिए, 1984 के दंगों की जो बहुत सारी जाँचें हुई हैं उनसे यह अनुमान लगता है कि बहुत बड़ी संख्या में मामलों में पुलिस को की गई शिकायतें एफआईआर की केस डायरियों में बस दर्ज भर हैं और उन्हें निपटा दिया गया मान लिया गया। गवाहों के साक्ष्य दर्ज करने के लिए कोई कोशिश नहीं की गई थी और न आरोपियों की कोई पहचान की गई थी।

आश्चर्य की बात है कि अधिकारियों ने कोई सीख नहीं ली है। गुजरात के दंगे और भी खराब थे। वास्तव में वे दंगे नहीं थे। वह एक पूर्व निर्धारित हत्याकांड था। सांप्रदायिक विचारों से अनुप्राणित एक राजनीतिक दल का डर हत्या करने, लूटपाट करने, आगजनी करने आदि में दंडमुक्ति के साथ लगा हुआ था। यह सुशासन की एक बड़ी असफलता थी। आज तक वह सरकार पक्षपाती बनी हुई है और नागरिक उदासीन।

कई जाँच समितियों द्वारा की गई दो सिफारिशें प्रासंगिक हैं। पहली, प्रशासन और उसके अधिकारियों को जिम्मेदार ठहराया जाना चाहिए। दूसरी, भीड़ द्वारा की गई हिंसा के पीड़ितों को पूरा-का-पूरा मुआवजा इस तरह देना चाहिए मानो कि उनका इंश्योरेंस किया गया हो और उनके घरों और आजीविका के साधनों को पहले जिस स्थिति में थे पूरी तौर पर वैसी स्थिति में उन्हें करना चाहिए। हिचकिचाहट तब होती है जब इसमें राज्य ही मिलीभगत कर रहा हो, जैसा कि गुजरात में। इस तरह के उदाहरणों से मुसलमानों और अन्य अल्पसंख्यकों का उनके जीवन और संपत्ति की रक्षा के लिए भारत की 'प्रतिबद्धता' के प्रति आस्था धीरे-धीरे कम हो जाती है।

वास्तव में, यह कहा गया है कि राज्य में या केंद्र में चाहे जो भी सत्ताधारी दल हो वह पुलिस के रुख को अपने अनुरूप करने की और, इस तरह, बल का राजनीतिकरण करने

की कोशिश करता है। ऐसा आपातकाल (1975-77) के दौरान भी हुआ था जब पुलिस अत्याचार करने के लिए तैयार एक साधन बन गई थी। गिरफ्तारी के लिए खाली वारंट जारी किए गए थे। अधिकारियों ने भी अपनी निजी शत्रुता को निपटाया था।

आपातकाल के दौरान हुई ज्यादतियों की जाँच करने वाला न्यायाधिपति शाह आयोग कहता है कि : ''सरकार को पुलिस को देश की राजनीति से अलग रखने की सम्भाव्यता और वांछनीयता और उसे केवल उस काम पर ही सतर्कता के साथ लगाने के लिए जो अकेला काम कानून का अभिप्रेत है, पर गंभीरता पूर्वक अवश्य विचार करना चाहिए। पुलिस कर्मियों को भी यह अवश्य समझा दिया जाना चाहिए कि उनके द्वारा की जाने वाली राजनीति उनके क्षेत्र के बाहर की बात है और सरकार उस पर बहुत गंभीरता से ध्यान देगी।'' इसके बावजूद, आयोग की सलाह के बाद भी केंद्र ने कुछ नहीं किया है और पुलिस बल का सुधार नहीं हुआ है। वास्तव में, राष्ट्रीय पुलिस आयोग की सिफारिशों को लागू नहीं किया गया है क्योंकि प्रधानमंत्री इंदिरा गांधी ने आपातकाल के दौरान किसी भी जाँच को करने को मंजूर नहीं किया था। पुलिस का नियंत्रण अभी भी एक अंग्रेजी कानून से होता है जो सौ से अधिक वर्ष पुराना है।

पुलिस की असफलता और बल का राजनीतिकरण करने के कदम एक-दूसरे से जुड़े हुए हैं। मैं उस पर विचार नहीं करूँगा। एक विख्यात प्रशासनिक शासकीय अधिकारी पी.के.लाहिरी ने जो महत्त्वपूर्ण कार्य किया है उसके समक्ष मेरी अच्छी-से-अच्छी कोशिश भी तुच्छ लगेगी। उन्होंने अनेक हिंदू-मुसलमान दंगों को करीब से देखा है और उनके कारणों और प्रभावों का विश्लेषण करने का उत्कृष्ट कार्य किया है। उन्होंने दंगों का जो विवरण दिया है, जिसमें छोटी-से-छोटी बात भी शामिल है, उससे मैं मंत्रमुग्ध हो गया हूँ।

मैं श्री लाहिरी से सहमत हूँ कि हिंदू-मुसलमान दंगों की तुलना सभ्यताओं के संघर्ष से नहीं की जा सकती है और न ही उनका संबंध नस्लवाद के प्रश्न से है। इसका ज्यादा संबंध पहचान को लेकर है, उस भय से कि बहुसंख्यक लोग कम संख्या वाले लोगों का नाश कर देंगे। शेष बात पूर्वग्रह या पक्षपात की है। धर्मांध और धार्मिकता के प्रति रुझान वाले राजनीतिक दल इसके लिए जिम्मेवार हैं। लाहिरी की पुस्तक ने मेरे ज्ञान को बढ़ाया है। पाठको, आपके साथ भी यही होगा। आपको भी यही अनुभव होगा। इस विद्वत्तापूर्ण कार्य को करने के लिए लाहिरी डॉक्टरेट के हकदार हैं। मैं उम्मीद करता हूँ कि कोई विश्वविद्यालय उन्हें यह सम्मान देगा।

नई दिल्ली

—कुलदीप नैयर

आभार

यद्यपि भारत में होने वाले अंतर धार्मिक संघर्ष के विषय में मेरी सदैव से रुचि रही है, फिर भी कुछ व्यक्तियों और मेरी पदस्थापना के दौरान हुई कुछ महत्त्वपूर्ण घटनाओं ने मुझे हिंदू-मुसलमान दंगों पर एक पुस्तक लिखने के लिए प्रेरित किया। यहाँ मैं उन व्यक्तियों के प्रति आभार व्यक्त करता हूँ जिनकी उपस्थिति और सहायता के बिना शायद यह पुस्तक लिखी नहीं गई होती।

मेरे पिता, स्वर्गीय श्री बी.एन.लाहिरी, जिन्हें यह पुस्तक समर्पित है, मेरे पहले प्रशासनिक गुरु थे। मैं सौभाग्यशाली था कि न केवल मेरे व्यक्तित्त्व निर्माण के समय में बल्कि प्रशासनिक सेवा के दौरान भी उनका मार्गदर्शन मुझे उपलब्ध रहा। मेरी माँ, सुस्मिता देवी सभी प्रकार के विषयों का अध्ययन करने की आदत को विकसित करने में सहायक थीं। मेरे बड़े भाई, प्रदोष और उनकी पत्नी नन्दिता, ने मुझे इस कार्य के लिए प्रोत्साहित किया है।

मेरी पत्नी, रत्ना मेरे लिए सदैव शक्ति का एक महान-स्रोत रही हैं और उन्होंने मेरे विचारों का पहला मूल्यांकन करने का दायित्व निभाया है। इस पुस्तक में विकसित हुए कई विचारों और दृष्टिकोणों को हमारी चर्चाओं से वास्तविक रूप और पैनापन दिया गया है।

हमारे परिवार की 'अगली पीढ़ी' के सदस्य रूचिरा, अर्जुन, राधिका, शान्तनु, केक्सिन और पोता कृष्णा सभी विदेश में रहते हैं फिर भी इन सबने इस पुस्तक के लेखन में जीवन्त रुचि जाहिर की है।

यह उपयुक्त है कि मैं अपने अनुभवी परामर्शदाताओं के ऋण के प्रति आभार व्यक्त करूँ। मैं सौभाग्यशाली था कि अपनी सेवा के प्रारंभिक वर्षों में मुझे जब मैं मुख्य रूप से जिलों में कार्य कर रहा था तब श्री एम.एस.चौधरी और श्री एम.पी.श्रीवास्तव और कालान्तर में श्री एस.बी.लाल जैसे शीर्षस्थ प्रशासकों के अधीन कार्य करने का अवसर मिला था। ये सभी मेरे मार्गदर्शक थे।

मुझे डॉ. मनमोहन सिंह, तत्कालीन वित्त मंत्री, के प्रति मेरी प्रशासनिक सेवा के अंतिम चरण में उनके द्वारा दिए गए मार्गदर्शन, प्रोत्साहन और समर्थन के लिए आभार अवश्य व्यक्त करना चाहिए। पहले, केंद्रीय शासन में राजस्व सचिव और बाद में कार्यपालक निदेशक, एशियन डेवलपमेंट बैंक, मनीला के रूप में मैं उन्हें रिपोर्ट करता था।

कॉलेज के दिनों के मेरे मित्र पी. गोस्वामी ने पूरी पांडुलिपि पढ़ी थी और मुझे बहुमूल्य सुझाव दिए थे। इसी तरह, नजीब जंग ने हर कदम पर मुझे प्रोत्साहन दिया था।

इस पुस्तक के लेखन में उपयोग में लाई गई सामग्री और स्रोत तक पहुँचने और शोध करने में डॉ. पार्थ डे बेहद सहायक रहे हैं।

इस विषय पर नरेश नारद, मुराद.बेग, अशरफ रिजवी, के.के. बख्शी से हुई चर्चा से मुझे लाभ मिला और उनके कुछ विचार इस पुस्तक में सम्मिलित हैं।

मैं एक दशक से आईएसएम यूनिवर्सिटी से निकट से जुड़ा हुआ हूँ। इस संस्था के प्रो. टी. कुमार, कर्नल पी.एस. संधु और अन्य कई व्यक्तियों ने हर स्तर पर मुझे सहायता पहुँचाई।

एस.डी. बलूनी, तापस दास गोस्वामी, तपन चटर्जी और गौतम बैनर्जी द्वारा इस पांडुलिपि की तैयारी में दी गई सचिवीय सहायता के प्रति मैं हृदय से आभार व्यक्त करता हूँ।

मैं इस पुस्तक का प्राक्कथन लिखने के लिए प्रख्यात पत्रकार, लेखक और पूर्व राजनयिक श्री कुलदीप नैयर के प्रति वास्तव में कृतज्ञ हूँ।

और सबसे प्रमुख रूप से मैं अपने प्रकाशक प्रमोद कपूर को एक प्रथम–पुस्तक लेखक की इस कृति को स्वीकार करने के लिए, नन्दिता भारद्वाज को इस प्रकाशन का हर कदम पर ध्यान रखने के लिए, और ऋचा बर्मन को सम्पादकीय दायित्व को बहुत बारीकी से निबाहने के लिए अवश्य ही धन्यवाद देता हूँ।

भूमिका

मित्रों और शुभचिंतकों ने मुझे अकसर यह सुझाव दिया कि मैं अपने संस्मरण लिखूँ। मैं ऐसा करने से हिचकिचाता रहा। मेरी झिझक का कारण यह था कि, प्रशासनिक अधिकारियों के द्वारा लिखे गए जिन संस्मरणों को मैंने पढ़ा है उन सभी में, एक या दो अपवादों को छोड़कर, लेखकों ने उन सभी कठिन समस्याओं को वर्णित किया है जिनसे उन्हें अपने सेवा काल में जूझना पड़ा था, और उन सभी समस्याओं को उन्होंने किस प्रकार कुशलतापूर्वक हस्तक्षेप कर सुलझा दिया था। दिलचस्प बात यह है कि इन संस्मरणों में केवल ऐसी ही समस्याओं का उल्लेख मिलता है जिनका उनके द्वारा सफलतापूर्वक हल निकाला गया था। इसके अतिरिक्त, पाठकों को उन अनगिनत अवसरों के बाबत बताया जाता है जिन अवसरों पर संस्मरण लेखकों ने अनावश्यक हस्तक्षेप करने वाले राजनीतिज्ञों और वरिष्ठ अधिकारियों का विरोध किया और हस्तक्षेप करने वालों की कुटिल योजनाओं को सफल नहीं होने दिया। इस तरह का अहंकार प्रदर्शन करने के बजाय, मैंने एक विशिष्ट विषय–हिंदू–मुसलमान दंगे–पर कुछ लिखने का निर्णय लिया। यह लेखन एक सीमित अर्थ में अनुभवजन्य है।

वस्तुत: प्रशासनिक सेवा में अपने सेवाकाल की शुरुआत के समय से ही मेरी रुचि सांप्रदायिक गड़बड़ियों से संबंधित विषय का–विशेषकर हिंदू–मुसलमान दंगे का–अध्ययन करने की रही है। राष्ट्रीय प्रशासनिक अकादमी में प्रवेश–प्रशिक्षण पूरा करने के बाद, मुझे मध्य प्रदेश संवर्ग आवंटित किया गया था और जिला–प्रशिक्षण के लिए जबलपुर में पदस्थ किया गया, जिसमें न्यायिक तथा कार्यपालक मजिस्ट्रेट के रूप में कार्य करना शामिल था। मुझे कुछ मजिस्ट्रीयल दायित्व भी सौंपे गए थे और इस तरह मैंने एक सांप्रदायिक दंगे से निपटने का कुछ प्रत्यक्ष अनुभव प्राप्त किया। उक्त दंगे से संबंधित घटनाओं का इस पुस्तक में विवरण दिया गया है।

इस दंगे का भारत में हिंदू–मुसलमान संघर्ष के कालक्रम में विशेष महत्त्व है। एक बार जब पाकिस्तान अलग राष्ट्र बन गया और विभाजन संबंधी दंगे थम गए, तो जन चर्चा में से हिंदू–मुसलमान मतभेद का विषय पृष्ठभूमि में चला गया था। 1950 के दशक के समय से इस देश में कोई भी बड़ा सांप्रदायिक दंगा नहीं हुआ था। आमतौर पर यह विश्वास किया जाता था कि सांप्रदायिक गड़बड़ियाँ शीघ्र ही विगत की बात हो जाएँगी। अत: जबलपुर के 1961 के दंगे ने हिंदुओं और मुसलमानों के बीच प्रासंगिक संघर्षों वाले पुराने इतिहास की वापसी का संकेत दिया था।

कुछ वर्षों बाद मैं जिला मजिस्ट्रेट के रूप में इंदौर में पदस्थ किया गया था, तब मुझे एक और हिंदू-मुसलमान दंगे से निपटना पड़ा था। उस दंगे का विवरण भी इस पुस्तक में है। इन दो दंगों के अलावा, मेरे सेवाकाल के प्रारंभिक दौर में जब मैं मैदानी ड्यूटी पर पहले सब डिवीजनल मजिस्ट्रेट और फिर लगातार तीन जिलों में कलेक्टर तथा जिला मजिस्ट्रेट के रूप में पदस्थ रहा, तब ऐसे अनेक अवसर आए थे जब मुझे कानून व्यवस्था की समस्याओं का निराकरण करना पड़ा था। इनमें से कुछ समस्याओं का वास्ता हिंदू और मुसलमान समुदायों के बीच संघर्ष से था। सौभाग्यवश, अधिकांश मामलों में उपयुक्त हस्तक्षेप के द्वारा, हम दंगे और हिंसा को रोक सके। इसके बावजूद, सांप्रदायिक संघर्षों की समस्या का समाधान करने के प्रत्यक्ष अनुभव ने इस विषय में मेरी दिलचस्पी बनाए रखी।

अंतत: मैंने हिंदू-मुसलमान दंगों की स्थायी घटना के बाबत गहराई से खोज करने का निर्णय लिया और इसी से इस पुस्तक को लिखने का विचार आया। मैंने महसूस किया कि भारत में हिंदुओं और मुसलमानों के बीच संघर्ष का मुद्दा बहुआयामी है और केवल दो हिंदू-मुसलमान दंगों, वे भी जो कोई चार दशक पहले हुए थे, से निपटने के अनुभव के आधार पर पुस्तक लिखने से विषय के साथ न्याय नहीं किया जा सकता।

आगे बढ़ने से पहले मैं यह स्पष्ट करना चाहूँगा कि हिंदुओं और मुसलमानों के बीच हुए संघर्ष का विवरण देने वाली इस पुस्तक में 'सांप्रदायिक' और 'सांप्रदायिकता' शब्दों को किस अर्थ में प्रयुक्त किया गया है। कुछ लेखकों ने दोनों समुदायों के बीच हुए संघर्षों को 'सांप्रदायिक' वर्णित करने के बजाय 'नस्ली' वर्णित किया है। उन्होंने 'सांप्रदायिक' शब्द को अंत: धार्मिक संघर्षों, अर्थात् एक समान धर्म मानने वालों की जातियों या उसके विभिन्न समूहों के बीच हुए संघर्षों को वर्णित करने के लिए प्रयुक्त किया है। बहरहाल, हममें से अनेक इस शब्द का ज्यादा संकीर्ण अर्थ लगाते हैं, केवल जातीय या भाषायी विभेद को संदर्भित करने के लिए। इस परिभाषात्मक मुद्दे को आशुतोष वार्ष्णेय द्वारा विवेचित किया गया है जिन्होंने 'नस्ली' शब्द की व्यापक परिभाषा का उपयोग किया है। अत: उनके लिए हिंदू-मुसलमान संघर्षों को नस्ली संघर्षों के रूप में वर्गीकृत किया जा सकता है।[1] बहरहाल, मैं मीडिया और सरकारी दस्तावेजों में सामान्य रूप में प्रयोग में लाई जाने वाली शब्दावली से सहमत हूँ जिसमें हिंदू-मुसलमान संघर्षो को 'नस्ली' संघर्षों की अपेक्षा 'सांप्रदायिक' के रूप में संदर्भित किया जाता है। मैंने बिपिन चंद्र द्वारा दी गई 'सांप्रदायिकता' की परिभाषा को अपनाया है जिसे इस पुस्तक के 'समस्या की जड़ें और आयाम' अध्याय में शब्दश: उद्धृत किया गया है।

मैं यह फिर से दोहराना चाहूँगा कि यह पुस्तक हिंदू-मुसलमान दंगों और उससे जुड़े मुद्दों तक ही सीमित है। सांप्रदायिक मुठभेड़ों का संदर्भ देते हुए मैंने हिंदुओं और मुसलमानों के बीच होने वाले संघर्ष तक ही अपने को सीमित रखा है, अन्य धर्मों के अनुयायियों के साथ हुए संघर्ष को इसमें शामिल नहीं किया गया है। हिंदुओं और सिखों तथा हिंदुओं और ईसाइयों के बीच हुई मुठभेड़ें इस पुस्तक के विचार क्षेत्र के बाहर के विषय हैं।

पुस्तक की योजना

पुस्तक का प्रथम भाग भारत में हिंदू-मुसलमान दंगों के घटनाचक्र की, और इन दंगों से उभरने वाले प्रमुख मुद्दों की चर्चा करके, छानबीन करता है। इस भाग के प्रथम अध्याय में भारत में हिंदू-मुसलमान दंगों के इतिहास का संक्षिप्त सर्वेक्षण प्रस्तुत किया गया है, जिसके बाद इस समस्या के वास्तविक स्वरूप और विस्तार का आकलन दिया गया है। यह देखा जा सकेगा कि यद्यपि हिंदू-मुसलमान दंगे एक लंबे समय से और लगातार होने वाली घटना के रूप में रहे हैं, तथापि ये घटनाएँ उस तरह देशव्यापी नहीं हैं जैसा कि आमतौर पर समझा जाता है। यद्यपि इसका स्वरूप चिरस्थायी माना जा सकता है फिर भी यह अधिकांशतः कुछ शहरी केंद्रों तक ही सीमित है। इनमें से कुछ केंद्र उल्लेखनीय हैं, जैसे-उत्तर प्रदेश में अलीगढ़, बिहार में भागलपुर, गुजरात में अहमदाबाद और आंध्र प्रदेश में हैदराबाद। ग्रामीण भारत का अधिकांश क्षेत्र आज भी इस बीमारी से अछूता है।

द्वितीय अध्याय उन कारणों की बारीकी से पड़ताल करता है कि क्यों ये दंगे होते हैं और अंतर धार्मिक संबंधों को लगातार संकट में डालते हैं। इस विषय का कई समाज विज्ञानियों और राजनीति विज्ञानियों द्वारा अध्ययन किया गया है। इनमें से पॉल ब्रास, आशुतोष वार्ष्णेय और स्टीवन आई. विलकिंसन प्रमुख हैं जिन्होंने इस विषय पर गहराई से शोध किया है और इस प्रश्न के संबंध में अपने दृष्टिकोण उपलब्ध कराए हैं। मैंने उनके निष्कर्षों पर विस्तार से चर्चा की है। समाज विज्ञानियों ने तो मैदान से आँकड़े एकत्र कर और उन पर शोध कर अपने निष्कर्ष दिए हैं, वहीं मैंने विभिन्न धारणाओं को संश्लेषित करने का और दंगों के आकस्मिक कारकों और गतिकी के संबंध में समावेशी दृष्टिकोण प्रस्तुत करने का प्रयास किया है।

अगला अध्याय सांप्रदायिक दंगों में हिंदुओं और मुसलमानों द्वारा उठाई गई क्षतियों के आँकड़े प्रस्तुत करता है और इन दंगों से निपटने में राज्य तथा पुलिस की भूमिका का, दोनों समुदाय के साथ निष्पक्षता का व्यवहार करने की दृष्टि से, परीक्षण करता है। यह उल्लेख किया जा सकता है कि उत्तर प्रदेश पुलिस के एक वरिष्ठ कार्यरत अधिकारी वी.एन. राय ने पुलिस की निष्पक्षता के मुद्दे का विस्तृत अध्ययन किया है और इस अध्याय में उनके निष्कर्षों को विस्तार से उद्धृत किया गया है।

चतुर्थ अध्याय में मैंने प्रशासकों और पुलिस कर्मियों के लाभ के लिए उन कानूनी प्रावधानों को एक साथ प्रस्तुत करने का प्रयास किया है जिन्हें दंगों से निपटने और दंगों को नियंत्रित करने के लिए प्रयोग में लाया जाना चाहिए। मैंने यह सुझाव दिया है कि प्रशासक और पुलिसकर्मी इन स्थितियों से सबसे बेहतर तरीके से कैसे निपटें, यदि निपुणता के साथ काम किया जाए तो इन स्थितियों को कैसे हल किया जा सकता है। कार्यक्षेत्र में संकटकारी परिस्थितियों से प्रभावकारी तरीके से निपटने के लिए ये व्यावहारिक नुस्खे हैं जो कि निजी अनुभव पर आधारित हैं।

द्वितीय भाग में मैंने उन कुछ मुद्दों को उठाया है जो भारत में मुसलमानों को प्रभावित करते हैं। इसका सांप्रदायिक दंगों के सवाल के साथ उल्लेखनीय संबंध है क्योंकि एक बार दंगा समाप्त होने के पश्चात आमतौर पर मुसलमानों को दंगा शुरू करने के लिए, उनके प्रकल्पित रूढ़िवाद और कट्टरपंथी विश्वासों और व्यवहारों के लिए दोषी माना जाता है। इन मुद्दों पर उन लोगों के द्वारा ध्यान केंद्रित कराया जाता है जो मुसलमानों को धर्मनिरपेक्ष–विरोधी, राष्ट्र–विरोधी या देश के प्रति गद्दार के रूप में कलंकित करना चाहते हैं।

प्रथम अध्याय में उस बारंबार दोहराये जाने वाले दावों की वास्ताविकता के बारे में विश्लेषण किया गया है कि मुसलमान छोटे परिवार के आदर्श को अपनाने के लिए अनिच्छुक हैं और कि उनकी जनसंख्या घातीय ढंग से बढ़ रही है–इस सीमा तक कि अंत में उनकी संख्या इस देश में अन्य समुदायों की तुलना में सबसे अधिक हो जाएगी। द्वितीय अध्याय उस आरोप से संबंधित है कि मुसलमान एक समान सिविल संहिता को अपनाने के विरोधी हैं और यह बात हमारे संविधान में प्रतिष्ठित राज्य की नीति के निदेशक तत्त्वों में से एक के क्रियान्वयन के रास्ते में बाधा बन गई है। मैंने इन दोनों मुद्दों का यथासंभव विषयपरकता और निष्पक्षता के साथ परीक्षण किया है जिससे कि पाठक को इस संबंध में एक संतुलित दृष्टि मिल सके।

इस भाग का तृतीय अध्याय शिक्षा, रोजगार और निर्वाचित संस्थाओं में प्रतिनिधित्व जैसे क्षेत्रों में मुसलमानों को कथित रूप से वंचित करने के प्रश्न का परीक्षण करता है और मुसलमानों के हितों की रक्षा के लिए राज्य नीति के मुद्दे के रूप में अनिवार्य रूप से सकारात्मक कार्यवाही करने पर विचार करने के प्रश्न का भी विश्लेषण करता है। मुसलमानों के वंचित रहने की भावना को भी बहुत थोड़े से लोगों द्वारा एक ऐसे कारण के रूप में प्रस्तुत किया जाता है जिसकी वजह से इस समुदाय के कुछ सदस्य राज्यद्रोही बन रहे हैं।

इन मुद्दों का अध्ययन कर लेने के बाद इस पुस्तक के तृतीय भाग में बिना व्यवधान के प्रवेश किया जा सकता है, जिसमें उन विषयों का विश्लेषण किया गया है जिनका प्रभाव व्यापक है, और जिनमें से कुछ मामलों पर वैश्विक परिदृश्य में विचार करना आवश्यक है। मैंने कुछ ऐसे प्रमुख मुद्दों की चर्चा की है जो विश्व में भारत सहित अनेक देशों को प्रभावित करते हैं, और इन मुद्दों का कभी–कभी इस देश में होने वाले सांप्रदायिक दंगों की लघुस्तरीय घटना से कार्य–कारण संबंध होता है। बहरहाल, इन अध्यायों को संबद्ध विषयों पर स्वतंत्र निबंधों के रूप में भी पढ़ा जा सकता है।

इस्लाम में 'रूढ़िवाद' और 'उदारतावाद' के बीच चल रहा संघर्ष हमारी सीमाओं में भी आ जाता है और इन विषयों को प्रथम अध्याय में सम्मिलित किया गया है। 'आतंकवाद' के इतिहास को चित्रित करने के बाद यह वर्णित किया गया है कि भारत में इसे विशिष्ट समस्या के रूप में कैसे झेला जा रहा है। 'धर्मनिरपेक्षता' पर अध्याय इस विषय पर विभिन्न परिप्रेक्ष्यों को एक साथ प्रस्तुत करता है और धर्मनिरपेक्षता के पश्चिमी तथा

भारतीय संस्करणों के बीच के अंतर को स्पष्ट करता है। इस अध्याय में मैंने यह रेखांकित किया है कि धर्मनिरपेक्षता के संबंध में गांधी–नेहरू की परिकल्पना हमारी राज्य–व्यवस्था के लिए कितनी महत्त्वपूर्ण है।

अगले दो अध्याय धार्मिक राष्ट्रवाद के ऐतिहासिक विकास का चित्रण करते हैं। इनमें से एक अध्याय में इस विषय पर मुसलमानों के दृष्टिकोण को प्रस्तुत किया गया है और दूसरे अध्याय में हिंदुओं के दृष्टिकोण को। इन अध्यायों में यह प्रदर्शित किया गया है कि समय के साथ–साथ ये परस्पर विरोधी रुख कितने कठोर हो गए हैं।

'सभ्यताओं का संघर्ष' अध्याय सैम्युअल पी. हंटिंग्टन के उस दावे[2] का विश्लेषण करता है जिसमें कहा गया है कि शीत–युद्ध के बाद के काल में सभ्यतामूलक (धार्मिक) संघर्ष नियमित रूप से होंगे। यह अध्याय सभ्यतामूलक संघर्ष के दावे को नकारने वाले विरोधी तर्क भी प्रस्तुत करता है। इस संदर्भ में 'पहचान' की राजनीति के मुद्दे पर भी चर्चा की गई है, जो हिंदुओं और मुसलमानों को विभाजित करने की जड़ में हैं।

पुस्तक के चतुर्थ और अंतिम भाग में मैंने पाठकों को यह स्पष्ट करने के लिए कि दंगे कैसे भड़कते हैं और फिर कैसे फैलते हैं, हिंदू–मुसलमान दंगों के पाँच प्रकरणों की चर्चा की है। पहले दो अध्याय 1961 के जबलपुर दंगे और 1969 के इंदौर दंगे को प्रस्तुत करते हैं। इसके बाद, मैंने भागलपुर, बिहार (1989), मुंबई (दिसंबर 1992 से जनवरी 1993) और 2002 में गुजरात में हुए तीन बड़े दंगों का विवरण दिया है। जबलपुर और इंदौर के दंगों को भी शामिल किया गया है क्योंकि वे जिस तरह घटित हुए उन्हें मैंने स्वयं देखा था। 1961 में जबलपुर में और 1969 में इंदौर में मैं इन घटनाओं का गवाह मात्र नहीं था, बल्कि राजतंत्र के एक हिस्से के रूप में अप्रत्याशित रूप से परिवर्तनशील परिस्थितियों का सामना करने में मैंने इसमें एक निश्चित भूमिका निबाही थी।

मैंने तीन अन्य दंगों को मुख्य रूप से दो कारणों से सम्मिलित किया है : प्रथमतः इसलिए कि विस्तार और परिमाण, जीवन हानि और संपत्ति के विनाश की दृष्टि से स्वतंत्र भारत में होने वाले ये सर्वाधिक हिंसक दंगे थे, द्वितीयतः इन दंगों का एक प्रतिनिधिक चरित्र भी है, और वह यह कि अयोध्या में राम मंदिर निर्माण के लिए अभियान को लेकर संघ परिवार ने संयुक्त रूप से जो राजनीतिक एकजुटता का प्रयास किया था उसके परिणाम के किसी–न–किसी रूप में ये तीनों दंगे हुए थे। पुस्तक के शुरू के अध्यायों 'समस्या की जड़ें और आयाम' तथा 'धार्मिक राष्ट्रवाद और हिंदुत्व' में इस अभियान के प्रारंभिक रूप और विकास को वर्णित किया गया है।

स्वतंत्रता के बाद के भारत का इतिहास सैकड़ों हिंदू–मुसलमान दंगों से वस्तुत : भरा पड़ा है। अपनी पुस्तक[3] में असगर अली इंजीनियर ने 1950 से लेकर 2002 तक हुए सभी दंगों का विवरण प्रस्तुत करने की कोशिश की है। परंतु यह विवरण भी व्यापक नहीं है क्योंकि उन्होंने 1969 के इंदौर दंगों जैसे कुछ मामलों का उल्लेख नहीं किया है। उपर्युक्त पाँच दंगों को प्रकरण–अध्ययन के रूप में प्रस्तुत करने का मेरा इरादा उन एक समान सूत्रों को स्पष्ट रूप से बतलाना था जो ऐसे अधिकांश सभी दंगों में पाए जाते हैं। अन्य बातों

के साथ-साथ ये सूत्र हैं : समस्या पैदा करने में लगे तत्त्वों द्वारा फैलाई जा रही अफवाहों का खंडन करने में असफल रहना, किसी छोटी घटना को निहित स्वार्थों या मीडिया द्वारा बढ़ा-चढ़ाकर प्रस्तुत करना जिससे कि वह दंगे भड़कने का 'कारण वाली घटना' बन जाए, सूचना की असफलता, कर्फ्यू सहित सभी प्रतिबंधात्मक आदेशों को अप्रभावी ढंग से लागू करना और फैल रही हिंसा को दबाने के लिए समय पर सेना बुलाने में असफल रहना।

इस तरह इन पाँच सांप्रदायिक दंगों को हिंदू-मुसलमान हिंसा के प्रकरणों का मूल आदर्श माना जा सकता है और यदि उपर्युक्त अंतर्निहित समस्याओं का निराकरण किया जाए तो ऐसे दंगों के बार-बार होने के संकट से छुटकारा मिल सकता है या हर हाल में उन्हें कम किया जा सकता है। इन घटनाओं को पुस्तक के प्रथम भाग में वर्णित आकस्मिक कारकों के और विभिन्न विश्लेषणों के उदाहरण के रूप में देखा जा सकता है। पाँचों दंगों के विवरण में पृष्ठभूमि भी वर्णित की गई है, जिसे दंगों के विश्लेषण के अध्ययन के समय ध्यान में रखा जा सकता है।

उपसंहार 'गैर-ज्योतिषीय भविष्य-दर्शन' में मैंने यह पूर्वानुमान लगाने की कोशिश की है कि भविष्य में हिंदुओं और मुसलमानों के बीच किस प्रकार के रिश्ते रहेंगे। यद्यपि हिंदू-मुसलमान दंगे लगभग एक शताब्दी से एक स्थायी घटना के रूप में होते रहे हैं, तथापि मैं कुछ ऐसे लक्षण देखता हूँ जो यह संकेत देते हैं कि प्रासंगिक रूप से होने वाली हिंसा का चक्र निकट भविष्य में रुक जाएगा। 2009 के चुनावों में उन प्रतिक्रियावादी शक्तियों को गहरा आघात लगा है जिनका सांप्रदायिक वैमनस्य बनाए रखने में निहित स्वार्थ है। इसके अतिरिक्त, तेज होता आर्थिक और सामाजिक विकास, यदि वह वास्तव में समावेशी है, निश्चय ही समुदायों के बीच उन तनावों को कम करने की ओर ले जाएगा जिनके फलस्वरूप समय-समय पर हिंसा भड़कती रहती है।

टिप्पणियाँ

1. आशुतोष वार्ष्णेय, एथनिक कांफ्लिक्ट एंड सिविक लाइफ-हिंदूज एंड मुस्लिम्स, इन इंडिया (न्यू डेल्ही : ऑक्सफोर्ड, 2005), पृ. 4-5
2. सैम्युअल पी. हंटिंग्टन, द क्लैश ऑफ सिविलाइजेशंस एंड द रिमेकिंग ऑफ वर्ल्ड आर्डर (न्यूयार्क : साइमन एंड शूस्टर, 1996)।
3. असगर अली इंजीनियर, कम्युनल रायट्स आफ्टर इंडिपेंडेंस : ए काम्प्रिहेंसिव एकाउंट (डेल्ही : शिप्रा, 2004)।

हिंदी संस्करण के लिए भूमिका

'डिकोडिंग इनटालरेंस' पुस्तक का यह हिंदी संस्करण पुस्तक के लेखक और आई.ए.एस. के मध्यप्रदेश संवर्ग के तत्कालीन सहकर्मी डॉ. सुशील त्रिवेदी के बीच सफल सहयोग का प्रतिफल है। मैं डॉ. त्रिवेदी का अत्यंत आभारी हूँ जिन्होंने इस पुस्तक का न केवल अनुवाद करने का कार्य परिश्रमपूर्वक किया बल्कि उसे कुशलतापूर्वक संपादित भी किया है ताकि रूपांतर हिंदी भाषा के मुहावरे के अनुकूल हो। वास्तव में डॉ. त्रिवेदी के ही प्रयास से यह संस्करण प्रकाश में आ रहा है।

मैं इस तथ्य को उल्लेखनीय मानता हूँ कि इस पुस्तक का मूल अंग्रेजी संस्करण वर्ष 2009 के अंत में प्रकाशित हुआ था। इस पुस्तक में वर्णित कुछ विषय सामयिक महत्त्व के थे किंतु हिंदी संस्करण में उन्हें अद्यतन नहीं किया गया है। अत: 2009 के बाद हुई घटनाओं का उल्लेख इस संस्करण में नहीं है। इसके बावजूद, मैं विश्वास करता हूँ कि मूल पुस्तक में घटनाओं और प्रवृत्तियों का जिस तरह विश्लेषण किया गया था, वह आज भी अकाट्य है। मूल पुस्तक में निष्कर्ष के रूप में कुछ तथ्य निरूपित किए गए थे और यह भी सम्भावना व्यक्त की गई थी कि भविष्य में घटनाएँ किस रूप में सामने आ सकती हैं। मैं विनम्रतापूर्वक यह रेखांकित करना चाहूँगा कि 2009 के बाद हुई घटनाओं ने वास्तव में यह सिद्ध कर दिया कि मूल ग्रंथ में निष्कर्ष के रूप में वर्णित तथ्य और भविष्य कथन दोनों ही बिलकुल खरे उतरे हैं।

अंत में मैं इस पुस्तक के प्रकाशक राजकमल प्रकाशन और विशेषकर श्री अशोक महेश्वरी के प्रति धन्यवाद व्यक्त करता हूँ जिन्होंने हिंदी संस्करण के प्रकाशन का दायित्व सम्पन्न किया है। मैं भारतीय प्रशासनिक सेवा के एक अति विशिष्ट पूर्व अधिकारी श्री नरेश नारद के प्रति हृदय से आभार व्यक्त करता हूँ जिन्होंने हिंदी संस्करण का गहन अध्ययन कर बहुमूल्य सुझाव दिए। इस संस्करण के प्रकाशन में सहयोग देने के लिए मैं जामिया मिल्लिया इस्लामिया विश्वविद्यालय के कुलपति श्री नजीब जंग और जामिया के ही प्रोफेसर बिस्मिल्लाह तथा इंडियन स्कूल ऑफ माइंस, धनबाद, के प्रोफेसर प्रमोद पाठक के प्रति साधुवाद व्यक्त करता हूँ।

–प्रतीप लाहिरी

अनुक्रम

प्राक्कथन *5*
आभार *9*
भूमिका *11*

हिंदू-मुसलमान दंगे : एक आकलन

समस्या की जड़ें और आयाम 21
सांप्रदायिक दंगों के कारक और गतिकी 32
क्या राज्य और पुलिस तटस्थ और निष्पक्ष हैं? 53
सांप्रदायिक दंगों से निपटना 64

मुसलमानों की समस्याएँ

धर्म और जनसंख्या 81
एक समान सिविल संहिता 90
मुसलमानों का वंचित रहना और सांप्रदायिक विभाजन 98

व्यापक परिप्रेक्ष्य

रूढ़िवाद विरुद्ध उदारतावाद : इस्लाम के अंदर संघर्ष 111
आतंकवाद और भारतीय मुसलमान 124
धर्मनिरपेक्षता 156
धार्मिक राष्ट्रवाद : मुसलमानों का कथन 171
धार्मिक राष्ट्रवाद एवं हिंदुत्व 182
सभ्यताओं का संघर्ष 209

अतीत दर्शन : कुछ प्रकरण-अध्ययन

जबलपुर, मध्य प्रदेश, 1961 225
इंदौर, मध्य प्रदेश, 1969 232

भागलपुर, बिहार, 1989 240
बम्बई, दिसंबर 1992 से जनवरी 1993 245
गुजरात, 2002 252

गैर-ज्योतिषीय भविष्य-दर्शन *266*
परिशिष्ट *270*
संदर्भ ग्रंथ सूची *285*

हिंदू-मुसलमान दंगे : एक आकलन

समस्या की जड़ें और आयाम

भारत में सांप्रदायिकता हिंदू-मुसलमान के बीच दरार के लिए जिम्मेदार है और यह अंतराल दोनों समुदायों के बीच होने वाले दंगों के भड़कने का मूल कारण है। जब कभी भी कोई बड़ा सांप्रदायिक दंगा होता है, तो हमारा ध्यान दंगा-पीड़ित व्यक्तियों द्वारा भोगी जाने वाली भयावह यातना की ओर जाता है और हम इन सब के लिए या तो किसी एक समुदाय के धार्मिक कट्टरपंथियों को दोषी ठहराते हैं या कुछ राजनीतिक अवसरवादियों की साजिशों को जिम्मेदार बताते हैं। इस संदर्भ में दोनों ही समूहों की गलतियाँ बताई जा सकती हैं। बहरहाल, यह पता लगाना समीचीन होगा कि सांप्रदायिकता की शुरुआत किस प्रकार हुई और उसका भारत के दो प्रमुख समुदायों के जीवन पर बारंबार पड़ने वाला घातक और हिंसात्मक प्रभाव क्या है। प्रख्यात इतिहासकार बिपिन चंद्र ने इसे इन शब्दों में अच्छी तरह व्यक्त किया है :

> सांप्रदायिकता यह विश्वास है कि लोगों का एक समूह चूँकि एक विशेष धर्म का पालन करता है, अतः उनके सामाजिक, राजनीतिक और आर्थिक हित भी एक समान हैं। यही वह विश्वास है कि भारत में हिंदू, मुसलमान, ईसाई और सिख लोगों के अलग-अलग और निश्चित समुदाय हैं जो स्वतंत्र रूप से और अलग-अलग तरह से संरचित अथवा संगठित हैं, कि किसी एक धर्म के सभी अनुयायियों की न केवल धार्मिक हितों की सहचारिता एक समान होती है बल्कि उनके धर्मनिरपेक्ष हित, अर्थात सामान्य आर्थिक, राजनीतिक, सामाजिक और सांस्कृतिक हित भी एक समान होते हैं, कि भारतीय लोग इन हितों को अनिवार्यतः धार्मिक समूहों की दृष्टि से देखते हैं और फलतः उनके मन में धर्म पर ही आधारित पहचान की भावना होती है, अर्थात धर्म को ही उनकी बुनियादी सामाजिक पहचान का आधार और उनकी बुनियादी सामाजिक नातेदारी का निर्धारक बनना पड़ता है।[1]

जब तक लोगों की अन्य दूसरी सभी पहचानें उनकी धार्मिक पहचान के अधीनस्थ रहती हैं अथवा यहाँ तक कि उसमें समाई हुई हैं तब तक सांप्रदायिकता का मुद्दा लोगों की बातचीत में सबसे प्रमुख बना रहेगा। बिपन चंद्र आगे कहते हैं कि सांप्रदायिक दंगे सांप्रदायिकता का मुख्य रूप अथवा अंतर्वस्तु नहीं हैं :

> वे, मुख्यतः, उसका प्रतिबिंब थे, उसकी सक्रिय प्रासंगिक अभिव्यक्ति थे, वे कटु और विषाक्त प्रत्यक्षीकरण या परिणति थे, और उसके फैलने के साधनों और माध्यमों में से एक थे। सांप्रदायिक दंगे का आकस्मिक और यदा-कदा होना सामाजिक व्याधिकी का

एक पक्ष था, और उसका कार्य-करण-संबंध या तो सांप्रदायिक राजनीति और सांप्रदायिक विचार शैली की व्यापकता में निहित था, अथवा उन अनुमानित कारणों में था जिनमें धार्मिक भावनाएँ कुछ विशिष्ट स्थानीय हितों के साथ-साथ अथवा इन हितों से संयुक्त होकर शामिल रहतीं।[2]

अंग्रेजी राज के पहले सांप्रदायिकता ने कोई सैद्धांतिक आयाम प्राप्त नहीं किया था। यह तो अंग्रेजों का काल था जिसमें मुसलमान और हिंदू सांप्रदायिकता परस्पर प्रतियोगी सिद्धांतों के रूप में विकसित हुई। मुसलमान संप्रदायवादियों ने अंततः यह विश्वास कर लिया कि मध्यकालीन भारत में मुसलमान शासन करने वाला वर्ग था और हिंदू शासित थे। यह दृष्टिकोण मोहम्मद अली जिन्ना के निम्नलिखित शब्दों में अच्छी तरह व्यक्त है :

हमारी माँग हिंदुओं से नहीं है क्योंकि हिंदुओं का पूरे भारत पर कभी कब्जा ही नहीं था। ये तो मुस्लिम थे जिन्होंने भारत पर कब्जा किया और 700 वर्षों तक शासन किया। ये तो ब्रिटिश थे जिन्होंने मुसलमानों से भारत का कब्जा लिया था। सन् 1942 में उन्होंने (जिन्ना ने) दृढ़तापूर्वक कहा कि यदि अंग्रेज भारत की सरकार मुस्लिम लीग को सौंपते हैं तो उन्होंने जिनसे लिया था उन्हें ही भारत की सरकार को सौंप कर मुसलमानों के प्रति की गई समस्त भूलों का सुधार करेंगे।[3]

मुस्लिम संप्रदायवादियों ने भारतीय इतिहास के मध्यकाल को, जब मुगल सत्ता में थे, एक यशस्वी युग निरूपित किया है, जबकि हिंदू संप्रदायवादियों ने साम्राज्यवादी दृष्टिकोण अपनाया और प्रचार किया कि मध्यकाल तो मुसलमानों के अत्याचार का प्रतिनिधित्व करता है। यद्यपि मुसलमान एक हजार साल पहले भारत आए थे और उनमें से अधिकांश इस्लाम धर्म को अंगीकार करने वालों के वंशज थे, तथापि अनेक हिंदू उन्हें विदेशी के रूप में देखते थे जिन्होंने उस भूमि पर अपने आपको जबरदस्ती स्थापित कर लिया था जो निश्चित रूप से हिंदुओं का ही एकमात्र उत्तरधिकार होना चाहिए था। इस तरह हिंदू सांप्रदायिक दृष्टिकोण के अनुसार मध्यकाल मुसलमानों द्वारा किए जाने वाले झगड़ों, उत्पीड़न, अधीनीकरण आदि से भरा हुआ था, जबकि प्राचीन भारतीय समाज सामाजिक और धार्मिक तनाव तथा झगड़ों से मुक्त घोषित किया गया था।

बाँटो और राज करो की नीति

सांप्रदायिकता को हम आज जिस रूप में जानते हैं, वह अंग्रेजी राज के दौरान अस्तित्व में आई। यही वजह है कि क्योंकि ऐसी जानकारी नहीं है कि उन्नीसवीं सदी के पहले कभी सांप्रदायिक दंगे, जो सांप्रदायिकता की प्रासंगिक अभिव्यक्ति हैं, हुए हों। अंग्रेजी राज के विरुद्ध राष्ट्रीय आंदोलन के दौरान जिस तरह हिंदुओं और मुसलमानों ने समय-समय पर आंदोलन में मिलकर योगदान किया, उससे सांप्रदायिक दंगों की घटनाओं में स्पष्ट रूप से कमी दिखाई दी। बिपन चंद्र ने सही ही रेखांकित किया है :

अंग्रेजी भारतीय प्रशासन ने किसी विशिष्ट 'समुदाय' या सांप्रदायिकता को उस 'समुदाय' या सांप्रदायिकता के निमित्त समर्थन नहीं दिया था। ब्रिटिश की बाँटो और राज करो नीति

का लक्ष्य भारतीय जन-मानस के राजनीतिकरण को नियंत्रित करना, उनके संगठन और एकीकरण को रोकना और एक राष्ट्र बनने की प्रक्रिया को छिन्न-भिन्न करना था। जैसे ही साम्राज्यवाद विरोधी राष्ट्रीय आंदोलन उठ खड़ा हुआ, उसके राजनीतिक और सामाजिक समर्थकों को बाँट कर और मुसलमानों (जमींदारों, पूंजीवादियों, पंजाबियों आदि) को उसमें शामिल होने से रोककर, इस नीति को उसको (आंदोलन को) फैलने से रोकने की दिशा में काम में लाया गया।[4]

मंत्रिपरिषद की 2 फरवरी, 1940 की बैठक में विंस्टन चर्चिल द्वारा व्यक्त उन विचारों की ओर ध्यान देना दिलचस्प होगा, जो मंत्रिपरिषद के अभिलेखों में इस प्रकार दर्ज हैं :

> उन्होंने हिंदू और मुसलमान समुदायों के बीच एकता को प्रोत्साहित करने और बढ़ावा देने की आतुरता से सहमति व्यक्त नहीं की। वास्तव में ऐसी यदि एकता लाई ही गई तो उनका तत्काल परिणाम यह होगा कि एकजुट हुए समुदाय हमें देश के बाहर का रास्ता दिखाने के काम के लिए संगठित हो जाएँगे। उन्होंने हिंदू-मुस्लिम वैमनस्य को भारत में अंग्रेजी राज को संरक्षा देने वाला माना।[5]

जब सांप्रदायिक भावनाएँ बहुत तेज भड़क गईं तो आमतौर पर उन्हें शांत करने के प्रयास में अंग्रेजों को संशय का सामना करना पड़ा। किंतु साम्राज्य विरोधी आंदोलन को अबाधित रूप से आगे बढ़ने की प्रक्रिया में भारतीय लोगों को एकजुट होने देने के बजाय अंग्रेजों ने सांप्रदायिकता की वजह से उत्पन्न विभिन्न प्रशासकीय समस्याओं का सामना करना उचित समझा।

जैसा कि ब्रिटेन के विदेश मंत्री हैमिल्टन ने 1897 में भारत के वाइसराय एलगिन को लिखा था कि, 'शायद कोई नहीं जानता कि क्या कामना की जाए। (भारतीयों के बीच) विचारों और कार्य की एकता राजनीतिक रूप से अत्यंत खतरनाक होगी, विचार-वैभिन्न्य और टकराव प्रशासकीय रूप से तकलीफ देने वाले हैं। पर इन दोनों में से बाद की स्थिति कम जोखिम वाली है, यद्यपि उससे जहाँ द्वंद्व होता है वहाँ तैनात लोगों को चिन्ता करनी पड़ती है और उन पर जिम्मेदारी आ जाती है।[6]

अंग्रेजों ने हिंदू संप्रदायवादियों की अपेक्षा मुसलमान संप्रदायवादियों को समर्थन देना पसंद किया था क्योंकि हिंदू बहुसंख्यक थे और, यदि वे एकजुट हो जाते तो औपनिवेशिक शासन के लिए वे (हिंदू) ज्यादा खतरनाक सिद्ध हो सकते थे। चूँकि हिंदू जाति-विभाजन के कारण आपस में बँटे हुए थे, और इस कारण वे (अंग्रेज) विरोधी उद्देश्य की पूर्ति करते। बहरहाल, अंग्रेजों ने सांप्रदायिक संघर्षों को जान-बूझकर बढ़ावा नहीं दिया, ये संघर्ष उनकी बाँटो और राज करो नीति के परिणाम थे।

सन् 1857 के विद्रोह के पहले, आधुनिक अर्थ में कुछ सांप्रदायिक दंगे हुए थे। "बनारस (1809), किओल (1837), मुरादाबाद, सम्भल, काशीपुर (1833), शाहजहाँपुर (1837), बरेली, कानपुर, इलाहाबाद (1837-1852) में हिंदुओं और मुसलमानों के बीच संघर्ष हुए थे जो सांप्रदायिक दंगे कहे जा सकते हैं।"[7] परंतु 1857-1858 के

आंदोलन के दौरान हिंदू और मुसलमान पूरी तरह से एकजुट थे, यह ध्यान देने योग्य बात है कि उन दो वर्षों में सांप्रदायिक दंगे बिलकुल नहीं हुए थे।

बहरहाल, 1858 से लेकर 1919 तक अनेक हिंदू-मुसलमान दंगे हुए थे जिनमें "बरेली (1871), महू (1893), मुम्बई (1893), नासिक (1894), पूर्व बंगाल (1907), पेशावर (1910), अयोध्या (1912), आगरा (1913), शाहाबाद (1917) और कतारपुर (1918) में हुए दंगे उल्लेखनीय हैं।"[8]

महात्मा गांधी के नेतृत्व में खिलाफत और रोलेट एक्ट के विरुद्ध असहयोग आंदोलनों, जलियाँवाला बाग नरसंहार और तुर्की के खलीफा को पुनः स्थापित करने के मामलों में हिंदुओं ने मुसलमानों का साथ दिया था। अतः यह आश्चर्य की बात नहीं है कि 1919-20 में कोई उल्लेखनीय सांप्रदायिक दंगे नहीं हुए।

जब हिंदू-मुसलमान मैत्री स्थायी बनने की प्रक्रिया में थी, तब दो घटनाओं ने इस मैत्री को छिन्न-भिन्न कर दिया। इनमें पहली घटना 1921 का मोपलाह विद्रोह है। मोपलाह एक मुसलमान-संप्रदाय है जो दक्षिण भारत के मलाबार कोस्ट में बसा हुआ है। मोपलाह संप्रदाय कट्टरपंथियों और उच्छृंखल लोगों का समूह था। इस समूह में अधिकांश लोग गरीब किसान और मछुआरे थे। यह समूह अंग्रेज अधिकारियों तथा अधिक संपन्न हिंदू-जमींदारों और साहूकारों से पहले भी टकरा चुका था। एक विद्रोही नेता ने घोषणा की :

> 'हमने गोरे लोगों से स्वराज छीन लिया है, और जो पा लिया है, उसे हम आसानी से छोड़ने वाले नहीं हैं : हम हिंदुओं से कहेंगे कि वे मौत या इस्लाम में ये किसी एक को चुन लें...पवित्र ग्रंथ में विश्वास करने वाले यहूदी और ईसाई लोगों को बर्दाश्त किया जा सकता है किंतु मुसलमान-राज में मूर्ति पूजक लोगों को मुरौअत के आधार पर ही रहने दिया जा सकता है।' विद्रोहियों ने चार यूरोपियों की हत्या की थी किन्तु उनके वास्तविक शिकार हिंदू थे। विद्रोहियों ने नृशंस हत्याएँ कीं, जबरन लोगों को इस्लाम धर्म अंगीकार कराया, महिलाओं के साथ बलात्कार किया, मंदिरों को अपवित्र किया, और संपत्ति को लूटा तथा नष्ट किया। लगातार सैन्य कार्रवाई से ही वर्ष के अंत में स्थिति को नियंत्रण में लाया जा सका था।[9]

हिंदू-मुसलमान एकता को दूसरा झटका चौरी-चौरा घटना के फलस्वरूप असहयोग आंदोलन को वापस लेने से लगा, जब महात्मा गांधी ने इस आधार पर असहयोग आंदोलन को समाप्त कर दिया कि आंदोलन हिंसक हो चुका है। इससे अंग्रेज राज में असहयोग आंदोलन के दौरान आई हुई हिंदू-मुसलमान एकता बिखर गई। अंग्रेज एक बार फिर 'बाँटो राज करो' नीति चलाने लगे।

अयोध्या मंदिर-विवाद की जड़

सम्राट बाबर के शासन काल के दौरान बनी बाबरी मस्जिद जिस जगह पर स्थित है, उस जगह पर ही भगवान राम के मंदिर बनाने के लिए चलाए जा रहे आंदोलन में 1949 से लेकर वर्तमान तक हुए घटनाक्रम को लेकर हिंदुत्व पर लिखे गए अध्याय में कुछ विस्तार से चर्चा की गई है। बहरहाल, यह जानना दिलचस्प होगा कि इस विवाद की जड़ को

उसके पहले के समय में खोजा जा सकता है, जब अंग्रेजों ने अपनी विभाजनकारी नीतियों को साधने के लिए इस विवाद को बनाए रखने में योगदान किया था।

सन् 1853 में, मौलवी अमीर अली को यह सूचना मिली कि अयोध्या में बाबरी मस्जिद को बैरागी पंथ के सदस्यों ने ध्वस्त कर दिया है। इस पर मौलवी ने जिहाद करने का आह्वान किया। नवाब वाजिद अली शाह ने मुसलमानों को नियंत्रित करने के लिए ईस्ट इंडिया कम्पनी से हस्तक्षेप करने की माँग की, किंतु अंग्रेज रेसीडेंट ने जानबूझकर ऐसा करने से मना कर दिया। वाजिद अलीशाह ने तब अपनी सैन्य टुकड़ियाँ भेजीं और फलस्वरूप हुई लड़ाई में मौलवी अमीर अली मारा गया।

बाबरी मस्जिद के ध्वंस होने की वह अफवाह निश्चित ही झूठी थी। मस्जिद को तो वास्तव में उसके एक सौ से भी अधिक साल बाद ध्वस्त होना था। सन् 1855 में हिंदू और मुसलमान समुदायों के वरिष्ठ जन मिल-जुलकर बैठे और वह विवाद अस्थायी रूप से सुलझा लिया गया था।

यह उल्लेखनीय है, जैसा समकालीन ऐतिहासिक अभिलेख प्रदर्शित करते हैं, कि अंग्रेजों ने दोनों समुदायों को कलहरत बनाए रखने की अपनी रणनीति के अनुरूप अयोध्या विवाद को कभी निपटने नहीं दिया। इस विवाद को निपटाने के लिए अंग्रेजों द्वारा प्रदर्शित सक्रियता (या निष्क्रियता) आज तक प्रतिध्वनित हो रही है।[10]

राष्ट्रवादी आंदोलन में मतभेद

हिंदुओं और मुसलमानों को विभाजित बनाए रखने के उद्देश्य से अंग्रेजों ने कूटनीति का सहारा लेते हुए हिंदू और मुसलमानों के लिए सांप्रदायिक अथवा अलग-अलग निर्वाचक मंडल की योजना लागू की। यह कार्रवाई संवैधानिक सुधार की क्रमिक प्रक्रिया के जरिए 1935 तक की गई। अलग-अलग निर्वाचक मंडल की योजना को लागू करने से सांप्रदायिक विभाजन को स्थायी करने का उद्देश्य पूरा हुआ। यह योजना इस तरह बनाई गई थी कि जिससे मुसलमानों को लाभ मिले क्योंकि उन्हें निर्वाचित संस्थाओं में उनकी आबादी के अनुपात में स्थान प्राप्त करने की गारंटी दी गई थी। वंचित महसूस कर रहे हिंदुओं ने इस योजना का विरोध किया क्योंकि इस योजना के लागू न होने पर हिंदू अपनी संख्या की शक्ति पर निर्वाचित संस्थाओं में विशाल बहुमत प्राप्त कर सकते थे।

इसके बावजूद 1937 के चुनावों में, देश के बड़े हिस्सों में भारतीय राष्ट्रीय कांग्रेस विजयी हुई। कांग्रेस की छत्रछाया में राष्ट्रवादी ताकतों के एकजुटीकरण से भयभीत होकर अंग्रेजों ने सांप्रदायिकता का दाँव अधिकतम सीमा तक खेला और मुस्लिम लीग को खुला समर्थन दिया। सन् 1939 में जब द्वितीय विश्व युद्ध प्रारंभ हुआ तब कांग्रेस ने इस शर्त पर अंग्रेजों को सहयोग देने पर सहमति व्यक्त की कि अंग्रेज यह घोषणा करें कि युद्ध की समाप्ति के बाद भारत को स्वतंत्रता प्राप्त हो जाएगी। अंग्रेज इस माँग को सीधे-सीधे स्वीकार करना नहीं चाहते थे इसलिए उन्होंने मुस्लिम लीग पर विश्वास किया और कांग्रेस के प्रभाव को संतुलित करने की दृष्टि से मुस्लिम लीग को ही समर्थन दिया।[11]

अंग्रेजों ने शिक्षा और रोजगार के क्षेत्र में भी अल्पसंख्यकों के लिए आरक्षण की पद्धति लागू की। अल्पसंख्यक समुदाय के लिए अलग निर्वाचक मंडल और आरक्षण की योजना लागू किए जाने से राज्य उसका अधिक 'सहचर' हो गया।[12] बहरहाल, अरेंड लिजफार्ट की परिकल्पना, कि बढ़े हुए 'सहचरत्व' से सांप्रदायिक हिंसा में कमी आती है, के विपरीत आरक्षण के फलस्वरूप भारत में सांप्रदायिक विभाजक वास्तव में ज्यादा भड़का, इस योजना के दुष्परिणाम को बाद में हुए दंगों, जैसे कलकत्ते में 1946 में हुआ दंगा, के रूप में देखा गया। सहचरत्व और सांप्रदायिक हिंसा के मुद्दे पर आकस्मिक कारकों के अध्याय में अलग से चर्चा की गई है।

उत्तर प्रदेश पुलिस के एक वरिष्ठ अधिकारी विभूति नारायण राय ने यह वर्णित किया है कि अंग्रेजों ने 1931 में किस बुरे तरीके से कानपुर दंगे का प्रबंधन किया था, और जिसके फलस्वरूप दंगे में बड़ी संख्या में लोगों की जानें गईं और सम्पत्ति का बड़ा नुकसान हुआ। सक्रियता में भरोसा करने वाला कोई भी प्रशासन ऐसे दंगे को टाल सकता था, अथवा उससे होने वाले नुकसान को न्यूनतम कर सकता था। दो जाँच आयोगों ने इस निष्कर्ष को सही सिद्ध किया कि सरकारी तंत्र ने दंगों को रोकने में कोई सक्रियता नहीं दिखाई, बल्कि इससे परे जाकर दंगाइयों को प्रोत्साहित किया था।[13]

बिपन चंद्र ने उल्लेख किया है कि "बड़ी संख्या में समकालीन लोगों और प्रेस ने यह मत व्यक्त किया है कि अंग्रेज अधिकारियों ने दंगाइयों का साथ देने के लिए समाज के प्रति गद्दारों के जरिये दंगा भड़काने वालों और दंगा कराने वालों को सहायता देकर या अन्य तरीकों से सांप्रदायिक दंगों को भड़काया और संचालित किया, या (दंगे की ओर से) आँखें तो कम-से-कम मूँद ही ली थीं, विशेषकर तब जब अंग्रेजों को राष्ट्रवादी या वर्गीय उफान का सामना करना पड़ा था।[14] सेन ने यह भी उल्लेख किया है कि प्रशासन की निष्क्रियता वाली नीति से 1946-47 में सांप्रदायिक हिंसा में हजारों जानें चली गईं। ऐसा पंजाब और बंगाल दोनों ही जगह हुआ, यहाँ विशाल पैमाने पर होने वाली हत्याओं और पूर्व निश्चित तरीके से किए गए इकतरफा सामूहिक वध के दौरान प्रशासकीय तंत्र अकर्मण्य बना रहा था।

भारत विभाजन के कारण होने वाले दंगों को नियंत्रण में लाने के बाद, सांप्रदायिक हिंसा की घटनाएँ बेहद कम हो गईं थीं। उदारवादियों ने यह भरोसा किया था कि राष्ट्रीय मानसिकता में धर्मनिरपेक्ष सिद्धांत ने अंततः अपना स्थान बना लिया है और दोनों बड़े समुदायों के बीच की खाई पाटी जा रही है। इस दृष्टि से जबलपुर में 1961 में हुए सांप्रदायिक दंगों का विशेष महत्त्व है क्योंकि उन दंगों से यह विभ्रम टूट गया।[15]

समस्या के आयाम

हिंदू और मुसलमान दोनों मिलकर देश की आबादी का 95 प्रतिशत हिस्सा बनाते हैं। दुनिया के सारे देशों में भारत वह देश है जहाँ मुसलमानों की दूसरी सबसे बड़ी आबादी है। इस वजह से यह एक गंभीर चिंता का विषय है क्योंकि दो प्रमुख समुदायों के बीच

लगातार सांप्रदायिक विरोध के कारण देश के विभिन्न नाभि-केंद्रों में हिंसात्मक संघर्ष समय-समय पर होते रहते हैं।

यद्यपि हिंदुओं और मुसलमानों के बीच सांप्रदायिक दरार बहुत लम्बे समय से चली आ रही है और दोनों समुदायों के बीच अनेक हिंसात्मक संघर्ष हुए हैं, हमें इस समस्या के स्वरूप को बढ़ा-चढ़ा कर नहीं बताना चाहिए। सन् 1950 से लेकर अब तक प्रतिवेदित हिंदू-मुसलमान दंगों में लगभग 10,000 लोग मारे गए हैं और 30,000 लोग घायल हुए हैं।

यह संख्या भारत में प्रति वर्ष दहेज मृत्यु (3,000 से 4,000) में मारी जाने वाली महिलाओं की संख्या की तुलना में भी काफी कम है।[16] उदाहरण के लिए वर्ष 1989 में, जब अयोध्या आंदोलन अपने शिखर पर पहुँच रहा था, 521 व्यक्ति सांप्रदायिक हिंसा में मारे गए थे जबकि उसकी तुलना में 3,894 महिलाएँ दहेज के मामले में मार डाली गईं थीं।

प्रति व्यक्ति की दर से भी, हिंदू-मुसलमान दंगों में मृत्यु-दर दुनिया के दूसरे उन हिस्सों की तुलना में कम है, जहाँ नस्ली (एथनिक) संघर्ष निरंतर होने वाली घटनाएँ हैं। उदाहरण के लिए, उत्तर आयरलैंड में नस्ली संघर्षों में 1969 से लेकर अब तक हुई मृत्यु की दर भारत में हिंदू-मुसलमान मतभेद के कारण होने वाली प्रति व्यक्ति मृत्यु दर की 50 गुना है।[17]

सन् 1950 और 1955 के बीच हुए हिंदू-मुसलमान दंगों के तरीके और उसके फलस्वरूप होने वाली मृत्यु की संख्या को यहाँ दिए ग्राफ रूप में स्पष्ट रूप से प्रदर्शित किया गया है :

स्वतंत्रता के बाद हुए हिंदू-मुसलमान दंगे
(वार्ष्णेय और विलकिंसन से प्राप्त आँकड़ों के आधार पर)

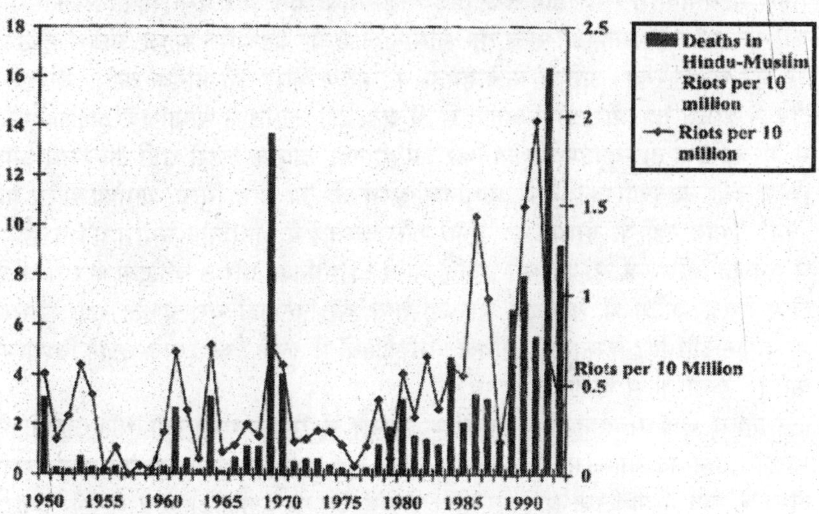

स्रोत : वोट्स एंड वायलेंस, स्टीवन आई. विलकिंसन, पृ. 12

हिंदू-मुसलमान दंगे देश-भर में उस तरह से फैलकर नहीं हुए हैं जैसा कि आमतौर पर विश्वास किया जाता है। कमोबेश ग्रामीण क्षेत्र, जहाँ हमारी 60 प्रतिशत आबादी रहती है, दंगों से यदा-कदा ही प्रभावित होते हैं। यदि कभी ग्रामीण इलाकों में सांप्रदायिक संघर्ष की घटनाएँ होती हैं तो भी उनकी जड़ें किसी शहरी केंद्र में होती हैं जहाँ से दंगे का जहर फैलकर पड़ोस के ग्रामीण भीतरी प्रदेश में फैलता है। उदाहरण के लिए, 1961 में जबलपुर में हुए दंगों के मामले में यही हुआ था।

वार्ष्णेय का यह मत है कि ग्रामीण इलाके सांप्रदायिक संघर्षों से तुलनात्मक रूप से निरापद रहे क्योंकि नगरों या शहरों की तुलना में गाँवों में दोनों समुदायों के सदस्यों के बीच प्रतिदिन का परस्पर संबंध कहीं अधिक गहरा है। इस तरह के परस्पर संबंधों के कारण बने आबंध हिंदुओं और मुसलमानों के व्यक्तियों के बीच छोटे विवादों को दंगों की शक्ल लेने से रोकते हैं।

वार्ष्णेय की यह परिकल्पना शायद सही है किंतु उसके कारण हमारे इतिहास में निहित हैं। भारत में मुसलमान आबादी का बहुसंख्यक वास्तव में धर्मांतरित लोगों का है, जिन्होंने भारत पर उत्तर दिशा से होने वाले अनेक मुसलमान आक्रमणों के दौरान, ग्यारहवीं सदी से मुसलमान धर्म को अपनाना शुरू किया था। ये धर्मांतरण तलवार की नोक पर किए गए थे परंतु उनमें अनेक ऐसे भी थे जिन्होंने हिंदू जाति-व्यवस्था की वजह से होने वाले भेद-भाव से उत्पीड़ित होकर सहर्ष इस्लाम धर्म अपनाया था।

उसके बाद अनेक सदियों तक, मध्यकालीन और आधुनिक भारत में गाँवों और शहरों में धर्मांतरित मुसलमान तथा हिंदू साथ-साथ जीते और मरते रहे। पिछले समय की नातेदारी और सह-अस्तित्व के वर्तमान लाभ पर आधारित सहज आबंध ने उन्हें एकजुट बनाए रखा। अंग्रेजों के षड्यंत्रों के कारण भारत औद्योगिक क्रांति का लाभ लेने से वंचित रहा और अपने अतीत से ही जुड़ा रहा। भारत में सामाजिक आर्थिक क्षेत्र में परिवर्तन या तो न्यूनतम हुए या फिर हुए ही नहीं, जबकि शहरी क्षेत्रों को रेलवे और शिक्षा तथा न्यायपालिका जैसी आधुनिक संस्थाओं का लाभ मिला, ग्रामीण भारत पर इनका प्रभाव नहीं के बराबर था। हमारे गाँव वास्तव में आधुनिक समाज की प्रच्छाया में बने रहे और उन्हें सभ्यता की प्रगति का न तो भौतिक और न बौद्धिक क्षेत्र में कोई लाभ मिला। गाँवों में शांतिपूर्ण सह अस्तित्व का हितग्राही युग चलता रहा, जिसमें मुसलमान और हिंदू हिंसक सांप्रदायिक परिस्थितियों में उलझे बिना अपने-अपने विश्वासों का पूरी कठोरता से पालन करते रहे।

शहरी क्षेत्रों में रहने वाले लोगों के मामले में स्थिति ऐसी नहीं थी। अंग्रेजों ने भारतीय राष्ट्रवादी आकांक्षाओं के विरुद्ध 'बाँटो और राज करो' नीति को एक प्रभावकारी अस्त्र के रूप में पा लिया था। इस नीति ने उन्हें देश पर ज्यादा आसानी से और ज्यादा समय तक राज करने के योग्य बनाया, परंतु उसने हिंदू-मुसलमान समुदायों को स्थायी रूप से बाँट दिया।

हिंदू और मुसलमान दंगे अनिवार्य रूप से एक शहरी घटना हैं, यह नीचे दिए गए ग्राफ में अच्छी तरह चित्रित है :

ग्रामीण और शहरी दंगों का विवरण, वर्ष 1950-95

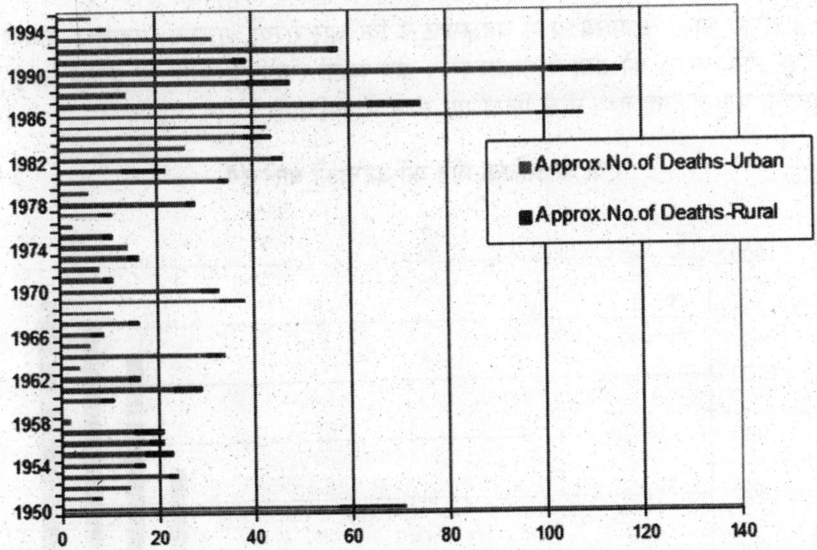

मृतकों की संख्या

स्रोत : एथनिक कांफ्लिक्ट एंड सिविक लाइफ, आशुतोष वार्ष्णेय, पृष्ठ 96

किंतु भारत के शहरी क्षेत्रों के मामले में भी यह ध्यान देने की बात है कि केवल चुनिन्दा स्थानों में ही बार-बार होने वाली घटना के रूप में दंगे होते रहे हैं। इस संबंध में आँकड़ों के विस्तृत विश्लेषण के आधार पर वार्ष्णेय ने कुछ शहरी केंद्रों को 'दंगा उन्मुख' के रूप में पहचाना है। इसी प्रकार दंगा-उन्मुख शहरों और नगरों को उनमें हुए दंगों की संख्या, दंगे होने के काल-क्रम और इस तरह के दंगों में हुई मौतों की संख्या के आधार पर चार श्रेणियों में वर्गीकृत किया गया हे। ये श्रेणियाँ हैं-दंगा उन्मुख-1, दंगा उन्मुख-2, दंगा-उन्मुख-3 और दंगा-उन्मुख-4 जो दंगा-उन्मुखता के बढ़ते क्रम में संयोजित हैं। दंगा-उन्मुख माने जाने वाले शहरों और नगरों की कुल संख्या 28 (दं. उं.-1) है, इनमें से केवल आठ ही दंगा-उन्मुख-4 की श्रेणी में आते हैं, यहाँ पाँच वर्षों की अवधि में कम-से-कम दस दंगों में कम-से-कम 50 मौतें हुई हैं। ये शहर हैं, अहमदाबाद और बड़ौदा (गुजरात), मेरठ और अलीगढ़ (उत्तर प्रदेश), मुंबई (महाराष्ट्र), दिल्ली, हैदराबाद (आंध्र प्रदेश) और कोलकाता (पश्चिम बंगाल)।

वार्ष्णेय ने रेखांकित किया है कि इन आठ सर्वाधिक दंगा-उन्मुख शहरों(दंगा-उन्मुख-4) में दंगों के फलस्वरूप भारत के शहरी इलाकों में हुई कुल मौतों में से 45.5

प्रतिशत और पूरे भारत में हुई समस्त मौतों में से 49 प्रतिशत ही हुई। बहरहाल, भारत की कुल शहरी आबादी का मात्र 18 प्रतिशत हिस्सा इस आठ शहरों में बसता है। यदि ग्रामीण आबादी भी गणना में ली जाए तो यह स्पष्ट हो जाता है कि 'दंगा-उन्मुखता' सच्चे अर्थ में भारत की कुल आबादी के मात्र 5 प्रतिशत हिस्से तक में ही सीमित है।[18]

संपूर्ण भारत के परिप्रेक्ष्य में यह स्पष्ट है कि चार राज्यों, गुजरात, महाराष्ट्र, उत्तर प्रदेश और बिहार, को दंगों के फलस्वरूप होने वाली सर्वाधिक मौतों के कारण कष्ट भुगतना पड़ा है। यह तथ्य नीचे लिखे गए ग्राफ में चित्रित है :

एक या अधिक मौत की घटनाओं वाले दंगे

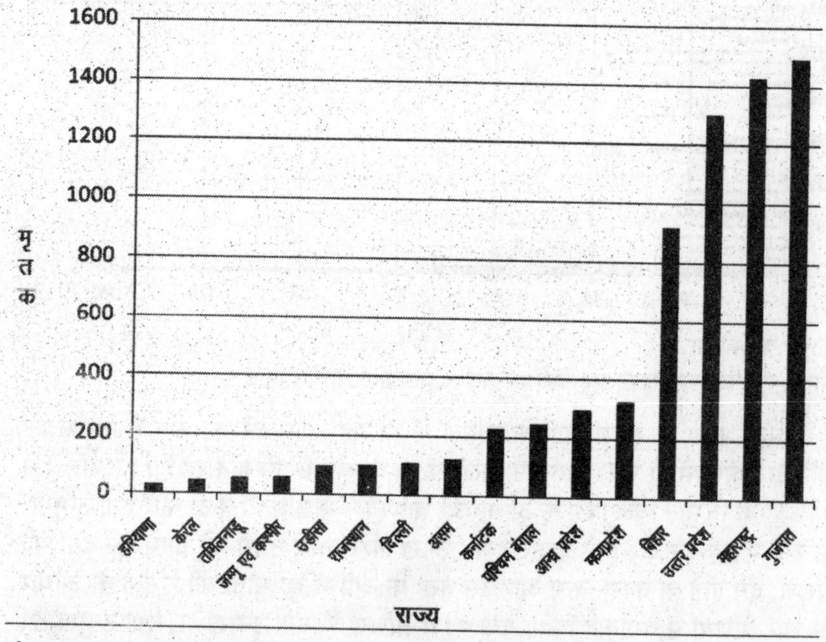

स्रोत : एथनिक कांफ्लिक्ट एंड सिविक लाइफ, आशुतोष वार्ष्णेय, पृष्ठ : 98

इस प्रकार बारंबार होने वाले हिंदू-मुसलमान दंगों की भौतिक-मानसिक बेचैनी पूरे देश भर में समान रूप से फैली होने के बजाय, वास्तव में एक स्थान-सीमित बेचैनी है। यह अकसर कहा जाता है कि भारत में हिंदू-मुसलमान दंगों की समस्या अपनी प्रकृति के अनुसार प्रान्तीय समस्या है। यह समस्या केवल चार राज्यों के और आठ शहरों के संदर्भ में प्रान्तीय रूप में है। इन आठ शहरों में से भी पाँच शहर इन्हीं चार राज्यों के हैं। बिहार में चूँकि समस्या पूरे राज्य में फैली हुई है, वहाँ किसी एक या दो शहर की अलग से पहचान नहीं की जा सकती।

अत: कुल मिलाकर यह चित्र उभरता है कि हिंदू-मुसलमान दंगों को लेकर चिंता की बात उनके बार-बार होने की है, न कि पूरे देश-भर में उनके फैले हुए होने की। समस्याग्रस्त क्षेत्रों और स्थानों की एक बार स्पष्ट पहचान हो जाने के बाद, इन विशिष्ट स्थानों में समस्या से निपटने की दिशा में राज्य की नीति संचालित होनी चाहिए, जिससे समस्या को एकाग्र रूप में और देर करने की बजाय शीघ्रता से हल किया जा

टिप्पणियाँ

1. बिपन चंद्र, कम्युनलिज्म इन मॉडर्न इंडिया (न्यू डेल्ही : विकास पब्लिशिंग हाउस प्रा.लि. 1984), पृ. 1
2. वही, पृ. 5
3. वही, पृ. 219-220
4. वही, पृ. 245-246
5. वही, पृ. 245, पाद टिप्पणी
6. वही, पृ. 248
7. वी.एन. राय, काम्बैटिंग कम्युनल कांफ्लिक्ट : परसेप्शन ऑफ पोलिस न्यूटेअलिटी ड्यूरिंग हिंदू-मुस्लिम रॉयट्स इन इंडिया (न्यू डेल्ही : मानस पब्लिकेशंस, 2008), पृ. 19
8. वही, पृ. 21
9. एस.एम. बर्क एंड सालिम अल-दिन कुरैशी, द ब्रिटिश राज इन इंडिया : ऐन हिस्टॉरिकल रिव्यू (चेन्नई : ऑक्सफोर्ड, 2004), पृ. 232-237
10. राय, काम्बैटिंग कम्युनल कांफ्लिक्ट, पृ. 21-22 और 37-38
11. यह जानने के लिए कि मुस्लिम लीग के बनने और समर्थन से इस उपमहाद्वीप में सांप्रदायिकता कैसे मजबूत हुई 'धार्मिक राष्ट्रवाद : मुसलमान कथन' अध्याय देखें।
12. अरेंड लिजफार्ट ने 60 के दशक में इस सिद्धांत को प्रतिपादित किया था कि आबादी में विभिन्न समूहों को अनुपात के अनुसार सहमति के आधार पर सत्ता में हिस्सेदारी के जरिए स्थायी लोकतंत्र हासिल किया जा सकता है।
13. राय, काम्बैटिंग कम्युनल कांफ्लिक्ट, पृ. 38-42
14. चंद्र : कम्युनलिज्म इन मॉडर्न इंडिया, पृ. 285
15. इस घटना के विस्तृत विवरण के लिए 'जबलपुर, मध्य प्रदेश, 1961' अध्याय देखें।
16. स्टीवन आई. विलकिंसन, वोट्स एंड वायलेंस : इलेक्टोरल कांपिटिशन एंड कम्युनल रॉयट्स इन इंडिया (कैम्ब्रिज, यूके : कैम्ब्रिज, 2005), पृ. 12-13
17. वही, पृ. 13
18. आशुतोष वार्ष्णेय, एथनिक कांफ्लिक्ट एंड सिविक लाइफ-हिंदूज एंड मुस्लिम्स इन इंडिया (न्यू डेल्ही : ऑक्सफोर्ड, 2005), पृ. 100-103

सांप्रदायिक दंगों के कारक और गतिकी

हिंदू-मुसलमान दंगे अनेक राज्यों में एक दीर्घस्थायी घटना के रूप में होते रहे हैं, यद्यपि स्थानिक बीमारी के रूप में वे कुछ निश्चित स्थानों तक ही सीमित हैं। जब भी कोई दंगा होता है तब उस दंगे को भड़काने वाले कारण के रूप में अकसर ही किसी उत्तेजित करने वाली घटना की पहचान की जाती है। परंतु उस दंगे के पीछे बहुत से निहित भिन्न-भिन्न कारक हो सकते हैं। किसी एक घटना को किसी विशिष्ट दंगे के भड़कने के कारण के रूप में बताना स्वयं को भ्रम में रखने वाला सिद्ध हो सकता है। यह हो सकता है कि किसी एक निश्चित स्थान पर समुदायों के बीच तनाव बना रहा हो और एक समुदाय द्वारा दूसरे समुदाय पर हमला कर हिसाब बराबर करने के लिए किसी एक विशिष्ट घटना का लाभ लिया गया हो। यह भी हो सकता है कि उस घटना को षड्यंत्रपूर्वक अंजाम दिया गया हो। पॉल ब्रास[1] ने सही ही रेखांकित किया है कि अकसर ही यह गलत रूप से मान लिया जाता है कि छोटे झगड़ों के फलस्वरूप अपने आप हुई घटनाओं के रूप में दंगे होते हैं, और कि उत्तेजित करने वाली घटनाएँ बढ़ा-चढ़ाकर अफवाह फैलाए जाने के कारण सामूहिक उन्मत्तताओं का रूप ले लेती हैं।

जहाँ कहीं भी हिंदू और मुसलमान साथ-साथ रहते हैं वहाँ यह स्वाभाविक है कि छोटे-छोटे मतभेद समय-समय पर हों। सामान्यत: ऐसी घटनाओं के फलस्वरूप बड़े पैमाने पर हिंसा नहीं भड़कनी चाहिए। परंतु जब दो समुदायों के बीच कोई तनाव बना हुआ है और उनके बीच विरोध पहले से बना हुआ है तब किसी भी छोटी घटना का लाभ ऐसे तत्त्वों द्वारा लिया जा सकता है जिनका न्यस्त स्वार्थ गड़बड़ी भड़काने में है, और उस घटना को दंगे की स्थिति निर्मित करने के लिए बढ़ा-चढ़ाकर प्रस्तुत किया जा सकता है।

जबलपुर में 1961 में बिलकुल इसी तरह एक घटना की वजह से दंगे भड़के थे। उक्त घटना की सच्चाई संदेहास्पद थी परंतु उस घटना को एक स्थानीय समाचार-पत्र ने इस उद्देश्य से बढ़ा-चढ़ाकर प्रस्तुत और प्रकाशित किया जिससे कि एक समुदाय में दूसरे समुदाय के विरुद्ध तीव्र उत्तेजना पैदा हो (इस बाबत विस्तृत विवरण के लिए जबलपुर दंगे पर अध्याय देखें)।

जिन समाज विज्ञानियों ने इस विषय पर शोध किया है उनमें से अधिकांश इस बात पर सहमत हैं कि दंगे को अंजाम देने वाली घटनाओं के महत्त्व पर बहुत जोर देना विषय

को अतिसाधारण रूप में देखना है। इस तरह के दंगों के आकस्मिक कारकों और गतिकी के संबंध में समाज विज्ञानियों के अलग-अलग दृष्टिकोण हैं। इन दृष्टिकोणों पर आगे चर्चा की गई है।

1. हिंदुओं और मुसलमानों के बीच नागरिक आबंध

आशुतोष वार्ष्णेय ने इस तरह एक तर्क प्रस्तुत किया है जिसे स्वीकार किया जा सके। तर्क यह है कि नगर के स्तर पर हिंदुओं और मुसलमानों के बीच नागरिक संबंधों की गैर मौजूदगी इन दो समुदायों के बीच संघर्ष का बुनियादी कारण है।[2] दंगों के घटित होने को लेकर कुछ कसौटियों के आधार पर उन्होंने विशिष्ट शहरों और नगरों की उनके दंगा उन्मुख होने के रूप में पहचान की है। वार्ष्णेय दंगों की घटना में शहर स्तर के परिवर्तनों पर जोर देकर यह सिद्ध करना चाहते हैं कि दंगों के घटित होने का केंद्र सरकार, राज्य सरकारों या पुलिस की कार्रवाइयों और नीतियों से कोई संबंध नहीं है। उत्तर प्रदेश राज्य में अलीगढ़ में बारंबार दंगे होते रहे किंतु लखनऊ में नहीं हुए। इसी तरह गुजरात में अहमदाबाद में अनेक सांप्रदायिक दंगे हुए जबकि सूरत में आमतौर पर शांति बनी रही। यह सुझाना तर्कसंगत नहीं है कि राज्य सरकार अथवा पुलिस किसी एक स्थान में, उदाहरण के लिए अहमदाबाद में, दंगे को प्रोत्साहित करेगी या भड़काएगी, और उसके साथ-साथ राज्य में ही एक अन्य शहर में, जैसे कि सूरत में, ऐसी घटनाओं को होने से कठोरता से रोकेगी।

वार्ष्णेय जब राज्य और पुलिस की भूमिका गैर महत्त्वपूर्ण बताते हैं तब प्रचलित नागरिक आबंधों के स्तर को निर्धारक कारक रूप में स्थापित करते हैं जो संबंधित शहर या नगर में दंगा उन्मुखता को प्रभावित करता है। वार्ष्णेय की वह परिकल्पना दिलचस्प है और अधिक शोध के योग्य है, जिसमें वे नागरिक समाज की संरचना और सांप्रदायिक हिंसा के बीच अभिन्न संबंध स्थापित करना चाहते हैं। वे नागरिक जीवन के अंतः सांप्रदायिक ताने-बाने के बजाय अंतर सांप्रदायिक ताने-बाने पर जोर देते हैं, जो विभिन्न समुदायों को आसपास लाते हैं। ये ताने-बाने दो प्रकार के हैं : साझेदारी वाला रूप और प्रतिदिवसीय अथवा नागरिक आबंधों का प्रतिदिवसीय रूप।

संबंधों के साझेदारी वाले ताने-बाने के अनेक उदाहरण हैं, व्यापारिक और व्यावसायिक संगठन, विभिन्न सामाजिक क्लब, उत्सव-संघ और श्रम संघ तथा संवर्ग (काडर) आधारित राजनीतिक दल। आबंधों के प्रतिदिवसीय वाले ताने-बाने के रूपों में हिंदू और मुसलमान परिवारों के बीच दैनिक जीवन के सामान्य अंतर-संबंध शामिल होते हैं, जैसे-एक दूसरे के घर आना-जाना, मिल बैठकर खाना खाना, उत्सवों को संयुक्त रूप से मनाना, उनके बच्चों का मिल-जुलकर खेलना, आदि। आबंधों के ये दोनों रूप ही, यदि पक्के हों तो वे शांति को बढ़ावा देते हैं। इन आबंधों के अनुपस्थित रहने या कमजोर होने पर सांप्रदायिक हिंसा का अवसर उपस्थित हो जाता है।

शहरों की जोड़ीगत तुलना

सांख्यिकी आधार पर यह सिद्ध करने के बाद कि सांप्रदायिक हिंसा शहर-केंद्रिक है, और इन शहरों में से कुछ ही वास्तव में दंगा-उन्मुख हैं, वार्ष्णेय ने जोड़ीगत तुलना के उद्देश्य से छः शहरों का चयन किया है : इनमें से तीन शहर दंगा-उन्मुख शहरों की सूची में से हैं और तीन शांत शहर हैं। यह सुनिश्चित किया गया कि प्रत्येक जोड़ी के दोनों शहरों में शहरी आबादी में हिंदू-मुसलमान का प्रतिशत मोटे तौर पर समान हो।

इनमें से अलीगढ़ और कालिकट की पहली जोड़ी जनसंख्या के तुलनात्मक प्रतिशत पर ही आधारित थी। हैदराबाद और लखनऊ की दूसरी जोड़ी के साथ दो और आधार जुड़े-पूर्ववर्ती मुसलमान राज और यथोचित सांस्कृतिक समानता। अहमदाबाद और सूरत की तीसरी जोड़ी में भी इतिहास, भाषा और संस्कृति की सहभागिता है। इन सभी शहरों में से प्रत्येक की आबादी 5,00,000 से अधिक है।

वार्ष्णेय के शोध का मुख्य निष्कर्ष यह है कि जहाँ दो समुदायों के बीच नागरिक आबंधों का स्थानीय ताना-बाना मजबूत होता है, वहाँ परस्पर विभाजन और आमने-सामने हो जाने की स्थिति को अधिकतर नियंत्रित कर लिया जाता है, जहाँ ऐसा ताना-बाना नहीं रहता, वहाँ सांप्रदायिक पहचान की वजह से जातीय और भयंकर हिंसा होती है। आबंधों के साझेदारी वाले रूप और प्रतिदिवसीय रूप, दोनों ही शांति को प्रोत्साहित करते हैं परंतु 1947 के भारत के विभाजन अथवा 1992 के बाबरी मस्जिद के ध्वंस जैसे राष्ट्रीय स्तर के बहिर्जनित आघातों का सामना करने की क्षमता साझेदारी वाले आबंधों में काफी ज्यादा होती है।

बहरहाल, वार्ष्णेय उस विरोधाभास को स्वीकार करते हैं जिसमें ग्रामीण भारत, जहाँ प्रतिदिवसीय आबंधों का ताना-बाना तो है किंतु साझेदारी वाला ताना-बाना नहीं के बराबर है, सांप्रदायिक हिंसा से तुलनात्मक रूप से मुक्त है, जबकि शहर, जहाँ साझेदारी वाला ताना-बाना अधिक है, ऐसे केंद्र हैं जहाँ सांप्रदायिक दंगे ज्यादातर होते हैं। इस विरोधाभास के बाबत वार्ष्णेय का उत्तर है कि अनौपचारिक संबंध गाँवों में शांति बनाए रखने में मदद कर सकते हैं किंतु शहरों में नहीं, क्योंकि शहरों में परस्पर संबद्धता कम होती है और अपरिचय ज्यादा रहता है।

देश में साझेदारी वाली संरचना के विकास में वार्ष्णेय महात्मा गांधी के उस योगदान को रेखांकित करते हैं, जो स्वतंत्रता संग्राम को एक राष्ट्रीय आंदोलन में जिसमें, सभी वर्गों के भारतीय शामिल थे, रूपांतरित करने के लिए उत्तरदायी है। महात्मा गांधी के लिए स्वतंत्रता आंदोलन के लक्ष्य में देश के सामाजिक रूपान्तरण का लक्ष्य भी शामिल था। महात्मा गांधी ने हिंदू-मुसलमान एकता, अस्पृश्यता-उन्मूलन और दलित वर्ग के उत्थान पर जोर दिया था। इस तरह राष्ट्रीय आंदोलन में गांधीवादी प्रभाव से भारत के साझेदारी वाले नागरिक संगठन की नींव रखी गई।

राष्ट्रीय एकीकरण की प्रक्रिया में, 1920-1940 के दशक के दौरान अनेक संगठन अस्तित्व में आए। इनमें से सबसे बड़ा संगठन कांग्रेस पार्टी थी जिसने आंदोलन का

राजनीतिक रूप से नेतृत्व किया और पूरे देश में अपना संवर्ग (काडर) विकसित किया। वार्ष्णेय के शब्दों में,...[3]

> इस आंदोलन को हिंदू-मुसलमान एकता स्थापित करने में दक्षिण भारत में ज्यादा सफलता मिली जहाँ स्थानीय राजनीति में हिंदू-मुसलमान के बीच पहले से दरार नहीं थी। यदि स्थानीय राजनीति ने अन्य किसी दरार, जैसे हिंदुओं के बीच जाति की दरार, या मुसलमानों के बीच शिया-सुन्नी की दरार, पर जोर दिया तो कांग्रेस पार्टी और गांधीवादी कार्यकर्ताओं ने स्थानीय नागरिक जीवन में हिंदुओं और मुसलमानों को एकजुट करना ज्यादा आसान पाया।

लखनऊ और हैदराबाद के बीच तुलना...[4]

हैदराबाद और लखनऊ दोनों को हिंदू-मुसलमान की साझा संस्कृति के केंद्रों के रूप में देखा जाता रहा है। दोनों जगह ही मुसलमान शासक थे : हैदराबाद में निजाम और लखनऊ में नवाब। इन दोनों शहरों में हिंदू-मुसलमान आबादी का प्रतिशत लगभग एक समान रहा है। इससे भी बड़ी बात यह है कि इन दोनों शहरों में चुनावी प्रतियोगिता की दृष्टि से मुसलमान एक महत्त्वपूर्ण वोट-समूह हैं।

इन समानताओं के बावजूद, दोनों शहरों का इतिहास बिलकुल अलग-अलग रहा है। बीसवीं शताब्दी में लखनऊ में एकमात्र बड़ा हिंदू-मुसलमान दंगा 1924 में हुआ था। यह शहर भारत विभाजन के समय, अयोध्या आंदोलन की तेजी के समय बड़े पैमाने पर हो रहे हिंसात्मक संघर्षों के बीच और बाबरी मस्जिद के ध्वंस के बाद भी सांप्रदायिक हिंसा से वस्तुतः मुक्त रहा था। 1938 से, जब पहली बार सांप्रदायिक दंगे भड़के, हैदराबाद भारत का एक सर्वाधिक दंगा-उन्मुख शहर बन गया है। 1960 के दशक के बाद यहाँ अनेक सांप्रदायिक दंगे हुए हैं।

दोनों शहरों में सांप्रदायिक हिंसा के रेकॉर्ड में स्पष्ट विपरीतता के कारणों की खोज करते हुए वार्ष्णेय ने यह तर्क प्रस्तुत किया है कि ऐतिहासिक रूप से लखनऊ में मुसलमानों के शिया और सुन्नी फिरकों के बीच अंतः धार्मिक दरार प्रभावी रही है, न कि अंतर धार्मिक दरार। इसके विपरीत, हैदराबाद में 1930 में उभरी जन राजनीति को हिंदू-मुसलमान विवाद पर छा दिया गया, और न कि शिया-सुन्नी विवाद पर।

इस दृष्टि से घटना क्रम में जबरदस्त मोड़ तब आया जब हैदराबाद के सातवें निजाम ने राज्य में, जहाँ आबादी में हिंदुओं का बहुमत था किंतु सत्ता की संरचना पर मुसलमान हावी थे, लोकप्रिय शासन की स्थापना की माँग को नकार दिया। निजाम ने जन स्तरीय संगठनों को, जो राज्य में हिंदुओं और मुसलमानों के नागरिक एकीकरण को बढ़ावा दे सकते थे, उभरने से रोकने के लिए अपनी तानाशाही शक्ति का प्रयोग किया। इस तरह हैदराबाद में अंतर सांप्रदायिक संबंधों के लिए साझेदारी वाले स्थान तेजी से सिकुड़ गए।

इन ऐतिहासिक परिवर्तनों की पृष्ठभूमि में हैदराबाद के अधिकांश राजनीतिज्ञों ने हिंदू-मुसलमान ध्रुवीकरण और हिंसा को एक रणनीतिगत राजनीतिक अस्त्र के रूप में

इस्तेमाल किया है, जबकि लखनऊ के राजनीतिज्ञों ने सांप्रदायिक तनाव के समय आमतौर पर एकता के सूत्र जोड़ने की कोशिश की है।

लखनऊ में सामूहिक स्तर पर नागरिक आबंधों का सबसे बड़ा स्रोत आर्थिक गतिविधि है। चिकन और जरदोजी वाला कशीदाकारी–कपड़ा उद्योग लखनऊ की आर्थिक गतिविधि के केंद्र में है। इस उद्योग में लगे लगभग सभी कारीगर मुसलमान हैं और यह अनुमानित है कि दो लाख से तीन लाख तक अथवा कुल मुसलमान आबादी के 30 से 50 प्रतिशत लोग इस उद्योग पर आश्रित हैं। इन कारीगरों में से अधिकांश सुन्नी मुसलमान हैं जबकि व्यापारी और उद्यमी हिंदू हैं।

ऐतिहासिक रूप से शिया समुदाय के साथ हिंदुओं के सद्भाव पूर्ण संबंध रहे हैं और लखनऊ में चिकन तथा जरदोजी उद्योग के बढ़ने के साथ बहुतेरे हिंदू और सुन्नी मुसलमान एक दूसरे पर निर्भर संबंधों के कारण नजदीक आ गए हैं। यह ध्यान देना महत्त्वपूर्ण है कि यह उद्योग मजदूरी, ठेके या अन्य किसी प्रकार की वैधानिक व्यवस्था के अंतर्गत कार्य नहीं करता है। यह तंत्र विश्वास पर चलता है।

दोनों ही समुदाय इस तथ्य को मानते हैं कि उनके बीच किसी भी प्रकार असहमति से उन गरीब मुसलमानों को हानि पहुँचेगी जो उद्योग के लिए कारीगर उपलब्ध कराते हैं, इसके साथ ही उन समृद्ध हिंदुओं को भी नुकसान होगा जिनका इस उद्योग में पैसा लगा हुआ है। अत: यदि कोई सांप्रदायिक हिंसा हो जाए तो लखनऊ की अर्थव्यवस्था ठप्प हो जाएगी और यह अकेला वह कारक है जो वहाँ सांप्रदायिक सौहार्द्र बनाए रखने के पक्ष में कार्य करता है।

हैदराबाद में इसके अनुरूप कोई भी बात नहीं है। यद्यपि वहाँ विविध प्रकार के बहुत से उद्योग हैं, लेकिन लखनऊ के विपरीत वहाँ किसी एक उद्योग में किसी एक ही समुदाय के मजदूर बड़ी संख्या में रोजगार में लगे हुए नहीं हैं। फलत: वहाँ कोई आर्थिक सहजीविता नहीं है। हैदराबाद में बड़े पैमाने पर मुसलमान गरीब हैं किंतु 1970 के दशक के मध्य से इस समुदाय के लोगों के मध्यपूर्व के देशों में प्रव्रजन से उनकी आर्थिक बढ़ोतरी हुई है। हैदराबाद में ये लोग अधिकांशत: फल और सब्जी, जूते, धातु–छीलन, ऑटो मैकेनिक आदि के धंधे में लगे हुए हैं, परंतु इनमें से कोई भी गतिविधि हिंदुओं और मुसलमानों के बीच महत्त्वपूर्ण व्यापारी–खरीददार वाली कड़ी स्थापित नहीं करती है। यहाँ ये दो समुदाय किसी ठोस आर्थिक और साझेदारी वाली कड़ियों में बँधे हुए नहीं हैं।

दूसरी परिकल्पना का संबंध राजनीतिक संगठनों और श्रमिक संघों से है जिन्हें लोगों और समुदायों को निकट लाने में सहयोगी माना जाता है। हैदराबाद में ऐसे संगठन व्यक्तियों को अंत: सांप्रदायिक संबंधों में जोड़ते हैं जबकि लखनऊ में ये संबंध अंतर–सांप्रदायिक हैं। भारत के अधिकांश हिस्सों में आजादी के बाद मुसलमानों ने कांग्रेस पार्टी को अपनाया जो अपवादित समय खंडों को छोड़कर, धर्मनिरपेक्षता से प्रतिबद्ध रही है। बहरहाल, अखिल भारतीय स्वरूप से हटते हुए, हैदराबाद में 'मुसलमानों ने एक मुस्लिम पार्टी मजलिस–ए–इत्तेहादुल मुस्लिमीन (एम.आई.एम) को बड़े पैमाने पर समर्थन दिया'।[5]

इस तरह हैदराबाद में धर्मनिरपेक्ष राजनीतिक संगठन दोनों बड़े समुदायों के बीच पुल बनने की भूमिका निबाहने में असमर्थ रहे थे। इसके विपरीत शहर में एम.आई.एम की ताकत बढ़ने से हिंदू राष्ट्रवादी संगठनों को हिंदुओं को ध्रुवीकृत करने के लिए बढ़ावा मिला और दोनों समुदायों के बीच संबंधों की दरारें बढ़ा दी गईं।

एक दशक पहले एम.आई.एम और हिंदू संगठन, आर्य समाज द्वारा शुरू किए गए धार्मिक अभियान 'प्रतियोगी धर्मांतरण' की पराकाष्ठा पर पहुँच गए। एम.आई.एम ने हिंदुओं को इस्लाम में धर्मांतरित कराया और आर्य समाज उनके पुन: धर्मांतरण (शुद्धिकरण) करने में संलग्न हो गया। धर्मांतरण और पुन: धर्मांतरण की प्रक्रिया ने दोनों समुदायों के बीच कटुता बढ़ा दी। हैदराबाद में 1938 में हुए दंगे इसी प्रतियोगी धर्मांतरण का प्रतिफल थे।

लखनऊ में हिंदुओं और मुसलमानों के बीच आर्थिक सहजीविता होने के कारण राजनीतिक नेताओं और स्थानीय, संयुक्त शांति समितियों ने तनाव तथा अफवाहों को रोकने के लिए मिल-जुलकर कार्य किया। लखनऊ के विपरीत हैदराबाद में उच्च वर्ग के स्तर पर हिंदुओं और मुसलमानों के बीच नागरिक अंत:क्रिया अच्छे स्तर की है। यह अंत:क्रिया शहर में बहुत से क्लब, आधुनिक गैर शासकीय संगठनों और हाल ही में स्थापित हुए अन्य संगठनों के माध्यम से होती है। बहरहाल, हैदराबाद में शांति समितियाँ समाज के अंदर से उभर कर नहीं आती हैं बल्कि स्थानीय प्रशासन द्वारा इन्हें ऊपर से गठित किया जाता है। ये समितियाँ, इसलिए अप्रभावशील सिद्ध होती हैं।

विभिन्न समुदायों के बीच नागरिक आबंध त्योहारों के जरिये भी स्थापित होते हैं। बहरहाल, हैदराबाद में गणेश चतुर्थी मनाने के लिए हिंदुओं द्वारा निकाले गए जुलूसों में मुसलमान शामिल नहीं किए जाते, और वास्तव में उद्देश्य यह होता है कि "मुसलमानों को यह दिखलाया जाए कि हिंदू कितने संगठित हो सकते हैं।"[6] इसके उत्तर में एम.आई.एम. ने मुसलमानों के लिए एक नई सामूहिक धार्मिक विधि, जिसे पंखा जुलूस कहा गया, शुरू की। वार्ष्णेय स्मरण करते हैं कि 1984 में पंखा और गणेश जुलूस एक के बाद एक कर शीघ्रता से निकाले गए जिससे उस दशक की सबसे भयावह हिंसा हुई। इस तरह इस शहर में त्योहारों के लोकप्रिय नागरिक क्षेत्र का भी ध्रुवीकरण कर दिया गया है।

लखनऊ भी 'त्योहारों की राजनीति' का एक केंद्र रहा है जिसमें बड़ी संख्या में लोग शामिल रहे, परंतु वहाँ विवाद मुसलमानों के दो प्रमुख फिरकों के बीच रहा है। मोहर्रम का अवसर हर बार समस्या खड़ी करता है क्योंकि यह त्योहार विशेष रूप से शियाओं द्वारा मनाया जाता है। चूँकि शिया राजाओं ने लखनऊ पर शासन किया था, यह त्योहार काफी शोर-शराबे और भव्य समारोह के साथ मनाया जाता है। अतीत में मोहर्रम को मनाने के कारण शिया-सुन्नी संघर्ष हुए, किंतु हिंदू-मुसलमान संघर्ष नहीं हुए।

वार्ष्णेय ने इसी तरह सूरत की तुलना अहमदाबाद से और अलीगढ़ की तुलना कालिकट से की है और वे लगभग समान निष्कर्षों पर पहुँचे हैं। संक्षेप में निष्कर्ष यह है कि ये शहर आमतौर पर सांप्रदायिक तनावों से मुक्त रहते हैं जहाँ मजबूत साझेदारी वाले नागरिक आबंध होते हैं। यह कहा जा सकता है कि इन शहरों में 'संस्थागत शांति तंत्र'

अस्तित्व में रहता है जिसमें विभिन्न संगठन सांप्रदायिक रूप से एकीकृत रहते हैं। ये नागरिक संगठन शांति और व्यवस्था बनाए रखने में स्थानीय प्रशासन की सहायता करते हैं। उन शहरों में यह बात बिलकुल उल्टे ढंग से लागू होती है जहाँ सांप्रदायिक तनाव और हिंसा एक नियमित लक्षण है।

जब नागरिक संरचना अंतर-नस्ली (इंटर-एथनिक) और साझेदारी वाली होती है तब वह भारत विभाजन अथवा धार्मिक स्थान के अपवित्रीकरण जैसे 'नस्ली भूकंपों' को झेल लेती है। परंतु यदि नागरिक आबंधों का रूप अनिवार्यत: अंत: नस्ली (इंट्रा-एथेनिक) है तो बहुत कम तीव्रता वाले भूकंप भी इस नागरिक संरचना को ध्वस्त कर देते हैं।

2. चुनावी मजबूरियाँ और प्रतियोगिता

सामाजिक, राजनीतिक विश्लेषक स्टीवन आई. विलकिंसन ने अपनी पुस्तक, 'वोट्स एंड वायलेंस : इलेक्टोरल कांपीटिशन एंड कम्युनल रायट्स इन इंडिया' में भारत में चुनावी राजनीति और प्रतियोगिता को सांप्रदायिक दंगे होने के लिए मुख्य कारक के रूप में वर्णित किया है।

विलकिंसन और वार्ष्णेय ने सांप्रदायिक दंगों पर अपने शोध के लिए मिल-जुलकर कार्य किया और इस बाबत उपलब्ध आँकड़ों का समान रूप से उपयोग किया। परंतु जब दंगे होने के कारणों को पहचानने की बात आई तो उन्होंने अलग-अलग रास्ता अपनाया है। विलकिंसन का केंद्रीय तर्क यह है कि नगर स्तरीय चुनावी प्रलोभन के कारण राज्य सरकारें इस तरह के दंगों को भड़कने से रोकने के लिए पुलिस बल का प्रयोग करती हैं।

अनुभव पर आधारित आँकड़ों के विश्लेषण के आधार पर विलकिंसन इस तथ्य की स्थापना करते हैं कि "लोकतांत्रिक राज्य अल्पसंख्यकों को तब संरक्षण देते हैं जब ऐसा करना उनकी सरकार के चुनावी हित में है।" जब अल्पसंख्यकों के वोटों की संख्या राज्य में काफी ज्यादा होती है और राजनीतिक दल के स्तर पर काफी प्रतियोगिता होती है तब राज्य सरकार और राजनीतिज्ञ अल्पसंख्यक समुदायों को सुरक्षा प्रदान करते हैं।[7]

उनके विश्लेषण में भारत में राज्यों को मोटे तौर पर तीन श्रेणियों में रखा गया है। सन् 2002 के गुजरात दंगों को संदर्भ बिंदु मानते हुए केरल, बिहार और उड़ीसा राज्यों को पहली श्रेणी में रखा गया है, जहाँ तीन या उससे अधिक राजनीतिक दल हैं और राज्य में राजनीतिक दलों के बीच बहुत कड़ी प्रतियोगिता है। दूसरी श्रेणी में आंध्र प्रदेश, मध्य प्रदेश और राजस्थान राज्यों को रखा गया है जहाँ केवल दो प्रतियोगी राजनीतिक दल हैं, या 'दो ध्रुवीय प्रतियोगिता' है। गुजरात राज्य अकेला ही तीसरी श्रेणी में रखा गया है, जहाँ दो ध्रुवीय प्रतियोगिता के बावजूद अल्पसंख्यकों के मत पर कोई निर्भरता नहीं है।

तार्किक रूप से, पहली दो श्रेणियों में शामिल राज्य सरकारों ने गोधरा घटना के बाद सन् 2002 में दंगों को भड़कने से रोकने के लिए कार्रवाई की पहल की। गुजरात की स्थिति को सबसे बुरे प्रकरण के दृश्य के रूप में चित्रित किया गया है, जहाँ सत्ता में बनी हुई भाजपा सरकार का अल्पसंख्यक समुदाय के बीच कोई चुनावी समर्थन

वाला आधार नहीं था और न ही राज्य के अन्य राजनीतिक दलों ने उसे पर्याप्त चुनौती दी थी। इस तरह गुजराती मुसलमानों को सुरक्षा देने के लिए शासन के पास कोई कारण नहीं था।[8]

विलकिंसन की उस परिकल्पना को संक्षेप में प्रस्तुत करना महत्त्वपूर्ण है जिसमें यह बताया गया है कि चुनावी प्रतियोगिता किस प्रकार हिंदुओं और मुसलमानों के बीच सांप्रदायिक दरार पैदा करती और बनाए रखती है क्योंकि यह सांप्रदायिक दरार दंगों के भड़कने की जड़ है।

नस्ली विभेद के मुद्दों का उपयोग

''भारत में राजनीतिज्ञ उस एक नस्ली पहचान को चुनते हैं, जिसे, उनकी दृष्टि में, मतदाता गण अपनी पहचान मानेंगे। इसके उपरांत, राजनीतिज्ञों को इस चुनौती का सामना करना पड़ता है कि वे इस पहचान को अपने लक्ष्य मतदाताओं के बीच किस प्रकार राजनीतिक रूप से सर्वाधिक महत्त्वपूर्ण बिंदु बनाएँ।'' इस तरह की स्थिति में मुख्य परस्पर विरोधी राजनीतिक दल उन नस्ली विभेद के मुद्दों को इस्तेमाल करते हैं जो सर्वाधिक उनके पक्ष में हो सकते हैं। हिंदू मतों को अपने पक्ष में जुटाने और संगठित करने के लिए, उन इलाकों में जहाँ आबादी में मुसलमानों की संख्या काफी है, ''वे राजनीतिक दल, जिनमें ऊँची जातियों का वर्चस्व है, मुसलमान विरोधी विभिन्न मुद्दों, जैसे : मुसलमानों द्वारा गायों के वध किए जाने का आरोप लगाकर; पड़ोस की मुसलमान बस्ती में से हिंदू जुलूस निकालकर; मुसलमानों के कब्जे के किसी जमीन के टुकड़े पर 'हिंदू' दावा पेश कर, आदि को उभार सकते हैं।''[9]

जब ऐसा होता है तब अल्पसंख्यकों द्वारा की गई रक्षात्मक जवाबी तैयारी सामने आती है और नस्लीय हिंसा की संभावना बढ़ जाती है। चुनावी गतिशीलता के कारण हुई अल्पसंख्यकों की जवाबी तैयारी अथवा नस्ली हिंसा के बावजूद ऐसा नहीं होता कि सभी हिंदू-ढुलमुल-मतदाता हिंदू-समर्थक-दल को समर्थन दें। किंतु चुनाव जीतने के लिए यह दल निर्णायक ढुलमुल-मतदाताओं को प्रभावित करने की कोशिशें करता है। इन मतदाताओं को प्रभावित करने के फलस्वरुप चुनाव जीते भी जा सकते हैं और हारे भी।[10]

''अनेक राजनीतिज्ञ सांप्रदायिक हिंसा और चुनावी सफलता की संभावनाओं में सुधार के बीच संबंध को खुले रूप से मानते हैं। उदाहरण के लिए, जनवरी 1986 में औरंगाबाद, महाराष्ट्र में शिवसेना, जो महाराष्ट्र में केंद्रित एक दक्षिणपंथी संगठन है, द्वारा आयोजित जुलूसों और प्रतिरोधों के बाद दंगे भड़क गए थे। इन दंगों ने बाद में होने वाले चुनावों में शिवसेना को मदद दी जिससे वह कांग्रेस को हरा सकी और नगर में शिवसेना के प्रमुख चंद्रकांत खैरे ने दावा किया कि सेना के लिए समर्थन जुटाने में दंगों की भूमिका महत्त्वपूर्ण थी और कि इस पहले आंदोलन के बाद से हमारे दल को हिंदुओं की अत्यधिक सहानुभूति प्राप्त हुई है।''[11]

उत्तर प्रदेश में सांप्रदायिक दंगों का अध्ययन करते हुए, विलकिंसन ने पाया कि ''सांप्रदायिक जुलूस और अन्य आयोजन के द्वारा मतदाताओं का ध्रुवीकरण, जो लोगों को विभाजित कर सकता है और जो धार्मिक पहचान की प्रमुखता बढ़ा सकता है, एक बहुत प्रभावशाली चुनावी रणनीति सिद्ध हुआ है। उत्तर प्रदेश में 1989 के राज्य निर्वाचनों और 1991 के राज्य निर्वाचनों के बीच 33 दंगे हुए थे जिनमें 295 लोग मारे गए। हिंसा के प्रत्येक मामले में उत्तेजित करने वाली घटना कोई-न-कोई संगठित हिंदू राष्ट्रवादी कोशिश रही है। किसी मुसलमान जुलूस को तितर-बितर करने की, मुसलमान विरोधी जनसभा आयोजित करने की, या यह भय फैलाने की कि मुसलमान हिंदुओं पर हमला करने वाले हैं।'' आगरा और अलीगढ़ में दिसंबर 1990 में हुए दंगों को इसी तरह का उदाहरण बताया गया है।[12]

इसका चुनावी प्रभाव यह रहा कि दंगों से प्रभावित नगरों में भाजपा के वोट औसतन 24 प्रतिशत अधिक बढ़ गए, जबकि दंगा-अप्रभावित नगरों में भाजपा का वोट केवल 7 प्रतिशत बढ़ा था। चुनावों के अंतिम परिणाम में दंगा पीड़ित सभी नगरों में से दो को छोड़कर सभी में भाजपा ने जनता दल समर्थित मुसलमान उम्मीदवारों को हरा दिया, और इन आठ नगरों में उसका वोट प्रतिशत लगभग 50 तक पहुँच गया।[13]

मध्य प्रदेश में राज्य निर्वाचनों में दंगों के संबंध में क्रिस्टोफ जैफरलॉट के शोध ने भी राज्य में भाजपा की चुनावी भाग्य पर समान हितकारी प्रभाव को प्रदर्शित किया है।[14] सन् 1993 के चुनाव में राज्य के इतिहास में पहली बार एक एकदम उलटी घटना हुई कि भोपाल से एक भी मुसलमान उम्मीदवार नहीं जीता। ऐसे सांप्रदायिक ध्रुवीकारण का प्रभाव अन्य शहरी निर्वाचन क्षेत्रों में भी देखा गया, जैसे 22 प्रतिशत मुसलमान आबादी वाले बुरहानपुर में विजयी उम्मीदवार विश्व हिंदू परिषद का एक साधु था।

चुनावी प्रतियोगिता किस प्रकार दंगों की रोकथाम को प्रभावित करती है और राजनीतिक दलों का विखंडन किस तरह शांति बनाए रखने में सहायता करता है-इस बाबत दो और उदाहरणों पर संक्षेप में विचार करना उपयोगी है। उत्तर प्रदेश में जब 1991 में भाजपा सत्ता में थी तब उसकी सहयोगी संस्था विश्व हिंदू परिषद को संवेदनशील शहर वाराणसी में न्यूनतम पुलिस सुरक्षा के साथ एक धार्मिक जुलूस निकालने और समारोह संपन्न करने दिया गया।[15] यह जुलूस पुराने शहर में मुसलमानों की बेहद घनी बस्ती से गुजरा। जुलूस में भाग ले रहे लोगों ने भड़काने वाले नारे लगाए और आतिशबाजी चलाई जिससे एक मुसलमान घायल भी हो गया। इससे हंगामा हो गया और स्थिति बिगड़कर बड़े पैमाने पर दंगे में परिवर्तित हो गई। ऐसे मामलों में जैसा अकसर होता है हिंदुओं पर संभावित मुसलमान हमलों की बाबत झूठी अफवाह फैलाई गई जिससे स्थिति और बिगड़ गई। चार दिन के दंगों में 17 लोग मारे गए और अनेक मुहल्लों में मुसलमानों की संपत्ति लूटी और जब्त की गई।

स्थानीय जिला मैजिस्ट्रेट इस जुलूस को निकाले जाने के विरोध में था किंतु राज्य शासन के दबाव में उसे जुलूस के लिए अनुमति देनी पड़ी। इस जुलूस को निकाले जाने

का प्रमुख कारण यह था कि अगले दो हफ्तों में राज्य विधानसभा के 14 क्षेत्रों में उपचुनाव होने वाले थे। भाजपा ने जान लिया था कि हिंदू मतदाताओं की हिंदुत्व के प्रति सहानुभूति है, जो समावित 'मुसलमान आशंका' से भयभीत भी थे। भाजपा के लिए आवश्यक था कि वह हिंदुओं को मुख्य निर्वाचकों के रूप में प्रभावित करें। इसी वजह से सत्ताधारी दल ने वाराणसी में दंगे वस्तुतः आयोजित किए।

दूसरी दिलचस्प घटना उत्तर प्रदेश के मथुरा की है जहाँ चुनावी मजबूरियों ने प्रशासन को विपरीत ढंग से कार्य करने को उकसाया जिससे वहाँ एक सुखद परिणति हुई।16 अगस्त, 1995 में भाजपा और उसके सहयोगी संगठन विश्व हिंदू परिषद ने विष्णु महायज्ञ संपन्न करने और उस विवादित संकुल की परिक्रमा आयोजित करने की मंशा जाहिर की जहाँ केशवदास मंदिर और मुस्लिम शाही मस्जिद ईदगाह दोनों स्थित हैं। यह मंदिर-ईदगाह संकुल देश के अनेक विवादित मंदिर-मस्जिद स्थलों में से एक हैं और, इसलिए, 'मुसलमान विरोधी गतिशीलता के लिए यह स्वाभाविक पसंद' वाला स्थान था। मंदिर का संबंध भगवान कृष्ण से है, जो एक पिछड़े समाज, यादव के लिए महत्त्वपूर्ण धार्मिक प्रतीक हैं। इस अभियान का उद्‌देश्य ऊँची जाति की प्रधानता वाली भाजपा के लिए पिछड़ी जाति के बड़ी संख्या के मतों को अपने पक्ष में करना था।

उस समय बहुजन समाज पार्टी की मायावती मुख्यमंत्री थीं और वे राज्य में भाजपा के साथ संयुक्त सरकार का नेतृत्व कर रही थीं। बहरहाल, उन्होंने यह जान लिया था कि मथुरा में महायज्ञ होने से उनके नस्ली राजनीति आधार को गंभीर खतरा हो सकता है। मुसलमान वोटों को खोने के भय से उन्होंने इस धार्मिक कृत्य के विरुद्ध कठोर लोक दृष्टिकोण अपनाया। सरकार में उनके सहयोगी भारतीय जनता पार्टी और विश्व हिन्दू परिषद ने मथुरा में दोनों ही धार्मिक कृत्यों को योजनानुसार संपन्न करने के लिए अनुमति देने के लिए उन पर दबाव डाला किंतु मायावती टस से मस नहीं हुईं और बल्कि उन्होंने त्यागपत्र देने की धमकी दे दी।

भाजपा के पास और कोई चारा नहीं था, सिवाय इसके कि वह समझौता करती। विश्व हिंदू परिषद को महायज्ञ आयोजित करने की अनुमति दी गई, और वह भी परिसर के तीन किलोमीटर वाले सुरक्षा घेरे के काफी बाहर, जबकि परिसर की परिक्रमा करने की अनुमति तो दी ही नहीं गई। यह योजना सफल रही और हिंदू-मुसलमान दंगा नहीं हुआ।

3. हिंदू-मुस्लिम दंगों की गतिकी और संस्थानिक दंगा तंत्र

यूनिवर्सिटी ऑफ वाशिंगटन के प्राध्यापक, पॉल ब्रास ने हिंदू-मुसलमान दंगे के विषय पर गंभीर शोध किया है। इस शोध का विशेष केंद्र उत्तर प्रदेश के अलीगढ़ को बनाया गया है जहाँ इस तरह के दंगे लंबे समय से एक स्थानिक बीमारी के रूप में होते हैं।[17] अन्य अधिकांश समाज विज्ञानियों के ठीक विपरीत ब्रास ने एक बिलकुल अलग परिप्रेक्ष्य प्रस्तुत किया है जिसमें वे दंगों के कारणों की खोज को ऐतिहासिक विकासात्मक प्रक्रम और हिंदुओं और मुसलमानों के बीच संबंधों की गतिकी पर केंद्रित करते हैं।

ब्रास के अनुसार ये दंगे ऐतिहासक रूप से 'तरंगों' या 'शृंखलाओं' में घटित हुए हैं। ये समयावधियाँ स्वतंत्रता के पहले अंग्रेजी राज के विरुद्ध खिलाफत आंदोलन असफल होने के बाद में 1923-27 की, और विभाजन के ठीक पहले तथा बाद में 1946-48 की थीं।[18] ऐसी तीसरी समयावधि 1980 के दशक के उत्तरार्द्ध और 1990 के दशक की शुरुआत में जब अयोध्या आंदोलन अपने शिखर पर पहुँच रहा था तब प्रारंभ हुई और 1993 तक चलती रही। भारत में इतने लंबी फैली समयावधियों और सर्वथा असंबद्ध स्थानों में दंगों के होने के संतोषजनक कारणों को खोजने के लिए यह जरूरी था कि, 'शृंखलाओं' के सूत्रीकरण से परे जाकर उनका परीक्षण किया जाए।

ब्रास अलीगढ़ में हुए दंगों की परिस्थितियों और कारणों का विश्लेषण करते हैं और भारत के उन अधिकांश अन्य स्थानों के लिए उसे एक मूल आदर्श के रूप में लेते हैं, जहाँ हिंदू और मुसलमान साथ-साथ बसते हैं और जहाँ दंगे एक स्थानीय बीमारी रहे हैं। उसका तर्क है कि अलीगढ़ की भाँति इन सभी स्थानों में 'सांप्रदायिकता की विवादमय संरचना' बड़े किंतु व्युत्पन्न रूप में कार्य करती है।[19] ब्रास की दृष्टि में अलीगढ़ 'दंगे की स्थिरता' की दृष्टि से उपयुक्त चयन है, विशेषकर इसलिए कि वहाँ अलीगढ़ मुस्लिम यूनिवर्सिटी है। चूँकि पाकिस्तान आंदोलन वस्तुतः अलीगढ़ मुस्लिम यूनिवर्सिटी की ही उपज था, अनेक हिंदुओं के लिए यह विश्वविद्यालय भारतीय मुसलमान, पाकिस्तान का निर्माण और उसके बाद भारतीय समाज में उत्पन्न समस्याओं का प्रतीक है।

उन्नीसवीं शताब्दी में सामूहिक विरोध के जिन विभिन्न रूपों, जैसे अहिंसात्मक सिविल नाफरमानी आंदोलन, ने अपनी जड़ें जमाईं उनमें दंगे भी सामूहिक, हालाँकि सांप्रदायिक कार्रवाई के एक रूप की तरह स्थापित हो गए। पॉल ब्रास ने यह स्थापित करने की कोशिश की है कि स्वतंत्रता के बाद उत्तर भारत का पूरा राजनीतिक तंत्र हिंदू-मुसलमान दंगों में निहित हो गया है। ये दंगे कुछ संगठनों और बड़े राजनीतिक उपयोग के लिए विशिष्ट राजनीतिक लाभ देते हैं। वे दृढ़तापूर्वक कहते हैं कि हिंदू-मुसलमान विवाद हिंदू राष्ट्रवादी संगठनों, जिनका केंद्र राष्ट्रीय स्वयंसेवक संघ है, के अस्तित्व का मुख्य रूप से औचित्य सिद्ध करता है। इन संगठनों का समुच्चय, जिनका कार्य हिंदुओं को एकजुट करना है, सामूहिक रूप से संघ परिवार के रूप में जाना जाता है। यह परिवार हिंदुओं के राजनीतिक समर्थन को सुदृढ़ कर इस विवाद को स्थायी बनाने से बहुत अधिक लाभान्वित हुआ है। इस बिंदु को बाद में हिंदुत्व पर लिखे गए अध्याय में विस्तार से विवेचित किया गया है।

हिंदू-मुसलमान दंगे उस सांप्रदायिक विवाद की पृष्ठभूमि में होते हैं जिसका एक ऐतिहासिक परिप्रेक्ष्य है। ब्रास उन वामपंथी इतिहासकारों से सहमत हैं जो यह मानते हैं कि सामूहिक 'हिंदू' अतीत की प्रस्तुति भारत में लगातार होने वाली सांप्रदायिक हिंसा में मुख्य भूमिका निभाती है। यह दर्शाने के लिए साक्ष्य उपलब्ध है कि विगत काल का यह स्मरणीकरण 'दूसरे' के, जो कि भारत के संदर्भ में मुसलमान हैं, राक्षसीकरण की ओर ले जाता है।[20]

इस तरह सांप्रदायिक आग को लगाने और उसे जलाए रखने के राजनीतिक लाभ हमारे समक्ष 'संस्थानिक दंगा तंत्र' के सिद्धांत को प्रस्तुत करते हैं। ऐसे तंत्र उन स्थानों में अस्तित्व में रहते हैं जहाँ दंगे स्थानिक बीमारी हैं। ये तंत्र घटनाओं और सूचनाओं को इस तरह तोड़ने-मरोड़ने का कार्य करते हैं जिससे सांप्रदायिक दंगे या तो हो जाएँ या फिर और फैल जाएँ। 'संस्थानिक दंगा तंत्र' को किसी रंगमंच पर 'नाटकीय प्रस्तुति' की तरह कल्पित किया गया है। इस नाटक में काम करने वाले अभिनेताओं में 'धर्मांतरण विशेषज्ञ' और 'आग भड़काने वाले' शामिल रहते हैं। पहली श्रेणी के लोग सामान्य प्रकार की दैनिक घटना को इस तरह उभारते हैं जिसके परिणाम स्वरूप सांप्रदायिक हिंसा हो जाए। दूसरी ओर आग भड़काने वालों की भूमिका सांप्रदायिकता की आग को इस तरह धधकाते रहने की है कि जिससे अब अवसर आए तब उस आग को एक लपट के रूप में भड़का दिया जाए-एक ऐसी छद्म अपने आप भड़की आग जिसे किसी अंजाम देने वाली घटना के अपरिहार्य परिणाम के रूप में देखा जाए।

दंगे में लगे लोगों का दूसरा समुच्चय उनका है जो 'संप्रदायवादी संचालन कर्ता' हैं जो गुप्त बैर भाव का लाभ उठाते हैं और ऐसे अवसर पैदा कर देते हैं जिससे उस बैर भाव को लेकर कार्रवाई की जा सके। इस श्रेणी में राजनीतिज्ञ, व्यावसायिक तथा सक्रिय कार्यकर्ता, जो अधिकांशतः संघ परिवार से जुड़े हुए होते हैं, तथा अन्य दूसरे लोग, जिनका हिंदू दक्षिणपंथ की ओर झुकाव होता है, शामिल रहते हैं। इसी श्रेणी में, विशेषकर अलीगढ़ में, हिंदू-बहुल महाविद्यालयों और अलीगढ़ मुस्लिम विश्वविद्यालय के हंगामा मचाने वाले विद्यार्थी शामिल रहते हैं। ब्रास ने स्पष्ट किया है कि :

> दंगा-उन्मुख शहरों और नगरों में स्थित संस्थानिक दंगा तंत्र या संजाल में अधिक विविधतापूर्ण भूमिकाएँ निहित रहती हैं-उनमें सूचना देने वाले-जो हिंदू-मुसलमानों के बीच संबंधों को प्रभावित करने वाली घटनाओं के घटित होने के संदेश राजनीतिक समूह के नेताओं तक पहुँचाते हैं; प्रचारक-जो समाज के विशिष्ट वर्गों, प्रेस, सामान्य जनता तक पहुँचाए जाने वाले संदेश गढ़ते हैं; पोस्टर चिपकाने वाले-जो दीवारों पर पोस्टर चिपकाते हैं;, अफवाह फैलाने वाले-जो उस संदेश को भौतिक संचार द्वारा प्रसारित करते हैं; भरती करने वाले लोग-जो महाविद्यालयों और विश्वविद्यालयों से भीड़ इकट्ठा करते हैं; और गुंडे-जो समय आने पर हत्या, लूट और आगजनी का कार्य करते हैं, शामिल होते हैं।[21]

चूँकि अलीगढ़ ने पिछले लम्बे समय में अनेक हिंदू-मुसलमान दंगों को देखा है, अतः इसे उस केंद्र के रूप में मान्य किया जाता है जहाँ संस्थानिक दंगा तंत्र अस्तित्व में है। ब्रास 1990 में हुए ऐसे एक दंगे का उदाहरण देते हैं।[22] दिनांक 8 दिसंबर, 1990 को हिंदुओं की एक भीड़ ने गोमती एक्सप्रेस पर हमला किया और अनेक मुसलमान यात्रियों की निर्दयतापूर्वक हत्या कर दी। दो दिनों बाद 10 दिसंबर को प्रमुख हिंदी समाचारपत्रों-आज, दैनिक जागरण और अमर उजाला में झूठा समाचार प्रसारित हुआ कि अलीगढ़ मुस्लिम यूनिवर्सिटी मेडिकल कॉलेज अस्पताल में कई हिंदू-बीमार लोगों की हत्या कर

दी गई है। यह मिथ्याचरित समाचार उत्तर भारत के हिंदी-क्षेत्र में प्रकाशित किया गया और उसे विभिन्न क्षेत्र में प्रसारित किया गया। इस अफवाह ने ट्रेन में हुई मुसलमान यात्रियों की सामूहिक हत्या की घटना से ध्यान हटाने और दंगों के रूप में मुसलमान-विरोधी आंदोलन का नया दौर शुरू करने के उद्देश्य की पूर्ति की। ब्रास का तर्क है कि अलीगढ़ और उत्तर भारत में स्थित संस्थानिक दंगा तंत्र में तीन समाचार-पत्र, उनके पत्रकारों और संपादकों को भर्ती कर दिया गया, और यह कि इन लोगों को दंगों और उनसे होने वाली मौतों की जिम्मेदारी वहन करनी होगी।

4. अन्य स्पष्टीकरण

मैंने तीन समाज विज्ञानियों आशुतोष वार्ष्णेय, स्टीवन आई. विलकिंसन तथा पॉल ब्रास द्वारा हिंदू-मुसलमान दंगों के होने के कारकों और गतिकी संबंधी व्याख्याएँ कुछ विस्तार से प्रस्तुत की हैं। इनमें से प्रत्येक ने विषय का गहराई से अध्ययन किया है किंतु इस दीर्घस्थायी घटना की जड़ और इस घटना के लगातार होते रहने की बाबत अलग-अलग निष्कर्ष दिए हैं। यह ध्यान देने योग्य विषय है कि ऐसे अन्य कई अध्येता हैं जो हिंदू-मुसलमान दंगों के विषय पर लिखते समय अपने सिद्धांतों को बौद्धिक-या कई बार रहस्यमय-तर्कों पर आधारित करते हैं, इनके विपरीत समाज विज्ञानियों की इस त्रिवेणी ने घटनाओं के क्षेत्र में जाकर किए गए शोध के आधार पर अपने निष्कर्ष निकाले हैं। इस तरह उनके तर्कों का आधार अधिक यथार्थपरक है जबकि अन्य कई विद्वान इस विषय को मात्र अवधारणात्मक वाद-विवाद में तब्दील करना चाहेंगे।

यहाँ, मैं उन अन्य स्पष्टीकरणों को संक्षेप में प्रस्तुत करता हूँ जो विभिन्न अध्ययनों से उभरकर सामने आए हैं जिससे यह निश्चित किया जा सके कि क्या वे स्पष्टीकरण मान्य किए जाने योग्य हैं, और यह भी कि क्या उन्हें अन्य ज्यादा विस्तृत स्पष्टीकरणों के साथ-साथ विचार में लिया जा सकता है।[23] विलकिंसन ने उन स्पष्टीकरणों पर विचार किया है और मैं उनकी बाबत अपना अभिमत देता हूँ।

आर्थिक स्पष्टीकरण

इस प्रकार के दंगों के संबंध में दो मुख्य आर्थिक स्पष्टीकरण दिए जाते हैं। पहला-"सन् 1992-93 में मुंबई और कलकत्ता में हुए दंगों और सन् 2002 में अहमदाबाद में हुए दंगों से जोड़कर-यह स्पष्टीकरण सांप्रदायिक हिंसा को उस रणनीति के रूप में देखा है जिसका झुग्गी बस्ती के सामंत और रियल इस्टेट डेवलपर बहुमूल्य भूमि से लोगों को हटाने के लिए इस्तेमाल करते हैं जिसके कि वह भूमि ऊँची कीमत पर बेची जा सके।"[24]

दूसरा स्पष्टीकरण दंगों को 'नस्ली रूप से विभाजित श्रम बाजार' में बढ़ती हुई प्रतियोगिता के परिणाम के रूप में देखता है। एक लंबे समय तक उद्योगों में श्रम शक्ति में, विशेषकर लघु उद्योग के क्षेत्र में, मुसलमानों की संख्या बहुत अधिक रही जबकि उद्योगों के मालिक और व्यापारी हिंदू रहे। जैसे-जैसे मुसलमानों ने इन धंधों में उद्यमियों

के रूप में बढ़कर आगे आना शुरू किया है वैसे-वैसे विद्यमान हिंदू व्यापारी असुविधा महसूस कर रहे हैं। इस तरह इस स्पष्टीकरण के मुताबिक उन मुसलमान समुदाय के सदस्यों से, जो अभी तक कारीगर और मजदूर की भूमिका में ही सीमित कर दिए गए थे, मिल रही प्रतिद्वंद्विता के कारण ऐसे दंगे होते हैं या कराए जाते हैं।

विद्वानों ने जो उदाहरण दिए हैं उनमें 1984 में भिवंडी (महाराष्ट्र) के दंगे शामिल हैं जो उस क्षेत्र में नए मुसलमान प्रतियोगियों की संपत्ति को नुकसान पहुँचाने के लिए हिंदू कपड़ा व्यापारियों द्वारा की गई एक संगठित कोशिश थी। मेरठ (उत्तर प्रदेश) में हिंदू व्यापारी जाति थोक कपड़े के व्यापार को नियंत्रित करती थी। इस व्यापारी जाति ने उन मुसलमान करघा-मालिकों को बर्बाद करने के लिए दंगे शुरू किए जो इस व्यापार में आगे आना चाहते थे। ऐसे ही अन्य उदाहरण जबलपुर (मध्य प्रदेश), कानपुर और मुरादाबाद (उत्तर प्रदेश) में हुए दंगे हैं जिनके संबंध में यह सिद्ध किया गया है कि वे क्रमश : बीड़ी और पीतल उद्योग में से नए मुसलमान प्रतियोगियों को बाहर करने के लिए संगठित कोशिश के रूप में थे।[25]

इस सिद्धांत के पक्ष में दो तर्क प्रस्तुत किए जाते हैं। पहला तो यह कि भारत में हिंदू-मुसलमान दंगे अधिकांशत: उन नगरों में होते हैं जहाँ दोनों समुदायों के बीच कड़ी आर्थिक प्रतियोगिता के साथ-साथ लघु उद्योग फलते-फूलते हैं। इस तर्क के पक्ष में एक अन्य साक्ष्य हताहत मुसलमान की संख्या और संपत्ति के नुकसान की तुलना से संबंधित है। इस तरह की हिंसा में हताहत मुसलमानों की संख्या और उनकी संपत्ति का नुकसान हताहत हिंदुओं और उनकी संपत्ति के नुकसान की तुलना में कहीं ज्यादा है। इस संबंध में वी.एन.राय के सारभूत निष्कर्ष राज्य और पुलिस की निष्पक्षता के अध्याय में दिए गए हैं। अत: नस्ली तौर पर विभाजित श्रम बाजार में मुसलमानों के पक्ष में होने वाले परिवर्तन और इसके फलस्वरूप उनके द्वारा उठाए जाने वाले नुकसान ये संकेत देते हैं कि ये दंगे-मुसलमानों द्वारा प्रस्तुत की जा रही प्रतियोगिता के विरुद्ध-आर्थिक दृष्टि से प्रायोजित हैं।

बहरहाल, पॉल ब्रास का यह मत है कि इस बात का प्रमाण नहीं के बराबर है कि हिंदुओं और मुसलमानों के बीच आर्थिक प्रतियोगिता दंगों का एक कारण है। "बल्कि, इस बात का अधिक प्रमाण है कि, विशिष्ट स्थानों में, समान पारंपरिक धंधों-जैसे कसाई के काम-में हिंदुओं और मुसलमानों के बीच प्रतियोगिता दंगाई हरकतों के लिए विशिष्ट जातियों और बिरादरी के लोग उपलब्ध कराने का कारक रही है।"[26]

ब्रास ने आगे यह तर्क भी दिया है कि जब (अन्य किन्हीं कारणों से) सांप्रदायिक दंगे हुए हैं तो हिंदू व्यापारियों ने आर्थिक लाभ उठाने के लिए गरीब मुसलमान कारीगरों को लक्ष्य बनाकर स्थिति का लाभ लिया है। ब्रास के मतानुसार, दंगे 'किसी विवादास्पद संदर्भ में होते हैं और उनका लगभग हमेशा संबंध राजनीतिक गतिविधियों से रहता है।' संक्षेप में, ब्रास दंगों के साथ आर्थिक संबद्धता को एक कारण के बजाय एक प्रभाव के रूप में देखते हैं।

मेरे दृष्टिकोण में किसी दुर्लभ प्रकरण में ही व्यापारिक प्रतिद्वंद्विता अथवा आर्थिक प्रतियोगिता के कारण कोई दंगा हुआ हो। इसकी ज्यादा संभावना है कि एक बार दंगे भड़क जाएँ तो किसी विशिष्ट समुदाय के विरुद्ध आर्थिक रूप से प्रेरित हिंसा की जाए। ऐसा होता है कि जब दोनों ही समुदायों के लोग किसी एक व्यापार में संलग्न हों-भले ही उनकी हैसियत अलग-अलग हो-तब अधिकांश प्रकरणों में दोनों ही समुदायों को नुकसान होता है। यह किसी के भी पक्ष में नहीं है कि उनके व्यापार या उद्योग के काम में बाधा पहुँचे । अतः यह अनुमान करना तर्कसंगत है कि न तो हिंदू और न मुसलमान ऐसे दंगे की रचना करना चाहेंगे जो दोनों के लिए ही नुकसानदायी सिद्ध, हों परंतु एक बार इच्छा के विरुद्ध स्वतंत्र रूप से ऐसा हो जाता है तो एक समुदाय के लोग दूसरे समुदाय के लोगों को नुकसान पहुँचाने के लिए स्थिति का लाभ लेने की कोशिश कर सकते हैं।

विलकिंसन ने कुछ विचारकों के इस मत का उल्लेख किया है कि "नस्ली रूप से विभाजित बाजार वास्तव में हिंदुओं और मुसलमानों के बीच आर्थिक अंतर निर्भरता और शांति को बढ़ावा दे सकता है, बजाय आर्थिक प्रतियोगिता को बढ़ाने के।" उदाहरण के लिए, वाराणसी में स्थानीय हिंदू व्यापारियों के संघ, काशी व्यापार मंडल, जो अयोध्या आंदोलन का कट्टर समर्थक था, ने एक बड़े दंगे को होने से रोक दिया। बहरहाल, उनकी निजी धार्मिक कार्य सूची से ज्यादा उनके सहभागित आर्थिक हित ने महत्त्व प्राप्त किया।[27] वार्ष्णेय ने लखनऊ में चिकन और जरदोजी उद्योगों का जो उदाहरण दिया है वह भी यह बतलाता है कि किस तरह हिंदुओं और मुसलमानों के बीच आर्थिक सहजीविता सांप्रदायिक हिंसा भड़कने के विरुद्ध एक प्रतिरोधक का कार्य कर सकती है।

नस्ली संतुलन स्पष्टीकरण

यह सैद्धांतिक रूप से प्रतिपादित किया गया है कि किसी भी शहर की मुसलमान आबादी और उसके स्तर तथा हिंदू-मुसलमान हिंसा के बार-बार होने के बीच एक संबंध है। समाज-विज्ञानी इस निष्कर्ष पर सहमत हुए प्रतीत नहीं होते हैं कि किसी एक स्थान पर हिंदुओं और मुसलमानों की आबादी का संतुलन किस तरह उस स्थान को दोनों समुदायों के लिए संघर्ष-उन्मुख बना देता है। यह बात निम्नलिखित उद्धरण से स्पष्ट होती है :

> हिंदू-मुसलमान हिंसा पर पहले गंभीर समाज-विज्ञानी-अध्ययन में सन् 1951 में रिचर्ड लैम्बर्ट ने रेखांकित किया कि "नगरीय दंगे सामान्यतः उन स्थानों पर होते हैं जहाँ दोनों समुदाय संख्या की दृष्टि से ज्यादा संतुलित होते हैं।" हाल ही में, मोईन शाकिर ने तर्क प्रस्तुत किया है कि हिंदू-मुसलमान दंगे वहाँ होते हैं जहाँ मुसलमान "संख्या की दृष्टि से ज्यादा होते हैं, फिर भी इतने पर्याप्त नहीं होते कि वे बहुत अधिक बन जाएँ;" जबकि पी.आर.राजगोपाल दावा करते हैं कि "एक सामान्य तर्क के रूप में, सांप्रदायिक दंगे उन जगहों पर होते हैं जहाँ दोनों में से कोई भी समुदाय संख्या की दृष्टि से बहुलता में न हो।"[28]

यह सत्य है कि दंगे उन नगरों, शहरों या राज्यों में दुर्लभ ही होते हैं जहाँ मुसलमान नगण्य अल्पसंख्यक के रूप में होते हैं। इस दृष्टि से हिमाचल प्रदेश, हरियाणा और

राजस्थान पर ध्यान दिया जा सकता है, जहाँ सांप्रदायिक दंगे वस्तुतः अज्ञात हैं। पर इसका स्वाभाविक अर्थ यह नहीं है कि जहाँ मुसलमानों की आबादी बड़ी है वहाँ दंगे बारंबार होंगे। उदाहरण के लिए, पश्चिम बंगाल और केरल ऐसे अपवाद हैं जहाँ दोनों ही राज्यों के प्रत्येक हिस्से में बड़ी संख्या में मुसलमानों के रहने के बावजूद दंगे दुर्लभ ही हुए हैं। अतः 'नस्ली संतुलन' संबंधी तर्क ना तो सामान्यीकृत किया जा सकता और ना ही वह किसी तरह आगे टिक सकता है।

भड़के हुए शरणार्थी

कुछ तर्क के साथ यह दलील दी गई है कि जो लोग विस्थापित किए गए हैं और जिन्हें उत्पीड़न की वजह से अपना घर छोड़कर भागने पर मजबूर किया गया है, वे उस समूह या समुदाय के सदस्यों से बदला लेने के आदी हो गए हैं जिन्हें वे अपने तत्कालीन उत्पीड़क के रूप में देखते हैं। भारत में, यह बात उन विस्थापित व्यक्तियों या शरणार्थियों पर लागू होती है जिन्हें पाकिस्तान में अपना घर छोड़कर वहाँ से भागना पड़ा था और भारत में प्रव्रजन करना पड़ा था। सन् 1947 और 1950 के बीच अनेक दंगे हुए थे जिनमें हिन्दू और सिख शरणार्थियों ने स्थानीय मुसलमानों पर, अपना गुस्सा उतारते हुए, हमला किया था। इसी प्रकार कुछ विद्वानों ने यह रेखांकित किया है कि उत्तर प्रदेश और गुजरात के उन कुछ नगरों में बड़ी संख्या में सांप्रदायिक दंगे हुए हैं, जहाँ शरणार्थी बसाए गए हैं। यह स्पष्ट है कि इन स्थानों के संवेदनशील बनने की प्रवृत्ति है। यह भी सत्य है कि अनेक शरणार्थी और उनके वंशज हिंदू अधिकार को सक्रिय रूप से समर्थन देते हैं और उन्हें राष्ट्रीय स्वयं सेवक संघ के संवर्गों में (काडर में) पर्याप्त संख्या में पाया जा सकता है।[29]

सहचर संबंधी स्पष्टीकरण

''एरेंड लिजफॉर्ट ने 1960 के दशक के उत्तरार्द्ध में 'सहचर संबंधी मॉडल' विकसित किया था। यह उसने इस गुत्थी को सुलझाने के लिए विकसित किया था कि क्यों बेल्जियम, नीदरलैंडस और स्विटजरलैंड चिरस्थायी और लोकतांत्रिक देश हैं जबकि उनके यहाँ जिस तरह की धार्मिक और नस्ली विविधता है उससे वहाँ लोकतांत्रिक अस्थायित्व और हिंसा होनी चाहिए थी।''[30] लिजफॉर्ट ने इस मॉडल को भारत पर लागू करते हुए यह तर्क दिया है कि स्वतंत्रता के बाद के वर्षों से लेकर 1960 के दशक के मध्य तक हिंदू-मुसलमान हिंसा ज्यादातर नियंत्रण में रही क्योंकि भारत 'वास्तव में सहचर राज्य' बन गया था। ऐसा इसलिए हुआ कि क्योंकि यह एक नस्ली रूप से समावेशी 'भव्य गठबंधन' अर्थात उस कांग्रेस के द्वारा शासित था, जिसने धार्मिक और भाषायी अल्पसंख्यकों को सांस्कृतिक स्वायत्तता मंजूर की थी और राजनीति, शिक्षा और सरकारी रोजगार में अल्पसंख्यकों को 'समानुपातिकता' सुनिश्चित कराई थी और महत्त्वपूर्ण सामाजिक तथा धार्मिक विधायी कार्यों में अल्पसंख्यकों को वीटो (निषेधाधिकार) दिया

था।[31] 1960 के दशक के बाद हिंदू-मुसलमान हिंसा बढ़ गई क्योंकि बहुनस्ली कांग्रेस पार्टी कई राज्यों में सत्ता खोने के कारण 'कुछ कम दृढ़ सहचर' बन गई थी।''[32]

सहचर मॉडल को लिजफॉर्ट द्वारा भारत पर लागू किए जाने पर विलकिंसन ने सवाल उठाया। भारत में सहचर के इतिहास का अनुगमन करते हुए विलकिंसन ने पाया कि भारत 1919 से 1947 तक सहचर की स्थिति में था। इस अवधि में ऐसे निर्वाचन क्षेत्र बनाकर जिनमें वोट देने का अधिकार केवल मुसलमानों को था उन्हें राजनीतिक प्रतिनिधित्व गारंटी किया गया था। जिन प्रांतों में मुसलमान अल्पसंख्यक के रूप में थे वहाँ उन्हें प्रांतीय विधान सभाओं में न्यूनतम प्रतिशत में प्रतिनिधित्व की भी गारंटी दी गई थी। इससे बढ़कर, मुसलमानों, सिखों, ईसाइयों और एंग्लो-इंडियन को आबादी में उनके अनुपात के अनुसार आरक्षण देकर सरकारी नौकरियों में हिस्से की भी गारंटी दी गई थी।

''मुसलमान, हिंदू और सिख अपने वैयक्तिक कानूनों का पालन करते थे और राज्य अल्पसंख्यक सांस्कृतिक अधिकारों, जैसे मुसलमानों को भोजन के लिए गायों को काटने का अधिकार, की गारंटी देता था। उर्दू को भी सरकारी कामकाज की भाषा के रूप में हिंदी के समान दर्जा प्राप्त था।''[33]

स्वतंत्रता के बाद भारत काफी कम सहचर बन गया। जहाँ-जहाँ अलग निर्वाचक मंडल लागू किए गए थे उन्हें समाप्त कर दिया गया। केंद्रीय सरकार में मुसलमानों, सिखों और ईसाइयों को प्राप्त आरक्षण सन् 1949 में समाप्त कर दिया गया। इस तरह, लिजफॉर्ट के दावों के विपरीत, स्वतंत्रता के बाद के काल में सहचर के सिद्धांत को वस्तुतः छोड़ ही दिया गया था।

विलकिंसन का अगला तर्क है कि 1960 के दशक के मध्य में भारत क्रमशः अधिक सहचर बन गया है। विभिन्न राज्यों में हिंदुओं के साथ-साथ मुसलमान समुदायों के अंतर्गत आने वाली अनुसूचित जातियों, अनुसूचित जनजातियों तथा अन्य पिछड़े वर्गों के लिए सरकारी नौकरियों में आरक्षण किया गया है। दलित वर्गों के सशक्तिकरण के कारण कई राज्यों में उनकी राजनीतिक शक्ति और सत्ता-संतुलन-शक्ति बढ़ी है।

लिजफॉर्ट के मत के विपरीत, विलकिंसन का निष्कर्ष है कि ''हम जब एक बार भारत के सहचर-चरित्र को नये सिरे से संकेतबद्ध कर लेते हैं और यह अनुभव कर लेते हैं कि भारत 1919 से लेकर 1947 तक सहचर, 1947 से लेकर 1966 तक असहचर और 1960 के दशक से क्रमशः अधिक सहचर रहा है तब हम यह देख सकते हैं कि सहचर सिद्धांत, यदि और कुछ नहीं तो, हिंदू-मुसलमान हिंसा के उच्चतर राष्ट्रीय स्तरों से संबंद्ध रहा है।''[34]

समग्र आकलन

पूर्ववर्ती चर्चा से यह स्पष्ट हो जाता है कि जिन विद्वानों ने भारत में दंगों के आकस्मिक कारकों और गतिकी का अध्ययन किया है उन्होंने इस घटना को लेकर कई सिद्धांत और परिकल्पनाएँ प्रतिपादित की हैं। यह स्पष्ट है कि इन घटनाओं को अंजाम देने वाली

विभिन्न परिस्थितियों के लिए कोई वर्गगत स्पष्टीकरण नहीं दिए जा सकते। मैंने जिन विद्वानों–आशुतोष वार्ष्णेय, स्टीवन आई. विलकिंसन और पॉल आर. ब्रास–के तर्कों को उद्धृत किया है वे भी इस विषय पर अलग–अलग मत दृढ़तापूर्वक व्यक्त करते हैं।

वार्ष्णेय ने नागरिक संबंधों की महत्ता पर जोर दिया है पर ऐसा करते हुए वे दंगों के होने में राजनीतिक गतिशीलता और राजनीतिक दलों की प्रतियोगिता के महत्त्व को या तो नजर अंदाज कर देते हैं या फिर उन्हें कम कर बताते हैं।

पॉल ब्रास ने दंगों की तुलना रंगमंचीय प्रस्तुति से की है जो पूरी तरह एक मौलिक अवधारणा है और अवधारणात्मक रूप से वह आकर्षक भी प्रतीत होती है किंतु दंगा उन्मुख तंत्र के अस्तित्व को प्रत्यक्ष प्रमाण से जाँचा नहीं जा सकता। ब्रास का यह विश्वास युक्तियुक्त नहीं है कि अलीगढ़ में दंगों के विस्तृत सूक्ष्म स्तरीय अध्ययन पर आधारित उसके निष्कर्ष सामान्यीकृत किए जा सकते हैं और भारत के अन्य हिस्सों में भी लागू किए जा सकते हैं। दोनों समुदायों के बीच संबंधों की गतिकी अलग–अलग जगहों पर अलग–अलग होती है। परिस्थितियाँ भी सदैव एक समान नहीं रहेंगी। ब्रास दंगों के भड़कने के कारण के रूप में पूर्ण 'स्वत: प्रवर्तिता' के सिद्धांतों को सही रूप में नकारते हैं किंतु फिर वे तर्क के दूसरे छोर पर पहुँच कर दंगों को पूरी तरह एक यथोचित योजना और तैयारी के परिणाम के रूप में लेते हैं। दंगों को रंगमंचीय प्रस्तुतियों के रूप में लेना स्थिति का अति सामान्यीकरण करना है क्योंकि रंगमंचीय प्रस्तुतियों में संबंधित प्रत्येक व्यक्ति अपनी इच्छा के अनुसार भाग लेता है जबकि दंगों में बड़ी संख्या में लोग उस परिस्थिति में बिना अपनी इच्छा या झुकाव के शामिल हो जाते हैं। इससे भी अधिक यह कि किसी नाटक में हर परिवर्तन पूर्व में निर्धारित योजना और संयोजन के अनुसार होता है। वास्तविक जीवन की परिस्थितियों में दंगाइयों की अनेक कार्रवाइयों में यह शायद ही कोई ऐसा तत्त्व होता है जिससे यह पता लगे कि व्यक्ति ने अपनी तर्क शक्ति खो दी थी।

विलकिंसन चुनावी प्रतियोगिता और सांप्रदायिक हिंसा के बीच संबंधों पर ही अपना ध्यान मुख्य रूप से केंद्रित करते हैं। अपनी जिस प्रकार की लोकतांत्रिक राज्य व्यवस्था है उसमें चुनाव लगभग सदैव होते रहने वाली एक विशेषता है। हमारे यहाँ लोकसभा और राज्यों की विधानसभाओं के लिए चुनाव होते हैं, इनके उपचुनाव भी होते हैं, और फिर हमारे यहाँ पंचायतों और नगरीय निकायों के लिए निश्चित समयावधि पर चुनाव और उपचुनाव होते हैं। इस तरह यह संभव है कि लगभग प्रत्येक सांप्रदायिक हिंसा, किसी समय या स्थान पर, चुनाव के आस–पास हो। किंतु यह अनुमान लगाना निरा भोलापन होगा कि हिंसा और चुनाव हुए हैं, जिनके न पहले न बाद में सांप्रदायिक दंगे हुए, उदाहरण के लिए जम्मू और काश्मीर, दिल्ली, राजस्थान, मध्य प्रदेश और छत्तीसगढ़ राज्यों में 2008 के विधानसभा चुनावों के दौरान कोई दंगा नहीं हुआ। अत: जिस तरह वार्ष्णेय ने यह स्वीकार किया है कि नागरिक संबंधों और दंगों के बीच संबंध 'संभावनात्मक है, न कि कानून के समान', उसी तरह का संबंध चुनाव और सांप्रदायिक हिंसा का भी है।

निष्कर्ष

अनेक विद्वानों द्वारा प्रस्तुत विभिन्न कारणों का अध्ययन कर लेने के बाद यह मानना ज्यादा यथार्थपरक होगा कि हिंदू-मुसलमान दंगों को लोगों के भीतर-ही-भीतर धधक रहे तनाव को खुले रूप से सामने आना माना जाए। ये तनाव उन जगहों पर बने रहते हैं जहाँ दोनों समुदायों के लोग एक दूसरे के आस-पास बसते हैं। हिंदुओं और मुसलमानों के मन में 'दूसरे' के प्रति विद्वेष की भावनाएँ सदैव बनी रहती हैं। दोनों समुदायों के व्यक्तियों का जिस तरह पालन-पोषण होता है उससे उनके मानस में 'दूसरे' के संबंध में रूढ़िबद्ध भावनाएँ बन जाती हैं और वे उसके अर्द्ध चेतन में बसी रहती हैं।

हिंदुओं के मन में मुसलमानों के संबंध में बड़े पैमाने पर रूढ़िबद्ध भावनाएँ इस प्रकार हैं : (क) वे भोजन करने की अपनी आदतों के कारण 'गंदे' हैं। (ख) वे आक्रामक और धार्मिक कट्टरपंथी हैं, मामूली सी बात पर वे जिहाद करने को तैयार रहते हैं। (ग) वे व्यभिचारी हैं, जो हिंदू औरतें पर्दा नहीं करतीं उन पर वे झपटने और उनका बलात्कार करने को तैयार रहते हैं, आदि। इसके अलावा, विशेषकर परंपरावादी हिंदू मुसलमानों से नाराज रहते हैं। मुसलमान गाय का माँस खाते हैं जबकि अधिकांश हिंदू गाय को पवित्र मानते हैं।

दूसरी ओर मुसलमान लोग हिंदुओं को इस तरह देखते हैं : (क) वे मूर्तिपूजक हैं, उनकी धार्मिक रीतियाँ अतार्किक हैं। (ख) स्त्री-पुरुष के बीच के संबंध की बाबत उनकी उदार भावना असंयमितता के समान है और (ग) मुसलमानों की तुलना में वे कायर हैं, आदि।

मैं मानता हूँ कि इन रूढ़िबद्ध भावनाओं के कारण दोनों समुदायों के बीच अविश्वास बढ़ता है और यह स्थिति शाश्वत भय का प्रतिनिधित्व करती है क्योंकि समुदायों के बीच द्वेषपूर्ण कार्रवाई की आग भड़काने के लिए बस एक चिंगारी की जरूरत होती है। इस घटना का एक समग्र चित्र थामस ब्लाम हैंसन ने संक्षेप में अच्छी तरह व्यक्त किया है, जो इस प्रकार है :

> समकालीन भारत में हुए दंगों में से अनेक दंगे-विशेषकर ऐसे जो उन स्थानों पर हुए जिन्हें पुलिस रिकार्ड में अकसर 'परेशानी वाली जगह कहा जाता है' और जो दूसरे समुदाय के साथ आनुष्ठानिक हिंसक मुठभेड़ों के इतिहास वाले हैं-सामान्यता के सागर में विकृति की मध्यवर्ती घटनाओं सरीखे नहीं दिखाई देते हैं। इसके बजाय, वे सघनता के बिंदु हैं जहाँ सामान्य ज्ञान, घटनाएँ, और कुछ परस्पर क्रियाएँ-वे 'उपहासात्मक संबंध' या छोटी-मोटी उत्तेजक बातें जो अपने आप में बड़े अपमान का रूप नहीं ले सकती हैं-अचानक पुरानी दंत कथाओं और शत्रुता और हिंसा के वृत्तांतों से मिलकर समतुल्यता की शृंखला बनाती हैं, जो समूहों के बीच कभी समाप्त न होने वाली शत्रुता और विरोध की पुनः रचना करती हैं। कोई उकसाने वाली घटना-जो अकसर लड़कियों को छेड़ने की, युवाओं के बीच लड़ाई की या पुलिस बर्बरता की होती है-पहले से बने हुए सांप्रदायिक रूप से उत्तेजित वातावरण के साथ मिलकर बड़े पैमाने पर हिंसा की

आग लगा देती है। ऐसे क्षेत्रों में सांप्रदायिक हिंसा और शत्रुता उनके सामाजिक और राजनीतिक संगठन की सामान्य विशेषताएँ होती हैं जिसमें स्थानीय दबंग लोग और राजनीतिक सक्रिय कार्यकर्ता अपनी पूर्व निर्धारित भूमिका और संयोजन के साथ अगली मुठभेड़ के लिए तैयार रहते हैं।[35]

जब तक अपने देश में आम लोगों के आपसी व्यवहार में पहचान की राजनीति हावी रहेगी तब तक एक सहन की जाने वाली घटना के रूप में दंगे होते रहेंगे। जब तक राष्ट्रीय स्तर से लेकर मैदानी राजनीतिक दलों, नेताओं और अभिमत निर्माताओं तक के बीच ऐसी राजनीति को समाप्त करने के लिए सहमति नहीं बनती है तब तक आपसी व्यवहार का स्वरूप विभिन्न समुदायों के बीच मधुरता पूर्ण संबंधों को बढ़ाने वाला नहीं होगा।

यह तर्क दिया गया है–यद्यपि उसे सार्वभौमिक रूप से स्वीकार नहीं किया गया है–कि आय की असमानता को कम करके समता मूलक आर्थिक विकास, एक समय के बाद, समाज के सभी सदस्यों के बीच समरसता को बढ़ा सकता है और व्यक्तियों तथा समुदायों के बीच तनाव को घटाने की ओर ले जा सकता है (इस पक्ष पर मुसलमानों का वंचित रहना और सांप्रदायिक विभाजक वाले अध्याय के अंतर्गत 'आर्थिक सुधारों का मुसलमानों पर प्रभाव' शीर्षक वाले अंश में विचार किया गया है)। ऐसा लगता है कि हम अभूतपूर्व आर्थिक विकास के युग में प्रवेश कर चुके हैं। यदि ऐसा ही विकास होता रहा और विकास का स्वरूप समता मूलक रहा, न केवल व्यक्तियों के लिए बल्कि भिन्न-भिन्न समुदायों के लिए, तो उनके बीच का वह तनाव, जो हिंसा की ओर ले जाता है, धीरे-धीरे कम हो सकता है और फिर समाप्त हो सकता है।

टिप्पणियाँ

1. पॉल आर. ब्रास, द प्रोडक्शन ऑफ हिंदू-मुस्लिम वायलेंस इन कंटेम्पररी इंडिया (न्यू डेल्ही : ऑक्सफोर्ड, 2003), पृ. 10
2. वार्ष्णेय, एथनिक कांफ्लिक्ट एंड सिविक लाइफ, पृ. 2–18
3. वही, पृ. 17
4. वही, पृ. 117–215
5. वही, पृ. 180
6. वही, पृ. 182
7. विलकिंसन, वोट्स एंड वायलेंस, पृ. 6
8. वही, पृ. 8
9. वही, पृ. 21–23
10. वही, पृ. 25
11. वही, पृ. 47
12. वही, पृ. 49
13. वही, पृ. 50
14. क्रिस्टोफ जैफ रलॉट, द हिंदू नेशनलिस्ट मूवमेंट एंड इंडियन पालिटिक्स : 1925 टू द 1990 (न्यू डेल्ही : पेंग्विन, 1999), पृ. 513–514

15. विलकिंसन, वोट्स एंड वायलेंस, पृ. 162–163
16. वही, पृ. 165–169
17. ब्रास, द प्रोडक्शन ऑफ हिंदू–मुस्लिम वायलेंस
18. वही
19 वही
20. इसे हिंदुत्व पर लिखे अध्याय में विवेचित किया गया है
21. ब्रास, द प्रोडक्शन ऑफ हिंदू–मुस्लिम वायलेंस
22. वही, पृ. 124–131
23. विलकिंसन, वोट्स एंड वायलेंस, पृ. 26–27
24. वही, पृ. 27
25. वही, पृ. 28
26. ब्रास, द प्रोडक्शन ऑफ हिंदू–मुस्लिम वायलेंस, पृ. 208–216
27. विलकिंसन, वोट्स एंड वायलेंस, पृ. 31
28. वही, पृ. 33
29. वही, पृ. 33–35
30. वही, पृ. 98
31. वही, पृ. 100
32. वही, पृ. 97
33. वही, पृ. 106
34. वही, पृ. 97–136
35. थामस ब्लाम हैंसन, द सैफ्रन व्हेव–डेमोक्रेसी एंड हिंदू नेशनलिज्म इन मॉडर्न इंडिया (प्रिंसटन, एन.जे. : प्रिंसटन, 1999), पृ. 205–206

क्या राज्य और पुलिस तटस्थ और निष्पक्ष हैं?

किसी भी हिंदू-मुसलमान दंगे का एक परिणाम यह होता है कि दंगे की स्थिति की अनिवार्य रूप से जाँच-पड़ताल की जाती है-मरे और घायल व्यक्तियों, नष्ट की गई और लूटी गई संपत्ति, श्रमशक्ति और व्यापार को हुए नुकसान, देश के खजाने को हुए नुकसान के संबंध में आँकड़ों की भरमार हो जाती है-और एक-दूसरे दल को नीचा दिखाने के लिए राजनीतिज्ञों द्वारा दोषारोपण करने का खेल शुरू कर दिया जाता है। दंगे भड़कने के कारण के संबंध में अनेक सिद्धांत प्रतिपादित किए जाते हैं, परिवारों की भयावह यातना के संबंध में कहानियाँ बताई जाती हैं, विचलित कर देने वाले छायाचित्र कोमल अभिव्यक्ति वाले शीर्षक, 'दंगे का चेहरा', के साथ पूरे मीडिया में जोर-शोर से प्रकाशित किए जाते हैं और नेकीभरी आशा व्यक्त की जाती है कि ऐसी घटना, जिससे पूरे देश की अच्छी छवि पर दाग लगता है, फिर कभी नहीं होनी चाहिए। बहरहाल, उसके बाद विवेकशील व्यक्ति इस तरह के दंगे के सभी पक्षों पर-विशेषकर दंगे को भड़कने से रोकने या उसे बढ़ावा देने में राज्य और पुलिस द्वारा निबाही गई भूमिका और भविष्य में इस तरह के दंगे को होने से रोकने के लिए अपनाए जाने वाले तरीकों और साधनों-विचार करने के लिए दुर्लभ ही मिल बैठते हैं।

दंगे के बाद शासकीय तंत्र को अकसर जो कार्रवाई करनी चाहिए वह उसके द्वारा दंगे के समय की गई कार्रवाई कहीं बहुत अधिक होती है। दंगे के बाद की गई कार्रवाई में आसूचना एकत्र करने वाली इकाइयों और दंगे में हिस्सा लेने वाले प्रत्येक व्यक्ति की भूमिका, और यदि आवश्यक हुआ तो, कानून के अंतर्गत की जाने वाली कार्रवाई की समीक्षा शामिल रहती है। एक बार जहाँ दंगा समाप्त हो गया तब फिर इस तरह का आत्मपरीक्षण और पोस्टमार्टम नहीं किया जाता। हम अनुभव से शायद ही कभी सीखते हैं और इसलिए हम अपनी गलतियों को दोहराने के लिए शापित हैं-हर बार जब सांप्रदायिक दंगा शुरू होता है तो हमारी प्रवृत्ति हर बात को नए सिरे से शुरू करने की होती है।

हिंसा को नियंत्रित करने और सामान्य स्थिति बहाल करने का दायित्व अधिकांश परिस्थितियों में जिला प्रशासन और पुलिस पर होता है। जिला स्तर पर कानून और व्यवस्था बनाए रखने के लिए प्रमुख अधिकारी जिला मैजिस्ट्रेट और पुलिस अधीक्षक होते हैं। जिला मैजिस्ट्रेट की सहायता के लिए कार्य पालक होते हैं और पुलिस अधीक्षक की सहायता के लिए पुलिस विभाग का समूचा सोपान तंत्र होता है। दंगे की स्थिति के दौरान प्रशासन और जनता के बीच संपर्क की कड़ी के रूप में पुलिसकर्मी काम करते हैं।

इस तरह प्रशासन तंत्र में जनता के भरोसे को बनाए रखने के लिए पुलिस की तटस्थता सर्वाधिक महत्त्वपूर्ण होती है।

पुलिस की तटस्थता

भारत जैसे धर्मनिरपेक्ष राज्य में धर्म या नस्ल के आधार पर किसी प्रकार का भेदभाव नहीं किया जा सकता। दो समुदायों के सदस्यों के बीच संघर्ष की घटना के दौरान यह अपेक्षा की जाती है कि राज्य तटस्थ और निष्पक्ष बना रहेगा। जब दो समुदायों के व्यक्तियों या समूहों के बीच कोई संघर्ष होता है तब राज्य की ओर से कार्रवाई करते हुए पुलिस को शांतिपूर्ण निराकरण करने के लिए दोनों के बीच में आकर मध्यस्थता करनी होती है। ऐसा करते समय पुलिस को किसी एक पक्ष का साथ नहीं देना चाहिए बल्कि उसे एक निष्पक्ष मध्यस्थ की भूमिका निबाहनी चाहिए जिससे वह दोनों पक्षों का विश्वास अपने प्रति बनाए रखे।

उत्तर प्रदेश पुलिस के एक वरिष्ठ अधिकारी, वी.एन.राय. ने सांप्रदायिक दंगों से निपटने के संबंध में भारतीय पुलिस के रिकार्ड पर शोध किया है और अपने निष्कर्षों को 'काम्बैटिंग कम्युनल कांफ्लिक्ट' में प्रकाशित किया है।[1] उन्होंने कानपुर में 1931 में हुए दंगों से शुरू कर 1992-93 में मुंबई में हुए दंगों तक देश के विभिन्न भागों में अलग-अलग समय हुए दस दंगों का गहनता से अध्ययन किया है। अन्य दंगे जिनका उन्होंने अध्ययन किया है वे 1967 में राँची, 1969 में अहमदाबाद, 1970 में भिवंडी जलगाँव, 1977 में बनारस, 1979 में जमशेदपुर, 1989 में भागलपुर, 1990 में मेरठ और 1992 में अयोध्या में हुए थे।

उन्होंने बहुत सी अभिलेखागारीय सामग्री और पीपुल्स यूनियन फॉर सिविल लिबर्टीज (पीयूसीएल) और पीपुल्स यूनियन फॉर डेमोक्रेटिक राइट्स (पीयूडीआर) जैसे मानव अधिकार एक्टिविस्ट्स के प्रतिवेदनों का अध्ययन किया है। उन्होंने कार्यरत और सेवानिवृत्त पुलिस अधिकारियों और दंगा पीड़ितों का साक्षात्कार भी लिया है। उनके द्वारा किए गए अध्ययन का सैंपल साइज यह है-50 पुलिस अधिकारी, 200 दंगा पीड़ित 'अल्पसंख्यक' और 200 दंगा पीड़ित 'बहुसंख्यक'।[2]

पुलिस की तटस्थता के मुद्दे से जुड़े कुछ प्रासंगिक सवाल दंगा पीड़ितों से पूछे गए थे। इस अध्ययन के कुछ निष्कर्ष निम्नलिखित अनुसार हैं।

शोध प्रश्न एक

"सांप्रदायिक दंगों के दौरान आपने पुलिस को किस रूप में पाया ? मित्र ( ) शत्रु ( ) तटस्थ ( )।" यह प्रश्न बहुसंख्यक और अल्पसंख्यक दोनों ही समुदायों के दंगा पीड़ितों से पूछा गया था। फिर दोनों ही समुदायों के 200-200 दंगा पीड़ितों से प्राप्त उत्तरों को विश्लेषित किया गया।

दंगा पीड़ित-अल्पसंख्यक

श्रेणी	*बारंबारता*	*प्रतिशतता*
मित्र	3	1.5
शत्रु	194	97
तटस्थ	3	1.5

दंगा पीड़ित-बहुसंख्यक

श्रेणी	*बारंबारता*	*प्रतिशतता*
मित्र	143	71.5
शत्रु	13	6.5
तटस्थ	44	22

स्रोत : काम्बैटिंग कम्युनल कांफ्लिक्ट, वी.एन. राय, पृ. 100

प्राप्त उत्तरों की प्रकृति को देखते हुए यह स्पष्ट है कि मुसलमानों ने पुलिस को एक मित्र के बजाय एक शत्रु के रूप में देखा, जबकि हिंदुओं के मामले में स्थिति उल्टी थी।

शोध प्रश्न दो

''क्या आप सांप्रदायिक दंगों के दौरान सहायता प्राप्त करने के लिए पुलिस के पास जाएँगे ? हाँ ( ) नहीं ( ) कह नहीं सकते ( )।

दंगा पीड़ित-अल्पसंख्यक

श्रेणी	*बारंबारता*	*प्रतिशतता*
हाँ	32	16
नहीं	147	73.5
कह नहीं सकते	21	10.5

दंगा पीड़ित-बहुसंख्यक

श्रेणी	*बारंबारता*	*प्रतिशतता*
हाँ	186	93
नहीं	4	2
कह नहीं सकते	10	5

स्रोत : काम्बैटिंग कम्युनल कांफ्लिक्ट, वी.एन. राय, पृ. 101

दंगे के दौरान जब जीवन और संपत्ति खतरे में हों तब सामान्य प्रतिक्रिया यह होनी चाहिए कि सहायता प्राप्त करने के लिए पुलिस के पास जाएँ। उपरोक्त उत्तरों से यह जाहिर है कि अधिकांश हिंदू ऐसा ही करेंगे, परंतु मुसलमान ऐसा नहीं करेंगे। अतः इस अध्ययन के अनुसार पुलिस की निष्पक्षता अथवा धर्मनिरपेक्ष प्रत्ययों पर दंगों से पीड़ित मुसलमानों का विश्वास नहीं है।

इसका एक कारण तो यह हो सकता है कि पुलिस बल में मुसलमानों का प्रतिनिधित्व अपर्याप्त है। ऐसी स्थिति में वह पुलिस, जिसमें अधिकांशतः हिंदू हैं, मुसलमानों के प्रति पूर्वग्रह से युक्त होती है और अनियंत्रित स्थितियों में पूर्वग्रह के अनुसार कार्रवाई करती है।

आमतौर पर हिंदू लोग मुसलमानों को आक्रामक और हिंसा उन्मुख लोगों के रूप में, हिंदुओं को मार डालने के उद्देश्य से दंगों की रचना करने वालों के रूप में देखते हैं। वी.एन.राय ने पुलिस बल में कार्यरत हिंदुओं के उस रवैये के अभिमुखीकरण को निम्नलिखित शब्दों में अच्छी तरह व्यक्त किया है जो उन्हें प्रभावित कर सकता है।[3]

दंगों के प्रति बहुसंख्यक समुदाय अथवा हिंदुओं का रुख दो पूर्व निर्धारित विश्वासों पर टिका है। वे विश्वास करते हैं कि ये मुसलमान हैं जो दंगे शुरू करते हैं और ये हिंदू हैं जो दंगों के दौरान अधिक पीड़ित होते हैं। इन पूर्व निर्धारित विश्वासों के पीछे कुछ सूत्रीकरण हैं जो हिंदू मानस में गहरी जड़ें जमाए हुए हैं। एक औसत हिंदू यह विश्वास करता है कि हिंदू लोग अपनी प्रकृति के अनुसार उदारवादी, आध्यात्मिक, सहनशील और अहिंसक होते हैं। इसके विपरीत, मुसलमान लोग अपनी प्रकृति के अनुसार निर्दयी, हिंसक, विश्वासघाती और कट्टरपंथी होते हैं। एक बार ये दोनों सूत्रीकरण हिंदू मानसिकता के हिस्से बन गए तो बहुतेरे हिंदुओं के लिए यह विश्वास करना कठिन नहीं है कि ये मुसलमान लोग हैं जो दंगे शुरू करते हैं और ये हिंदू लोग हैं जो इन दंगों से अधिकांशतः पीड़ित होते हैं। यह अनुमान करना स्वाभाविक ही है कि एक 'निर्दयी और कट्टरपंथी' समुदाय दंगे शुरू करेगा और कि एक अहिंसक और सहनशील समुदाय को सबसे अधिक नुकसान होगा।

बहरहाल, 1968–80 की अवधि में हुए दंगों में हताहतों के बाबत अखिल भारतीय शासकीय आँकड़े मुसलमान लोगों के संबंध में हिंदुओं की आम धारणा के बिलकुल विपरीत हैं।

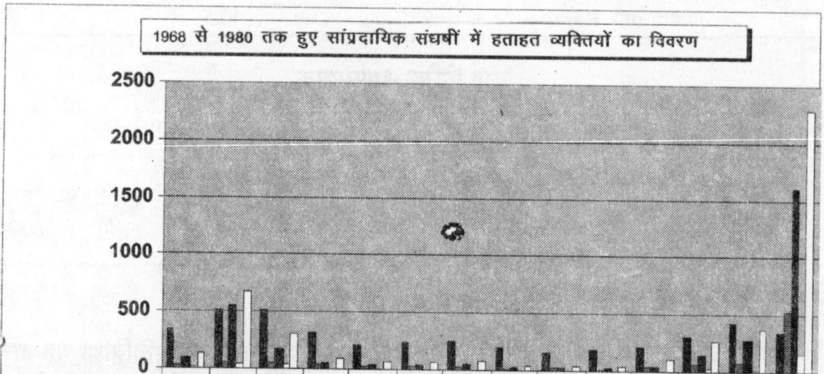

	1968	1969	1970	1971	1972	1973	1974	1975	1976					
घटनाओं की संख्या	346	519	521	321	210	242	248	205	169	188	219	304	427	349
मारे गए हिन्दु	24	66	68	38	21	26	26	11	20	12	51	80	87	530
मारे गए मुसलमान	99	558	176	65	45	45	61	22	19	24	56	150	278	1598
मारे गए अन्य/पुलिस	10	49	54	0	3	1	0	0	0	0	1	31	10	159
मृतकों की कुल संख्या	133	674	298	103	70	72	87	33	39	36	108	261	375	2289

एन.सी.सक्सेना, लालबहादुर शास्त्री नेशनल एकेडमी ऑफ एडमिनिस्ट्रेशन, मसूरी, द्वारा शासकीय प्रतिवेदनों और न्यायिक आयोगों के निष्कर्षों के आधार पर प्रस्तुत।

1961 से 1980 तक हए सांप्रदायिक संघर्षों में हताहत व्यक्तियों का विवरण

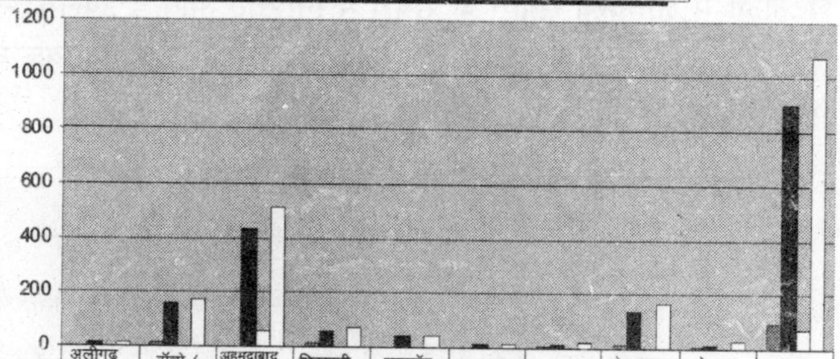

	अलीगढ़ (1961)	रॉंचो/हाटिया (August)	अहमदाबाद (Sept	भिवानडी (May 1970)	जलगॉव (May 1970)	फिरोजाबाद (1972)	अलीगढ़ (1978)	मोरादाबाद (Aug)	मेरठ (upto 3rd Oct)	कुल
मारे गए हिन्दुओं की संख्या	1	20	24	17	1	3	6	18	6	96
मारे गए मुसलमानों की संख्या	12	156	430	59	42	16	19	142	21	897
मारे गए अन्य/बिना पहचान के	0	1	58	2	0	2	3	0	2	74
मारे गए लोंगो की कुल संख्या	13	177	512	78	43	21	28	166	29	1067

एन.सी. सक्सेना, लालबहादुर शास्त्री नेशनल एकेडमी ऑफ एडमिनिस्ट्रेशन, मसूरी, द्वारा शासकीय प्रतिवेदनों और न्यायिक आयोगों के निष्कर्षों के आधार पर प्रस्तुत।

इन दो ग्राफों से यह पूरी तरह स्पष्ट है कि इन दंगों में हिंदुओं की अपेक्षा मुसलमान ज्यादा हताहत हुए थे। वर्ष 1968 से लेकर 1980 तक के तेरह वर्षों में 1598 मुसलमान (75 प्रतिशत) मारे गए थे। जबकि उनकी तुलना में 530 हिंदू (25 प्रतिशत) मारे गए थे।

वर्ष 1961 में जबलपुर में और 1969 में इंदौर में हुए दंगों का मुझे प्रत्यक्ष अनुभव रहा है। इन दंगों में आग और लूट के कारण नष्ट हुई अधिकांश संपत्ति मुसलमानों की थी। दिसंबर 1992-जनवरी 1993 में मुंबई में हुए दंगों के संबंध में विलकिंसन...[4] ने उल्लेख किया है कि दंगों के दौरान उत्पादन, कर राजस्व और संपत्ति नाश में अनुमानतः 9000 करोड़ रूपए का नुकसान हुआ था, और चमड़ा, जेवर, बेकरी और कपड़ा उद्योग जैसे निर्यात उद्योगों को ज्यादा नुकसान हुआ जिनमें ज्यादातर कारीगर मुसलमान थे। मुंबई के रेडीमेड कपड़ा उद्योग में अधिकतर उत्तर भारत के प्रदेशों के मुसलमान काम करते हैं। मुसलमानों के अपने गृह नगरों और गाँवों में वापस लौट जाने के कारण रेडीमेड कपड़ा उद्योग के निर्माताओं को उत्पादन में प्रतिदिन 30 लाख अमरीकी डालर का नुकसान उठाना पड़ा।

चूँकि इस बाबत प्रकाशित स्रोतों से अद्यतन आँकड़े नहीं मिले थे इसलिए मैंने सूचना के अधिकार अधिनियम के तहत गृह मंत्रालय से इस विषय पर कुछ और सूचना प्राप्त की। निम्नलिखित चार्ट से यह स्पष्ट हो जाता है कि वृहत् स्तरीय परिदृश्य में, 1980 से लेकर 2006 तक के बीच 27 वर्षों में भारत में हिंदू-मुसलमान दंगों में 5021 हिंदुओं (37

प्रतिशत) के विरुद्ध 8,490 मुसलमान (63 प्रतिशत) मारे गए थे। ऐसी सांप्रदायिक घटनाओं में क्षतिग्रस्त संपत्ति के संबंध में निश्चित आँकड़े उपलब्ध नहीं थे।

- सन् 1980 से लेकर 2006 तक हुई हिंदू-मुसलमान सांप्रदायिक घटनाओं की संख्या और हताहत व्यक्तियों की संख्या :

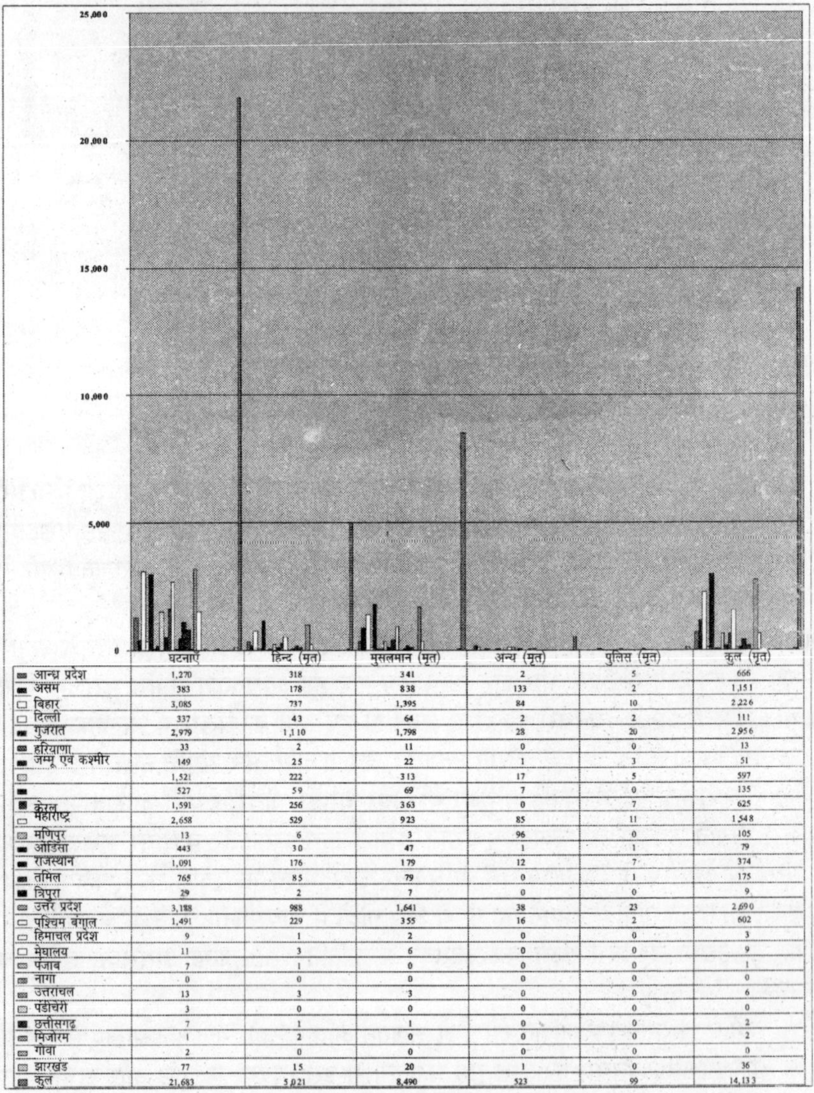

	घटनाएँ	हिन्द (मृत)	मुसलमान (मृत)	अन्य (मृत)	पुलिस (मृत)	कुल (मृत)
आन्ध्र प्रदेश	1,270	318	341	2	5	666
असम	383	178	838	133	2	1,151
बिहार	3,085	737	1,395	84	10	2,226
दिल्ली	337	43	64	2	2	111
गुजरात	2,979	1,110	1,798	28	20	2,956
हरियाणा	33	2	11	0	0	13
जम्मू एवं कश्मीर	149	25	22	1	3	51
	1,521	222	313	17	5	597
	527	59	69	7	0	135
केरल	1,591	256	363	0	7	625
महाराष्ट्र	2,658	529	923	85	11	1,548
मणिपुर	13	6	3	96	0	105
ओडिसा	443	30	47	1	1	79
राजस्थान	1,091	176	179	12	7	374
तमिल	765	85	79	0	1	175
त्रिपुरा	29	2	7	0	0	9
उत्तर प्रदेश	3,188	988	1,641	38	23	2,690
पश्चिम बंगाल	1,491	229	355	16	2	602
हिमाचल प्रदेश	9	1	2	0	0	3
मेघालय	11	3	6	0	0	9
पंजाब	7	1	0	0	0	1
नागा	0	0	0	0	0	0
उत्तरांचल	13	3	3	0	0	6
पंडीचेरी	3	0	0	0	0	0
छत्तीसगढ़	7	1	1	0	0	2
मिजोरम	1	2	0	0	0	2
गोवा	2	0	0	0	0	0
झारखंड	77	15	20	1	0	36
कुल	21,683	5,021	8,490	523	99	14,133

'सूचना का अधिकार' अधिनियम के तहत गृह मंत्रालय द्वारा दी गई जानकारी के आधार पर संकलित।

मार्क ट्वेन ने कहा था कि "झूठ तीन प्रकार के होते हैं : झूठ, सफेद झूठ और सांख्यिकी।" यदि हम मार्क ट्वेन पर भरोसा न करें तो आँकड़े यह बताते हैं कि दंगे होने पर मुसलमानों को बहुत भुगतना पड़ता है। जब ऐसा मामला है तब यह बात तार्किक रूप से स्वीकार नहीं की जा सकती जो हिंदू मानस में समाई हुई है कि मुसलमान लोग आक्रामक होते हैं और जो दंगे शुरू करते हैं। आखिर मुसलमान लोग ऐसी घटना को क्यों शुरू करेंगे जिसकी बाबत उन्हें मालूम है कि उससे अधिकतर नुकसान किसका होने वाला है ?

सांप्रदायिक संघर्षों में मुसलमान लोग न केवल जान गँवाने और संपत्ति को नुकसान पहुँचने के मामले में अधिक भुगतते हैं बल्कि पुलिस द्वारा गोली चलाने में भी मरने वालों में ज्यादा बड़ी संख्या मुसलमानों की होती है, जैसा कि निम्नलिखित टेबल से स्पष्ट है।

दंगे का नाम	**पुलिस गोली चालन में मारे गए व्यक्तियों की संख्या**	
	हिंदू	*मुसलमान*
भिवंडी (1970)	शून्य	9
फिरोजाबाद (1972)	शून्य	6
अलीगढ़ (सित.-अक्टू. 1978)	शून्य	7
मेरठ (1982)	शून्य	6

स्रोत : काम्बैटिंग कम्युनल कांफ्लिक्ट, वी.एन.राय, पृ. 115

वी.एन. राय ने समस्या का विस्तृत अध्ययन कर यह बताया है कि यद्यपि दंगों में शिकार होने वाले अधिकांश लोग मुसलमान समुदाय के होते हैं, कानून लागू करने के मामले में भी पुलिस उनके विरुद्ध भेदभाव करती है। पुलिस मुस्लिम समुदाय के अधिक लोगों को गिरफ्तार करती है, जिन घरों की तलाशी ली जाती है उनमें भी अधिकांश घर मुसलमानों के होते हैं और मुसलमानों की बस्तियों में कर्फ्यू ज्यादा कठोरता से लागू किया जाता है।[5]

हिंसा भड़कने पर जब जिले में आंतरिक सुरक्षा की योजना लागू की जाती है तब पुलिस थानों में रखी हुई असामाजिक तत्त्वों की सूची की समीक्षा की जाती है; यदि जरूरी हुआ तो ऐसे लोगों की पहचान की जाती है जो संभावित रूप से गड़बड़ी पैदा कर सकते हैं और पुलिस द्वारा उनकी प्रतिबंधात्मक गिरफ्तारी की जाती है। इंदौर में मैंने यह पाया था कि ऐसे तत्त्वों की सूचियों में (जिन्हें आम बोल-चाल की भाषा में 'गुंडा' लिस्ट कहा जाता है) अधिकांश मुसलमान ही थे। पुलिस अधिकारियों से चर्चा करने पर मैंने पाया की जिन जिलों में मुसलमान आबादी अच्छी खासी है उनमें से अधिकांश में ऐसी ही स्थिति रहती हैं।

मुझे स्मरण है कि इंदौर में गिरफ्तारी के लिए पहचान किए गए 'गुंडे' पकड़े नहीं जा सके क्योंकि वे भूमिगत हो चुके थे, शायद इसलिए कि उन्हें मालूम था कि उन्हें निशाना

बनाया जाएगा। जब दंगे भड़क जाते हैं तो यह विश्वास किया जाता है कि ये तत्त्व स्थिति का लाभ उठाकर आगजनी करने और संपत्ति को लूटने में लग जाते हैं। चूँकि अधिकांश क्षतिग्रस्त अथवा नष्ट की गई संपत्ति मुसलमानो की थी इसलिए यह निष्कर्ष निकालना उचित है कि 'गुंडा' लिस्ट बनाने में भेदभाव किया गया है। इस प्रकार के भेदभाव के कारण बहुसंख्यक समुदाय के असामाजिक तत्त्व दंगों के दौरान लूटपाट और हिंसा करने के लिए मुक्त रहते हैं।

हाशिमपुरा प्रकरण

इस बिंदु को सिद्ध करने के लिए पूर्वोल्लेखित वृहत् स्तर के आँकड़ों को विश्लेषित किया जा सकता है लेकिन उसमें वास्तविकता का पता लगाने की दृष्टि से यह उपयुक्त होगा कि एक ऐसी घटना को संक्षेप में प्रस्तुत किया जाए जो पुलिस द्वारा किए जाने वाले भेदभाव और बर्बरता के एक नमूने के रूप में अलग दिखाई देती है। यह घटना उत्तर प्रदेश के मेरठ जिले के हाशिमपुरा में मई, 1987 में हुई थी। इस त्रासद प्रकरण के पहले जिले में बड़े पैमाने पर सांप्रदायिक दंगा हुआ था। वी.एन.राय उस समय मेरठ के पड़ोस के जिले गाजियाबाद में पुलिस अधीक्षक के रूप में पदस्थ थे। राय ने इस प्रकरण का सुस्पष्ट विवरण दिया है। हर्षमंदर ने भी इसका विवरण दिया है।[6]

मेरठ में शुरू हुई हिंसा और सांप्रदायिक दंगा नियंत्रण में नहीं आ रहा था तब कुछ पुलिस वालों ने, जो यह विश्वास करते थे कि 'मुसलमानों को एक पाठ पढ़ाकर' ही दंगे समाप्त किए जा सकते हैं, मानवता के विरुद्ध एक दिल दहला देने वाले अपराध की योजना बनाई और उसे अंजाम दिया।

उत्तर प्रदेश पुलिस के सशस्त्र अंग, जो प्राविंशियल आर्म्ड कांस्टेबुलरी (पीएसी) के नाम से जाना जाता है, की एक टुकड़ी ने 22 मई, 1987 की शाम हाशिमपुरा (प्रमुख रूप से मुसलमानों की बस्ती) के सभी रहवासियों को जबरदस्ती घर से बाहर निकालकर सड़क पर आने के लिए मजबूर किया। पुलिस की यह टुकड़ी उनके घरों में घुस गई और उसने उनकी संपत्ति तथा माल-असबाब को नष्ट किया। लगभग सभी समर्थ मुसलमान पुरुषों, कुल 324, को ट्रकों में भर दिया गया फिर उन्हें पुलिस हवालात में पहुँचा दिया गया जहाँ उनकी पिटाई की गई। फिर उन्हें जेल में स्थानांतरित कर दिया गया जहाँ बंदियों ने उन पर हमला किया और उनमें से पाँच को मार डाला।

हाशिमपुरा से गिरफ्तार लोगों को परे ले जाने के बाद, पीएसी के सिपाहियों ने वहाँ से लगभग 50 किशोरों और वृद्ध पुरुषों को पकड़कर एक पीले ट्रक में भर दिया। इसके बाद उन लोगों को मुरादनगर, गाजियाबाद, में अपर गंगा केनाल के तट पर ले जाया गया। फिर उन्हें पुलिस द्वारा ट्रक से बाहर खींचकर निकाला गया, उन्हें गोली मार दी गई और उनके शव को नहर में फेंक दिया गया। अँधेरे का फायदा उठाकर उनमें से कुछ लोग बचकर निकल गए और बाद में उन्होंने घटना का आँखों देखा हाल वर्णित किया।

गाजियाबाद के पुलिस अधीक्षक, वी.एन. राय ने पुलिस शिकायत दर्ज करने पर जोर दिया, यद्यपि इस घटना को दबाने के लिए उन पर जोर डाला गया था। वर्ष 1988 में यू.पी. सीआईडी को इस अपराध की जाँच करने के लिए कहा गया। परंतु उसका प्रतिवेदन 6 वर्ष बाद 1994 में सौंपा गया जो प्रकाशित नहीं किया गया और प्रारंभिक रूप से किसी के विरुद्ध कोई दोष भी आरोपित नहीं किया गया। यह मामला उच्च न्यायालय पहुँचा और बाद में सर्वोच्च न्यायालय। इस दिल दहला देने वाले जनसंहार के अनेक वर्षों बाद दोषी व्यक्तियों के विरुद्ध मई 2006 में दोष आरोपित किए गए। सोलह पीएसी कर्मियों के विरुद्ध प्रकरण में चार्जशीट दाखिल की गई। घटना के शिकार हुए लोगों के रिश्तेदार अब भी न्याय की प्रतीक्षा में हैं।

हाशिमपुरा के इतने सारे मुसलमानों की बर्बर हत्या का यह अकेला प्रकरण इस बात का सूचक है कि कुछ पुलिसकर्मियों के मन में गहरे समाए पूर्वग्रह का कितना लोमहर्षक परिणाम हो सकता है। बहरहाल, इसका यह निष्कर्ष नहीं निकाला जा सकता कि इस तरह का पूर्वग्रह भारत के अनेक राज्यों में कार्यरत सभी हिंदू पुलिस कर्मियों के मन में समाया हुआ है।

पॉल ब्रास ने अपनी पुस्तक में दंगों के दौरान एक मुसलमान-विरोधी बल के रूप में यूपी पीएसी की भूमिका को दस्तावेजों की सहायता से वर्णित किया है।[7] यह संभव है कि पुलिस में इस तरह का भेदभाव उत्तर प्रदेश, गुजरात और महाराष्ट्र जैसे कुछ राज्यों में ज्यादा दिखाई दे और अन्य राज्यों, विशेषकर दक्षिण भारत में, उतना न हो।

केरल और पश्चिम बंगाल सहित अधिकांश राज्यों के पुलिस बल में वहाँ की मुसलमान आबादी की तुलना में उनका प्रतिनिधित्व कम प्रतिशत का है, तथापि इन दो राज्यों में, हिंदू-मुसलमान मतभेद या मुसलमान विरोधी पुलिस भेदभाव के कारण बहुत ही कम घटनाएँ हुई हैं, यद्यपि दोनों राज्यों में मुसलमान आबादी का बड़ा हिस्सा है। उपलब्ध साक्ष्य यह बताता है कि पुलिस कर्मियों में मुसलमान विरोधी भेदभाव कोई देशव्यापी घटना नहीं है, बल्कि यह कुछ राज्यों, विशेषकर उत्तर और पश्चिम भारत, में व्याप्त है।

राजनीतिक दलों और राजनीतिक प्रशासकों की भूमिका

अपने लोकतांत्रिक ताने-बाने में अंतर धार्मिक संबंधों की गतिकी को प्रभावित करने में राजनीतिक दलों, दल के कार्यकर्ताओं की महत्त्वपूर्ण भूमिका है। विलकिंसन की परिकल्पना है कि भारत में सांप्रदायिक दंगों के होने या न होने का मुख्य प्रेरणार्थक कारक चुनावी प्रतियोगिता है।[8] इस विषय पर पिछले अध्याय में विस्तार से चर्चा की गई है परंतु संक्षेप में यह कहा जा सकता है कि वोटों को अपने पक्ष में इकट्ठा करने और धर्म के आधार पर अपना निर्वाचक समूह तैयार करने के लिए राजनीतिक गतिशीलता के उद्देश्य से भारत में राजनीतिक दल 'नस्ली विभेद के मुद्दों' को उठाते हैं। हिंदुत्व के अध्याय में अयोध्या मंदिर के मुद्दे पर हिंदुओं को गतिशील करने के उस मामले का विस्तृत विवरण

दिया गया है जिसके परिणाम स्वरूप भारतीय जनता पार्टी को बहुत चुनावी लाभ मिला था। इस तरह, जब राजनीतिक दल या राज्य सरकारें तटस्थ नहीं रहती हैं तब दंगाई स्थितियाँ बराबर उभरती हैं।

दूसरी ओर जब निष्पक्षता के साथ कार्य करने और अल्पसंख्यकों को संरक्षण देने के लिए राजनीतिक इच्छा-शक्ति होती है तब शासन यह सुनिश्चित कर सकता है कि दंगे न भड़कें। ऐसी बात बिहार जैसे राज्य में भी की जा सकती है जो कमजोर प्रशासन के लिए जाना जाता है। सन् 1992 में बाबरी मस्जिद के ध्वंस के बाद पूरे भारत में दंगे भड़क गए थे तब बिहार दंगा मुक्त रहा था। जब तत्कालीन मुख्यमंत्री लालू प्रसाद यादव से पूछा गया कि उन्होंने यह कैसे सुनिश्चित किया तो उन्होंने यह स्पष्ट किया कि उत्तर प्रदेश (अयोध्या के घटना स्थल) से लौट रहे कार सेवकों को उनके शासन ने बिहार के शहरों और गाँवों में उनके पहुँचने के पहले ही किस तरह बिहार शासन ने गिरफ्तार कर लिया था, और यह कि कैसे उन्होंने (मुख्यमंत्री ने) सभी जिला दंडाधिकारियों और पुलिस थाना प्रभारियों को चेतावनी दी कि यदि उन्होंने अपने शहरों में दंगा भड़कने दिया तो वे अपनी नौकरियाँ खो देंगे। लालू यादव ने कहा कि 'राज्य सरकार की राजनीतिक इच्छा-शक्ति स्पष्ट थी।'[9]

कलुषित छवि

इस अध्याय के शीर्षक में प्रस्तुत प्रश्न के उत्तर की खोज करते हुए जो समग्र चित्र उभरता है वह हमारे राज्य और उसके प्रशासनिक तंत्र, विशेषकर पुलिस, की अच्छी छवि नहीं प्रस्तुत करता है। राज्य सरकार और राजनीतिक दल तब ही निष्पक्ष होकर कार्य करते हैं और अल्पसंख्यकों को संरक्षण देते हैं जब ऐसा करना उनके चुनावी उद्देश्यों की पूर्ति करता हो। दूसरे छोर पर वे ऐसी स्थितियाँ निर्मित करने को पूरी तरह इच्छुक रहते हैं जिससे सांप्रदायिक दंगे हो जाएँ, यदि ऐसा करना उनके दल के उद्देश्यों के अनुरूप हो और उसके परिणाम स्वरूप वोटों का एकत्रीकरण उनके पक्ष में हो।

ऐसा प्रतीत होता है कि गांधी-नेहरू द्वारा स्थापित सिद्धांतपरक धर्मनिरपेक्षता...[10] आज के राजनीतिज्ञों के लिए किसी मतलब की नहीं है। जनता से संपर्क के बिंदु पर कार्यरत शासकीय कर्मी अर्थात विभागों में कनिष्ठ स्तर पर पदस्थ मैजिस्ट्रेट और पुलिस अधिकारी अल्पसंख्यकों से व्यवहार करते हुए अपने पूर्वग्रहों के वश में होते हैं, इसके बावजूद यदि स्पष्ट निर्देश हों, जैसा कि बिहार में 1992 में किया गया था, तो ये अधिकारी भी सही रास्ते पर आ जाते हैं।

यह स्थिति तब तक चलती रहेगी, जब तक राजनीतिक लाभ लेने के लिए 'नस्ली विभेद के मुद्दे' का लाभ नहीं उठाने के संबंध में सभी राजनीतिक दलों में आम सहमति नहीं हो जाए। यह आवश्यक है कि पुलिस कर्मियों के लिए, विशेषकर उत्तर प्रदेश, बिहार, महाराष्ट्र और गुजरात जैसे राज्यों में, जहाँ सांप्रदायिक दंगे होने की संभावना अधिक है, पुलिसकर्मियों के लिए उन्मुखीकरण और प्रशिक्षण कार्यक्रम आयोजित किए

जाएँ जिससे कि सांप्रदायिक रूप से उत्तेजित स्थिति का निपटारा करते समय वे अपने निजी पूर्वग्रहों को काबू में रखें और उचित ढंग तथा निष्पक्षता से कार्य करें। भर्ती संबंधी नीतियों की भी समीक्षा करने की आवश्यकता है जिससे कि राज्यों में पुलिस बल में मुसलमानों को बेहतर प्रतिनिधित्व मिल सके।

टिप्पणियाँ

1. राय, काम्बैटिंग कम्युनल कांफ्लिक्ट, पृ. 99–126
2. वही, पृ. 13–16
3. वही, पृ. 66
4. विलकिंसन, वोट्स एंड वायलेंस, पृ. 14–15
5. राय, काम्बैटिंग कम्युनल कॉन्फ्लिक्ट, पृ. 114
6. हर्षमंदर, 'ब्रूटलाइज्ड, बट नाट ब्रोकन, 'द हिंदुस्तान टाइम, 18 दिसंबर, 2006
7. ब्रास, प्रॉडक्शन ऑफ हिंदू–मुस्लिम वायलेंस, पृ. 119–123 और 328–330
8. विलकिंसन,वोट्स एंड् वायलेंस, पृ. 137–171
9. वही, पृ. 101
10. धर्मनिरपेक्षता के अध्याय में विस्तृत रूप से वर्णित

सांप्रदायिक दंगों से निपटना

वे अंतर्निहित कारक जिनकी वजह से देश में विभिन्न स्थानों में, समय-समय पर और अलग-अलग अवसरों पर हिंदू-मुसलमान दंगे होते हैं, समुदायों के मानस में गहरी जड़ें जमाए हुए हैं। और, इन कारकों का उद्गम इतना जटिल है कि किसी एक विशिष्ट दंगे के होने के कारणों की पहचान करने की हर कोशिश असफल सिद्ध होती है। न तो दंगे के नमूने निर्धारित किए जा सकते हैं, न उसका कोई समयगत दायरा खींचा जा सकता है और न किसी हिंदू-मुसलमान दंगे के विस्तार और भयावता के संबंध में कोई अनुमान लगाया जा सकता है। जो बात तय है वह यह तथ्य है कि दंगे हर व्यक्ति को, बिना इस भेदभाव के वह किस समुदाय का है, बुरी तरह से प्रभावित करते है।

यह मानना तर्क संगत है कि ये सामाजिक-राजनीतिक कारक ही दंगों की जड़ में हैं, जो समुदायों के बीच गहरी खाई पैदा करते हैं और सतह के नीचे तथा सतह पर सदैव उपस्थित रहते हैं; ना कि आर्थिक हितों का संघर्ष, जो अंतर्निहित बेचैनी का ऊपरी प्रत्यक्षीकरण मात्र है।

इस परिप्रेक्ष्य में यह स्पष्ट है कि कानून और व्यवस्था बनाए रखने के लिए, जिसमें हिंदू-मुसलमान दंगों को निपटाना शामिल है, जिम्मेदार प्रशासनिक तंत्र उस सामाजिक या राजनीतिक गतिकी पर स्थायी प्रभाव डालने की स्थिति में नहीं रहता है जो इस तरह की घटनाओं के लिए प्रायः जिम्मेदार होता है। जिला स्तर पर (उन शहरों को छोड़कर जहाँ पुलिस आयुक्त व्यवस्था बनी हुई है) जिला मैजिस्ट्रेट और पुलिस अधीक्षक आमतौर पर वे अधिकारी होते हैं जो जिले में सांप्रदायिक दंगों को निपटाते हैं। इन अधिकारियों का औसत कार्यकाल धीरे-धीरे बहुत छोटा हो गया है-आमतौर पर एक वर्ष से कम समय तक चलने वाला। यही बात उन अधिकांश अन्य अधिकारियों पर भी लागू होती है जो जिला मैजिस्ट्रेट और पुलिस अधीक्षक की सहायता के लिए होते हैं। इसके बावजूद, यदि अन्य अधिकारियों का कार्यकाल तुलनात्मक रूप से अधिक लंबा हो तो भी मैदानी अधिकारियों की आंतरिक क्षमता और उनके प्रशिक्षण तो ध्यान में रखते हुए यह मानना अयथार्थवादी होगा कि किसी जिले में वे हिंदू-मुसलमान संबंधों की गतिकी पर कोई उल्लेखनीय प्रभाव डाल सकते हैं।

निरोधक कार्रवाई

इन सीमाओं को स्वीकार करने के बावजूद, मैं जिले के प्रभारी अधिकारियों के लिए उन कदमों को निर्धारित करना उपयोगी समझता हूँ जो दंगों को होने से रोकने के लिए उठाए जाएँ। स्थितियाँ अलग-अलग होती हैं इसलिए हिंसा को न होने देने के लिए या जब हिंसा हो ही जाए तब उसके परिणामगत नुकसान को कम करने के लिए उठाए जाने वाले कदम भी अलग-अलग होंगे। इस तरह इन कदमों की बाबत फिर से उल्लेख करना उपयोगी और प्रशासकों को कुछ लाभ देने वाला होना चाहिए।

आसूचना

भीतर-ही-भीतर उभरते हुए उन मुद्दों के संबंध में आसूचना एकत्र करना अत्यंत महत्त्वपूर्ण है जो किसी संघर्ष का रूप ले सकते हो। यदि ऐसे मुद्दों के संबंध में पुलिस और जिला अधिकारी सही समय पर सूचना प्राप्त कर लेते हैं तो समझौते कराने, मतभेदों को दूर करने और बढ़ते हुए तनाव को समाप्त करने के लिए कार्रवाई की जा सकती है।

जिला पुलिस की आसूचना शाखा को आमतौर पर 'विशेष शाखा' कहा जाता है। यह विशेष शाखा पुलिस अधीक्षक को सीधे अपनी रिपोर्ट देती है और जिला मैजिस्ट्रेट को साप्ताहिक रिपोर्ट भेजती है। यह आसूचना या तो 'सादी वर्दी' वाले कर्मियों द्वारा, अथवा उन 'मुखबिरों' द्वारा, जिन्हें सूचना देने के लिए अकसर आर्थिक प्रोत्साहन राशि दी जाती है, एकत्र की जाती है । विशेष शाखा के अतिरिक्त, इंटेलिजेंस ब्यूरो के कर्मी भी आसूचना एकत्र करते हैं जिसे जिला मैजिस्ट्रेट और पुलिस अधीक्षक को भी समय-समय पर अनौपचारिक रूप से उपयोग के लिए दी जाती है।

जिला स्तर पर विशेष शाखा का मामूली सा अमला ही कार्यरत होता है और उसके कर्मी जिले के दूरस्थ स्थानों में आसन्न संकट के संबंध में सूचना प्राप्त करने में अकसर असमर्थ होते हैं। मैदानी स्तर पर थाना प्रभारी (एसएचओ) सबसे महत्त्वपूर्ण कर्मी होता है और यदि वह सक्षम हो, जमीनी हकीकत पर उसका ध्यान हो, तो ऐसा नहीं हो सकता कि कोई बात उसके ध्यान में आने से चूक जाए। अतः यह महत्त्वपूर्ण है कि थाना प्रभारियों को न केवल उनके उत्तरदायित्वों के प्रति जागरूक करने के लिए प्रशिक्षित किया जाए बल्कि इसके लिए भी प्रशिक्षित किया जाए कि उनके कार्य क्षेत्र में उन संकटों के बाबत अपने वरिष्ठ अधिकारियों को सूचित करते रहें जिनका निराकरण जरूरी हो।

यदि आसूचना तंत्र सक्षमतापूर्वक कार्य करता है और दोनों समुदायों को प्रभावित करने वाली उभरती समस्याओं के संबंध में जिलाधिकारी सतर्क हो जाते हैं तो वे हिंसा की आग भड़कने से रोकने के लिए हस्तक्षेप कर सकते हैं। मेरा अनुभव है कि जिला अधिकारियों को समय पर सूचना उपलब्ध कराने की क्षमता के मामले में इन एजेंसियों

का रिकार्ड उत्तम स्तर का नहीं रहा है। यह बात उन उदाहरणों से पुष्ट हो जाती है जो मैंने बाद में दिए हैं : पहला तो चंदेरी में दंगों को होने से बचा लेने के बाबत है, दूसरा इंदौर में दंगे होने के बाबत है–दोनों ही स्थान मध्य प्रदेश में हैं।

भागलपुर प्रकरण के अध्ययन में चंदेरी के मामले का संदर्भ दिया गया है। चंदेरी में हमने दोनों समुदायों के बीच समझौता करा दिया था परंतु वहाँ के शिया मुसलमानों के मन में रोष की भावना अंदर ही अंदर रह गई। वह समझौता अधिक से अधिक एक अस्थायी हल ही था, फिर भी हम हस्तक्षेप कर सके क्योंकि हमें समस्या के संबंध में समय पर सूचना मिल गई थी। उक्त घटना यह भी प्रदर्शित करती है कि किसी संघर्ष को टाला जा सकता है किंतु सांप्रदायिक सद्‌भाव पुनः स्थापित करने के लिए कोई तात्कालिक उपाय उपलब्ध नहीं है।

इंदौर में हुए दंगे हमें सूचना एकत्र करने के एक दूसरे पक्ष को बताते हैं। इस घटना के लगभग एक वर्ष पहले एक समाचार–पत्र के संवाददाता ने मुझे बताया कि एक विशिष्ट इलाके अर्थात मुंबई बाजार इलाके में हिंदुओं और मुसलमानों के बीच सांप्रदायिक तनाव के बाबत कानाफूसी चल रही है। चूँकि यह संवाददाता इंदौर में होने वाली घटनाओं के समाचार प्रकाशित करता था, मैंने पुलिस अधीक्षक को इस संबंध में आवश्यक एहतियाती उपाय करने के लिए कहा और फिर इस बाबत एक लिखित संदेश भी मैंने उन्हें भेजा। मुंबई बाजार में एक पुलिस की टुकड़ी को पदस्थ किया गया और संबंधित थाना प्रभारी को कहा गया कि वह वहाँ होने वाली गतिविधियों पर कड़ी निगाह रखे तथा इलाके में नियमित रूप से पुलिस गश्त कराना सुनिश्चित करे।

इन उपायों के कारण उस इलाके में स्थिति शांतिपूर्ण बनी रही और शांति भंग होने की एक भी घटना नहीं हुई। बहरहाल, धीरे–धीरे इत्मीनान आ गया और बिना मेरी जानकारी के कुछ समय बाद उक्त पुलिस टुकड़ी को वहाँ से हटाकर अन्यत्र लगा दिया गया। यद्यपि इस पुलिस टुकड़ी को मेरी सलाह पर ही तैनात किया गया था तथापि मुझे उस टुकड़ी को हटाने के बाबत सूचित नहीं किया गया। इस तरह इस इलाके में अगले वर्ष जून में जब वास्तव में समस्या उठ खड़ी हुई तो उसे फैलने से रोकने के लिए वहाँ कोई सुरक्षा उपलब्ध नहीं थी।

यहाँ मेरा तर्क यह है कि आसन्न संकट के संबंध में संवेदनशील सूचना शासकीय स्रोतों के साथ–साथ अन्य स्रोतों से भी उपलब्ध होती है, यदि जिले के अधिकारी इस तरह की सूचना प्राप्त करने के लिए तत्पर हों। किसी जिले में जिला मैजिस्ट्रेट को अपनी बहुविध जिम्मेदारियों को निबाहने के दौरान वस्तुतः प्रतिदिन समाज के सभी वर्गों के प्रतिनिधि लोगों से मिलना पड़ता है। समाचार–पत्र संवाददाता और स्थानीय नेता उपयोगी सूचना प्राप्त करने के लिए अच्छे स्रोत हो सकते हैं। जाहिर तौर पर ऐसी सारी सूचनाएँ सदैव सही हों, ऐसा नहीं होता है और यह भी हो सकता है कि कोई सूचना निहित प्रयोजन से दी जाए, परंतु जिला मैजिस्ट्रेट को ऐसी सूचना की सच्चाई जानने के लिए

और यदि वह सही निकले तो उस पर कार्रवाई करने के लिए भी तैयार रहना चाहिए। जिले में अधिकारियों को आसूचना प्राप्त करने के लिए शासकीय माध्यम पर ही पूरी तौर पर निर्भर नहीं रहना चाहिए बल्कि लोगों से संपर्क के लिए उपलब्ध रहते हुए अनौपचारिक माध्यमों को भी विकसित करना चाहिए क्योंकि समय-समय पर वे ऐसी सूचनाएँ प्राप्त कर सकते हैं जिन्हें शासकीय आसूचना एकत्र करने वाले, प्राप्त करने वाले असफल रहते हैं।

अधिकारियों द्वारा हस्तक्षेप

आने वाली समस्या के संबंध में एक बार जानकारी मिल जाए तो उसे काबू में करने के लिए औपचारिक और अनौपचारिक दोनों ही रास्ते उपलब्ध रहते हैं। अनौपचारिक रास्ता अपनाकर, जिला अधिकारी स्थिति में हस्तक्षेप करते हुए विरोधी गुटों को एक साथ बैठाकर विवाद का हल निकाल सकते हैं, जैसा कि चंदेरी की घटना के मामले में किया गया था। समस्या को उभरते ही समाप्त किया जा सकता है यदि अधिकारी उपलब्ध सूचना पर कार्रवाई करें।

अनौपचारिक हस्तक्षेप के अलावा, पुलिस और कार्यपालक मैजिस्ट्रेट देश के कानूनों के अंतर्गत उपलब्ध कुछ कानूनी अधिकारों की सहायता ले सकते हैं जिससे अनपेक्षित घटनाओं को टाला जा सकता है। मैं कुछ प्रमुख कानूनी प्रावधानों के संबंध में संक्षेप में चर्चा करूँगा जिन्हें इस उद्देश्य से उपयोग में लाया जा सकता है : सबसे पहले, पुलिस भारतीय दण्ड संहिता या आईपीसी की धारा 153-ए, 153-एए और 153-बी के प्रावधानों के अंतर्गत कार्रवाई कर सकती है। आईपीसी के इन प्रावधानों के अंतर्गत, जब व्यक्ति या समूह इस तरह से कार्य करें जिससे धार्मिक शत्रुता बढ़े-भड़काने वाले भाषाणों के द्वारा या झगड़ा भड़काने वाली प्रवृत्ति के साहित्य को वितरित करके, आदि-तो उनके विरुद्ध कानूनी कार्रवाई की जा सकती है। दुर्भाग्य से, इन प्रावधानों का दुर्लभ ही उपयोग किया जाता है, जबकि सांप्रदायिक गड़बड़ी को रोकने के लिए ये प्रावधान प्रभावकारी साधन हो सकते हैं यदि संभावित गड़बड़ी करने वालों के विरुद्ध इनका समय से उपयोग किया जाए।

सीआरपीसी या दंड प्रक्रिया संहिता की भी कुछ निरोधक धाराएँ हैं जिन्हें समस्या को उभरने के पहले ही समाप्त करने के लिए उपयोग में लाया जा सकता है। ये प्रावधान सीआरपीसी की धाराओं 106 से लेकर 113 तक में निहित हैं। कार्यपालक मैजिस्ट्रेट को अधिकार दिए गए हैं, विशेषकर धाराओं 107 और 110 में, कि वे संभावित अपराधियों से अच्छे व्यवहार के लिए बाँड भरवाएँ। सीआरपीसी की धारा 113 के उपबंध के अंतर्गत, दंडाधिकारी को यह शक्ति प्राप्त है कि वह संभावित अपराधी को तत्काल गिरफ्तार करने के आदेश दे। यदि पुलिस और मैजिस्ट्रेट को इस संबंध में भरोसेमंद सूचना प्राप्त है कि अपराधियों का उद्‌देश्य ऐसी कार्रवाई करने का है जिससे शांति भंग

हो सकती है तो दंगे और हिंसा को रोकने के लिए इन धाराओं के अंतर्गत दी गई शक्तियों का कानून सम्मत उपयोग किया जा सकता है।

संभावित अपराधियों को बिना वारंट के भी गिरफ्तार करने के लिए सीआरपीसी की धारा 151 के अंतर्गत पुलिस को काफी शक्तियाँ प्राप्त हैं, और गिरफ्तार किए गए व्यक्ति को 24 घंटे के अंदर दंडाधिकारी के सामने प्रस्तुत करना पड़ता है। पुलिस इस शक्ति का उपयोग उन व्यक्तियों को गिरफ्तार करने के लिए कर सकती है जो गड़बड़ी पैदा करने के लिए तैयार बैठे हैं, बजाय इसके कि कुछ राज्यों में आतंकवाद का सामना करने के लिए, प्रतिबंधात्मक निरोध के लिए लागू किए गए पोटा (प्रिवेंशन ऑफ टेररिज्म एक्ट) जैसे ज्यादा निष्ठुर कानूनों का इस बाबत सहारा लिया जाए।

मीडिया के साथ व्यवहार

जब दंगे को भड़कने से रोकने की कार्रवाई की जा रही हो तब मीडिया के साथ समझदारी के साथ व्यवहार करना महत्त्वपूर्ण होता है। अपने देश की लोकतांत्रिक व्यवस्था में संविधान ने अभिव्यक्ति की स्वतंत्रता गारंटी की है और प्रेस की स्वतंत्रता को पवित्र माना जाता है। हाल के समय में मीडिया की भूमिका ने यथार्थ से कहीं अधिक बड़े आयाम प्राप्त कर लिए हैं। यह एक दुखद किंतु यथार्थ बात है कि मीडिया सदैव ही उत्तरदायित्व पूर्ण व्यवहार करे, ऐसा नहीं होता, क्योंकि समय-समय पर वह समाचारों को इस तरह देता है जिससे विभिन्न समुदायों के बीच शत्रुता पैदा हो सकती है। इस दृष्टि से हमारे समक्ष जबलपुर में 1961 में हुआ सांप्रदायिक दंगा है जो एक स्थानीय समाचार-पत्र में एक समाचार को भड़काऊ ढंग से प्रकाशित किए जाने के कारण शुरू हुआ था। दूसरा उदाहरण 1969 में इंदौर में हुए दंगों से जुड़ा हुआ है, जहाँ एक पूरी तरह से झूठी अफवाह फैलाई गई जो एक मस्जिद में मुसलमानों के बड़ी संख्या में एकत्र होने के संबंध में थी, कि ये मुसलमान पूरी तौर पर हथियारबंद हैं और वे पड़ोस की बस्ती में हिंदुओं पर हमला करने के लिए तैयारी कर रहे हैं। मैंने जब इस बात की स्वयं ही पुष्टि कराई तो पाया कि यह अफवाह पूरे तौर से बेबुनियाद थी। ब्रास ने भी अपने अनुभव से एक प्रत्यक्ष उदाहरण...[1] का उल्लेख किया है : दिसंबर 1990 में अलीगढ़ के इतिहास में हुए सबसे बड़े दंगे के बीच एक अग्रणी हिंदी समाचार-पत्र ने पूरी तौर पर झूठी यह खबर प्रकाशित की कि अलीगढ़ मुस्लिम यूनिवर्सिटी अस्पताल में हिंदुओं का नरसंहार किया गया है-जिससे हिंसा देर तक चलती रही और दंगों में पहले से ही मुख्य रूप से शिकार बने मुसलमानों की और भी ज्यादा बड़ी संख्या में हत्या को उचित ठहराया गया।

जब संकट आसन्न हो तब जिला अधिकारियों को पत्रकारों के साथ अनिवार्यतः निरंतर संपर्क बनाए रखना चाहिए जिससे वे घटनाओं को तोड़-मरोड़कर प्रकाशित न करें। वास्तव में वे झूठी अफवाहों को दबाने में रचनात्मक भूमिका निभा सकते हैं। जिला

प्रशासन द्वारा मीडिया को घटनाओं के विकास के संबंध में अनिवार्य रूप से सूचित करते रहना चाहिए जिससे घटना संबंधित तथ्य सही परिप्रेक्ष्य में प्रसारित हों और उनकी विकृति को टाला जा सके।

इंदौर दंगों के दौरान, घटनाओं के संबंध में दैनिक प्रेस विज्ञप्तियाँ जारी करने के अतिरिक्त, मैंने दिन भर की घटनाओं के संबंध में मीडिया को विस्तृत सूचना देने और उनके प्रश्नों का उत्तर देने के लिए अनौपचारिक प्रेस वार्ता करना बहुत उपयोगी पाया। जिला मैजिस्ट्रेट के रूप में मेरे द्वारा आयोजित प्रेस वार्ता में सभी वरिष्ठ पुलिस अधिकारी और कार्यपालक मैजिस्ट्रेट भी उपस्थित रहते थे। मीडिया के साथ परस्पर संपर्क के लिए इस प्रकार की संस्थानिक व्यवस्था बहुत हितकारी है, जिससे कि स्थिति को नियंत्रण में लाने में प्रशासन के सहायतार्थ मीडिया एक रचनात्मक भूमिका निबाहे, विशेषकर तब जब गड़बड़ी फैली हुई हो।

इलेक्ट्रानिक मीडिया से व्यवहार को लेकर मेरा कोई निजी अनुभव नहीं है क्योंकि उस समय टेलीविजन अस्तित्व में नहीं था, फिर भी मैं पाता हूँ कि अधिकारीगण टेलीविजन के संवाददाताओं द्वारा पूछे गए प्रश्नों का उत्तर देना आमतौर पर टालते हैं या फिर भ्रमित करने का सहारा लेते हैं। प्रचार से दूर रहना शासकीय सेवकों के लिए एक हितकारी प्रथा है, फिर भी उनका यह दायित्व है कि वे स्पष्ट रूप में सही सूचना दें, विशेषकर झूठी अफवाह या न्यस्त स्वार्थों वाले व्यक्तियों द्वारा फैलाई गई गलत सूचना के संबंध में वास्तविक तथ्य उपलब्ध कराने के लिए।

जुलूस

अनेक सांप्रदायिक संघर्ष तब हुए हैं जब शहरों और नगरों के मध्य से धार्मिक प्रतीकों को लेकर जुलूस निकाले गए। अनेक बार जुलूस में चल रहे लोग भावनाओं को भड़काने के लिए उत्तेजना पैदा करने वाले नारे लगाते हैं और यह स्वाभाविक ही है कि इससे दूसरा समुदाय रोष से भर जाता है। कई बार विवादास्पद परिस्थितियों में किसी की मृत्यु हो जाती है और मृत व्यक्ति की शवयात्रा से तनाव उपज सकता है जिससे हिंसा भड़क सकती है।

मेरा अनुभव है कि समुदाय के नेताओं को इस तरह के जुलूस निकालने से रोकने में अधिकारियों को आमतौर पर सफलता नहीं मिलती है। जुलूस के दौरान और बाद में शांति बनाए रखने के लिए तथा-कथित नेता मौखिक गारंटी देने को तैयार रहते हैं परंतु ऐसे वायदे दुर्लभ ही पूरे किए जाते हैं। एल.के.आडवाणी द्वारा सोमनाथ से अयोध्या के लिए निकाली गई रथ यात्रा (यद्यपि वह अपने लक्ष्य स्थान तक नहीं पहुँची) के परिणामस्वरूप अनेक दंगे हुए जो उपर्युक्त प्रवृत्ति को सच सिद्ध करते हैं।

अतः यदि लोग नहीं मानते हैं (जैसा कि अकसर होता है) तो यह विवेकपूर्ण है कि सीआरपीसी की धारा 144 के अंतर्गत ऐसे जुलूसों को प्रतिबंधित किया जाए। शांति

व्यवस्था को भंग होने से रोकने के लिए कार्यपालक मैजिस्ट्रेट और पुलिस के पास यह एक सर्वाधिक शक्तिशाली साधन है। इस प्रावधान के अंतर्गत 5 या 5 से अधिक व्यक्तियों के जमा होने, जुलूस निकालने, शस्त्र और हथियार लेकर चलने, आदि को प्रतिबंधित किया जा सकता है। इस प्रावधान के तहत चिह्नांकित क्षेत्र में कर्फ्यू लगाने के आदेश भी जारी किए जा सकते हैं। आमतौर पर इस प्रावधान का प्रयोग और उसके अंतर्गत आदेश जारी करने की कार्रवाई हिंसा भड़कने के बाद की जाती है। इस बात पर जोर देना जरूरी है कि शांति व्यवस्था भंग होने का अनुमान समय से लगा लिए जाए तो, इस धारा के अंतर्गत दी गई शक्ति का दूरदर्शितापूर्ण उपयोग तनावपूर्ण स्थिति को हिंसा और विनाशकारी गड़बड़ी में परिवर्तित होने से रोक सकता है। बहरहाल, कर्फ्यू लगाने के बाद यह हो सकता है कि पुलिस एक विशेष समुदाय के सदस्यों को अपना लक्ष्य बनाने के लिए स्थिति का दुरूपयोग करे। इस संबंध में इस अध्याय में आगे विचार किया गया है।

केंद्रीय सरकार ने राज्य सभा में 2005 में सांप्रदायिक हिंसा विधेयक (निवारण, नियंत्रण और पीड़ित व्यक्तियों का पुनर्वास) प्रस्तुत किया था। जिन कार्रवाइयों से सांप्रदायिक हिंसा हो सकती है उन्हें रोकने के लिए किए जाने वाले उपायों के लिए जिला मैजिस्ट्रेट को विस्तृत अधिकार दिया जाना इस विधेयक के अध्याय तीन में प्रस्तावित है। इस संबंध में विस्तार से चर्चा करने की आवश्यकता नहीं है क्योंकि यह विधेयक अब भी कानून नहीं बना है। इस बीच, दंगों को टालने और नियंत्रित करने के लिए जिला अधिकारियों के पास सर्वाधिक प्रभावशाली कानूनी साधन सीआरपीसी की धारा 144 के प्रावधान भी हैं।

गड़बड़ी को रोकने के लिए कार्रवाई

बहरहाल, जिला अधिकारियों द्वारा की गई सबसे अच्छी कोशिशों के बावजूद दंगा और हिंसा की घटना होती है, और जब ऐसा हो ही जाए तो अधिकारियों को स्थिति को नियंत्रित करने और उसे और भी बिगड़ने से रोकने के लिए शीघ्रता से कार्रवाई करनी होती है।

जिन शहरों और नगरों में हिंसा की घटनाएँ होने का इतिहास है उनके लिए आंतरिक सुरक्षा योजनाएँ तैयार की गई हैं। ऐसी घटनाओं के भड़कने पर पुलिस अधीक्षक से सलाह कर, जिला मैजिस्ट्रेट द्वारा आंतरिक सुरक्षा योजनाओं को लागू किया जाना होता है। इस सिलसिले में किए जाने वाले विभिन्न उपाय इस प्रकार हैं :

1. प्रभावित क्षेत्र में पुलिस की गश्त को ज्यादा सघन बनाना।
2. 5 या 5 से अधिक लोगों के जमाव को बिखेरने के लिए सीआरपीसी की धारा 129 का उपयोग करना।
3. असामाजिक तत्त्वों को गिरफ्तार करने के लिए सीआरपीसी की धारा 151 में दी गई शक्तियों का उपयोग करना।

4. सीआरपीसी की धारा 144 के अंतर्गत उपयुक्त प्रतिबंधात्मक आदेश जारी करना।
5. सेना को तैनात करने के लिए सीआरपीसी की धारा 130 और 131 का उपयोग करना।

सीआरपीसी की धारा 129

यदि यह आशंका की जाती है कि किसी खास जगह पर 5 या 5 से अधिक व्यक्तियों के जमा होने से सार्वजनिक शांति बिगड़ने की संभावना है तो इस प्रकार जमा हुए लोगों को तितर-बितर करने के लिए कार्यपालक मैजिस्ट्रेट या पुलिस अधिकारी इस धारा के अंतर्गत उसे दी गई शक्ति का उपयोग कर सकता है। निर्देश के उल्लंघन की दशा में अधिकारी लोगों को तितर-बितर करने के लिए शक्ति का प्रयोग कर सकता है और उन्हें गिरफ्तार भी कर सकता है।

इस प्रकार, किसी भीड़ को हिंसक रूप लेने से रोकने के लिए इस धारा का उपयोग किया जा सकता है। बहरहाल, इस धारा का तब ही प्रभावपूर्वक उपयोग किया जा सकता है जब मौके पर तैनात कार्यपालक मैजिस्ट्रेट या पुलिस अधिकारी के पास सहायता के लिए पर्याप्त पुलिस बल उपलब्ध हो। यदि अधिकारी जागरूक और तैयार हो तो कानून के इस प्रावधान का उपयोग नियंत्रण से बाहर जा रही स्थिति को फैलने से रोकने के लिए किया जा सकता है।

सीआरपीसी की धारा 151

प्रत्येक पुलिस थाने में एक सूची रखी जाती है जिसमें उन असामाजिक तत्त्वों के नाम रहते हैं जो जब नगर हिंसा की आग में फँसा होता है तब स्थिति का फायदा उठाते हैं। थाना प्रभारियों का यह विशेषाधिकार होता है कि वे ऐसे तत्त्वों को आमतौर पर सीआरपीसी की धारा 151 के अंतर्गत गिरफ्तार करें और निरुद्ध रखें। यदि पुलिस इन गुंडों को निरुद्ध करने में सफल हो जाए तो बहुत सी गड़बड़ियों को रोका जा सकता है। जिस क्षेत्र में संघर्ष हो रहा हो वहाँ स्थिति को नियंत्रित करने में पुलिस द्वारा की जाने वाली कार्रवाई का यह एक महत्त्वपूर्ण भाग है।

सीआरपीसी की धारा 144 और कर्फ्यू लगाना

किसी विशेष इलाके में यदि शांति भंग होने की आशंका है तो 5 या 5 से अधिक व्यक्तियों के जमा होने, लाउड स्पीकर के उपयोग, जुलूस निकाले जाने, आदि पर रोक लगाने के साथ-साथ, सीआरपीसी की धारा 144 के अंतर्गत प्रतिबंधात्मक आदेश जारी किए जा सकते हैं। यदि ये उपाय शांति और व्यवस्था को बहाल करने में प्रभावशाली

सिद्ध नहीं होते हैं तो इस धारा के अंतर्गत प्रतिबंधात्मक आदेश का अनुप्रयोग किन्हीं विशिष्ट क्षेत्रों में विशिष्ट समयावधि में लोगों को घर से बाहर सार्वजनिक स्थान में आने पर रोक लगाने के लिए किया जा सकता है। ऐसे आदेश को बोलचाल की भाषा में 'कर्फ्यू' आदेश कहा जाता है। यदि कर्फ्यू लगाया गया है तो उसकी प्रभावशीलता उसके उपयुक्त ढंग से लागू करने पर निर्भर होती है। मैंने जबलपुर और इंदौर में यह अनुभव किया है कि कर्फ्यू को प्रभावशाली ढंग से लागू करने से स्थिति को नियंत्रित करने में बहुत मदद मिलती है परंतु ऐसा तब ही किया जा सकता है जब प्रशासन के पास पर्याप्त पुलिस और या अर्द्धसैनिक बल उपलब्ध हो।

आमतौर पर विश्वास किया जाता है कि कर्फ्यू लगाने का मतलब है 'देखते ही गोली मारने' के लिए ड्यूटी पर तैनात पुलिसकर्मी को शक्ति या आदेश मिल जाना। यह धारणा गलत है। कर्फ्यू संबंधी आदेश में यह स्पष्ट किया जाता है कि कौन-कौन सी कार्रवाई प्रतिबंधित है, ये आदेश कुछ निर्धारित क्षेत्रों या बस्तियों में लागू किए जाते हैं; और ये आदेश आमतौर पर लोगों के सड़क पर निकलने पर प्रतिबंध लगाते हैं। व्यक्तियों द्वारा इस आदेश का उल्लंघन किए जाने पर पुलिस उल्लंघन करने वालों को या तो भगा देती है या उन्हें गिरफ्तार और निरुद्ध करती है। किसी व्यक्ति को गोली मारना एकदम अंतिम रास्ता होता है-और वह भी केवल आत्म रक्षा में।

कर्फ्यू आदेश की कुछ कमियाँ भी हैं, बहरहाल, ये कमियाँ लोगों के पक्ष में सदैव कारगर नहीं होतीं। पहला, कर्फ्यू लगाने से आमतौर पर लोगों को बहुत सी कठिनाइयाँ होती हैं, जिन्हें अपने घरों में ही बंद रहना पड़ता है। समाज के बेहद गरीब तबके को, खास कर वह जो झुग्गी बस्तियों में रहता है, सबसे ज्यादा कष्ट उठाना पड़ता है। अत: कर्फ्यू का सहारा तब ही लेना चाहिए जब ऐसा करना एकदम जरूरी हो, किंतु यदि एक बार कर्फ्यू लगा दिया गया है तो उसे असरकारी ढंग और निष्पक्षता से लागू किया जाना चाहिए। आमतौर पर कर्फ्यू को एकदम उठा लेना दूरदर्शिता पूर्ण नहीं होता, कर्फ्यू उठाने की कार्रवाई विभिन्न सोपानों में की जानी चाहिए जिसके प्रत्येक सोपान में कर्फ्यू में ढील देने की अवधि क्रमश: बढ़ाई जाए।

दूसरा, कर्फ्यू के दौरान अधिकारियों के मन में समाज के कुछ वर्गों या किसी समुदाय के प्रति भेदभाव या पूर्वग्रह की भावना उभर सकती है। पॉल ब्रास...[2] ने उत्तर प्रदेश में दंगा उन्मुख शहरों अलीगढ़, मेरठ और कानपुर से एकत्र साक्ष्य के आधार पर ऐसी घटनाओं का अभिलेखीकरण किया है। कर्फ्यू लागू करने में पुलिस अकसर मुसलमानों के विरुद्ध पूर्वग्रह प्रदर्शित करती है। मुसलमान-बहुल आबादी वाले क्षेत्रों में कर्फ्यू ज्यादा कड़ाई से लागू किया जाता है और हिंदुओं को दंड मुक्ति की भावना से कर्फ्यू का उल्लंघन करने दिया जाता है और पुलिस हिंदुओं द्वारा मुसलमानों की संपत्ति को लूटने और नष्ट करने जैसी अवज्ञा की कार्रवाई को अनदेखा तक करती है। ब्रास ने इस दृष्टि से अकेले यूपी पीएसी का विशेष रूप से उल्लेख किया है क्योंकि यह बल बार-बार इस तरह के पूर्वग्रह का दोषी रहा है।

इसमें कोई शक नहीं कि कर्फ्यू एक दुधारी तलवार की भाँति है। यदि इस आदेश को असरकारी और निष्पक्षता से लागू किया जाए तो यह बिगड़ी हुई स्थिति को शीघ्र ही नियंत्रण में लाने में अधिकारियों की सहायता कर सकता है। परंतु, जैसा कि ब्रास ने बताया है ज्यादतियाँ हो सकती हैं और इस प्रवृत्ति पर खासतौर पर नजर रखना जरूरी है। उत्तर प्रदेश के एक पुलिस अधिकारी, वी.एन. राय...[3] ने एक अध्ययन कर, जिसका पहले अभिलेखीकरण किया जा चुका है, सांप्रदायिक दंगों से निपटने के दौरान मुसलमानों के विरुद्ध पुलिस के व्यवहार में पूर्वग्रह का खुलासा किया है। उक्त अध्ययन में यह पाया गया है कि लगभग प्रत्येक दृष्टि से मुसलमानों से भेदभाव किया जाता है और उन्हें हिंदू भीड़ के भयंकर कोप और पुलिस की बर्बरता जैसे जुड़वे खतरों का सामना करना पड़ता है।

इधर, मीडिया ने 2002 में गुजरात में हुए दंगों के दौरान इस प्रकार के पूर्वग्रह और बर्बरता की अनेक घटनाओं को अच्छी तरह प्रकाशित किया है (विस्तार के लिए संबंधित अध्याय देखें)। यह उल्लेख अवश्य किया जाना चाहिए कि ऐसा पूर्वग्रह पुलिस तक सीमित नहीं है, परंतु अकसर यह पूर्वग्रह पूरे शासकीय तंत्र में, जिसमें राजनीतिक कार्यपालक और नौकरशाही शामिल हैं, पारगमित कर जाता है। यद्यपि गुजरात में कर्फ्यू लगाया गया था तथापि अल्पसंख्यक समुदाय के प्रति पुलिस और राज्य सरकार के पूर्वग्रह के कारण मुसलमानों की भारी संख्या में जानें गईं।

सीआरपीसी की धारा 130 और 131

इन धाराओं का संबंध लोगों की गैर कानूनी भीड़ को तितर-बितर करने के लिए सैन्य बलों अर्थात सेना का उपयोग करने से है। सैन्य बलों को तब ही बुलाया जाता है जब स्थिति से निपटने में पुलिस अप्रभावकारी हो जाती है। कानून और व्यवस्था की स्थिति को नियंत्रित करने के लिए यहाँ हम नागरिक प्रशासन (सिविल पॉवर) की सहायता के लिए सेना की सेवाएँ माँगने से संबंधित नाजुक मामले को देखते हैं। इस उद्देश्य के लिए सीआरपीसी की इन धाराओं के अलावा, केंद्रीय सरकार द्वारा जारी किए गए कार्यपालक निर्देश भी हैं कि सेना को कब और कैसे तैनात किया जाए।

जिला स्तर पर यदि जिला मैजिस्ट्रेट यह निर्णय करता है कि स्थिति इस प्रकार की है कि सेना को बुलाया जाना चाहिए, तो वह अपने क्षेत्र के मिलिटेरी कमांडर से संपर्क कर सकता है और अपने अधीन सेना को तैनात करने के लिए निवेदन कर सकता है। और फिर जितनी जल्दी हो सके सेना की टुकड़ी अनिवार्यतः उपलब्ध कराई जानी चाहिए। जिला मैजिस्ट्रेट द्वारा सेना के लिए की गई माँग की पुष्टि राज्य सरकार द्वारा की जानी होती है।

यदि भीड़ द्वारा की जा रही हिंसा को नियंत्रित के लिए जरूरी हो तो कार्यपालक मैजिस्ट्रेट सेना की टुकड़ी के प्रभारी अधिकारी को स्थिति सौंप सकता है। एक बार सेना

पदस्थ हो जाए और मौके पर मैजिस्ट्रेट उपलब्ध न हो तो प्रभारी अधिकारी भीड़ को तितर-बितर करने और गैर कानूनी कार्रवाई में लिप्त व्यक्तियों को गिरफ्तार करने की कार्रवाई अपने ही स्तर पर कर सकता है।

मैंने इस मामले को नाजुक कहा है क्योंकि पुलिस इस कार्रवाई को स्थिति को नियंत्रण में लाने में अपनी क्षमता के प्रति अविश्वास की अभिव्यक्ति के रूप में देखती है। मैंने 1969 में इंदौर दंगों के दौरान सेना बुलाई थी, तो इस मुद्दे पर पुलिस अधिकारियों की अप्रसन्नता मुझे अच्छी तरह से याद है। सेना के वापस लौट जाने पर, उन्होंने मुझे यह धारणा सम्प्रेषित करने की कोशिश की कि सेना की टुकड़ी को बुलाने की बिलकुल ही आवश्यकता नहीं थी, बावजूद इसके कि सेना के फ्लैग मार्च ने स्थिति को नियंत्रण में लाने में बहुत सहायता की थी।

सांप्रदायिक दंगों को नियंत्रित करने के लिए सेना की उचित तैनाती और उपयोग में असफलता वाद-विवाद का एक विषय रही है। मुंबई में 1992-93 में हुए सांप्रदायिक दंगों पर अपने प्रतिवेदन में न्यायमूर्ति श्रीकृष्ण ने महानगर में दंगों को नियंत्रित करने में सैन्यबल का उचित उपयोग करने में असफल रहने पर राज्य सरकार की भूमिका पर विपरीत टिप्पणी की है। गुजरात में 2002 में दंगों के दौरान सेना की प्रभावकारी और समयानुसार तैनाती में असफलता की भी मीडिया में बड़े पैमाने पर आलोचना की गई है। मेरी दृष्टि में सावधानी के पक्ष में गलती करना और नागरिक प्रशासन की सहायता के लिए सैन्यबल तैनात करना ज्यादा सुरक्षित उपाय है। अनुभव बताता है कि किसी गड़बड़ी वाले क्षेत्र में रोष को कम करने और दंगाई स्थिति को शीघ्रता से नियंत्रित करने में सेना की उपस्थिति मात्र का अच्छा प्रभाव पड़ता है।

बहरहाल, विद्रोह से निपटने में सेना की भूमिका एक बिलकुल अलग मामला है, जैसा हम जम्मू-कश्मीर या उत्तर-पूर्व में देखते हैं, जहाँ अत्याचार करने और मानव अधिकार उल्लंघन के आरोप कई बार सेना पर लगते हैं।

सरसरी तौर पर यह उल्लेख करना जरूरी है कि सांप्रदायिक हिंसा विधेयक 2005 के तहत कुछ क्षेत्रों को 'सांप्रदायिक रूप से गड़बड़ी वाला' घोषित करने के लिए केंद्रीय और राज्य सरकार को शक्तियाँ दिया जाना प्रस्तावित है। एक बार किसी क्षेत्र को गड़बड़ी वाला क्षेत्र घोषित कर दिया गया तो सांप्रदायिक हिंसा को नियंत्रित करने के लिए कार्रवाई के लिए अधिकारियों को बहुत शक्तियाँ मिल जाएँगी। केंद्र में 2009 में निर्वाचित हुई सरकार को इस मामले पर नये सिरे से विचार करना होगा और फिर कानून बनाने के लिए कदम उठाने होंगे। बहरहाल, जब तक सरकार ऐसा कर पा,, तब तक यह मामला केवल अकादमिक रुचि का है।

निष्कर्षतः प्रशासनिक और पुलिस अधिकारी ऊपर वर्णित उपयुक्त उपायों की सहायता से व्यवस्था बहाल न कर सकें तो दंगे की घटनाएँ, भीड़ द्वारा की जाने वाली हिंसा के अन्य रूप, आगजनी और लूट चलती रहती हैं। एक बार पर्याप्त पुलिस बल उपलब्ध हो जाए और प्रशासन के पास इच्छाशक्ति हो तो शांति और व्यवस्था निश्चित

रूप से बहाल की जा सकती है। यदि गड़बड़ी अविवेक पूर्ण तरीके से लम्बे समय तक चलती रहती है, उदाहरण के लिए, जैसा–गुजरात में 2002 में हुआ था, तो जानिए कि समस्या कहीं और है।

राजनीतिज्ञों की भूमिका

यद्यपि दंगों से निपटने में राजनीतिक कार्यपालिका और राजनीतिज्ञों की कोई सीधी भूमिका नहीं होती है, तथापि वे इस मामले में अकसर हस्तक्षेप करते हैं और इस तरह जिला अधिकारियों की कोशिशों में रुकावट पैदा करते हैं। मुख्यमंत्री, मंत्री और तो और विधायक भी तथा राजनीतिक दल के कार्यक्रम अपने निहित उद्देश्यों से बीच में कूद पड़ते हैं। जब जिला प्रशासन और पुलिस के संसाधन पहले से ही क्षेत्र में फैले हुए होते हैं, तब उन अति विशिष्ट व्यक्तियों की सेवा में उपस्थित रहना, जो दिखावे के लिए दंगा–पीड़ितों के प्रति संवेदना जाहिर करने के लिए घटना–स्थल पर प्रकट हो जाते हैं, कार्य में दखल डालने वाला सिद्ध होता है क्योंकि उपलब्ध सीमित अमले में से ही कर्मियों को इन अति विशिष्ट व्यक्तियों की सुरक्षा तथा अन्य सुविधाओं के लिए लगाना पड़ता है।

यह कहना उचित होगा कि सभी राजनीतिज्ञ गैर जिम्मेदाराना तरीके से पेश नहीं आते हैं। मुझे स्मरण है कि 1969 में जब इंदौर में दंगे भड़क गए थे और मैं वहाँ जिला मैजिस्ट्रेट के रूप में पदस्थ था तो मध्य प्रदेश के तत्कालीन मुख्यमंत्री श्यामाचरण शुक्ल ने मुझे फोन किया और कहा कि वे स्थिति का जायजा लेने के लिए तत्काल इंदौर आना चाहेंगे। मैंने स्पष्ट रूप से उनसे कहा कि चूँकि हिंसा अभी थमी नहीं है और हमें सीमित पुलिस बल की सहायता से स्थिति को नियंत्रण में लाना है अतः यह उनके लिए उचित होगा कि वे अपनी यात्रा कुछ दिनों के लिए स्थगित करें। वे ऐसी प्रतिक्रिया की सम्भवतः अपेक्षा नहीं करते थे और मेरी बात सुनकर पहले चुप ही रहे। कुछ क्षण विचार करने के बाद वे अपनी योजना में परिवर्तन करने के लिए अनुग्रहपूर्वक राजी हो गए और उन्होंने अपनी यात्रा कई दिनों के लिए स्थगित कर दी। मेरा विश्वास है कि आज ऐसा शायद ही कोई राजनीतिज्ञ होगा जो इस तरह की सलाह को सराहेगा और उस पर अमल करेगा। मैंने जो प्रतिक्रिया तब व्यक्त की थी, अब वह सामान्यतः एक धृष्टता ही समझी जाएगी और बिलकुल संभव है कि उस कारण गम्भीर रूप से फटकार भी लगाई जाए।

प्रसिद्धि पाने की कोशिश के अलावा, स्थानीय राजनीतिज्ञ अकसर प्रशासकीय मामलों में हस्तक्षेप करते हैं, जैसे वे ऐसे थाना प्रभारी को स्थानांतरित करने की माँग करेंगे जिसके विरुद्ध वे अपनी आदत के मुताबिक दंगाइयों से निपटने को लेकर पक्षपात के आरोप ज्यादातर बढ़ा–चढ़ाकर लगाते हैं। राजनीतिक कार्यपालिका के समर्थन से जिला अधिकारियों को इस तरह की अनुचित माँगों के संबंध में बिना झुके दृढ़ता से पेश आने की जरूरत है।

परिणाम

हिंदू-मुसलमान दंगों के मामले में, सामान्य स्थिति बहाल हो जाने के काफी बाद भी, दो समुदायों के बीच उत्पन्न कड़वाहट के कारण तनावपूर्ण स्थिति बनी रहती है। इस स्थिति की तुलना उस बुझा दी गई आग से की जा सकती है जिसके अंदर के अंगारे पूरी तरह बुझे नहीं हैं, और यदि इन अंगारों को हवा दी गई तो आग कभी भी ऊँची लपटों के रूप में उभर सकती है।

दंगों के बाद सबसे पहले प्रशासन और पुलिस के लिए यह जरूरी है कि वे अधिकतम सतर्क रहें। अतः सजगता के तौर पर, सीआरपीसी की धारा 144 के अंतर्गत उपयुक्त आदेश प्रभावशील बनाए रखना पड़ सकता जिससे कि गड़बड़ी फैलाने के उद्देश्य से लोग एकत्र न हो सकें और असामाजिक तत्त्वों पर नियंत्रण बना रहे।

मुंबई में 1992-93 के सांप्रदायिक दंगों से यह प्रदर्शित हुआ कि यदि समुदायों के बीच दुर्भावना को बने रहने दिया जाता है और पर्याप्त सजगता नहीं बरती जाती है तो दंगे किस तरह बार-बार भड़क सकते हैं। वहाँ दंगे को 12 दिसंबर, 1992 तक पूरी तरह से नियंत्रित कर लिया गया था, तब भी धार्मिक समारोहों और प्रार्थना सभाओं में, जिनमें दोनों समुदायों के नेताओं द्वारा सांप्रदायिकता भड़काने वाले भाषण भी होते थे, बड़े पैमाने पर उपस्थिति के जरिए तनाव लगातार बढ़ता ही गया। आवेशपूर्ण वातावरण को मथाड़ी कामगारों की हत्या से चिंगारी मिल गई। शिव सैनिकों का आरोप था कि इन कामगारों की हत्या मुसलमानों ने की थी। इसके परिणाम स्वरूप, मुंबई में तीन हफ्तों की शांति के बाद जनवरी 1993 में दंगों का दूसरा दौर चला (इस बाबत विस्तार के लिए संबंधित अध्याय देखें)। इस प्रकार दंगों का बार-बार होना प्रशासन की सामूहिक असफलता को प्रदर्शित करता है, क्योंकि हिंसा के प्रारंभिक रूप से भड़कने पर उस बाबत दोष पूर्वानुमान न होने और तैयारी की कमी पर लगाया जा सकता है, किंतु दुबारा बड़े पैमाने पर होने वाली हिंसा के लिए कोई औचित्य नहीं दिया जा सकता है क्योंकि तब यह उम्मीद की जाती है कि प्रशासन स्थिति की अन्य आवश्यकताओं के प्रति पूरी तौर पर जागरूक हो चुका है।

सामान्य स्थिति बहाल हो जाने के बाद, एक तरफ शांति और व्यवस्था बनाए रखने के लिए औपचारिक उपाय चलते रहते हैं वहीं, दूसरी तरफ, उसके साथ ही प्रशासन को दोनों समुदायों के बीच वार्तालाप के जरिये सामंजस्य स्थापित करने के लिए कोशिशें करनी होती हैं-बिलकुल उसी तरह जैसी कि दंगों को टालने के लिए उन्हें अनिवार्यतः करनी चाहिए। जमीनी हकीकत को ध्यान में रखते हुए, दंगे से प्रभावित हुए क्षेत्रों में दोनों समुदायों के नेताओं को लेकर शांति समितियाँ गठित की जा सकती हैं, जिन्हें दोनों समुदायों को नजदीक लाने के लिए सक्रियता पूर्वक कार्य करना चाहिए। कई बार स्थानीय नेताओं के सहयोग से शांति यात्राएँ, संयुक्त प्रार्थना सभाएँ आदि भी आयोजित की जा सकती हैं क्योंकि इन आयोजनों का प्रतीकात्मक महत्त्व है और वे आहत मन को

राहत पहुँचाते हैं। यह वह समय है जिसमें प्रशासन द्वारा दोनों समुदायों को इस बात के लिए प्रोत्साहित करने की कोशिश करनी चाहिए कि दोनों समुदाय नागरिक आबंध के समझौताकारी रूपों को संस्थागत आकार दें जो, वार्ष्णेय के विश्वास के अनुसार, हिंसा भड़कने के विरुद्ध अवरोधक का कार्य कर सकते हैं।

दंगा पीड़ितों के लिए सहायता और उनका पुनर्वास

राज्य और स्थानीय प्रशासन का एक अत्यंत महत्त्वपूर्ण कार्य दंगा पीड़ितों को सहायता पहुँचाना और उनका पुनर्वास करना है। जब भी बड़े पैमाने पर दंगे होते हैं, जिनमें लोगों की जान जाती है और संपत्ति का नुकसान होता है, तब सहायता कैम्प स्थापित किए जाते हैं जहाँ पीड़ित लोगों को अस्थायी तौर पर रखा जाता है। जिन परिवारों ने आजीविका अर्जित करने वाले सदस्य खो दिए हैं और जिनके मकान नष्ट कर दिए गए हैं उन्हें उपयुक्त मुआवजा दिलाना जरूरी होता है। स्थानीय अस्पतलों में भर्ती घायल लोगों की देखभाल के लिए व्यवस्थाएँ की जानी चाहिए।

दंगा पीड़ितों को राहत पहुँचाने के ये काम युद्ध स्तर पर आयोजित करने पड़ते हैं और प्रशासन के लिए यह अनिवार्य है कि वह इन मामलों में ध्यानपूर्वक और संवेदनशीलता के साथ कार्रवाई करे। इस उद्देश्य से प्रशासकीय कर्मियों, डॉक्टरों, सहायक चिकित्सा अमले, आदि को विशिष्ट रूप से काम पर लगाना आवश्यक हो जाता है। यदि राहत उपाय पर्याप्त हैं और राहत समय से दी गई है तो इससे आम लोगों के मन में विश्वास लौट आता है और प्रशासन तथा पुलिस के प्रति सद्भावना का वातावरण बनता है।

इंदौर में 1969 में दंगों के बाद यह कार्य कुछ सफलता के साथ किया गया था। राहत और पुनर्वास के लिए इंदौर में कम उपाय ही आवश्यक थे, बजाय, उदाहरण के लिए, 2002 में गुजरात में हुए दंगों के बाद की आवश्यकता के। गुजरात के मामले में अल्पसंख्यक समुदाय के पीड़ित लोगों के लिए सहायता उपाय अपर्याप्त पाए गए थे और इस बात की कटु आलोचना मीडिया और मानव अधिकार आयोग द्वारा की गई है।

हिंदू-मुसलमान संबंधों के मामले में, विशेषकर उन क्षेत्रों और बस्तियों में जिनका अतीत में शत्रुता और संघर्ष का इतिहास रहा है, कार्य करते समय राज्य और स्थानीय प्रशासन का मानवीय चेहरा सामने आना चाहिए। इस संवेदनशील मामले से जुड़े हुए अधिकारियों और कर्मियों को निष्पक्षता से कार्रवाई करने के लिए उपयुक्त प्रशिक्षण दिया जाना चाहिए और अभिप्रेरित किया जाना चाहिए जिससे कि किसी भी समुदाय के लोग उनकी निष्पक्षता पर उँगली न उठा सकें। संवेदनशील स्थानों में स्वयंसेवी संगठनों, मानव अधिकार कार्यकर्ताओं, आदि की अपनी एक भूमिका होती है और वे दोनों ही समुदायों के दुरुत्साहकों को नियंत्रण में रखने में सहायक हो सकते हैं।

टिप्पणियाँ

1. ब्रास, प्रॉडक्शन ऑफ हिंदू–मुस्लिम वायलेंस, पृ. 124–126
2. पॉल आर. ब्रास, 'कलेक्टिव वायलेंस, ह्यूमैन राइट्स एंड द पालिटिक्स ऑफ कर्फ्यू', जरनल ऑफ ह्यूमैन राइट्स, आईएसएसएन : 1475–4835 पिंट/1475–4843 ऑन लाइन, डीवोआई : 10.1080/14754830600812324, पृ. 323–340
3. राय, काम्बैटिंग कम्यूनल कांफ्लिक्ट, पृ. 112–114

मुसलमानों की समस्याएँ

धर्म और जनसंख्या

वैश्विक परिदृश्य

अपने प्रतिपाद्य विषय के संदर्भ में, कि बीसवीं शताब्दी के उत्तरार्द्ध में पूरी दुनिया में धर्म का वैश्विक पुनरुत्थान हुआ है और कि इस वजह से धार्मिक चेतना ने उग्र रूप धारण किया है और रूढ़िवादी आंदोलनों में वृद्धि हुई है, सैमुअल हंटिंग्टन...[1] ने दुनिया में प्रमुख धार्मिक परंपराओं का पालन करने वालों की जनसंख्या के आँकड़ों का हवाला दिया है। 'दुनिया में प्रमुख धार्मिक परंपराओं का पालन करने वाली आबादी का समानुपात' के संबंध में प्रासंगिक सारणी को नीचे उद्धृत किया गया है :

प्रतिशत में

धर्म/वर्ष	*1900*	*1970*	*1980*	*ब. 1985*	*ब. 2000*
पश्चिमी ईसाई	26.9	30.6	30.0	29.7	29.9
कट्टर ईसाई	7.5	3.1	2.8	2.7	2.4
मुसलमान	12.4	15.3	16.5	17.11	9.2
गैर-धार्मिक	0.21	5.01	3.3	13.5	13.7
हिंदू	12.51	2.81	3.31	3.51	3.7
बौद्ध	7.8	6.4	6.3	6.2	5.7
चीनी जन	23.5	5.9	4.5	3.9	2.5
आदिवासी	6.6	2.4	2.1	1.9	1.6
नास्तिक	0.0	4.6	4.5	4.4	4.2

हंटिंग्टन ने इन आँकड़ों की प्रामाणिकता पर कुछ संदेह व्यक्त किया है, किंतु इन आँकड़ों को किसी सीमा तक सही मानते हुए, उसने टिप्पणी की है कि दो प्रमुख धर्मांतरण करने वाले धर्मों, इस्लाम और ईसाई धर्म, के अनुयायियों की जनसंख्या में वृद्धि हुई है। ऊपर दी गई सारणी में यह देखा जा सकता है कि एक शताब्दी की अवधि में पश्चिमी ईसाइयों की जनसंख्या का प्रतिशत 26.9 से बढ़कर 29.9 हो गया है और मुसलमानों की जनसंख्या का अनुपात अधिक नाटकीय रूप से 12.4 से बढ़कर 19.2 प्रतिशत हो गया है। संयोगवश, इस समयावधि में हिंदू जनसंख्या भी बढ़ी है, यद्यपि यह बढ़ोतरी 1 प्रतिशत से थोड़ी ही अधिक रही है।

हंटिंग्टन ने कहा है कि ईसाई धर्म बुनियादी रूप से धर्मांतरण के जरिए फैला है और इस्लाम धर्मांतरण तथा प्रजनन के जरिए। यह मानते हुए कि आने वाले वर्षों में ईसाई जनसंख्या

में अवनति का रुख रहेगा जबकि मुसलमान आबादी में लगातार वृद्धि होगी, हंटिंग्टन ने यह निरूपित किया है कि वर्ष 2025 तक दुनिया की आबादी में ईसाई संभवत: अनुमानित रूप से 25 प्रतिशत होंगे और मुसलमान 30 प्रतिशत। बहरहाल, यह विवाद का विषय है कि यह दावा व्यवस्थित जनांकिकीय अध्ययन के आधार पर सही ठहराया जा सकता है।

हंटिंग्टन ने इस परिवर्तनशील जनांकिकी संतुलन के सामाजिक-राजनीतिक और आर्थिक परिणामों का अनुमान लगाया है किंतु हमारे लिए इस विषय का आगे अध्ययन जरूरी नहीं है, इसके बदले भारत में हिंदुओं और मुसलमानों की आबादी के बढ़ने के सवाल पर गौर करना बेहतर होगा। मैंने हंटिंग्टन के मत को और उसके अनुमान को यहाँ इसलिए उद्धृत किया है जिससे कि हम इस विषय पर अपने देश के संदर्भ में, बिना उसके वैश्विक विस्तार को भूले, विचार कर सकें।

भारत का परिदृश्य

लंबे समय से हिंदू संप्रदायवादियों ने मुसलमानों को अपना लक्ष्य बनाया है क्योंकि वे मानते हैं कि इस देश में हिंदुओं की तुलना में अपनी आबादी बढ़ाकर बहुसंख्यक होने का दर्जा पाने के लिए मुसलमान अपनी आबादी को बढ़ाने की प्रवृत्ति अपनाए हुए हैं। इस मुद्दे पर जनता का ध्यान तब केंद्रित हुआ जब भारत की जनगणना, 2001 से संबंधित एक प्रबंध 'द फर्स्ट रिपोर्ट ऑन रिलिजन डाटा' 6 सितंबर, 2004 को जारी किया गया। इससे तत्काल विवाद पैदा हो गया। मीडिया ने इस तथ्य को उभारा कि पिछले दशक में मुसलमानों की आबादी 36 प्रतिशत बढ़ी थी जबकि हिंदुओं की बढ़ोतरी की दर 20.3 प्रतिशत रही। यह तत्काल ही पता चल गया कि इन आँकड़ों को निर्धारित करने में भारी भूल हुई थी क्योंकि इस तथ्य को ध्यान में नहीं रखा गया था कि नस्ली उथल-पुथल के कारण 1981 में असम में और 1991 में कश्मीर में जनगणना नहीं हुई थी, जब आँकड़ों का आवश्यक तालमेल बैठाया गया तब यह जाहिर हुआ कि निश्चय ही मुसलमानों की बढ़ोतरी की दर हिंदुओं के मुकाबले अधिक है पर उनके बीच उतना अंतर नहीं है जितना कि पहले बताया गया था।

'इकॉनॉमिक एंड पोलिटिकल वीकली' में अपने एक लेख में अलका एम. बसु...[2] ने मीडिया में तथ्यों को तोड़-मरोड़कर प्रस्तुत करने का एक ज्वलंत उदाहरण दिया है, जैसे 'आउट लुक' समाचार पत्रिका के वेबसाइट पर 6 सितंबर की प्रस्तुति : "धर्म के संबंध में आज सबसे पहली बार प्रस्तुत होने वाली जनगणना रिपोर्ट ने देश में हिंदुओं की आबादी 23 प्रतिशत के स्तर पर घट जाने के ठीक विपरीत मुसलमानों की आबादी में 36 प्रतिशत की भारी बढ़ोतरी को प्रदर्शित किया है।" यह वाक्य अत्यधिक भ्रामक है क्योंकि यह हिंदुओं की आबादी के घटने का संदर्भ देता है जबकि वास्तव में उनकी आबादी काफी हद तक बढ़ी थी, और यह तो उनकी दशाब्दीय वृद्धि दर थी जो घटी थी।

तत्कालीन भाजपा अध्यक्ष, वेंकैया नायडू ने आग में घी डालने का काम करने में यह कहकर अपनी भूमिका निभाई कि वे 'हिंदू आबादी में कमी आने' से परेशान हुए हैं।

'आउट लुक' की रिपोर्ट में जो बात अर्थ का अनर्थ करने वाली थी वह यह कि उससे यह निष्कर्ष निकलता था कि भारत की आबादी में अब हिंदू केवल 23 प्रतिशत हैं। इस प्रकार की रिपोर्टिंग उन प्रचारकों के हाथ में एक शक्तिशाली विस्फोटक के रूप में थी जो भोले-भाले लोगों को यह विश्वास कराते कि उनकी 'मातृभूमि' में हिंदू आबादी का संहार हो रहा है। वास्तव में 2001 की जनगणना के अनुसार भारत की कुल आबादी के 81.4 प्रतिशत हिंदू ही थे।

धार्मिक समुदायों के समानुपात और समायोजित वृद्धि दर को निम्नलिखित सारणियों में प्रदर्शित किया गया है, (पहली सारणी–'धार्मिक समुदाय (समायोजित)' और उसके बाद की सारणी 'वृद्धि दर (समायोजित)।'[3] यह ध्यान दें कि वृद्धि दर सारणी में एक दशाब्दी में समुदाय विशेष की ही आबादी की तुलना की गई है, न कि अन्य समुदायों के साथ।

प्रतिशत में

धर्म/वर्ष	*1961*	*1971*	*1981*	*1991*	*2001*
हिंदू	84.4	83.5	83.1	82.4	81.4
मुसलमान	9.9	10.4	10.9	11.7	12.4
ईसाई	2.4	2.6	2.5	2.3	2.3
सिख	1.8	1.9	2.0	2.0	1.9
बौद्ध	0.7	0.7	0.7	0.8	0.8
जैन	0.5	0.5	0.5	0.4	0.4
अन्य	0.3	0.4	0.4	0.4	0.7
धर्म उल्लेख नहीं	न	न	न	न	न

प्रतिशत में

धर्म/दशाब्दी	*1961–71*	*1971–81*	*1981–*	*1991–01*
सभी धार्मिक समुदाय	24.8	24.8	23.8	21.5
हिंदू	23.4	24.2	22.8	20.0
मुसलमान	31.2	30.8	32.9	29.3
ईसाई	36.0	19.2	17.0	22.1
सिख	32.0	26.2	25.5	16.9
बौद्ध	17.0	25.4	36.0	23.2
जैन	28.5	23.7	4.0	26.8

'1961 से लेकर 2001' की सभी दशाब्दियों में जम्मू-कश्मीर और असम शामिल नहीं

टिप्पणियाँ

1. जनगणना 2001 की जनसंख्या के आँकड़ों में मणिपुर के सेनापति जिले के माओ मारम, पाओमाटा और पुरूल उप संभाग शामिल नहीं।
2. 1981 में असम में और 1991 में जम्मू और कश्मीर में कोई जनगणना नहीं हुई।
3. न = नगण्य

बढ़ती मुसलमान आबादी के विरुद्ध घटती हिंदू आबादी प्रक्षेपित करने वाले हिंदू दक्षिण पंथियों के संदर्भ में, यदि हम ऊपर दी गई सारणी के आँकड़ों का विश्लेषण करें तो यह पाते हैं कि 1991-2001 की दशाब्दी में हिंदू आबादी 1 प्रतिशत कम हुई है। 1961 से लेकर बाद के 40 वर्षों में हिंदुओं की आबादी में 3 प्रतिशत कमी हुई है। इसी के अनुरूप पिछली सहस्त्राब्दी की अंतिम दशाब्दी में मुसलमान आबादी 0.7 प्रतिशत बढ़ी और 40 वर्ष की समयावधि में यह 2.5 प्रतिशत बढ़ी है। यह ध्यान देने योग्य बात है कि इन दोनों ही अवधियों में वास्तविक संख्या की दृष्टि से कुल आबादी में मुसलमानों की अपेक्षा हिंदू ज्यादा बढ़े हैं क्योंकि हिंदू आबादी का आधार बहुत बड़ा है। जब हम केवल प्रतिशतता पर ध्यान देते हैं तो यह तथ्य धूमिल हो जाता है।

चूँकि हिंदू दक्षिणपंथी ईसाई धर्म में बड़े पैमाने पर होने वाले आरोपित धर्मांतरण पर अकसर ऊधम मचाते हैं, यह बात चलते-चलते कही जा सकती है कि 1961 और 2001 के बीच कुल आबादी में ईसाइयों का प्रतिशत 0.1 प्रतिशत घटा है।

जहाँ तक हिंदुओं और मुसलमानों की वृद्धि दर का सवाल है, हिंदू की वृद्धि दर 20 प्रतिशत की तुलना में मुसलमानों की वृद्धि दर 29.3 प्रतिशत के स्तर पर ऊँची रही है, इस अवधि में मुसलमानों की वृद्धि दर में कमी ज्यादा स्पष्ट अर्थात हिंदुओं 2.8 प्रतिशत की तुलना में 3.6 प्रतिशत रही है।

'इकॉनॉमिक एंड पोलिटिकल वीकली' के दो अंकों 25 सितंबर, 2004 और 29 जनवरी, 2005 में जनसंख्या वृद्धि और धर्मों से संबंधित विषयों पर विद्वानों और जनांकिकीय विशेषज्ञों द्वारा बहुत ही अच्छे लेख प्रकाशित हुए थे। इन लेखों में यह उद्घाटित किया गया है कि हिंदू की आबादी को मुसलमान आबादी द्वारा पीछे छोड़ने के मनोविभ्रम का मामला बीसवीं शताब्दी के प्रारंभ के समय से ही चला आ रहा है। आजादी के पहले जो लगातार जनगणना हुई है और उसके जो आँकड़े प्रकाशित किए गए वे धर्म के आधार पर वर्गीकृत किए गए थे। हर दस साल में होने वाली जनगणना के बाद जब भी इस तरह आँकड़े प्रकाशित होते तो उनकी ओर ध्यान जाता और उससे विवाद पैदा होता। हिंदू धर्म के बड़े संरक्षक उसे एक मुद्दा बनाते और यह सिद्धांत प्रचारित करते कि हिंदू जाति 'समाप्त होने' के खतरे में है। किंतु 'समाप्त होने' से कहीं दूर, जहाँ हिंदुओं की आबादी एक शताब्दी पहले 25 करोड़ से कम थी वहीं आज उनकी संख्या इससे तिगुनी से ज्यादा हो गई है। उस समय अंग्रेज अपनी 'बाँटो और राज करो' नीति के अनुसार विभेदक वृद्धि दरों पर जोर देते थे। इसीलिए, आजादी के बाद इस प्रथा को बुद्धिमत्ता के साथ त्याग दिया गया।

काफी पहले 1912 में कलकत्ता में यू.एन. मुखर्जी ने 'हिंदू-समाप्त होती नस्ल' शीर्षक से एक पैम्फलेट प्रकाशित किया था...[4]। नासिक में 1925 में हुई हिंदू महासभा की एक बैठक में जगत्‌गुरु शंकराचार्य ने दावा किया कि इस दर से हिंदुओं को पूरी तौर पर गायब हो जाने में कुल एक शताब्दी का समय लगेगा। 1911 से लेकर 1921 तक की जनगणना के आँकड़े मुसलमानों की बढ़ती संख्या और हिंदुओं की घटती आबादी को

प्रचारित करने के लिए गलत तरीके से उपयोग में लाए गए। इस दंतकथा को स्थायी बनाने के लिए 'हिंदुओं का भयंकर ह्रास'...[5] जैसे ध्यान खींचने वाले शीर्षकों के साथ समाचार-पत्रों, पत्रिकाओं, पैम्फलेट आदि प्रकाशित किए गए थे।

मुसलमान आबादी की अबाधित वृद्धि के संबंध में भय फैलाने के लिए, बीसवीं शताब्दी के शुरू के दशकों में, हिंदू प्रोपेगंडा करने वालों की योजना के केंद्र में मुख्य रूप से मुसलमानों में विधवाओं के पुनर्विवाह की प्रचलित प्रथा, बहु-पत्नीत्व प्रथा, और धर्मांतरण के मुद्दों को उभारना था। ये पूरी ताकत के साथ फैलाई गई दंतकथाएँ कई दशकों के बाद गलत सिद्ध हुईं जब 2001 की जनगणना ने यह प्रदर्शित किया कि अब भी देश की कुल आबादी में 80 प्रतिशत से अधिक आबादी हिंदुओं की है। इसके बावजूद, लोक चर्चाओं में अब भी यह अत्युक्ति चलती रहती है, और ये दावे अभी भी किए जाते हैं कि 2050 तक मुसलमानों की संख्या हिंदुओं की संख्या से ज्यादा हो जाएगी।

2001 की जनगणना से इस प्रथा को पुनः लागू करने का कारण स्पष्ट नहीं है फिर भी यह आसानी से अनुमान लगाया जा सकता है कि तत्कालीन सरकार ने राजनीतिक लाभ लेने के लिए इसे लागू किया था। बिना आवश्यक समायोजन किए आँकड़ों को हड़बड़ी में सुप्रचारित ढंग से जारी करना तत्कालीन शासक दल के इरादों और उद्देश्यों के संबंध में शंका पैदा करता है।

इन गर्जनाओं को ज्यादा महत्त्व देने की आवश्यक्ता नहीं है, सिर्फ इस बात को छोड़कर कि ये गर्जनाएँ सांप्रदायिक विभेद बढ़ाती हैं जो नस्ल को समाप्त कर देने जैसी दुष्टतापूर्ण माँगों को पैदा करती हैं। फिर भी इस मामले से संबंधित सूचना पर विचार-विमर्श जरूरी है, अतः हम हिंदू और मुसलमान आबादी के वृद्धि दरों को प्रभावित करने और उनकी गतिकी को प्रभावित करने वाले कारकों का निष्पक्ष रूप से परीक्षण करेंगे। इस बहस के केंद्र में हिंदुओं और मुसलमानों की जनन क्षमता विभेदक मुद्दा है। अलका एम. बसु...[6] ने स्पष्ट किया है कि आबादी की वृद्धि दरें वैसी ही नहीं हैं जैसी कि जन्म दरें; और जनन क्षमता दरों के अलावा, अन्य कई कारकों से वृद्धि दरें निर्धारित होती हैं। इस बात को ध्यान में रखकर वे 1998-99 के राष्ट्रीय परिवार स्वास्थ्य सर्वेक्षण प्रतिवेदन से उद्धृत करती हैं कि हिंदू-मुसलमान सकल जनन क्षमता दर में 0.81 जैसा बिलकुल कम अंतर है, जिसमें मुसलमानों की सकल जनन क्षमता दर मामूली तौर पर ज्यादा है। और यह भी कि इस बात का भी पर्याप्त प्रमाण है कि हिंदुओं और मुसलमानों दोनों की ही जनन क्षमता दरें घट रही हैं, और यह कि मुसलमानों की जनन क्षमता दर ज्यादा तेजी से घट रही है।

बसु कहती हैं, "जनसंख्या वृद्धि जन्म और उसके साथ ही मृत्यु का एक फलन है। अतः यदि दो आबादियों की जन्म दरें समान हों, तो वह आबादी वृद्धि की ऊँची दर प्रदर्शित करेगी जिसकी मृत्यु दर कम होगी। और भारत में मुसलमानों की ऊँची वृद्धि दर के कम से कम एक अंश को उनकी कम मृत्यु दर के रूप में निर्धारित किया जा सकता है।" इसी तरह जनसंख्या वृद्धि दरों को प्रभावित करने वाला एक अन्य निर्धारक शिशु

मृत्यु दर है। किसी एक वर्ष में जन्म लेने वाले प्रति एक हजार बच्चों में से जितने बच्चों की मृत्यु होती है, उसे शिशु मृत्यु दर कहते हैं। राष्ट्रीय परिवार स्वास्थ्य सर्वेक्षण 1998-99 के अनुसार मुसलमानों की अपेक्षा हिंदुओं में शिशु मृत्यु दर कहीं ज्यादा थी। यह अंतर एक वर्ष से लेकर पाँच वर्ष के बीच की उम्र वाले बच्चों की मृत्यु दर में भी पुनरावृत्त होता है। ये विभेदक महत्त्वपूर्ण हैं विशेषकर इसलिए कि हिंदुओं की तुलना में मुसलमान समुदाय को आर्थिक रूप से ज्यादा वंचित माना जाता है।

अत: यह तो हिंदुओं के लिए है कि वे बच्चों के स्वास्थ्य की देखभाल में होने वाली कमियों के संबंध में आत्म-परीक्षण करें। इन कमियों के परिणामस्वरूप हिंदुओं की वृद्धि दर, मुसलमानों की वृद्धि दर की तुलना में, कम रहती है। यह तथ्य ध्यान देने योग्य है कि मुसलमानों की तुलना में हिंदुओं में बाल लिंग अनुपात (छ: वर्ष की उम्र तक के प्रति एक हजार बालकों के विरुद्ध बालिकाओं की संख्या) काफी कम है, इसका अर्थ यह है कि नवजात शिशुओं और बच्चों के संदर्भ में मुसलमानों की अपेक्षा हिंदुओं में बच्चियों की मौतें ज्यादा होती हैं। यह बिंदु इस तथ्य पर भी प्रकाश डालता है कि हिंदू समुदाय में बच्चियों के प्रति तुलनात्मक रूप से ज्यादा भेदभाव होता है।

जनांकिकीय विशेषज्ञों के अनुसार, जब किसी देश की जनसंख्या वृद्धि दर लगातार घटनी शुरू हो जाती है तो वह एक ऐसे सोपान पर पहुँच जाती है जिसे 'जनन क्षमता संक्रमण' कहा जाता है। पश्चिम के विकसित देशों के अनुभव से यह प्रदर्शित हुआ है कि यदि एक बार इस संक्रमण की स्थिति आ जाती है तो वह अपरिवर्तनीय हो जाती है। वास्तव में, यह स्थिति लगातार बढ़ती जाती है और तब तक नहीं रुकती है जब तक कि प्रक्रिया पूरी न हो जाए, और तब जनसंख्या 'प्रतिस्थापन के स्तर' पर पहुँच चुकी होती है। प्रतिस्थापन स्तर वह स्थूल मापदंड है जिसमें एक पीढ़ी का स्थान दूसरी पीढ़ी ले लेती है और इसके परिणामस्वरूप आबादी स्थायी हो जाती है। इस तरह इसे एक ऐसी अवस्था के रूप में देखा जा सकता है जिसमें जनसंख्या वृद्धि रुक जाती है क्योंकि मृत्यु दर जन्म दर के बराबर हो जाती है, और देश में होने वाला प्रव्रजन घटकर नगण्य हो जाता है।

भारत में जनन क्षमता संक्रमण 1970 के दशक में शुरू हुआ और 1980 के दशक में वह सभी धार्मिक समूहों में तेज गति से चल पड़ा। अन्य समुदायों के मुकाबले मुसलमानों की जनन क्षमता दर कुछ ज्यादा है, किंतु इससे समग्र स्थिति प्रभावित नहीं होती। पश्चिम में इस बात को लेकर बहस चल रही है कि एक बार प्रतिस्थापन स्तर आ जाए तो क्या संक्रमण होना रुक जाता है अथवा यह बाद में भी चलता रहता है। वर्तमान में हमारे लिए यह मुद्दा महत्त्वपूर्ण नहीं क्योंकि भारत में कम से कम इक्कीसवीं शताब्दी के मध्य के पहले तो प्रतिस्थापन स्तर के आने की उम्मीद नहीं है।

इस साक्ष्य के बावजूद कि जनन क्षमता संक्रमण शुरू हो गया है, अब भी ऐसे आरोप लगाए जाते हैं कि मुसलमान परिवार नियोजन के उपायों को अपनाने का विरोध करते हैं और बहुपत्नीत्व को बढ़ावा देते हैं, पर इस संबंध में कुछ करने आवश्यकता है।

मुसलमान विद्वानों और लेखकों ने इस बात पर जोर दिया है कि कुरान में परिवार नियोजन के विरुद्ध कोई हिदायत नहीं दी गई है। असगर अली इंजीनियर...[7] ने उल्लेख किया है कि महान पैगंबर साहब ने गर्भधारण के निवारण के लिए अज्ल अर्थात सम्भोग अवरोध की स्वयं सिफारिश की थी। बीसवीं शताब्दी में इमाम गजली और अठारहवीं शताब्दी में मौलाना अब्दुल अजीज जैसे अन्य प्रमुख इस्लामी विचारकों ने अज्ल की, और कुछ विशेष परिस्थितियों में गर्भपात की भी अनुमति दी है। मुस्लिम पर्सनल लॉ बोर्ड ने भी ईरान की तर्ज पर मुसलमानों के मध्य परिवार नियोजन को बढ़ावा देने की मंशा जाहिर की है। ईरान शून्य जनसंख्या वृद्धि दर के लक्ष्य को पा चुका है।

यह तथ्य हिंदू सांप्रदायिक भाषणों में अनंत बार दोहराया जाता है कि शरीयत कानून के तहत कोई मुसलमान पुरुष चार पत्नियाँ रख सकता है। भारत में मुसलमानों के लिए एक समान सिविल संहिता (अगले अध्याय में इस पर विचार किया गया है) अपनाए जाने की हंगामाखेज माँग के संदर्भ में भी यह बात जोरदार तरीके से रखी जाती है। आर.बी. भगत...[8] ने कुछ अध्ययनों से उद्धरण देकर बतलाया है कि बहुपत्नीत्व का ऊँची जनन क्षमता से सीधा ताल्लुक नहीं है। इसके विपरीत यह पाया गया है कि इस प्रकार के विवाहों में स्त्रियों की जनन क्षमता कम रहती है। भारत में जनगणना, 1971 के अनुसार यह सत्य नहीं है कि हिंदुओं की तुलना में मुसलमानों में बहुपत्नीत्व विवाह की प्रथा ज्यादा है।

जनन क्षमता दर के अतिरिक्त, इस देश में मुसलमानों का प्रव्रजन और धर्मांतरण वे अन्य कारक हैं जिनका उल्लेख मुसलमान आबादी की बढ़ोतरी के लिए किया जाता है। बहरहाल, इस तरह के प्रव्रजन द्वारा जनसंख्या वृद्धि को प्रभावित करने के संबंध में कोई आधिकारिक आँकड़े उपलब्ध नहीं हैं। इसके अलावा, जैसा कि अपने लेख में बसु ने उल्लेख किया है, इधर वर्ष-दर-वर्ष बांग्ला देश से होने वाले प्रव्रजन की दर काफी कम हो गई है।

हिंदू दक्षिण पंथियों के इस संकीर्णतावादी प्रचार की, कि कुछ दशकों में मुसलमानों की आबादी हिंदुओं की आबादी से ज्यादा हो जाएगी, काट के लिए जनांकिकीय विशेषज्ञों ने हिंदू-मुसलमान जनसंख्या के स्थिर होने की स्थिति तक के संबंध में अनुमान प्रस्तुत करने की कोशिश की है। अपने लेख में, मारी भट और फ्रांसिस जेवियर...[9] ने इसे प्रक्षेपित किया है जिसे 'सहगण घटक' विधि कहा गया है। इस विधि में जो कल्पनाएँ की गई हैं वे बहुत पारदर्शी हैं और उससे संबंधित गणित तो एकदम सरल है किंतु आक्षेप मुक्त है। जनसंख्या वृद्धि की भविष्यवाणी करने की इस विधि का पूर्व अभिलेख अच्छा रहा है। इस प्रक्षेपण के अनुसार इक्कीसवीं शताब्दी के अंत में भारत की जनसंख्या लगभग 170 करोड़ पर स्थिर हो जाएगी, जिसमें कुल जनसंख्या में मुसलमानों की आबादी 19 प्रतिशत तक सीमित हो जाएगी। यहाँ यह ध्यान देना महत्त्वपूर्ण है कि अगले एक सौ वर्षों में जनसंख्या में जो कुल वृद्धि होगी उसमें मुसलमानों की जो वृद्धि होगी उससे दोगुनी से ज्यादा वृद्धि हिंदुओं की होनी अनुमानित है।

यद्यपि यह प्रस्तुति विश्वसनीय है, मैं उन कुछ जनांकिकीय विशेषज्ञों के इस मत को स्वीकार करने को तत्पर हूँ जिन्होंने भारत की जनसंख्या के 170 करोड़ के बजाय 150 करोड़ के स्तर पर स्थिर होने की भविष्यवाणी की है। यदि ऐसा होता है तो संभवतः मुसलमानों की आबादी बजाय 19 प्रतिशत के 16-17 प्रतिशत के आसपास स्थिर हो जाएगी। किसी भी स्थिति इस देश में हिंदुओं से मुसलमानों की आबादी ज्यादा होने का सवाल ही नहीं उठता है।

हिंदुओं और मुसलमानों की असंतुलित वृद्धि का मामला हमारी लोकचर्चा में समय-समय पर उठता रहता है। अपने देश में धार्मिक नेताओं और राजनीतिक दलों के द्वारा जिस पहचान की राजनीति का व्यवहार किया जाता है, उसकी प्रकृति के कारण ऐसा होता है। एक आधुनिक और विकसित समाज में धार्मिक जुड़ाव के मामले कहीं पीछे छोड़ दिए जाने चाहिए और लोकचर्चा में बहस के मुख्य मुद्दे सभी की सामाजिक-आर्थिक चिंताओं से जुड़े होने चाहिए। धार्मिक जुड़ाव के केंद्र में पहचान की राजनीति होने से पूरा माहौल गंदा हो जाता है और ऐसे तनाव पैदा होते हैं जिनसे संघर्ष की स्थिति निर्मित होती है।

विशेषज्ञों ने मत व्यक्त किया है कि दंगों के परिणामस्वरूप सांप्रदायिक ध्रुवीकरण के कारण जनन क्षमता में कमी की दर ठहर जाती है, मन में भय समा जाता है और असुरक्षा की भावना घर कर जाती है। दंगे स्वास्थ्य की देखभाल और परिवार नियोजन सेवाओं की उपलब्धि को प्रभावित कर सकते हैं और अनेक मुसलमानों को स्वास्थ्य केंद्रों, जहाँ अधिकतर स्टाफ हिंदू समुदाय का होता है, में जाने से रोक सकते हैं।[10]

यह स्पष्ट होना चाहिए कि सभी धर्मों के अनुयायियों, विशेषकर हिंदुओं और मुसलमानों, के लिए यह बात दीर्घकालीन हित में है कि वे जनसंख्या में वृद्धि जैसे विवादास्पद मुद्दों से दूर रहें। इन समुदायों के नेतृत्व की भूमिका निभाने वाले लोगों को भी तथ्यों और आँकड़ों को जानबूझकर तोड़-मरोड़कर प्रस्तुत कर गलत सूचना प्रदान कर उससे राजनीतिक लाभ उठाने के लोभ से अवश्य बचना चाहिए।

सूचना का अधिकार अधिनियम के कारण अधिक सही संख्यात्मक जानकारी उपलब्ध होने से, हम उचित रूप में आशा कर सकते हैं कि हमारी लोकचर्चा अब विवादास्पद जनसंख्या के प्रश्न पर अपना ध्यान केंद्रित करने के जहरीलेपन से मुक्त रहेगी।

बहरहाल, यह कहना आवश्यक है कि एक बड़े परिप्रेक्ष्य में देखने से यह पूरा विवाद व्यर्थ मालूम पड़ता है। जैसे-जैसे सभ्यता प्रौढ़ होती है, उस सभ्यता को बनाने वाले लोगों की धार्मिक पहचान लोकचर्चा के क्षेत्र में अपनी प्रासंगिकता खो देती है। हिंदू दक्षिणपंथी जनसंख्या के मुद्दे पर चिंतित हैं क्योंकि वे विश्वास करते हैं कि भारत अनिवार्यतः एक 'हिंदू सभ्यता' है।

यह एक बहिष्कारवादी दृष्टिकोण है जिसे अपने सामाजिक हित में छोड़ देने की आवश्यकता है। इस मुद्दे पर सभ्यताओं के संघर्ष के अध्याय में 'क्या भारत एक 'हिंदू सभ्यता' है?' उपशीर्षक के अंतर्गत विचार किया गया है।

टिप्पणियाँ

1. सैमुअल पी. हटिंग्टन, द क्लैश ऑफ सिविलाइजेशन एंड द रिमेकिंग ऑफ वर्ल्ड ऑर्डर (न्यू डेल्ही : पेंग्विन, 1977), पृ. 65
2. अलका एम. बसु, 'द स्क्वेबल दैट नेवर एंड्स', इकॉनॉमिक एंड पोलिटिकल वीकली 39(39), 25 सितंबर, 2004, पृ. 4294
3. पॉपुलेशन रिलीजन वाइज सेंसस 2001, ऑफिस ऑफ द रजिस्ट्रार जनरल, इंडिया, स्टेटमेंट सं, 'प्रोपोरशन एंड ग्रोथ रेट ऑफ पापुलेशन बाई रिलीजियस कम्युनिटीज, इंडिया' (1961–2001)
4. चारु गुप्ता, 'सेंसस, कम्युनाइज्म, जेंडर एंड आइडेंटिटी' इकॉनॉमिक एंड पोलिटिकल वीकली 39(39), 25 सितंबर, 2004, पृ. 4302
5. वही, पृ. 4303
6. बसु, इपीडब्लू, पृ. 4295
7. असगर अली इंजीनियर, 'ए हैंडी टूल फॉर एंटी माइनरिटीइज्म', इकॉनॉमिक एंड पोलिटिकल वीकली 39(39), 25 सितंबर, 2004, पृ. 4304
8. आर.बी. भगत, 'फैक्ट एंड फिक्शन' इकॉनॉमिक एंड पोलिटिकल वीकली 39(39), 25 सितंबर, 2004, पृ. 4292
9. पी.एन. मारी भट एंड ए.जे. फ्रांसिस जेवियर, 'रोल ऑफ रिलीजन इन फर्टिलिटी डिक्लाइन' इकॉनॉमिक एंड पोलिटिकल वीकली 60(5), 29 जनवरी, 2005, पृ. 399
10. आर.बी. भगत एंड पुरुजित प्रहाराज, 'हिंदू-मुस्लिम फर्टिलिटी डिफेरेंशियल्स', इकॉनॉमिक एंड पोलिटिकल वीकली 60(5), 29 जनवरी, 2005, पृ. 412

एक समान सिविल संहिता

भारत के संविधान के नीति निदेशक तत्त्व का एक अनुच्छेद 44 यह निर्धारित करता है कि राज्य भारत के समस्त राज्य क्षेत्र में नागरिकों के लिए एक समान सिविल संहिता प्राप्त करने का प्रयास करेगा। संविधान के अंतर्गत नीति निर्देशक तत्त्व 'देश के शासन में मूलभूत' हैं किंतु वे किसी न्यायालय द्वारा प्रवर्तनीय नहीं हैं।

अन्य कुछ तत्त्वों के साथ यह विशेष नीति निर्देशक तत्त्व अब तक लागू नहीं हुआ है। हिंदू दक्षिणपंथी लोग समान सिविल संहिता को विधि द्वारा लागू करने में संसद की असफलता को, मुसलमान समुदाय के प्रतिरोध को और एक के बाद एक शासन के द्वारा अपनाई गई मुसलमानों के 'तुष्टीकरण' की कथित नीति को उत्तरदायी मानते हैं। यह बात दिलचस्प है कि भाजपा के नेतृत्व वाला एनडीए शासन, जो सत्ता में छः वर्ष रहा, अपने पूर्ववर्ती शासनों की भाँति इस प्रकार की विधि को लागू करने के लिए कोई भी कदम उठाने में अक्षम रहा था।

समय-समय पर सर्वोच्च न्यायालय ने भी एक समान सिविल संहिता के पक्ष में मत व्यक्त किया है और इस तरह की विधि को लागू करने में शासन की तथा विधायिका की अक्षमता पर प्रतिकूल टिप्पणी की है। न्यायालय के समक्ष प्रस्तुत प्रकरणों में आदेश पारित करने की प्रक्रिया के दौरान ये टिप्पणियाँ प्रासंगिक विचार (न्यायाधिपतियों द्वारा व्यक्त प्रासंगिक टिप्पणियाँ) के रूप में व्यक्त की गई हैं।

ऐतिहासिक विकास और हिंदू वैयक्तिक कानून

स्वतंत्र भारत में संविधान को स्वीकार कर लिये जाने के बाद हिंदू संहिता में सुधार के लिए संसद में कुछ विधेयक प्रस्तुत किए गए थे। हिंदू समुदाय के कुछ वर्गों द्वारा इस सुधार का विरोध किया गया था। विरोध करने वालों में आचार्य कृपलानी जैसे नेता और यहाँ तक कि राष्ट्रपति राजेन्द्र प्रसाद शामिल थे जो वैयक्तिक कानूनों में सुधार के लिए केवल हिंदुओं को चुनने के विरुद्ध थे। भारत के पूर्व मुख्य न्यायाधिपति पी.बी. गजेंद्र गडकर...[1] ने एक लेख में इस विषय पर आचार्य कृपलानी के निम्नलिखित दृढ़ कथन को उद्धृत किया है :

> यदि वे (विधायिका के सदस्य) अपने सुधार संबंधी उत्साह में केवल हिंदू समुदाय को चुनते हैं तो वे संप्रदायवादी कहलाए जाने के आरोप से इस अर्थ में नहीं बच सकते हैं क्योंकि वे हिंदुओं का तो पक्ष ले रहे हैं और तलाक के मामले में मुसलमान समुदाय अथवा कैथॉलिक समुदाय की भलाई के प्रति उदासीन हैं। क्या हम चाहते हैं कि भारत में

अन्य समुदायों की अपेक्षा केवल एक समुदाय अग्रगामी हो, और वह भी सिर्फ इसलिए कि वह समुदाय बहुसंख्यक है? हिंदू संप्रदायवादियों के विरुद्ध यह आरोप लगाया जाता है कि वे चाहते हैं कि वे अन्य समुदायों की अपेक्षा ज्यादा बेहतर स्थिति में रहें।

प्रधानमंत्री नेहरू ने इस सुधार की प्रक्रिया को आगे बढ़ाया था। वे इस मत के थे कि यदि सभी कदम एक साथ नहीं उठाए जा सकते तो यह बेहतर है कि देश की आबादी के 80 प्रतिशत वाले हिंदुओं के वैयक्तिक कानूनों को धर्मनिरपेक्ष बनाने के लिए पहला अनिवार्य कदम उठाया जाए। यह मत, जो स्वीकार किया गया, इस तर्क पर आधारित था कि अनेक सामाजिक सुधारकों के प्रयत्नों के फलस्वरूप हिंदू अपने वैयक्तिक कानूनों में परिवर्तन के लिए तैयार हैं; और एक बार कदम उठा लिया गया तो अन्य समुदायों के लिए इसी प्रकार के कानून लागू करने के लिए एक आधारभूमि तैयार हो जाएगी जो तब सुधारों को स्वीकार करने के लिए ज्यादा तैयार रहेंगे।

इस स्थिति में, बहरहाल, यह आवश्यक है कि प्रचलित हिंदू कानूनों पर समालोचनात्मक दृष्टि से विचार किया जाए और यह मूल्यांकन किया जाए क्या इन कानूनों को वास्तव में धर्मनिरपेक्ष रूप दे दिया गया है और क्या हिंदुओं तक के लिए वास्तव में कोई एक समान सिविल संहिता अस्तित्व में है।

मणिशंकर अय्यर ने इस मुद्दे...[2] को विश्लेषित किया है और यह बताया है कि भारत में पहले से ही स्वैच्छिक सिविल संहिता है, जैसे–विशेष विवाह अधिनियम 1954 तथा विधि व्यवस्था के कुछ और अंश, जो धर्म पर आधारित नहीं हैं, विशेषकर भारतीय उत्तराधिकार अधिनियम 1925 जो किसी भी भारतीय को, जो धर्म आधारित विधिशास्त्र से परहेज करना चाहता है, विवाह, तलाक, पोषण और उत्तराधिकार के सभी मामलों के लिए व्यापक कानूनी ढाँचा उपलब्ध कराता है। वास्तव में अधिकांश हिंदू इन धर्मनिरपेक्ष कानूनों को नहीं मानते। हिंदुओं के लिए विधायिका द्वारा जो वैयक्तिक कानूनों का समुच्चय स्वीकार किया गया है उनमें 1955 का हिंदू विवाह अधिनियम, हिंदू उत्तराधिकार अधिनियम, हिंदू दत्तक ग्रहण और पोषण अधिनियम, और हिंदू अल्पसंख्यक तथा अभिभावक कानून शामिल हैं जो सबके सब 1956 में अधिनियमित किए गए थे।

यद्यपि हिंदू कानूनों का सुधार एक सीमा तक किया जा चुका है जिससे बहुपत्नीत्व जैसी प्रथाएँ अब वैध नहीं रह गईं, तथापि इन कानूनों के अनेक प्रावधानों को एक समान या धर्मनिरपेक्ष नहीं माना जा सकता क्योंकि अभी भी ऐसे प्रावधान हैं जो सभी हिंदुओं पर एक समान रूप से लागू नहीं होते हैं और उनमें लिंगपरक पूर्वग्रह हैं। वास्तव में हिंदुओं के उन व्यक्तिगत कानूनों में हैरान कर देनी वाली विविधता है, जो विभिन्न क्षेत्रों और विभिन्न जातियों पर लागू होते हैं। दक्षिण भारत के अनेक क्षेत्रों में कोई व्यक्ति मरूमक्कत्यम कानून के अंतर्गत अपनी भतीजी/भानजी के साथ विवाह कर सकता है पर उत्तर भारत में मिताक्षर हिंदू के लिए ऐसा विवाह अवैध ठहराया जाएगा।

हिंदू उत्तराधिकार अधिनियम के अंतर्गत पुत्रियों को संयुक्त परिवार की संपत्ति में बँटवारा माँगने का अधिकार नहीं है और यह अधिनियम पुत्रियों को इस बात से वर्जित

करता है कि वे बिना उनकी सहमति के पुत्रों के इस प्रकार का बँटवारा करने पर आपत्ति करें। यह कानून पुत्र को यह अनुमति देता है कि वह अपने पिता की संपत्ति में हिस्सा जन्म अधिकार के रूप में प्राप्त करे किंतु पुत्री पर अनेक प्रतिबंध लगाता है जिसे विभिन्न पाबंदियों के अंतर्गत अपने अधिकार माँगने और प्राप्त करने पड़ते हैं। इसके विपरीत इस्लामी कानून में ऐसा कोई लिंगपरक पूर्वग्रह नहीं है और पुत्री का अपने पिता के निधन के बाद उसकी संपत्ति पर अबाधित रूप से पूर्ण अधिकार होता है। इस्लामी कानून में पुत्री अपने पिता के परिवार का अविभाज्य हिस्सा बनी रहती है, और संपत्ति पर उसके पूरे कानूनी अधिकार होते हैं, चाहे वह विवाहित हो या अविवाहित या तलाकशुदा, जबकि हिंदू कानून में शादी होते ही पुत्री अपने पिता के परिवार को छोड़ देती है और अपने पति के परिवार का हिस्सा बन जाती है।

हिंदुओं को हिंदू अविभाजित परिवार नाम की सत्ता के जरिए कराधान में विशेष व्यवहार का लाभ मिला हुआ है। आयकर अधिनियम 1961 के अंतर्गत हिंदू अविभाजित परिवार को कर निर्धारण के लिए एक अलग इकाई माना जाएगा। यह ध्यान देने की बात है कि एक बार किसी परिवार का कर निर्धारण हिंदू अविभाजित परिवार के रूप में हो गया है तो वह परिवार बँटवारा होने के बाद भी एक अविभाजित इकाई माना जाता रहेगा। इस स्थिति का अनुमान लगाना कठिन होगा कि यदि कोई एक समान सिविल संहिता बनी तो हिंदू इस प्रकार के विशेषाधिकारों को छोड़ना स्वीकार करें।

इस पृष्ठभूमि में यह अत्यंत ही शंकास्पद है कि वे हिंदू जो विभिन्न प्रकार के हैं और जिनके अनेक वैयक्तिक कानून हैं और जिनकी पारंपरिक रीतियों के समर्थन के लिए तथा विभिन्न विशेषाधिकारों को संरक्षण देने के लिए अनेक प्रावधान हैं, किसी एक समान सिविल संहिता को अपनाना सहर्ष स्वीकार करेंगे। हिंदू दक्षिणपंथी तत्त्व मुसलमानों की आलोचना करने के मुद्दे के रूप में एक समान सिविल संहिता का पालन करने में असफलता की बात का उपयोग करते हैं, किंतु उनके झूठ का पर्दाफाश किया जा सकता है यदि उन्हें हिंदुओं द्वारा अपनाए गए विशिष्ट कानूनों के स्थान पर वर्तमान धर्मनिरपेक्ष निजी कानूनों, जैसे–विशेष विवाह अधिनियम 1954, भारतीय उत्तराधिकार अधिनियम 1925 आदि का पालन करने के लिए कहा जाए।

मुसलमानों के वैयक्तिक कानूनों में सुधार

वैयक्तिक कानूनों के मामले में हिंदुओं और मुसलमानों की स्थिति एक समान है। मुसलमानों के वैयक्तिक कानूनों का नियमन करने वाले शरीअत के सिद्धांत सभी मुसलमानों पर एक समान लागू नहीं होते हैं। मुसलमानों के बीच न्यायशास्त्र की कोई छः शाखाएँ प्रचलित हैं, जिनमें से सुन्नियों के बीच चार और शियाओं के बीच दो प्रचलित हैं। अधिकांश भारतीय मुसलमान सुन्नी कानून की हनफी शाखा का पालन करते हैं। भारत में बड़ी संख्या के मुसलमानों पर मुसलमान वैयक्तिक कानून लागू नहीं होते क्योंकि वे शरीअत कानूनों की खुद के द्वारा की गई व्याख्या का पालन करते हैं।[3]

इस तरह मुसलमान वैयक्तिक कानूनों के सुधार का विवादास्पद प्रश्न बुनियादी रूप से तीन मुद्दों से जुड़ा हुआ है, जहाँ मुल्लाओं द्वारा की गई व्याख्या के अनुसार व्यवहार में लाए जाने वाले शरीअत कानून को पुरातनपंथी और महिलाओं के विरुद्ध भेदभाव करने वाला मान जाता है। विवादास्पद प्रश्न के तीन मुद्दे इस प्रकार हैं–मौखिक या तीन बार कहा जाने वाला तलाक, बहुपत्नीत्व की वैधता और तलाकशुदा महिलाओं के लिए पोषण के अधिकार।

तीन बार कहा जाने वाला तलाक

तीन बार कहा जाने वाला तलाक एक सुन्नी इस्लामी प्रक्रिया है जिसमें कोई पति तलाक शब्द को तीन बार दोहराकर अपनी पत्नी से विवाह–विच्छेद कर लेता है। इस प्रक्रिया को विवादास्पद और परवर्ती काल का एक नवाचार माना जाता है। यह प्रक्रिया पवित्र कुरान का हिस्सा नहीं है और यह खलीफा हजरत उमर के काल में प्रचलन में आई थी। शिया न्याय–शास्त्र में इसका प्रयोग नहीं होता है।[4]

असगर अली इंजीनियर[5] ने इन मामलों पर बहुत लेखन किया है और वे दृढ़तापूर्वक कहते हैं कि तीन बार तलाक कहने की प्रक्रिया कुरान के द्वारा दी गई कोई हिदायत नहीं है। कुरान में मध्यस्थता के जरिये विवाह विच्छेद करने का प्रावधान है। इंजीनियर ने टिप्पणी की है कि यह बेहद दुर्भाग्यजनक है कि भारत में अनेक मुसलमान कुरान की हिदायत को अनदेखा करते हैं और पैगंबर साहब को नापसंद विवाह–विच्छेद की प्रक्रिया का पालन करते हैं। अधिकांश इस्लामी देशों में एक बैठक में तीन बार कहकर तलाक देने की प्रक्रिया प्रचलन में नहीं है। पाकिस्तान और बांग्लादेश ने भी इस मामले में अपने कानूनों में परिवर्तन कर दिए हैं। आल इंडिया मुस्लिम पर्सनल लॉ बोर्ड को इसका अनुगमन करना चाहिए और तलाक देने के इस अनिष्टकारी तरीके को हटा देना चाहिए।

तीन बार कहकर तलाक देने का मामला न्यायालयीन विवादों में नियमित रूप से आता रहा है और न्यायाधीशों ने इसके विरुद्ध अनेक बार आदेश दिए हैं। जनवरी 2007 में मुंबई उच्च न्यायालय ने दिलशाद बेगम मामले में यह निर्णय दिया है कि पति द्वारा तलाक कहना, या केवल मंशा जाहिर कर देना या उसके 'तलाक' शब्द कहने की प्रक्रिया पर्याप्त नहीं थी और वह कानूनी आवश्यकताओं की पूर्ति भी नहीं करती थी।[6] सर्वोच्च न्यायालय ने भी शमीम आरा विरुद्ध उत्तर प्रदेश राज्य मामले में 2002 में इसी प्रकार का एक उल्लेखनीय निर्णय दिया है।[7]

आल इंडिया मुस्लिम पर्सनल लॉ बोर्ड द्वारा मुसलमान वैयक्तिक कानून पर हाल ही में तैयार कराए गए एक प्रबंध में कहा गया है : ''शरीअत तलाक को एक स्वीकार्य किंतु अवांछनीय कृत्य के रूप में मानता है...शरीअत द्वारा आरोपित पाबंदियों को ध्यान में रखे बिना तलाक का अनियंत्रित उपयोग एक गुनाह है। बिना कारण अपनी पत्नी को उसे नुकसान पहुँचाने के लिए और शरीअत द्वारा निर्धारित प्रक्रिया का उल्लंघन करते हुए तलाक देना हराम (प्रतिबंधित) है।''[8]

यह जाहिर कि धर्मनिरपेक्ष न्यायपालिका और उदारवादी मुसलमान तीन बार कहकर तलाक देना स्वीकार नहीं करते। बहरहाल, कुछ उलमा (मुसलमान विद्वान या मुसलमान विद्वज्जन की संस्था) जो कट्टर पुरातन पंथियों का प्रतिनिधित्व करते हैं शरीअत की इस प्रकार की व्याख्या को चुनौती देते हैं। मुसलमानों के बीच विचारों में एकता की कमी के कारण विवाद बना रहता है, यद्यपि यह अनुमान लगाना तर्कपूर्ण है कि अधिकांश मुसलमान तीन बार बोलकर तलाक देने की प्रक्रिया के समर्थक नहीं हैं।

बहुपत्नीत्व

बहुपत्नीत्व के मामले में इस्लामी विद्वानों ने स्पष्ट किया है कि एक से ज्यादा पत्नी बनाने के लिए अनुमति विशिष्ट और अपवादस्वरूप ऐतिहासिक परिस्थितियों में दी गई थी जब बारंबार होने वाले जनजातीय युद्धों में बहुतेरे पुरुष अपनी जान गवाँ रहे थे और विधवा या गैर-विधवा महिलाओं की संख्या पुरुषों से ज्यादा हो रही थी और इन महिलाओं को संरक्षण की आवश्यकता थी। जिन शर्तों के आधार पर बहुपत्नीत्व की अनुमति है वे अत्यंत कठोर हैं और उन शर्तों को पूरा करना कठिन है, और इसलिए यह समझा जाता है कि प्रारंभिक इस्लामी काल में बहुपत्नीत्व प्रथा वस्तुतः प्रतिबंधित थी।

वास्तविक व्यवहार में गिने-चुने मुसलमान ही एक से अधिक पत्नी बना सकते हैं और वह भी कुछ शर्तों को पूरा करने के बाद ही। अतः वास्तव में यह कोई मुद्दा ही नहीं है। परंतु कुल मिलाकर बहुपत्नीत्व को किसी स्वैच्छिक प्रक्रिया के द्वारा प्रतिबंधित करने का मामला तो है जिसके लिए इस्लाम धर्म की अंतरात्मा के रक्षकों की ओर से पहल की जानी चाहिए।

तलाकशुदा महिलाओं के लिए पोषण के अधिकार

तलाकशुदा मुसलमान महिलाओं के पोषण का तीसरा मुद्दा प्रसिद्ध शाहबानो मामले से पूरी तरह जुड़ गया है। अयोध्या में जहाँ बाबरी मस्जिद स्थित थी (और जिसे बाद में ध्वस्त कर दिया गया) वहाँ राम मंदिर बनाने के आंदोलन के साथ-साथ शाहबानो का मामला 1980 के दशक और उसके बाद में सांप्रदायिक विचार-विमर्श का एक अनिवार्य हिस्सा बन गया। इस मामले के बुनियादी तथ्यों और उससे जुड़ी घटनाओं पर यहाँ गौर करना उपयुक्त है।

मध्य प्रदेश के इंदौर शहर की एक बूढ़ी महिला शाहबानो को उसके वकील पति ने तलाक दे दिया था और शाहबानो ने क्रिमिनल प्रोसिजर कोड की धारा 125 के अंतर्गत अपने पति के विरुद्ध एक मामला दायर कर पोषण की माँग की। इस धारा के अंतर्गत तलाकशुदा महिला के, जिसके पास अपनी देखभाल करने का कोई साधन नहीं है, पूर्व पति को उसे तब तक पोषण उपलब्ध कराना पड़ेगा जब तक कि वह महिला दूसरा विवाह न कर ले या उसकी मृत्यु न हो जाए। शरीअत कानून की आड़ लेकर उसके पति ने इद्दत की अवधि के बाद उसे पोषण के लिए राशि का भुगतान करने से मना कर दिया। इद्दत की अवधि तलाक के बाद तीन माह की होती है और इस अवधि के पहले तलाकशुदा

महिला पुनर्विवाह नहीं कर सकती। कुरान के अनुसार, ''तलाकशुदा महिला के लिए इंतजार की अवधि इस बुनियादी इरादे से रखी गई है जिससे कि उसके गर्भवती होने की स्थिति निर्धारित हो सके और तलाक लेने वाले दंपत्ति को, यदि संभव हो, अपने निर्णय पर पुनर्विचार करने का समय मिल जाए।''[9] उच्च न्यायालय और बाद में सर्वोच्च न्यायालय ने शाहबानो के पक्ष में निर्णय दिया और क्रिमिनल प्रोसिजर कोड की धारा 125 के तहत उसके आजीवन पोषण के लिए आदेश दिया।

इस निर्णय ने हंगामा मचा दिया और इसकी वजह से मुसलमान उलमा उत्तेजित होकर मरने-मारने के लिए तैयार हो गए और उन्होंने न्यायालय के निर्णय को अमान्य और इस्लामी कानूनों के सिद्धांतों के विपरीत करार दिया। तत्कालीन प्रधानमंत्री राजीव गांधी के नेतृत्व वाली सरकार ने जाहिर तौर पर मुसलमान आबादी के पुरातनपंथी वर्गों से बैर मोल नहीं लेना श्रेयस्कर समझा और मुसलमान महिला (तलाक पर अधिकारों का संरक्षण) विधेयक को लागू किया जिसमें क्रिमिनल प्रोसिजर कोड की धारा 125 को मुसलमान महिलाओं पर लागू किए जाने से छूट दी गई। उदारवादी मुसलमानों और अपेक्षा के अनुसार ही हिंदू दक्षिणपंथियों ने इसकी आलोचना की।

अधिकांश विश्लेषकों ने इस कानून के लागू किए जाने को सुधार-विरोधी-शक्तियों के समक्ष समर्पण करना निरूपित किया। यह विश्वास किया गया कि राजीव गांधी ने पिछले काल में गुपचुप तरीके से अंदर रखी गई मूर्तियों की हिंदू भक्तों द्वारा पूजा किए जाने के लिए बाबरी मस्जिद को खोल दिए जाने के संबंध में कार्रवाई को संतुलित करने के लिए एक कोशिश के रूप में इस कानून को लागू किया था। इस तरह के अनुमानों को उस समय मीडिया ने खूब प्रचारित किया, जिससे इस विवाद को गरमाए रखने में ही मदद मिली।

इंजीनियर...[10] ने बताया है कि संसद द्वारा लागू किया गया कानून इद्दत की अवधि के बाद पोषण-राशि के भुगतान को प्रतिबंधित करता है। बाद में कलकत्ता और मुंबई उच्च न्यायालयों ने कानून की उदारतापूर्ण व्याख्या के द्वारा निर्णय दिया कि मुसलमान पति अपनी तलाकशुदा पत्नी के लिए-जब तक वह पुनर्विवाह न कर ले या मुसलमान महिला (तलाक पर अधिकारों का संरक्षण) अधिनियम, 1986 के अंतर्गत अनर्हता न प्राप्त कर ले तब तक के लिए-इद्दत की अवधि के भीतर ही उपयुक्त एकमुश्त राशि देकर 'उचित और न्यायसंगत प्रावधान' करे। न्यायालयों द्वारा की गई इस उदारतापूर्ण व्याख्या का मुसलमान कट्टरपंथियों ने उस तरह विरोध नहीं किया जैसा शाहबानो मामले में न्यायालय के निर्णय का किया था, और इस्लामी कानूनों की उदार व्याख्या के चलते तलाकशुदा मुसलमान महिलाओं की तकलीफें काफी हद तक कम हुई हैं। अतः मुसलमान वैयक्तिक कानूनों के सुधार की कार्य सूची में से इस विषय को शायद निकाला जा सकता है।

शाहबानो प्रकरण के अतिरिक्त, सर्वोच्च न्यायालय ने सरला मुद्गल विरुद्ध भारत संघ और जॉन वलमटन विरुद्ध भारत संघ मामलों में प्रासंगिक विचार व्यक्त किए हैं जो आल इंडिया रिपोर्टर 1995 और आल इंडिया रिपोर्टर 2003 में क्रमशः संविधान के अनुच्छेद 44 के अंतर्गत नीति निदेशक सिद्धांत का पालन करते हुए एक समान सिविल

कोड लागू किए जाने की आवश्यकता के लिए प्रतिवेदित किए गए हैं। सरला मुद्गल प्रकरण पति द्वारा दूसरी पत्नी बनाने के लिए इस्लाम धर्म अपनाने से संबंधित है। जॉन वलमटन प्रकरण भारतीय उत्तराधिकार अधिनियम 1925 की धारा 118 की वैधता से संबंधित है। यह धारा केवल ईसाइयों पर लागू होती है और किसी व्यक्ति द्वारा उसके जीवन के अंतिम क्षण में, कुछ खास परिस्थितियों में धार्मिक कार्यों के लिए वसीयत करने को प्रतिबंधित करने से संबंधित है। इस धारा को एक ईसाई धार्मिक अहलकार ने न्यायालय में चुनौती दी थी जिसके फलस्वरूप सर्वोच्च न्यायालय ने इस प्रावधान को हटा दिया। तत्कालीन मुख्य न्यायाधिपति वी.एन. खरे ने जॉन वलमटन प्रकरण में नैमित्तिक रूप से मत व्यक्त किया जिससे कि समान सिविल संहिता लागू करने में विलम्ब होने पर वाद-विवाद फिर से शुरू हो गया। उक्त मत यहाँ उद्धृत है :

> हम कहना चाहेंगे कि अनुच्छेद 44 यह प्रावधान करता है कि राज्य, भारत के समस्त राज्य क्षेत्र में नागरिकों के लिए एक समान सिविल संहिता प्राप्त कराने का प्रयास करेगा। यह बड़े दुख की बात है कि संविधान के अनुच्छेद 44 को अभी तक प्रभावशील नहीं किया गया है। संसद को देश में समान सिविल संहिता बनाने के लिए अब भी कदम उठाना है। एक समान सिविल संहिता, विचारधाराओं पर आधारित अंत:विरोधों को हटाकर, राष्ट्रीय एकता के उद्देश्य को पाने में सहायता करेगी।

संक्षेप में सर्वोच्च न्यायालय के अभिमत, चाहे वे शाहबानो मामले में हों, सरला मुद्गल मामले में हों या जॉन वलमटन मामले में व्यक्त किए गए हों, शीर्ष न्यायालय के समक्ष प्रस्तुत इन प्रकरणों में उठाए गए मुद्दों से वास्तव में संबंधित नहीं थे। ये तो प्रसंगवश की गई टिप्पणियाँ थीं और जिन्हें शायद टाला भी जाना चाहिए था, क्योंकि बहुसंख्यीय राजनीति के पक्षधर अल्पसंख्यकों की भर्त्सना करने के लिए इन टिप्पणियों को उद्धृत करने के लिए आतुर रहते हैं। सर्वोच्च न्यायालय को इस बात को महत्त्व देना चाहिए कि भारत में जैसी लोकतांत्रिक राजनीतिक व्यवस्था है उसमें जब तक सभी समुदाय समान या एक समान सिविल संहिता को स्वीकार करने के लिए सर्वसहमति न बना लें तब तक उसे लागू करना अव्यावहारिक है।

संविधान और समान सिविल संहिता

इस मामले का एक और पक्ष है जिस पर चर्चा करने की जरूरत है कि संविधान के अनुच्छेद 25 और 26 के तहत भारत के नागरिकों को जो धर्म की स्वतंत्रता दी गई है क्या वह किसी एक समान या समान सिविल संहिता को क्रियान्वित करने में राज्य की राह में कोई बाधा है। मुस्लिम समुदाय में पुरातनपंथी मानते हैं कि समान सिविल संहिता को अध्यारोपित करना अनुच्छेद 25 की भावना का उल्लंघन करना होगा। यद्यपि सर्वोच्च न्यायालय ने इस मामले में कोई आधिकारिक निर्णय नहीं दिया है, फिर भी आमतौर पर यह स्वीकार किया जाता है कि समाज में धार्मिक और वैयक्तिक कानूनों के बीच कोई अनिवार्य परस्पर संबंध नहीं है। अत: विवाह, उत्तराधिकार और इसी तरह के धर्मनिरपेक्ष मामले धर्म की स्वतंत्रता के अधिकार की गारंटी की दायरे में नहीं लाए जा सकते।

बहरहाल, बहुसंख्यक आबादी के कुछ वर्गों ने जिस तरह से इन मामलों को उठाया है उससे वे भावनाओं को उभारने वाले बन गए हैं। इसके बावजूद कि एक समान सिविल संहिता को विधिपूर्वक लागू करना संविधान के अंतर्गत राज्य के नीति निदेशक तत्त्व का पालन करना होगा, फिर भी ऐसा तभी किया जाना चाहिए जबकि देश में अधिकांश धार्मिक संगठनों और समुदायों के बीच आमतौर पर सहमति बन गई हो।

आगे का रास्ता

उपर्युक्त चर्चा से यह निष्कर्ष निकलता है कि एक समान सिविल संहिता को लागू करने का मामला जटिल है। इस उद्देश्य की प्राप्ति के लिए किसी विधेयक को प्रस्तुत करने में एक के बाद एक सरकारों की असफलता के लिए किसी विशेष समुदाय को दोषी ठहराना द्वेषजनक बात है। वैयक्तिक कानूनों में, चाहे वे हिंदुओं के हों, या मुसलमानों के या ईसाइयों के, आंतरिक रूप से सुधार करने की आवश्यकता है; इन समुदायों के नेताओं को ऐसे कानूनों और रीति-रिवाजों में सुधार के लिए पहल करनी चाहिए। चूँकि इस दृष्टि से मुसलमानों के कुछ वैयक्तिक कानून ध्यान के केंद्र में रहे हैं, आल इंडिया मुस्लिम पर्सनल लॉ बोर्ड वह उपयुक्त प्राधिकार है जिसे इन रीति-रिवाजों को बदलने के लिए कार्रवाई करनी चाहिए, विशेषकर इन नियमों की व्याख्या को महिलाओं के विरुद्ध कम भेदभावपूर्ण बनाने के लिए।

इस बात के लिए भी आम सहमति होनी चाहिए कि इस मामले को सांप्रदायिक वार्ता के दायरे से बाहर लाए जाए जिससे कि देश के धर्मनिरपेक्ष तानेबाने को नुकसान पहुँचा सकने वाली भावनाएँ न उभारी जाएँ।

टिप्पणियाँ

1. पी.बी. गजेन्द्र गड़कर, 'कॉमन सिविल कोड-ए मस्ट', भवन्स जर्नल (ग्लिंप्सेस फ्रॉम द पास्ट,1971), http://bhavans.info/periodical/bj-selection25.asp
2. मणि शंकर अय्यर, कन्फेशन्स ऑफ ए सेक्युलर फंडामेंटलिस्ट (न्यू डेल्ही : पेंग्विन, 2004), पृ. 89-94
3. तारिक अंसारी, 'वाई आई सपोर्ट द यूनिफार्म सिविल कोड', मिड डे, 25 जुलाई, 2003
4. 'ट्रिपल तलाक', http://en.wikipedia.org/wiki/Triple-talaq
5. असगर अली इंजीनियर, कम्युनल चैलेंज एंड सेक्युलर रिस्पांस (न्यू डेल्ही : शिप्रा, 2003), पृ. 208
6. ताहिर महम्मद, 'कुरानिक जस्टिस', द टाइम्स ऑफ इंडिया, 1 फरवरी, 2007
7. वही
8. वही
9. 'Iddah', http://en.wikipedia.org/wiki/Iddah
10. इंजीनियर, कम्युनल चैलेंज एंड सेक्युलर रिस्पांस, पृ. 198-99

मुसलमानों का वंचित रहना और सांप्रदायिक विभाजन

सच्चर समिति की रिपोर्ट...[1] की पृष्ठभूमि में मुसलमान समुदाय के वंचित रहने और पिछड़ेपन का मामला मीडिया में काफी चर्चा और वाद-विवाद का विषय बना रहा है। चूँकि यह कहा जाता है कि मुसलमानों–विशेषकर मुसलमान युवाओं–को शिक्षा और रोजगार के मामले में समान अवसरों को नकारे जाने के फलस्वरूप आने वाली हताशा कभी-कभी उन्हें हिंसा की दिशा में ढकेल देती है। अतः हमारे लिए यह प्रसंगोचित होगा कि विकास के कुछ प्रमुख उदाहरणों के संदर्भ में हम इस बात का परीक्षण करें कि अन्य समुदायों की तुलना में मुसलमान समुदाय की उपलब्धि कैसी रही है।

जनगणना 2001 के अनुसार भारत की जनसंख्या में मुसलमानों की आबादी 13.4 प्रतिशत है। इनमें से 52 प्रतिशत मुसलमान उत्तर प्रदेश, पश्चिम बंगाल और बिहार में रहते हैं। दक्षिण भारत के चार राज्यों केरल, कर्नाटक, आंध्र प्रदेश और तमिलनाडु में लगभग 20 प्रतिशत मुसलमान रहते हैं और असम की आबादी में 30 प्रतिशत मुसलमान हैं।

साक्षरता दर

निम्नलिखित सारणी भारत में मुसलमानों और गैर-मुसलमानों के बीच साक्षरता के स्तर के अंतर को प्रदर्शित करती है।

साक्षरता अंतर (अखिल भारतीय साक्षरता स्तर)

मुसलमान पुरुष	55
गैर-मुसलमान पुरुष	64.5
मुसलमान महिला	40.6
गैर-मुसलमान महिला	45.9

स्रोत : सेंसस 2001, इंडिया टुडे, 14 अगस्त, 2006...[2]

उनकी जनसंख्या के प्रतिशत के अनुसार

यद्यपि मुसलमानों और गैर-मुसलमानों के बीच साक्षरता दर की असमानता सभी राज्यों में पाई जाती है तथापि वह उत्तर प्रदेश, बिहार, असम और पश्चिम बंगाल में पश्चिम और दक्षिण भारत के आर्थिक रूप से प्रगत राज्यों की तुलना में काफी कम है। परंतु, दुर्भाग्यवश उत्तर प्रदेश, बिहार, असम और पश्चिम बंगाल में मुसलमानों की आबादी कहीं ज्यादा बड़े प्रतिशत की है।

शिक्षा की प्राप्ति

सच्चर समिति ने टिप्पणी की है कि "यह लोक धारणा गलत है कि मुसलमानों द्वारा शिक्षा नहीं प्राप्त करने के लिए धार्मिक रूढ़िवादिता की भावना एक प्रमुख कारक है।"[3] समिति की रिपोर्ट के मुताबिक भारतीय मुसलमानों का एक बड़ा वर्ग यह स्वीकार करता है कि उनमें शैक्षिक पिछड़ापन है और वे इस स्थिति को सुधारने के लिए उत्सुक भी हैं। समिति ने यह पाया है कि मुसलमानों में शैक्षिक पिछड़ेपन का मुख्य कारण गरीबी है। बच्चों के द्वारा विद्यालय त्याग दिए जाने का एक प्रमुख कारण अत्यधिक गरीबी है। यह बात लड़कियों के मामले में विशेषकर लागू होती है। और फिर, परिवार की आमदनी को बढ़ाने के लिए छोटे बच्चों से अपेक्षा की जाती है कि वे किसी व्यवसाय स्थान में काम करें या घरों में नौकरी करें। यह एक कारण जिसकी वजह से अन्य समुदायों के मुकाबले मुसलमान समुदाय में बाल श्रम अधिक व्यापक है।

मुसलमानों में आम धारणा यह है कि शिक्षा पा लेने से अपने आप ही औपचारिक रोजगार नहीं मिल जाता। सार्वजनिक और निजी क्षेत्रों में नौकरियों में मुसलमानों के प्रतिनिधित्व के निचले स्तर और मासिक वेतन वाली नौकरियों को प्राप्त करने में भेदभाव महसूस करने के कारण मुसलमान अन्य समुदायों की अपेक्षा औपचारिक शिक्षा को कम महत्त्व देते हैं।

तीसरा कारण यह बताया जाता है कि मुस्लिम–बहुल क्षेत्रों में अच्छी गुणवत्ता वाले विद्यालय, विशेषकर शासकीय विद्यालय, बहुत ही कम पाए जाते हैं। इस वजह से मुसलमानों को या तो निजी विद्यालयों, जो महँगे होते हैं, में प्रवेश लेना पड़ता है या फिर विद्यालय त्याग देना पड़ता है। समिति ने यह मत भी व्यक्त किया है कि अनेक विद्यालय सांस्कृतिक रूप से मुसलमान विद्यार्थी–विरोधी भावना रखते हैं, और ये मुसलमान विद्यार्थी अनुभव करते हैं कि उन्हें हाशिए में डाल दिया गया है और उनके प्रति भेदभाव किया जा रहा है।[4]

मुसलमानों के शैक्षिक पिछड़ेपन के बाबत सच्चर समिति ने जो कारण बताए हैं उनमें से कुछ कारण तो विवादास्पद हो सकते हैं किंतु यह तथ्य तो बना रहता है कि स्वतंत्रता के बाद से ऐसा प्रतीत होता है कि व्यवस्था और परिस्थितियों ने मुसलमानों को, शायद दलितों को छोड़कर जिनकी स्थिति और भी खराब हो सकती है, अन्य समुदायों के समान स्तर पर शिक्षा पाने से रोकने का षड्यंत्र रचा है।

अन्य सामाजिक–धार्मिक समुदायों से जब तुलना की जाती है तो हम पाते हैं कि मुसलमानों द्वारा विद्यालय में व्यतीत किए जाने वाले वर्षों का औसत (तीन वर्ष और चार माह) सबसे कम है। सभी बच्चों के संदर्भ में इस औसत की तुलना में मुसलमान बच्चों का औसत 83 प्रतिशत ही है, और यह भेदभावपूर्ण अंतर ग्रामीण बालकों के मामलों में सर्वाधिक है जबकि ग्रामीण बालिकाओं की भी स्थिति लगभग इसी के आसपास है। यह बात विद्यालयों में भर्ती, उपस्थिति और विद्यालय त्यागने के मामलों में भी सत्य है। छः से चौदह वर्ष के आयु समूह के मुसलमान बच्चों के 25 प्रतिशत तक या तो कभी

विद्यालय गए ही नहीं या फिर उन्होंने विद्यालय त्याग दिए। सच्चर समिति ने जिन अन्य सामाजिक धार्मिक समुदायों पर विचार किया था उन सभी की तुलना में यह दर कहीं ज्यादा है।

समिति के निष्कर्षों के मुताबिक बच्चे एक बार जब प्राथमिक शिक्षा पूरी कर लेते हैं तब पूर्वमाध्यमिक शिक्षा पूरी करने वाले मुसलमानों, अनुसूचित जातियों और अनुसूचित जनजातियों का औसत (65 प्रतिशत) एक समान है परंतु यह अन्य समुदायों के पूर्वमाध्यमिक शिक्षा पूरी करने वालों के औसत (75 प्रतिशत) से फिर भी कम है। जिन बच्चों ने पूर्वमाध्यमिक शिक्षा प्राप्त कर ली है और जिनके द्वारा माध्यमिक शिक्षा पूरी की जाने की संभावना है, उनके इस संक्रमण में भी एक समान स्थिति दिखाई देती है। माध्यमिक शिक्षा से महाविद्यालय शिक्षा में संक्रमण के मामले में मुसलमानों का प्रतिशत 26 है जबकि अन्य समूहों के लिए यह 34 प्रतिशत है।

आईआईटी और आईआईएम जैसे गुणवत्तापूर्ण तकनीकी या प्रबंधन पाठ्यक्रम की शिक्षा देने वाले संस्थानों में मुसलमान विद्यार्थियों की संख्या बहुत कम है। उदाहरण के लिए भारत के सभी आईआईएम में सभी पाठ्यक्रमों में अध्ययन करने वाले विद्यार्थियों में से मात्र 1.3 प्रतिशत मुसलमान हैं। आईआईटी में स्नातकोत्तर पाठ्यक्रमों में अध्ययन करने वाले विद्यार्थियों में मुसलमान 4 प्रतिशत थे और स्नातक स्तर पर अध्ययन करने वाले उससे भी कम, 1.7 प्रतिशत, थे। शीर्ष मेडिकल कॉलेजों में अध्ययन करने वाले विद्यार्थियों में मुसलमानों की संख्या लगभग चार प्रतिशत है।

सच्चर समिति द्वारा दिए गए सभी आँकड़ों के विस्तार में गए बगैर यह कहा जा सकता है कि उच्चतर शिक्षा, जिसमें इंजीनियरिंग, मेडिकल और प्रबंधन शामिल हैं, प्रवेश लेने वाले अन्य सामाजिक-धार्मिक वर्गों के विद्यार्थियों की अपेक्षा मुसलमान विद्यार्थियों का प्रतिशत कम है, कुछ मामलों में यह संख्या अनुसूचित जाति, अनुसूचित जनजाति और अन्य पिछड़े वर्गों, जो देश में सर्वाधिक पिछड़े वर्ग में आते हैं, के विद्यार्थियों के प्रतिशत से भी कम है। इस संदर्भ में सच्चर समिति ने सिफारिश की है कि "यह देखते हुए कि अन्य सामाजिक-धार्मिक समुदायों की तुलना में मुसलमानों में तुलनात्मक रूप से शिक्षा से अधिक वंचित हैं, निजी और स्वयंसेवी क्षेत्रों के साथ प्रभावकारी सहभागिता करने के साथ आवश्यक है कि राज्य की नीति में महत्त्वपूर्ण परिवर्तन लाया जाए।"[5]

स्वर्गीय एस.एस. गिल, जो मंडल आयोग के सचिव थे, ने अपने एक लेख में...[6] सच्चर समिति की सिफारिशों में एक असंगति की ओर ध्यान आकर्षित कराया है। इस असंगति का यहाँ उल्लेख करना चाहिए जिससे मुसलमानों में शिक्षा की कमी के मामले में एक संतुलित चित्र प्रस्तुत हो सके। सच्चर समिति रिपोर्ट में मुसलमानों को एक अविभाजित समुदाय के रूप में लिया है जबकि हिंदुओं को चार खंडों में बाँट दिया है जो इस प्रकार हैं—अनुसूचित जाति, अनुसूचित जनजाति, अन्य पिछड़ा वर्ग और सवर्ण हिंदू। पूरे मुसलमान समुदाय की तुलना केवल सवर्ण हिंदुओं से करना उचित नहीं है क्योंकि

मुसलमानों को भी दो जाहिर वर्गों में–अशरफ और अजलफ–में बाँटा जाना चाहिए था। ये वर्ग हिंदू जातिप्रथा से काफी मिलते-जुलते हैं और केवल संपन्न अशरफ मुसलमानों की तुलना सवर्ण हिंदुओं से की जा सकती है। इस विभेद को सच्चर समिति ने अनदेखा कर दिया है जबकि शिक्षा और रोजगार में हिस्सेदारी के मामले में मुसलमानों के स्तर की अन्य सामाजिक-आर्थिक वर्गों के साथ तुलना करते समय इसे ध्यान में रखा जाना चाहिए। गिल ने सही ही बतलाया है कि यह एक स्थापित तथ्य है कि मुसलमान तुलनात्मक रूप से वंचित हैं किंतु किसी ठोस मामले को बढ़ा-चढ़ाकर पेश करने से उसे ज्यादा शक्ति नहीं मिल जाती।

मदरसा

मुसलमानों के लिए रोजगार के अवसर से संबंधित प्रश्न पर चर्चा करने के पहले यह प्रासंगिक होगा कि मुसलमान बच्चों की शिक्षा में मदरसे की भूमिका पर विचार किया जाए। मीडिया में मदरसों का उल्लेख आमतौर पर सुरक्षा संबंधीत चिंताओं के सीमित दायरे में ही किया जाता है, क्योंकि मदरसों को, विशेषकर हिंदू दक्षिणपंथी समूहों द्वारा, आतंकवादियों का प्रशिक्षण केंद्र बताया जाता है।

प्रभावशाली मौलवी लोग शिक्षा की मदरसा पद्धति की तरफदारी करते हैं। उदाहरण के लिए, मौलवी रबे हसनी नदवी, नदवात उल उलमा मदरसा, लखनऊ के प्रधान आचार्य और आल इंडिया मुस्लिम पर्सनल लॉ बोर्ड के अध्यक्ष मदरसों को शिक्षा की आदर्श व्यवस्था का प्रतिनिधित्व करने वाला निरूपित करते हैं। वे कहते हैं कि इसमें किसी बड़े परिवर्तन को करने की आवश्यकता नहीं है। वे जोर देकर कहते हैं कि "आतंकवादी पैदा करने से बहुत दूर, ये मदरसे उन विद्यार्थियों को प्रशिक्षित करने के लिए समर्पित हैं जो उच्च नैतिकता, आभिजात्य और मानवीयता से परिपूर्ण हैं।"[7] वे "शिक्षा की आधुनिक धर्मनिरपेक्ष व्यवस्था को औपनिवेशिक काल की जूठन के रूप में खारिज करते हैं और नैतिकतापूर्ण जीवन के उच्च लक्ष्यों को अनदेखा करने, तथा एक मायने में इन लक्ष्यों के विरुद्ध ही होने, के कारण उसकी आलोचना करते हैं।"[8] संयोगवश यह खासी, विडंबना उल्लेखनीय है कि हिंदू दक्षिणपंथी तत्त्व भी भारत में शिक्षा की आधुनिक व्यवस्था को औपनिवेशिक समय का एक अवशेष मानते हुए इसी प्रकार की धारणा रखते हैं।

जैसा कि योगिन्दर सिकंद ने बतलाया है, मदरसों और पुरातनपंथी इस्लामी शिक्षण पद्धति का बचाव करने के उत्साह में नदवी स्पष्ट रूप से अति कर गए हैं। इस तथ्य की कोई स्वीकृति नहीं है कि "कई मदरसों में सांप्रदायिक भेदभाव को सक्रिय रूप से बढ़ावा दिया जाता है, यह एक ऐसा तथ्य है जिस पर आधुनिकतावादी मुसलमान पश्चात्ताप करते हैं।लगभग प्रत्येक मदरसा परस्पर प्रतियोगी इस्लामी विचारों में से किसी न किसी एक विचार से जुड़ा हुआ होता है इसलिए उसका एक प्रमुख कार्य यह होता है कि वह खुद को प्रामाणिक इस्लाम का प्रतिनिधित्व करने वाला बताने के लिए अपने प्रतियोगियों के दावों का खंडन करे।"[9]

नदवी के समान मदरसों का बचाव करने वाले अन्य विद्वान इस तथ्य को मान्यता नहीं देते कि "मदरसे अकसर संकीर्ण मानसिकता को बढ़ावा देते हैं। ये मदरसे आमतौर पर मध्यकालीन फिक अथवा न्यायशास्त्र की बारीकियों पर, ऐसे ढेरों विषय पर ध्यान देते हैं जो (इन दिनों और इस काल में) प्रासंगिकता खो चुके हैं।[10] यद्यपि इस बात का कोई ठोस सबूत नहीं है कि मदरसे भारत में आतंकवाद को बढ़ावा देते हैं तथापि वे निश्चित रूप से ही मुसलमान समुदाय के भीतर पिछड़ेपन को बढ़ावा देने के लिए जिम्मेदार हैं क्योंकि वे अपनी शिक्षा की व्यवस्था को आधुनिक बनाने के लिए पाठ्यक्रम में सुधार करने को तैयार नहीं हुए हैं।

यह उल्लेखनीय है कि धार्मिक सिद्धांत शिक्षण में योगदान करने और मुसलमान बच्चों को आधुनिक शिक्षा के लाभ से वंचित करने में मदरसों के योगदान के संबंध में विपरीत धारणा को शायद बढ़ा-चढ़ाकर बताया जाता है, क्योंकि सच्चर समिति ने पाया है कि केवल 4 प्रतिशत मुसलमान बच्चे ही मदरसों में जाते हैं। यह हो सकता है कि यह आँकड़ा केवल उन मदरसों का हो जिन्हें राज्य शिक्षामंडलों ने अभिस्वीकृति दी हो और इसमें वे मदरसे शामिल न हों जो मस्जिदों आदि से संबद्ध हैं। अनेक प्रकरणों में यह पाया गया है कि मुसलमान बच्चे एक साथ ही दो विद्यालयों में भर्ती होते हैं–धर्मनिरपेक्ष विद्यालयों में जहाँ अंग्रेजी और विज्ञान का शिक्षण होता है और मकतब में (मस्जिदों से संबद्ध मदरसे) जहाँ वे धर्मग्रंथ पढ़ते हैं।[11]

अतः यह बहुत जरूरी है कि मदरसों के माध्यम से दी जाने वाली शिक्षा को आधुनिकीकृत किया जाए, न कि उन्हें पूरी तौर पर समाप्त करने पर विचार किया जाए।

मुसलमानों के शैक्षिक पिछड़ेपन को दूर करने के लिए रणनीति

मुस्लिम समुदाय के शैक्षिक पिछड़ेपन की समस्या को हल करने के लिए बहुमुखी रणनीति अपनाने की आवश्यकता है। सच्चर समिति की सिफारिशों पर की जाने वाली कार्रवाई के संबंध में अल्पसंख्यक मामलों के मंत्रालय ने संसद के दोनों सदनों में 21 अगस्त, 2007 को एक बयान में, वास्तव में, इस बाबत वादा किया था। उक्त बयान में यह कहा गया था कि 'अपर प्राथमिक शालाओं के क्षेत्र को, विशेषकर मुसलमान बालिकाओं के लिए, और जहाँ आवश्यक होगा वहाँ केवल बालिकाओं के लिए', विस्तार दिया जाएगा, जहाँ मुसलमानों की आबादी पर्याप्त है वहाँ कस्तूरबा गांधी बालिका विद्यालय खोले जाएँगे; सघन मुसलमान आबादी वाले इलाकों में माध्यमिक और उच्चतर माध्यमिक विद्यालय खोलने को प्राथमिकता दी जाएगी, जिन जिलों में पर्याप्त मुसलमान आबादी है उनमें विशेष साक्षरता अभियान चलाया जाएगा, इन इलाकों में प्राथमिक, उच्च प्राथमिक और माध्यमिक विद्यालय स्तर के शिक्षकों को सेवा के पूर्व और सेवा के दौरान प्रशिक्षण देने के लिए खंड शिक्षक प्रशिक्षण संस्थान स्थापित किए जाएँगे, विद्यालयों और विश्वविद्यालयों में महिला छात्रावास खोलने के लिए विशेष आवंटन दिया जाएगा, जो घटक सहायता प्राप्त करने की पात्रता रखते हैं उन्हें बढ़ाने के लिए मदरसा आधुनिकीकरण

कार्यक्रम पुनरीक्षित किया जाएगा, मध्याह्नकालीन भोजन योजना का, विशेषकर उन विकास खंडों में जहाँ पिछड़े मुसलमानों की आबादी सघन है, विस्तार किया जाएगा और उच्चतर शिक्षा में प्रवेश पाने के लिए मदरसा से प्राप्त योग्यता की समतुल्यता के प्रश्न को हल किया जाएगा।[12]

रोजगार में मुसलमानों की हिस्सेदारी

रोजगार में हिस्सेदारी के मामले में, विशेषकर सरकारी नौकरियों में, मुसलमानों की स्थिति अच्छी नहीं है। निम्नलिखित सारणी इस बिंदु को स्पष्ट करने में सहायक है—

राज्य का नाम	*मुसलमान आबादी (%)*	*सरकारी नौकरियों में हिस्सेदारी*
असम	30.9	11.2
पश्चिम बंगाल	25.2	4.2
केरल	24.7	10.4
उत्तर प्रदेश	18.5	5.1
बिहार	16.5	7.6
झारखंड	13.8	6.7
कर्नाटक	12.2	8.5
दिल्ली	11.7	3.2
महाराष्ट्र	10.6	4.4
आंध्र प्रदेश	9.2	8.8
गुजरात	9.1	5.4
तमिलनाडु	5.6	3.2
12 राज्यों का योग	मुसलमान 15.4%	सरकारी नौकरियों में 6.4%

स्रोत : सच्चर समिति के निष्कर्षों से संकलित, द इंडियन एक्सप्रेस, 1 अक्टूबर, 2006...[13]

सच्चर समिति ने पाया है कि जहाँ तक अखिल भारतीय सेवाओं का सवाल है केवल 3 प्रतिशत आईएएस अधिकारी ही मुसलमान हैं। आईएफएस और आईपीएस में इनका प्रतिशत 1.8 और 4 प्रतिशत क्रमशः है। भारतीय रेलवे में मुसलमान समुदाय का प्रतिनिधित्व मात्र 4.5 प्रतिशत है। यद्यपि सशस्त्र सेनाओं से संबंधित आँकड़े प्राप्त नहीं किए जा सके, फिर भी यह बात यकीनी तौर पर कही जा सकती है कि इनमें मुसलमानों का प्रतिनिधित्व सिविल क्षेत्र की तुलना से कम होगी।

मुसलमानों के लिए जाति आधारित आरक्षण का मुद्दा

उच्चतर शिक्षा प्राप्त करने, केंद्रीय और राज्य शासनों में नौकरी पाने आदि समस्याओं को हल करने के लिए मुसलमान समुदाय के नेताओं ने अनेक बार मुसलमानों के लिए सकारात्मक उपाय या आरक्षण करने की वकालत की है। यद्यपि आरक्षण के उद्देश्य से

पिछड़े वर्गों को चुनने के लिए धर्म को आधार बनाने पर कोई सांवैधानिक बंदिश दिखाई नहीं देती है तथापि इस माँग को विभिन्न सरकारों या न्यायालयों से समर्थन नहीं मिला है। भारत में अंग्रेजी राज के दौरान निर्वाचित संस्थाओं में और सरकारी नौकरियों में अल्पसंख्यक समुदायों को धर्म के आधार पर आरक्षण दिया गया था। बहरहाल, आजादी के बाद इस नीति को समर्थन नहीं मिला क्योंकि–1. यह माना गया कि यह बात धर्मनिरपेक्षता के सिद्धांत के अनुरूप नहीं है, 2. मुसलमानों में जातिप्रथा न होने के कारण, विशेष उपायों को उपयुक्त ठहराने के लिए उनके द्वारा सहा जाने वाला, प्रत्यक्ष सामाजिक भेदभाव नहीं है, और 3. इससे राष्ट्रीय एकता को क्षति पहुँचेगी।[14]

यद्यपि जाति आधारित आरक्षण के दायरे से मुसलमान और ईसाई बाहर बने रहे हैं, तथापि 1956 में सिख को और बाद में बौद्ध को और फिर जैन धर्मावलंबियों को यह लाभ दिया गया। ईसाइयों और मुसलमानों को न केवल यह लाभ नहीं दिया गया बल्कि जो दलित इन विश्वासों में धर्मांतरित हुए उन्हें भी अनुसूचित जनजातियों को मिलने वाले लाभों के लिए अयोग्य ठहरा दिया गया। सिखों, बौद्धों और जैनियों को जाति आधारित आरक्षण कोलाभ देते वक्त सिख, बौद्ध और जैन धर्म को हिंदू धर्म से निकली शाखाएँ माना गया। इस प्रकार किए गए भेदभाव में हम विनायक दामोदर सावरकर के दृष्टिकोण की छवि देख सकते हैं जिन्होंने कट्टरपंथी रूप से कहा था कि 'वह प्रत्येक व्यक्ति हिंदू है'...जो भारत को 'अपने धर्म की भूमि और अपने विश्वास का आश्रय स्थान' मानता है।[15]

मंडल आयोग

मुसलमानों को जाति आधारित आरक्षण तो नहीं दिया गया है, किंतु आरक्षण नहीं दी जाने वाली प्रवृत्ति के मामले में मंडल आयोग अपवाद रहा है। मंडल आयोग ने 80 से अधिक मुसलमान समूहों को पिछड़ा घोषित किया था। ये समूह कुल मुसलमान आबादी के आधे होते हैं। प्राप्त निष्कर्षों के अनुसार देश में जो 27 प्रतिशत अन्य पिछड़ा वर्ग है उसमें से 8 प्रतिशत से अधिक मुसलमान हैं। मंडल आयोग ने चिह्नांकित पिछड़े मुसलमान समूहों को आरक्षण देने का प्रावधान किया था। इस तरह मुसलमान समुदाय के अन्य पिछड़ा वर्गों को केंद्र और राज्य स्तरों की पिछड़ा वर्ग सूचियों में शामिल कर लिया गया है।

निर्वाचित संस्थाओं में मुसलमानों का प्रतिनिधित्व

किसी लोकतांत्रिक व्यवस्था में निर्वाचित संस्थाओं में किसी समुदाय के सदस्यों के प्रतिनिधित्व का उस समुदाय के विद्यमान राजनीतिक सशक्तीकरण से सीधा संबंध होता है। अन्य समुदायों के सदस्यों की भाँति मुसलमान अपने निर्वाचित सदस्यों के माध्यम से केन्द्र संघ की संसद, राज्य की विधायिकाओं, जिला, तालुका और ग्राम स्तरीय निर्वाचित संस्थाओं में अपनी चिंताओं को अच्छी तरह अभिव्यक्ति दे सकते हैं। परंतु ऐसा प्रतीत

होता है कि देश भर में इन संस्थाओं में मुसलमानों का प्रतिनिधित्व काफी कम है। इस बाबत विस्तृत आँकड़े देना संभव नहीं है, फिर भी निम्नलिखित सारणी संसद में 1952 से लेकर 1999 तक मुसलमान सदस्यों के बाबत संकेत देती है।[16]

वर्ष	*कुल*	*मुसलमान सदस्य*	*मुसलमान सदस्यों का प्रतिशत*
1952	499	22	4.4
1957	499	23	4.6
1962	496	23	4.7
1967	520	29	5.5
1971	520	29	5.5
1977	544	34	6.2
1980	531	49	9.2
1984	517	45	8.7
1989	531	29	5.4
1991	533	27	5.6
1996	545	27	4.9
1998	545	29	5.3
1999	545	31	5.6

निर्वाचित संस्थाओं में मुसलमानों के लिए आरक्षण न होने के कारण, आबादी में उनके अनुपात को देखते हुए इन संस्थाओं में उनका प्रतिनिधित्व लगातार कम ही बना रहा है। इसमें कोई शक नहीं कि निर्वाचित संस्थाओं में मुसलमानों के प्रतिनिधित्व के स्तर को बढ़ाने की जरूरत है। परंतु आरक्षण इस समस्या का कोई समाधान नहीं है। सच्चर समिति की सिफारिशों के आधार पर शासन द्वारा किए गए वादे के अनुसार सुधारों का क्रियान्वयन होने पर जिसके तहत मुसलमानों को शिक्षा, रोजगार और अन्य वे सुविधाएँ मिलेंगी जो राज्य अपने नागरिकों को उपलब्ध कराता है। जिसके फलस्वरूप मुसलमानों का प्रतिनिधित्व बढ़ेगा।

मुसलमानों का वंचित रहना, सामाजिक भेदभाव और अलगाव

स्पष्ट है कि मुसलमानों को शिक्षा और रोजगार तथा निर्वाचित संस्थाओं में प्रतिनिधित्व के मामले में एक सीमा तक वंचित रहना पड़ा है। इसके अनावश्यक परिणामस्वरूप आय और स्वास्थ्य जैसे सूचकांकों के मामले में अन्य सामाजिक-धार्मिक समुदायों की तुलना में मुसलमानों को बुरी स्थिति का सामना करना पड़ा।

मुसलमानों के राष्ट्रपति, उपराष्ट्रपति, सर्वोच्च न्यायालय के मुख्य न्यायाधीश या वायुसेना के प्रमुख जैसे उच्च पदों पर आरोहण का प्रतीकात्मकता से अधिक कोई अर्थ नहीं है। जब वास्तविक संख्या की बात आती है, तो मुसलमानों का प्रतिनिधित्व सशस्त्र

सेनाओं, पैरामिलिटरी बल, पुलिस तथा कई बार कॉरपोरेट क्षेत्रों में भी उनकी जनसंख्या की तुलना में कम ही है।

नाट्यकला के साथ ही प्रबुद्धता के गुणों के लिए सम्मानित पूर्व राज्यसभा सदस्य और सामाजिक कार्यकर्ता, सुप्रतिष्ठित कलाकार शबाना आजमी ने हाल ही में इस तथ्य पर दुख व्यक्त किया कि उनके निवास के नगर मुम्बई में बिल्डर्स ने उनकी संपत्ति का विक्रय करने से मना कर दिया क्योंकि वे एक मुसलमान हैं। मुंबई में संपत्ति खरीदने या किराये पर लेने के मामले में इसी तरह के भेदभाव से पीड़ित व्यक्तियों ने भारी संख्या में पत्र लिखकर अपनी बात कही। इस प्रसंग पर मीडिया द्वारा ध्यान देने पर अपेक्षित तथ्य सामने आया कि इस प्रकार की घटनाएँ अन्य महानगरों या गैर-महानगरों में लगातार सुनिश्चित रूप से होती रहती हैं।

इससे यह तथ्य रेखांकित होता है कि मुसलमानों को, भले ही वे प्रतिष्ठा-प्राप्त व्यक्ति हों, शहरों और नगरों में सामाजिक भेदभाव सहन करना पड़ता है। इस प्रकार के भेदभाव के फलस्वरूप नगर या शहर के कुछ निश्चित इलाकों में 'अलगाव भरी जिंदगी' जीने के लिए मजबूर होना पड़ता है। इन निश्चित इलाकों में संपत्ति आमतौर पर पूर्णतः मुसलमानों की ही होती है और मुसलमानों को ही दी जाती है। इस स्थिति के परिणाम के रूप में विपरीत भेदभाव भी हो सकता है जिसमें मुसलमान-प्रधान क्षेत्र में गैर-मुसलमानों को स्थान नहीं मिल सकता।

सांप्रदायिक तनाव के अवसरों पर यह स्थिति पूरी तरह से साफ हो जाती है कि मुसलमानों के प्रति पूर्वग्रह की भावना बनी हुई है। सांप्रदायिक गड़बड़ियों को नियंत्रित कर लिये जाने के बाद भी कई बार सांप्रदायिक तनाव की स्थिति लम्बे समय तक बनी रहती है जैसे कि गुजरात में 2002 के दंगे होने के बाद मुसलमानों के विरुद्ध निरंतर बना रहा भेदभाव उसका एक उदाहरण है।

आर्थिक सुधारों का मुसलमानों पर प्रभाव

अब तक यह चर्चा प्रायः मुख्य रूप से मुसलमानों को शिक्षा, रोजगार तथा अन्य लाभ पहुँचाने के और नहीं पहुँचाने के मामले में सरकार की भूमिका तक सीमित रही है। एम.जे. अकबर...[17] ने हाल ही में अपने एक लेख में पूरी अनुभूति के साथ यह रेखांकित किया है कि वर्तमान में चल रहे आर्थिक सुधारों ने व्यापार की संस्कृति को बदल दिया है जिससे मुसलमानों की नाराजगी के कुछ वाजिब कारणों में अनायास ही कमी आई है, जैसे-निजी क्षेत्र की नौकरियों में भेदभाव। इस बात के लिए यह स्पष्टीकरण है कि पहले उत्पादों को प्रतियोगिता के दायरे से सुरक्षित रखा गया हुआ था और पूँजी आसान सौदों में मिल जाया करती थी तब बंद अर्थव्यवस्था में व्यापारीगण काम करने वालों को नौकरी में लेने के मामले में भेदभाव कर सकते थे। तुलनात्मक रूप से आज की अधिक खुली अर्थव्यवस्था में, जहाँ गलाकाट प्रतियोगिता है और मुनाफा कमाना मुख्य उद्देश्य है, निजी मर्यादित कम्पनियों को योग्यता के आधार पर लोगों को नौकरी में लेना और उन्हें

उनकी हैसियत के मुताबिक वेतन देना पड़ता है। बाजार का विस्तार होने से मुसलमानों को भी प्रतियोगी वातावरण में अपने उत्पाद का निर्माण करने और विक्रय करने का अवसर मिल गया है।

अकबर यह भी अनुमान लगाते हैं कि आर्थिक सुधारों ने हिंदू–मुसलमान हिंसा को कम करने में प्रत्यक्ष रूप से प्रभाव डाला है। 1991 में आर्थिक सुधारों की शुरुआत होने के बाद भयावह हिंदू–मुसलमान संघर्ष की केवल दो ही घटनाएँ हुई हैं और इन दोनों का ही संबंध पुराने घावों से था। ये दंगे थे–बाबरी मस्जिद घटना के बाद 1992–93 में मुंबई में और 2002 में गुजरात में। इसके बाद से, चूँकि समग्र विकास दर पर सुधारों का वास्तविक और प्रत्यक्ष प्रभाव पड़ना शुरू हो गया, तो प्रतीत होने लगा है कि हिंदू–मुसलमान हिंसा की घटनाएँ कम हो रही हैं।

भविष्य की झलक

योजना आयोग के अनुमानों के अनुसार 11वीं पंचवर्षीय योजना और बाद की योजनाओं की अवधि में यदि 9 प्रतिशत की विकास दर बनी रहती है तो मुसलमान भी अन्य समुदायों के साथ समृद्ध होंगे। यदि अकबर की परिकल्पना सही है तो सुधारों की पृष्ठभूमि में आर्थिक विकास का स्वरूप धर्मनिरपेक्ष होगा। इस प्रकार की भविष्यवाणी करना जल्दबाजी होगी और ऐसे कहने के लिए हमारे पास पर्याप्त साक्ष्य भी नहीं हैं फिर भी आशा की एक उजली किरण निश्चित रूप से दिखाई दे रही है कि आर्थिक सुधारों में विस्तार और गहराई आने से सांप्रदायिक विभाजक धीरे–धीरे गायब हो सकता है और दंगे इतिहास की बात बन सकते हैं।

टिप्पणियाँ

1. राजिंदर सच्चर, 'सोसल, इकॉनॉमिक एंड एजुकेशनल स्टेटस ऑफ द मुस्लिम कम्युनिटी ऑफ इंडिया : ए रिपोर्ट' (नवंबर 2006)
2. ओंकार गोस्वामी और कबीर मलिक, 'ए शॉकिंग डिवाइड', इंडिया टुडे, 14 अगस्त, 2006
3. सच्चर, उपर्युक्त ग्रंथ में, पृ. 15
4. वही, पृ. 15–16
5. वही, पृ. 84
6. एस.एस. गिल, 'सच्चर रिपार्ट फ्लॉड', द टाइम्स ऑफ इंडिया, 23 जनवरी, 2007
7. योगिंदर सिकंद, 'बियांड टेरर', द टाइम्स ऑफ इंडिया, 8 नवंबर, 2006
8. वही
9. वही
10. वही
11. अबूसलेह शरीफ और जाकिर हुसैन, 'स्टक इन शैलो वाटर्स', द टाइम्स ऑफ इंडिया 26 जनवरी, 2006
12. 'एक्शन टेकन रिपोर्ट : फालो अप एक्शन ऑन द रिकमेंडेशंस ऑफ द सच्चर कमेटी', अल्पसंख्यक मामलों का मंत्रालय, भारत शासन

13. सीमा चिश्ती, 'इवन इफ गवर्नमेंट इज एम्परर, मुस्लिम फाल ऑफ जॉब मैप', द इंडियन एक्सप्रेस, 27 अक्टूबर, 2006
14. जोया हसन, 'रिजर्वेशन फॉर मुस्लिम्स' (2005)
    http://www.india-seminar.com/2005/549/549:20zoya:20hassan.htm
15. अय्यर, कनफेशंस ऑफ ए सेकुलर फंडामेंटलिस्ट, पृ. 18
16. कुर्बान अली और अर्शी खान, 'स्टेटस पेपर ऑन मुस्लिम्स',
    http://www.dalitminorityinternationaconference.com/muslimpaper.html
17. एम.जे. अकबर, 'आर इकानॉमिक रिफार्म्स द सॉल्युशन टू कम्युनल रायट्स?', द संडे टाइम्स ऑफ इंडिया, 22 जून, 2008

व्यापक परिप्रेक्ष्य

रूढ़िवाद विरुद्ध उदारतावाद : इस्लाम के अंदर संघर्ष

पूरी दुनिया में और भारत में इस्लाम के अंदर एक लंबे समय से उदार आचार के लिए प्रतिबद्ध तत्त्वों और धर्म के तात्त्विक पाठ को मानने वाले लोगों के बीच सर्वोपरिता के लिए संघर्ष चलता रहा है। पिछले दशक में अल-कायदा और उसके करीबी संगठन तालिबान को विश्व के अनेक हिस्सों में, जिसमें पश्चिम, मध्यपूर्व और दक्षिणी एशिया शामिल हैं, एक अंदेशा और सतत उपस्थित खतरा माना जाता रहा है। इसके साथ ही, इस्लामी रूढ़िवाद का फैलाव वस्तुतः पूरे विश्व में एक बड़ी चिंता का विषय बन गया है। यह कहना अतिशयोक्ति नहीं होगा कि भविष्य में विश्व शांति इस्लाम के अंदर उदारतावाद और रूढ़िवाद के बीच चल रहे संघर्ष के परिणाम पर खतरनाक रूप से निर्भर है। दुनिया में मुसलमानों की दूसरी सबसे बड़ी आबादी वाले देश भारत में हम उदार और जिहादी तत्त्वों के बीच चल रहे संघर्ष के प्रति अधिक-से-अधिक सचेत हो रहे हैं क्योंकि यह संघर्ष अब लोकचर्चा का एक अभिन्न अंग बन गया है।

ऐतिहासिक पृष्ठभूमि : इस्लामी संसार

इस्लाम में उदारतावाद और रूढ़िवाद के बीच द्विविभाजन का विवेचन करने के लिए यह आवश्यक है कि हम इतिहास के पन्नों को पलटें। इस्लाम के पवित्र ग्रंथ कुरान के संकलन का कार्य वास्तव में 632 ई. में पैगंबर मोहम्मद साहिब के निधन के बाद शुरू हुआ। यह बात 666 ई. की है, जब तीसरे खलीफा उस्मान ने पवित्र ग्रंथ के आधिकारिक मदीना संस्करण की घोषणा की थी। चूँकि कुरान की सूरतें (अध्याय) परिवर्तनशील समाज के सभी प्रश्नों के उत्तर उपलब्ध नहीं कराती थीं, अतः यह आवश्यकता महसूस की गई कि इस्लामी कानून की व्याख्या के लिए धर्मग्रंथ संबंधी कोई और भी विशिष्ट प्राधिकार होना चाहिए। पैगंबर मोहम्मद साहिब के निधन के 200 सौ साल बाद, अल-बुखारी ने हदीस का संकलन किया जो पैगंबर मोहम्मद साहिब के जीवन के उदाहरणों और उनकी उक्तियों पर आधारित है।[1]

जो विद्वान इस्लाम को शांति का धर्म निरूपित करते हैं, उसे कट्टरता और हिंसा की निंदा करने वाला बताते हैं, वे अकसर अपने धर्म की उदारतावादी व्याख्या के समर्थन में कुरान से उद्धरण प्रस्तुत करते हैं। उदाहरण के लिए कुरान अनेक धर्मों के अस्तित्व को स्वीकार करता है, 'लि कुल्लि कौमिन हाद...'[2] (सभी लोगों के लिए आध्यात्मिक

मार्गदर्शक रहे हैं)। आगे वह 'ला इकराह फिद्-दीन' (धर्म के मामले में किसी प्रकार की जबर्दस्ती नहीं होनी चाहिए) के सिद्धांत को उद्घोषित करता है। "लकुम दीनुकुम व लीय दीन" (तुम्हारे लिए, तुम्हारा धर्म है; मेरे लिए, मेरा धर्म है) कुरान के अंतिम अध्यायों में से एक में शांतिपूर्ण सहअस्तित्व का सिद्धांत निर्धारित है। धर्मनिरपेक्ष और उदारतावादी दृष्टिकोण के लिए प्रख्यात डॉ. रफीक जकरीया...[3] ने यह प्रदर्शित करने के लिए कुरान से अनेक आयतें उद्धृत की हैं कि इस्लाम बहुलतावाद में विश्वास करता है और सभी धर्मों का आदर करता है। सूर : अल-अन आम की आयत 108 में कुरान स्पष्ट रूप से कहता है :

और तुम उन लोगों को बुरा-भला न कहो
जिनको वह अल्लाह के सिवा (मदद के लिए)
पुकारते हैं,
कहीं ऐसा न हो कि
वे लोग हद से आगे बढ़कर
अज्ञानता के कारण
अल्लाह को बुरा-भला कहने लगें।

सभी लोग पालन करते हैं
अपने-अपने धर्मों का,
वे जैसा चाहते हैं वैसा करते हैं।
पर अंत में
सभी लोग अपने ईश्वर के पास लौट जाएँगे
और तब उन्हें बताया जाएगा कि
उन्होंने क्या गलतियाँ की थीं।

बहरहाल, यह उल्लेख करना आवश्यक है कि लेखक विशेष जिस विषय पर कुछ कहना चाहता है उस बाबत चुनकर उद्धरण देने के लिए उसे (लगभग सभी धर्मों के) धर्मग्रंथ पर्याप्त सामग्री उपलब्ध कराते हैं। ऐसे अनेक ग्रंथ और लेख प्रकाशित हो चुके हैं (अरुण शौरी के द्वारा) जिनमें इस्लामी धर्मग्रंथों से उद्धरण देकर यह बताया गया है कि इस्लाम जिहाद को बढ़ावा देता है और अन्य धर्मों के प्रति असहनशील है।

इस्लाम में पहला मतभेद तब हुआ जब प्रभावशाली सुन्नी वर्ग से शिया वर्ग टूटकर अलग हो गया। शिया विश्वास को परशिया (ईरान) में बड़े पैमाने पर अपनाया गया। शिया मतावलंबियों ने कुरान के प्रति अपना विश्वास बनाए रखा किंतु उन्होंने अपना स्वयं का हदीस विकसित किया। ऐसे अनेक अन्य पंथ भी अस्तित्व में आए जिन्होंने इस्लाम की अपने ढंग से व्याख्या की। अठारहवीं शताब्दी में अब्द अल वहाब (1702-1793) ने सुन्नी वहाबिया आंदोलन शुरू किया जिसने कुरान और हदीस को आधारभूत धर्मग्रंथ के रूप में स्वीकार किया और सभी नवाचारों का विरोध किया और धर्मग्रंथों की संकीर्ण, शुद्धतावादी

व्याख्या पर जोर दिया। यद्यपि वहाब खुद इस्लामी विचार की कोई विशिष्ट शाखा को शुरू नहीं करना चाहता था, तथापि 'वहाबवाद' शब्द उसके नाम से ही निकला है।

वहाबी सिद्धांत की जड़ें अतिवाद और आतंक में निहित थीं। बहरहाल, वहाबी अल सऊद घराने, जो 1924 में सत्ता में आया, द्वारा प्रसारित करने के पहले तक इसके अनुयायियों की संख्या बहुत कम थी। उन्होंने मक्का और मदीना पर कब्जा कर लिया और इस तरह हज पर नियंत्रण कर लिया।[4] वहाबी अल साऊद घराने ने इस्लाम के कट्टरपंथी और यहाँ तक कि उसके असहनशील स्वरूप को भी प्रसारित करने के लिए अपने धन-बल का इस्तेमाल किया, जो उसने तेल स्रोतों के दोहन के द्वारा अर्जित किया था। इस्लाम के इस कट्टरपंथी रूप में संगीत सुनना, पैगंबर साहिब की वार्षिक जयंती (मिलाद-ए-नबी) और सूफी संतों की पुण्यतिथि (उर्स) मनाना गैर-धार्मिक (शरीअत के विरुद्ध) माना जाता है।[5]

अपने साधनों और संपत्ति का खुला उपयोग करते हुए वहाबिया आंदोलन अनेक देशों में मुसलमानों के मध्य अपना प्रभाव फैलाने में कामयाब हुआ। यह काम मस्जिदों के निर्माण और उनके सुधार, मदरसों को खोलने और धर्मांतरण करने के अन्य साधनों के जरिए किया गया। और तब मदरसों को इस्लाम के पुनरुत्थानवादी स्वरूप का उपदेश देने के लिए उपयोग में लाया गया। इससे बांग्लादेश और इंडोनेशिया जैसे देशों में रहने वाले अनेक मुसलमान पराकाष्ठावादी बन गए, जो पहले अपने धर्म के नरमपंथी और बहुलतावादी रूप का अनुगमन करते थे। वहाबियों की असहनशीलता बहाई और अहमदिया जैसे कुछ कम शुद्धतावादी पंथों पर किए गए सुनियोजित हमलों से जाहिर होती है। यद्यपि वहाबिया संसार के अनेक हिस्सों में इस्लामी समाजों को पराकाष्ठावादी बनाने में सफल हुए, उन्हें भारत में बहुत सीमित संख्या में ही अनुयायी मिले।

फिलिस्तीनियों और यहूदियों के बीच लगातार संघर्ष ने-9/11 के बाद की घटनाओं जिनमें अफगानिस्तान और इराक में हुए युद्ध और अमेरिका द्वारा 'आतंक के विरुद्ध युद्ध' की घोषणा शामिल है-पराकाष्ठावादी इस्लाम और पश्चिम के बीच युद्ध की स्थिति निर्मित कर दी है। वहाबी विचारधारा में डूबे हुए अल-कायदा और तालिबान पश्चिम के विरुद्ध इस चुनौती का नेतृत्व कर रहे हैं।

भारतीय परंपराएँ

भारत की सभ्यता के इतिहास में इस्लाम के कट्टरपंथी और उदारतावादी दोनों ही रूपों की एक लंबी परंपरा रही है (उदारतावादी रूप का प्रतिनिधित्व सूफी सिलसिले द्वारा होता है)। दोनों ही रूपों के अपने अनुयायी हैं और वे अपने विश्वास और दर्शन को प्रचारित करते हैं। विलियम डेलरिम्पल ने इस्लाम की इन दो परस्पर विरोधी प्रवृत्तियों के मूल विश्वासों को निम्नलिखित शब्दों में इस तरह व्यक्त किया है :

> कट्टरपंथी इस्लाम में सृष्टि का उद्देश्य ईश्वर की उपासना है—अधीनता का ऐसा संबंध जिसमें ईश्वर मालिक है और उपासक गुलाम है। यह संबंध बिलकुल स्पष्ट है : जिसमें

> यदि तुम ईश्वर की सही तरीके से उपासना करते हो तो तुम्हें पुरस्कार मिलेगाङ्कनिर्णय के दिन तुम स्वर्ग में जाओगेङ्कऔर यदि तुम उपासना नहीं करते हो तो तुम नरक में जाओगे। मुगल दरबार के सूफी विचार वाले कवि-राजकुमारों और उनके आसपास के दिल्ली अशीर: के संभ्रांत वर्ग के लोगों ने इस विचार को पूरी तरह नकार दिया था। उनका तर्क था कि ईश्वर की उपासना इसलिए नहीं की जानी चाहिए क्योंकि उसने ऐसा करने के लिए हमें आदेशित किया है, बल्कि इसलिए कि वह इतना प्यार करने योग्य है। इसके फलस्वरूप सभी परंपराओं के प्रति उदारता बरती गई : ईश्वर के प्रति कोई भी स्त्री या पुरुष अपना प्यार अभिव्यक्त करने के योग्य है, और यह योग्यता धार्मिक साहचर्य, स्त्री-पुरुष के भेद और वास्तव में सामाजिक संरचना में उसके स्थान से परे हैं।[6]

हमारे इतिहास में ऐसे अनेक उदाहरण हैं जिनमें स्थानीय लोगों को इस्लामी धर्मान्धता का शिकार बनाया गया था। गजनी के सुल्तान महमूद ने ग्यारहवीं शताब्दी में बार-बार उत्तर और पश्चिम भारत पर आक्रमण किए और अनेक शहरों और मंदिरों को नष्ट किया और लूटा । सत्रहवीं शताब्दी में मुगल सम्राट औरंगजेब हुआ था जिसने एक भेदभाव करने वाला कर (जजिया) हिंदुओं पर लगाया था।

इसी विचार के दूसरे छोर पर सोलहवीं शताब्दी में भारत का मुगल सम्राट अकबर है-जिसकी हिंदू दर्शन और संस्कृति तथा अन्य धार्मिक परंपराओं में गहरी रुचि थी। उसने एक नए धर्म (दीन-ए-इलाही) को भी चलाने का प्रयास किया था जिसमें उसने सभी धर्मों की श्रेष्ठ परंपराओं को संश्लेषित करने की कोशिश की थी। वह कलाओं और साहित्य का महान संरक्षक था और उसके दरबार में हिंदू तथा मुसलमान कलाकारों, संगीतकारों, चित्रकारों, विद्वानों और लेखकों को सम्मिलित किया गया था। "वास्तव में अकबर उदारता की दिशा में बड़ा सिद्धांतवादी था, और विभिन्न धार्मिक पृष्ठभूमियों वाले विद्वानों को लेकर अंतरविश्वास विचार-विमर्श आयोजित करने की दृष्टि से वह विश्व का एक अग्रणी नायक था।"[7]

इन दो बिलकुल विपरीत प्रवृत्तियों के बाबत लिखते हुए, मध्ययुग के संदर्भ में असगर अली इंजीनियर ने कहा है कि किसी बहु सांस्कृतिक समाज में किसी समुदाय की 'शुद्ध' धार्मिक या सांस्कृतिक परंपराओं को बनाए रखना संभव नहीं है।[8] इसके बावजूद मुसलमान उलमा और ब्राह्मण इस शुद्धता को बनाए रखने के लिए कटिबद्ध थे। परंतु सूफी और भक्ति परंपरा के संत समेकित प्रवृत्तियों को विकसित करने के लिए अपने पूरे प्रयास कर रहे थे। जहाँ ब्राह्मण संस्कृत भाषा और उलमा अरबी भाषा में लेखन कर रहे थे, सूफी और भक्ति परंपरा के संत स्थानीय भाषाओं और बोलियों में लिख रहे थे और मौखिक रूप से अपनी बात प्रसारित कर रहे थे।

बाबा फरीद, कबीर और संत तुकाराम, जिन्होंने स्थानीय बोलियों में अपना लेखन किया है, बहु-सांस्कृतिकवाद के संघर्ष के उदाहरण हैं। उस समय जहाँगीर के एक समकालीन मुजद्दिद अल्फ सानी धर्म और संस्कृति की शुद्धता के लिए संघर्ष कर रहे थे। उसने इस्लाम में से सभी हिंदू प्रभावों को दूर करने की कोशिश की किंतु उसके साहित्य को कोई मान्यता नहीं मिली और उसे बस सामान्य लोग ही जानते थे। इसी बीच

हिंदू और मुसलमान रीति-रिवाज, व्यवहार और विश्वास को समन्वित करने वाले सूफी संतों को अत्यधिक लोकप्रियता प्राप्त हुई थी।

सूफी परंपरा का प्रारंभ तेरहवीं और चौदहवीं शताब्दी या उससे भी पहले हुआ था। महान सूफी संत निजामुद्दीन औलिया के प्रख्यात शिष्य खुसरो सुल्तान युग के राजकवि और समन्वित परंपराओं के महान पोषक थे। मुसलमान कवियों रसखान और रहीम ने अवधी में कविता लिखकर भगवान कृष्ण के प्रति अपनी भक्ति प्रदर्शित की थी और इनके भावगीत मुसलमानों और हिंदुओं में समान रूप से लोकप्रिय थे।

वर्तमान परिदृश्य में, सूफी संतों की दरगाहों, जिनमें सर्वाधिक महत्त्वपूर्ण फतेहपुर सीकरी में सलीम चिश्ती और अजमेर में मोइनुद्दीन चिश्ती की दरगाहों पर लाखों हिंदू और मुसलमान श्रद्धांजलि अर्पित करते हैं जो हमारी समन्वित संस्कृति का प्रतीक है।

ये उदाहरण यह बताते हैं कि इस्लाम के शुद्धतावादी और वातावरण के अनुसार लाभदायक रूप ऐतिहासिक काल से समान रूप से अस्तित्व में रहे हैं, और कम-से-कम आधुनिक युग के ठीक पहले तक, और आम लोगों के बीच दूसरे रूप का ज्यादा प्रभाव रहा था।

रूढ़िवादियों और उदारतावादी के बीच विभाजन

भारत में मुसलमानों में रूढ़िवादी और उदारतावादी तत्त्वों के बीच विभाजन की शुरुआत 1857 में अंग्रेजी राज के विरुद्ध प्रसिद्ध क्रांति के तत्काल बाद हुई थी। इस क्रांति के बाद, अंतिम मुगल सम्राट बहादुर शाह जफर को देश-निकाला देकर बर्मा भेज दिए जाने के साथ ही 500 वर्ष का मुसलमान शासन पूरी तौर पर समाप्त हो गया। भारत में मुसलमान शासन का समापन मुसलमानों के लिए गहरा आघात था। इससे मुसलमान समाज प्रभुता की स्थिति से वंचितों की स्थिति में तत्काल चला गया। उर्दू तथा अन्य देशी भाषाओं के स्थान पर अंग्रेजी को आधिकारिक भाषा के रूप में थोप दिया गया। मुसलमानों को तत्कालीन प्रशासकीय पदों से हटा दिया गया और मुसलमान समुदाय में से बहुत थोड़े से लोगों को ही अंग्रेजों द्वारा संचालित शिक्षा संस्थानों में लिया गया।

इस स्थिति ने मुसलमानों के बीच दो परस्पर विरोधी आंदोलनों को जन्म दिया। पुनरुत्थानवादियों ने इस पतन के लिए मुगल दरबार के अंतिम दिनों में विचलनकारी रीतियों और कुरान की शिक्षाओं का पालन करने में बहादुर शाह जफर के असफल रहने को दोषी ठहराया। इस तरह उन्होंने इस्लाम के और भी अधिक शुद्धतावादी रूप का अनुगमन करने की वकालत की। इस्लाम के इस कट्टरपंथी रूप को वर्तमान में प्रसिद्ध पश्चिम उत्तर प्रदेश के देवबंद के दारुल उलूम संस्था के माध्यम से अभिव्यक्ति मिली। यद्यपि देवबंदी इसे नकारते हैं, फिर भी दारुल उलूम वहाबी प्रभाव में आया था। यह इस्लाम के कट्टरपंथी सुन्नी समुदाय की शिक्षा और प्रचार का केंद्र रहा है।

उसी समय ही मुसलमानों का एक दूसरा समूह भी उभरा था, जो कट्टरपंथिता छोड़ने में दिलचस्पी रखता था और आधुनिक विज्ञान तथा पश्चिमी शिक्षा के माध्यम से

अपने समुदाय की प्रगति चाहता था। इस प्रकार के आंदोलन के अग्रगामियों में सर सैयद अहमद खान एक थे। उन्होंने अलीगढ़ में एक महाविद्यालय की स्थापना की जो बाद में अलीगढ़ मुस्लिम यूनिवर्सिटी बन गया। यह मानते हुए कि धर्म का उपदेश देने का कार्य मस्जिदों का है, विज्ञान, भाषा और दर्शन के शिक्षण के लिए एक धर्मनिरपेक्ष शैक्षणिक संस्थान बनाने के उद्देश्य के साथ इस महाविद्यालय को स्थापित किया गया था।

उत्तर प्रदेश में ही इन दो संस्थानों की आसपास स्थापना एक की देवबंद में और दूसरे की अलीगढ़ में होना भारत में उस समय के मुसलमान समाज में उदारतावादियों और कट्टरपंथियों के बीच ऐतिहासिक विभाजन को किसी न किसी रूप में प्रदर्शित करता है।

आज भारत में मुसलमानों में कट्टरपंथी तत्त्वों के लिए अब अपना कोई एक सर्वमान्य मंच नहीं है। भारत में सुन्नी मुसलमानों के सबसे बड़े वर्ग बरेलवी वर्ग का देवबंदियों से कोई संबंध नहीं। इनके बीच के ये मतभेद उत्तर प्रदेश राज्य में सबसे ज्यादा उभरकर आए हैं जहाँ देश की सबसे बड़ी मुसलमान आबादी रहती है। शिया लोगों का सुन्नियों के साथ गहरा मतभेद है, चाहे वे बरेलवी देवबंदी हों या उनकी आस्था अन्य किसी और पंथ में हो।

मुसलमान समुदाय के भीतर व्याप्त ये मतभेद राजनीतिक क्षेत्र में उभरकर सामने आ गए हैं। राजनीतिक प्रभुता प्राप्त करने के योग्य बनने के लिए भिन्न-भिन्न समुदाय को संगठित करने के उद्देश्य से कुछ उलमा ने शिया आलिम, मौलाना कल्ब-ए-जव्वाद के पीपुल्स डेमोक्रेटिक फ्रंट और इमाम अहमद बुखारी के यूनाइटेड डेमोक्रेटिक फ्रंट जैसे मंच संगठित कर लिए हैं।[9]

यह एक तरह से दुर्भाग्यजनक है कि जहाँ अपनी आवाज को बुलंद करने के लिए, कई बार हिंसात्मक तरीकों से भी, कट्टरपंथी तत्त्वों ने खुद को संगठित कर लिया है, मुसलमानों में जो उदारतावादी तत्त्व हैं वे आमतौर पर शांत और असंगठित बहुसंख्यक बने रहते हैं।

भावोत्तेजक मुद्दे : महिलाओं के परिधान और फतवे

ऐसे दो मुद्दे जिन्होंने बहुत अधिक भावनाओं को उभारा है और उदारतावादी तथा कट्टरपंथियों के बीच के अंतर को उजागर किया है, वे महिलाओं के परिधान (हिजाब, निकाब और बुरका पहनने) और धार्मिक विद्वानों द्वारा फतवा जारी करने से संबंधित हैं।

हिजाब (सिर पर पहना जाने वाला स्कॉर्फ) पहनना पश्चिमी विश्व में अकसर विवाद का मुद्दा बना है। अक्टूबर 2006 में "अपनी बाँहों में एक बच्चे को ले जा रही और सिर पर स्कॉर्फ पहने हुए, एक अफगानी महिला के सिर में एक लैटीनी अमेरिकी व्यक्ति ने गोली मार दी जब वह फ्रिमोंट, कैलीफोर्निया (यूएसए) की सड़क पर चल रही थी। वह महिला अपने पीछे छः छोटे बच्चों को छोड़कर मर गई।"[10] इस घटना के फलस्वरूप, गोली मारने की घटना के विरोध में फ्रिमोंट नगर की महिलाओं ने 'काम के दिन हिजाब पहनना' आंदोलन किया।

सादिया देहलवी ने तर्कपूर्ण बात कही है कि वर्तमान समय में जबकि अधिकांश पश्चिमी विश्व में आतंकवाद को मुसलमानों से जोड़ा जाता है और मुसलमानों को घृणा संबंधी अपराधों का शिकार होना पड़ता है, अपनी पहचान को स्थापित करने के रूप में मुसलमान महिलाएँ हिजाब पहनती हैं।

विद्वानों के मुताबिक, कुरान महिलाओं की शालीनता के महत्त्व पर और उसे बचाकर रखने की आवश्यकता पर जोर देता है, परंतु वह किसी विशेष प्रकार के परिधान का निर्धारण नहीं करता। इस संदर्भ में कुरान की दो आयतों को सूर : (सूरत) नूर से अकसर उद्धृत किया जाता है : (एक) "इस्लाम में विश्वास करने वाले व्यक्तियों से कहो कि उन्हें अपनी निगाहें नीची रखनी चाहिए और उनकी शालीनता की रक्षा करनी चाहिए, कि हम उनके लिए और अधिक पवित्रता सुनिश्चित करेंगे; और वे जो कुछ कर रहे हैं उससे अल्लाह भली-भाँति परिचित है।" (कुरान 24 : 30); और (दो) "...और इस्लाम में विश्वास करने वाली महिलाओं से कहो कि उन्हें अपनी निगाहें नीची रखनी चाहिए और अपनी शालीनता की रक्षा करनी चाहिए; कि उन्हें अपने सौंदर्य और आभूषणों को, सिवाय इसके कि उसका जो दिखाई देता है, कभी प्रदर्शित नहीं करना चाहिए : उन्हें अपने वक्ष को परदे से ढाँकना चाहिए और सिवाय अपने पति, पिता, ससुर, अपने पुत्रों के...अन्य किसी के सामने अपने सौंदर्य को प्रदर्शित नहीं करना चाहिए।" (कुरान 24 : 31)।[11]

आज हम मुसलमान विश्व के विभिन्न हिस्सों में महिलाओं के परिधान को लेकर परस्पर विरोधी प्रवृत्तियाँ देख रहे हैं।[12] टर्की और ट्यूनिशिया ने महिला सिविल सेवकों के और शासकीय शालाओं में विद्यार्थियों के सिर ढकने पर पाबंदी लगा दी है। परंतु सऊदी अरेबिया और ईरान में महिलाएँ केवल अपने मुख और हाथों को खुला रखकर ही सार्वजनिक स्थल पर आ सकती हैं। अफगानिस्तान के तालिबानी शासन ने महिलाओं के पर्दे के अधिकतम रूप बुरका पहनने की अनिवार्यता समाप्त कर दी है। वर्तमान इराक में सुन्नियों का एक वर्ग महिलाओं को दस्ताने और निकाब (जो बुरके से अलग होता है क्योंकि बुरके में केवल आँख के लिए ही छिद्र रहता है) पहनने की चेतावनी देता है। 2006 में पाकिस्तान में एक राज्य की महिला मंत्री को गोली चलाकर मार डाला गया था क्योंकि उसने सिर्फ अपना सिर ढका हुआ था और इसे पूरी तौर पर इस्लाम के अनुरूप नहीं पाया गया था।

महिलाओं के लिए उपयुक्त परिधान के प्रश्न पर मुसलमान जगत् में मुख्य रूप से दो विपरीत दृष्टिकोण उभरकर आए हैं। इनमें से एक आंदोलन धर्मनिष्ठा के ऊपर से दिखने वाले प्रतीकों से संबंधित है, जिसमें "इस्लामी परिधान शामिल हैं।" इसमें स्थिति के अनुसार, हिजाब, निकाब और बुरका पहनना शामिल हैं। इसके विपरीत दृष्टिकोण के रूप में, कट्टरपंथी पाबंदियों के विरुद्ध विद्रोह की अंतर्धारा है। सऊदी अरेबिया और ईरान जैसे देशों में भी ऐसी महिलाएँ हैं जो इस दृष्टिकोण से प्रोत्साहित हैं और उस कठोर कट्टरपंथिता की अवज्ञा करती हैं जो उन पर इस बात के लिए जोर डालती है कि उनके समाज की आत्मा के रखवालों के निर्देशों के मुताबिक वे अपने शरीर को ढककर रखें।

ऐसे उदाहरण भी हैं जहाँ महिलाएँ मोटर-गाड़ियाँ चलाती हैं और अपने पति अथवा भाई को छोड़कर अन्य व्यक्ति के साथ बाहर घूमने जाती हैं और इसी तरह से विरोध प्रदर्शित करती हैं। यह स्थिति उस विवाद का प्रतीक है जो इस्लामी विश्व के देशों में इन समाजों में मूल्यों की रक्षा को लेकर चल रहे विवाद को प्रदर्शित करती है।

यद्यपि भारत में दुनिया की दूसरे नंबर की सबसे बड़ी मुसलमान आबादी बसती है, फिर भी कठोर परिधान संहिता अथवा मुसलमान समुदाय के व्यवहार के तरीकों में अन्य प्रकार के परिवर्तन के जरिए कट्टरपंथिता और पहचान को जोरदार तरीके से स्थापित करने की कोई स्पष्ट प्रवृत्ति नहीं दिखाई देती है। यदि राजनीतिक व्यवस्था बहुसंख्यकवाद की ओर झुके और भारत की धर्मनिरपेक्ष नीति से दूर जाए तो उसकी प्रतिक्रियास्वरूप ऐसा हो भी सकता है।

फतवा

फतवे के प्रश्न पर सारी दुनिया का ध्यान शायद सबसे पहली बार तब केंद्रित हुआ था जब आयतल्लाह खुमैनी ने 'द सेटेनक वर्सेस' पुस्तक को लेकर सलमान रुश्दी के विरुद्ध फतवा जारी किया था। रुश्दी की इस पुस्तक को इस्लाम और कुरान के विरुद्ध धर्मद्रोही माना गया था। भारत में, हाल के समय में मीडिया ने इमराना के मामले को खूब प्रमुखता दी थी। इमराना एक मुस्लिम महिला है जिसके साथ उसके ससुर ने बलात्कार किया था। यद्यपि ससुर को इस अपराध के लिए दंडित किया गया फिर भी एक आलिम ने एक फतवा जारी किया जिसके द्वारा इमराना को आदेश दिया गया था कि वह अपने पति को छोड़ दे और अपने ससुर से विवाह करे।

इस्लाम के विद्वानों का यह निश्चयात्मक रूप से कथन है कि फतवा किसी विद्वान अथवा प्राधिकारी माने जाने वाले व्यक्ति की इस्लामी कानून के किसी विशिष्ट प्रश्न पर व्यक्त राय से ज्यादा और कुछ नहीं है।[13] इस्लामी कानून की अलग-अलग व्याख्याएँ हो सकती हैं किंतु जिन फतवों की ओर ध्यान जाता है वे आमतौर पर कानून की कट्टरपंथी व्याख्या के फलस्वरूप दिए गए माने जाते हैं। भारत में, जो एक इस्लामी राज्य नहीं है, इस तरह के निर्देश का पालन करना स्वैच्छिक है और उसका पालन करने में असफल रहने पर उस व्यक्ति को पत्थर मारने या जेल भेजने का दंड नहीं दिया जा सकता, जैसा कि सऊदी अरेबिया जैसे देश में हो सकता है। फिर भी चूँकि उलमा द्वारा जारी फतवों को मीडिया में बहुत उछाला जाता है और कुछ की भर्त्सना तक की जाती है इसलिए काफी विवाद पैदा होता है और इसके फलस्वरूप मुसलमान समुदाय को ज्ञान-विरोधी मानने की बात होती है। वर्तमान सामाजिक परिवेश में कुछ फतवे निश्चय ही क्रूर प्रतीत होते हैं।

इमराना के प्रकरण में दिया गया फतवा हनफी सुन्नी शाखा पर आधारित है जिसका पालन अधिकांश देवबंदी उलमा करते हैं।[14] यह हनफी शाखा के संस्थापक इमाम अबू हनीफा द्वारा दिए गए निष्कर्ष पर आधारित है, "शादी के बाद जब किसी महिला का अपने पति से लैंगिक संबंध होता है तो वह उसके सभी बच्चों की माँ बन जाती है, यद्यपि

वह पुत्र उस व्यक्ति की पहली शादी से हुआ हो। इस नियम में यह संभावना शामिल है कि किसी बहू का उसके ससुर से अवैध यौनिक संबंध हो सकता है और ऐसे मामले में उस व्यक्ति के पुत्र के साथ उस महिला का विवाह अवैध होगा। इस तर्क के आधार पर देवबंद मुफ्ती ने इमराना की उसके पति के साथ हुई शादी को शून्य घोषित करने का फतवा जारी किया था। इस फतवे की न केवल तर्कवादियों और गैर-मुसलमानों बल्कि इस्लामी विद्वानों और मुसलमान महिला संगठनों ने भी काफी आलोचना की जिन्होंने फतवे की भर्त्सना की। उदाहरण के रूप में, एक इस्लामी विद्वान यावर बेग ने तर्क दिया कि अबू हनीफा का नियम सहमति से स्थापित किए गए यौन संबंध पर लागू होता है और न कि बलात्कार पर और इस तरह वह इस मामले में लागू किए जाने योग्य नहीं है।

देवबंद में दारुल उलूम ने, जिसका फतवा जारी करने का अलग विभाग ही है, नियम जारी किया कि मुसलमान लड़कियों के लिए सहशिक्षा की व्यवस्था गैर-इस्लामी है। इस फतवे को प्रतिगामी मानते हुए उसकी सही तौर पर ही आलोचना की गई।

ऑल इंडिया मुस्लिम पर्सनल लॉ बोर्ड के मुफ्ती अब्दुल अहद फलाही, इस्लामी अधिवक्ता और जज जो मुंबई में एक छोटे-से संस्थान में कार्य करते हैं, ने विवाह, तलाक, उत्तराधिकार और व्यापार के संबंध में सैकड़ों फतवे जारी किए हैं। वे स्टॉक मार्केट में मुस्लिम समुदाय के हित के संबंध में बहुतेरे प्रश्नों का उत्तर भी देते हैं। मुफ्ती व्यवसाय के बाबत संभवतः कुछ भी नहीं जानते फिर भी वे कहते हैं, ''निवेश कंपनियों के शेयर और म्युचअल फंड मत खरीदो क्योंकि वे सूद (ब्याज) का धंधा करते हैं। बहरहाल, रिलायंस, टाटा और बिरला जैसे स्थापित ईमानदार व्यावसायिक घरानों के शेयर खरीदने में कोई नुकसान नहीं है। किंग फिशर जैसी कंपनी के शेयर फलाही का समर्थन केवल इसलिए प्राप्त नहीं कर सके क्योंकि किंग फिशर का प्राथमिक व्यवसाय शराब कारखाने का है।''[15]

एक अन्य उदाहरण में, देवबंद के दारुल उलूम ने यह कहते हुए फतवा जारी किया कि ''जीवन बीमा एक गैर-इस्लामी कार्य है और इससे हर परिस्थिति में दूर रहना चाहिए''। तर्क यह दिया गया कि ''जीवन बीमा की अनुमति नहीं दी जा सकती क्योंकि उसमें ब्याज की आमदनी है और इसमें जुआ भी शामिल है, ये दोनों ही शरीअत की दृष्टि में अवैध हैं।''[16] दिलचस्प बात यह है कि कुछ लोग मूलधन पर ब्याज से होने वाली आमदनी को गैर-इस्लामी मानते हैं क्योंकि ऐसी कमाई बिना कठिन परिश्रम के प्राप्त की गई है। इस फतवे का अनुसमर्थन ऑल इंडिया मुस्लिम पर्सनल लॉ बोर्ड ने भी किया। परंतु, शिया उलमा इस नियम से सहमत नहीं होते हैं और मौलाना कलबे सादिक ने कहा है कि जीवन बीमा पॉलिसी लेने में उन्हें कोई बुराई नजर नहीं आती।

सलमान रुश्दी वाले प्रकरण के बाद सारी दुनिया में एक और मामले ने ध्यान आकर्षित किया और उसके फलस्वरूप प्रदर्शन आयोजित हुए और अनेक देशों में हिंसा भी हुई। यह मामला डेनमार्क देश के एक कार्टून बनाने वाले कलाकार द्वारा पैगंबर साहिब के चित्र का प्रकाशन करने से संबंधित है। उत्तर प्रदेश में मुलायम सिंह के शासन के एक

मंत्री ने इस कलाकार के सिर पर इनाम देने की घोषणा की। यह तथ्य कि इस प्रकार की घोषणा करने के बाद भी वह मंत्री अपने पद पर बना रहा, हमारे धर्मनिरपेक्ष राजनीतिक आचार की सच्चाई को सामने लाता है।

असगर अली इंजीनियर जैसे इस्लामी विद्वानों ने तर्क दिया है कि ईसाई धर्म के विपरीत इस्लाम धर्म का नियंत्रण किसी चर्च के द्वारा नहीं होता और इसलिए कोई मौलवी (आलिम और शिक्षक) किसी मुसलमान को फतवे का पालन न करने के लिए धर्म के बाहर नहीं कर सकता। जो फतवा अतार्किक प्रतीत होता है, अधिकांश उदारतावादियों की संवेदनाओं को आघात पहुँचाता है वह उस पूरे मुसलमान समुदाय के विरुद्ध नफरत पैदा करता है, जो समुदाय पिछड़े हुए समय के भँवर में फँसा माना जाता है और इस विसंगति से छुटकारा पाने में असमर्थ है। और फिर, अग्रणी सोच वाले इस्लामी विद्वान इज्तिहाद के पक्ष में तर्क देते हैं जो समकालीन प्रश्नों का उत्तर देने के उद्‌देश्य से इस्लामी न्यायशास्त्र की रचनात्मक पुनः व्याख्या है। पैगंबर साहिब इज्तिहाद के पक्ष में थे। जब तक ऐसा नहीं हो जाता है तब तक शरीअत के संबंध में पुरातनपंथी विचारों से निकले फतवों की बाबत हम सुनते रहेंगे।

उदारतावाद की दिशा में आंदोलन

हाल में कुछ अच्छे परिवर्तन के संकेत उभर कर सामने आ रहे हैं। परंपराबद्ध मुसलमान उलमा भी वर्तमान समय की सच्चाइयों को स्वीकार कर रहे हैं और आज के ज्वलंत मुद्‌दों के संबंध में अपने कट्‌टरपंथी दृष्टिकोण को त्याग रहे हैं। 31 मई, 2008 को दिल्ली के रामलीला मैदान में एक विशाल रैली हुई थी जिसमें अनुमानतः 3 लाख मुसलमान एकत्र हुए थे उन्होंने आतंकवाद के विरुद्ध शपथ ली थी। राज्यसभा के एक सांसद महमूद मदनी के एक प्रश्न के उत्तर में देवबंद के दारुल उलूम ने यह फतवा जारी किया जो दिल्ली की उक्त रैली में पढ़ा गया था : "इस्लाम शांति और समरसता वाला धर्म है। दुनिया में कहीं भी सामाजिक मतभेद स्थापित करना, शांति भंग करना, दंगा करना, खून बहाना, लूटपाट करना, डकैती करना, निर्दोष व्यक्तियों की हत्या करना इस्लाम में सर्वाधिक अमानवीय अपराध माने जाते हैं।" फतवे के अंत में कहा गया कि "सभी प्रकार के आतंकवाद को समाप्त करने और विश्वशांति के संदेश को फैलाने के लिए इस्लाम का जन्म हुआ था। अल्लाह सबसे बेहतर जानता है।"[17]

इसी फतवे को हैदराबाद में नवंबर 2008 में बहुत बड़ी संख्या में एकत्र इस्लामी उलमा के सम्मेलन में अनुमोदित किया गया था। यह अवसर जमियत उलमा-ए-हिंद के 29वें वार्षिक सम्मेलन का था। फतवे को दिया गया जोरदार समर्थन यह संकेत देता है कि मुसलमानों में जो कट्‌टरपंथी वर्ग है वह भी आतंकवाद के विरुद्ध अपना दृष्टिकोण बदल रहा है। इसका यह भी अर्थ हो सकता है कि वे अब इस्लाम के पुनरुत्थानवादी स्वरूप के कठोर अनुगमन के पथ से हट रहे हैं जो प्राथमिक रूप से अरब देशों से उभरकर आता है।[18]

यह दिलचस्प बात है कि जब विश्व हिंदू परिषद ने यह चुनौती दी कि भारत को दारुलअम्न (इस्लाम हितैषी देश) घोषित करने के लिए फतवा जारी किया जाए तो दारुल उलूम, देवबंद ने बिलकुल वैसा ही रविवार, 1 मार्च, 2009 को किया। यह फतवा भुवनेश्वर में एक विशाल रैली में पढ़ा गया जहाँ मुख्यमंत्री नवीन पटनायक और अन्य बड़ी हस्तियाँ उपस्थित थीं। फतवे में कहा गया : "भारत का संविधान सभी समुदायों को समान संरक्षण और समान अधिकारों की गारंटी देता है। अत: मुसलमानों के लिए भारत दार अल-अमन अथवा मुसलमान हितैषी देश है।[19]

उक्त लेख में हमें बतलाया गया कि "इस्लामी धर्मदर्शन में भौगोलिक क्षेत्रों को अकसर दार अल-अमन (ऐसे देश जहाँ इस्लामी कानून चलते हैं), दार अल-हर्ब (इस्लाम विरोधी देश) या दल अल-अलम में विभाजित किया जाता है। दार अल-हर्ब क्षेत्र में जिहाद वैधानिक है। फतवा में आगे कहा गया है कि भारत में औपनिवेशिक शासन समाप्त होने से अब वह दार अल-हर्ब नहीं रहा।" उस बैठक में एक प्रस्ताव पारित कर मुंबई पर 26/11 को हुए हमले की भर्त्सना की गई थी।

यह जाहिर है कि भारत में पारंपरिक रूप से कट्टरपंथी मुसलमान अपने को धर्मांध जिहादी तत्त्वों से दूर रखने की गंभीर कोशिश कर रहे हैं। ऐसे फतवों और संकल्पों के फलस्वरूप भारत में मुसलमानों के बड़े बहुसंख्यक समुदाय को उन थोड़े से लोगों को समर्थन देने या उनके साथ संवेदना रखने से दूर करने में मदद मिलती है जो अपने उद्देश्यों को पाने के लिए विवेकहीन हिंसा का सहारा लेते हैं। निश्चय ही यह कहना आवश्यक है कि ऐसे फतवों के बिना भी भारत में मुसलमानों के भारी बहुमत का जिहादियों से किसी प्रकार का कोई संबंध नहीं रहा था।

निष्कर्ष

इस्लामी विश्व में उदारतावादियों और कट्टरपंथियों के बीच लंबे समय से और लगातार चल रहे संघर्ष की गाथा अभी आगे भी चलती रहेगी क्योंकि पवित्र कुरान और अन्य धर्मग्रंथों की आयतों की अलग-अलग व्याख्या होती है, फिर भी इस चल रहे संघर्ष का परिणाम कम से कम भारत में मुसलमान समुदायों के नेताओं, राज्य की नीति और मीडिया की भूमिका पर निर्भर करेगा।

राज्य की नीति को इस प्रकार समायोजित करना पड़ेगा कि वह इस भय से कि धार्मिक भावनाओं को आघात पहुँचेगा—समय-विरुद्ध दृष्टिकोणों और कार्यों का गलत समर्थन नहीं करे। इस दृष्टि से, सभी राजनीतिक दलों और अन्य प्रभावशाली नागरिक संगठनों के बीच इस बात की आम सहमति जरूरी है कि वे इस प्रकार का कार्य नहीं करेंगे जो विभिन्न समुदायों के बीच सामंजस्यपूर्ण संबंधों को बढ़ाने के विरुद्ध हो।

मीडिया भी जिम्मेदारी के साथ अनिवार्य रूप से कार्य करे और ऐसे अस्पष्ट मामलों की ओर अनावश्यक ध्यान न दे और न उन्हें प्रसारित करे जिससे कि जन-मानस में किसी समुदाय के प्रति एक निश्चित धारणा बने। वर्तमान में इलेक्ट्रॉनिक मीडिया 'दर्शक

संख्या' (टेलीविजन रेटिंग प्वाइंट्स अथवा टीआरपी रेटिंग्स) की ओर ज्यादा ध्यान देता है और प्रिंट मीडिया अपनी प्रसार संख्या की ओर। प्रेस की स्वतंत्रता एक आकांक्षित मूल्य है जिसकी गारंटी संविधान ने दी है। परंतु प्रिंट और इलेक्ट्रॉनिक मीडिया के कुछ वर्गों का बढ़ी हुई पाठक संख्या या दर्शकों की संख्या के जरिए लाभ कमाने के एकमात्र लक्ष्य में जुटना जनहित के विरोध में है। कई बार मीडिया का उल्लेख लोकतंत्र के 'चौथे स्तंभ' के रूप में किया जाता है, उसे आत्मनियमन के द्वारा घटनाओं को इस प्रकार रिपोर्ट करने से बचना चाहिए जिससे कि वह भड़काने वाली सिद्ध हो।

तथ्य यह है कि हाल के समय में 26/11 की घटना का जिस ढंग से कवरेज किया गया इसके लिए मीडिया (विशेषकर टेलीविजन न्यूज चैनल) की आलोचना की गई। घटना का मीडिया ने जिस ढंग से कवरेज किया था वह आतंकवादियों के लिए उनकी चालों को नियोजित करने में सहायक हुआ था जबकि भारतीय सुरक्षा बल उनसे लड़ने के लिए संघर्ष कर रहे थे। इस स्थिति के परिप्रेक्ष्य में इंडियन न्यूज ब्राडकास्ट्र्स एसोशिएशन ने 28 दिसंबर, 2008 को कुछ नीति निर्देश जारी किए जिन्हें आत्मनियमन की दिशा में पहला महत्त्वपूर्ण कदम निरूपित किया जा रहा है। ये नीति निर्देश मीडिया के लिए आत्म-आरोपित नियंत्रण व्यवस्था उपलब्ध कराते हैं, जैसे बंधक बनाए गए व्यक्तियों की विस्तृत जानकारी न देना, बचाव के लिए किए जा रहे उपायों के बाबत संवेदनशील जानकारी रोककर रखना, बंधक बनाए गए लोगों की पहचान और संख्या के बाबत जानकारी न देने के संबंध में विवेक का प्रयोग करना, आदि।[20]

यह पहल स्वागत योग्य है और यदि 26/11 जैसी घटना फिर कभी हो (ईश्वर करे, ऐसा कभी न हो) तो इन नीति निर्देशों के पालन करने से यह सुनिश्चित होना चाहिए कि मीडिया में समाचार प्रसारण सुरक्षा की आवश्यकताओं के अनुरूप हो।

यदि सिर्फ समुदाय नेता, राज्य के अधिकारी और मीडिया तालमेल के साथ कार्य करें तो हम एक ऐसे सामंजस्य पूर्ण समाज के विकास की ओर ले जाने वाले आंदोलन की उम्मीद कर सकते हैं जिसमें अलग-अलग धार्मिक पहचान के प्रति बढ़ी हुई जागरूकता के फलस्वरूप होने वाले संघर्ष कम से कम हों। हमें ऐसे परिणाम की अपेक्षा अवश्य करनी चाहिए।

टिप्पणियाँ

1. मुराद अली बेग, 'इस्लाम हाईजैक्ड', द टाइम्स ऑफ इंडिया, 5 अक्टूबर, 2006
2. ताहिर महमूद, 'प्लूरलिज्म एंड यूनिटी इन इस्लाम', द हिंदुस्तान टाइम्स, 13 नवंबर, 2007
3. रफीक जकारिया, 'हिंदूज एंड मुस्लिम्स-देअर बांड इंस्पायर्स यूनिटी', द ताज (जनवरी-मार्च 2005)
4. बेग, पूर्वोक्त
5. सादिया देहलवी, 'आइडियोलॉजी ऑफ इनटालरेंस', द हिंदुस्तान टाइम्स, 26 जुलाई, 2007
6. विलियम डेलरिम्पल, द लास्ट मुगल : द फाल ऑफ ए डायनेस्टी, डेल्ही 1857, (न्यू डेल्ही : पेंग्विन बुक्स, 2007), पृ. 77

7. अमर्त्य सेन, द आर्ग्युमेंटेटिव इंडियन : राइटिंग ऑन इंडियन हिस्ट्री, कल्चर एंड आइडेंटिटी, (लंदन : एलन लेन, 2005), पृ. 59–60
8. इंजीनियर, कम्युनल चैलेंज एंड सेक्यूलर रिस्पांस, पृ. 73
9. हैदर नकवी और जिया हक, 'मुहम्मद्स डिवाइडेड मेन', द हिंदुस्तान टाइम्स, 6 अगस्त, 2006
10. सादिया देहलवी, 'हिजाब एंड द ट्रुथ बिहाइंड', द हिंदुस्तान टाइम्स, 5 नवंबर, 2006
11. वही
12. 'मुस्लिम एंड द वेल : द मीनिंग ऑफ फ्रीडम', द इकॉनामिस्ट 383 (8528), 2007, पृ. 59–60
13. मोहम्मद वजीहुद्दीन, 'इनसाईड द वर्ल्ड ऑफ फतवाज', द टाइम्स ऑफ इंडिया, 29 अगस्त, 2007
14. योगिन्दर सिकंद, 'ब्रूहाहा ओवर ए फतवा', एशिया टाइम्स ऑनलाइन कम्युनिटी एंड न्यूज डिसकशन, 21 जुलाई, 2005
15. वजीहुद्दीन, पूर्वोक्त
16. अमिता वर्मा, 'फतवा इशूड अगेंस्ट लाईफ इंश्योरंस', द एशियन ऐज, 31 अगस्त, 2006
17. सबा नकवी भौमिक, 'अयातोल्लाहज आल', आउटलुक, 10–16 जून, 2008
18. जिया हक और अशोक दास, 'नो टेरर प्लीज...वी आर मुस्लिम, से 6000 क्लेरिक्स', द हिंदुस्तान टाइम्स 9 नवंबर, 2008
19. जिया हक एंड सौम्यजित पटनायक, 'फतवा डिक्लेयर्स इंडिया एज बीइंग इस्लाम–फ्रेंडली', द हिंदुस्तान टाइम्स, 2 मार्च, 2009
20. 'पोस्ट–मुंबई, सेल्फ रेग्यूलेशन फॉर मीडिया अनवेल्ड',
    http://www.thaindian.com/newsport/uncategorized/post-mumbai-self-regulation-guidelines-for-media-unveiled-lead_100132599.html

आतंकवाद और भारतीय मुसलमान

आतंकवाद अपनी एक अलग बुनियाद पर खड़ा हुआ है, और उसे सांप्रदायिक दंगों पर केंद्रित किसी अध्ययन का हिस्सा बनाने की जरूरत नहीं है। आतंकवाद के अनेक पहलू हैं और वे जटिल भी हैं। मैं स्वीकार करता हूँ कि आतंकवाद में अंतर्निहित जटिलताओं को सही रूप में प्रस्तुत करने और उनका विश्वसनीय विश्लेषण करने तथा इस विभीषिका से निपटने के लिए समाधान सुझाने की दिशा में मेरी किसी भी प्रकार की कोशिश एक महत्त्वाकांक्षी बात है। चूँकि लोग अकसर सांप्रदायिक हिंसा के भड़कने और आतंकवाद की कार्रवाइयों को एक सिक्के के दो पहलुओं के रूप में देखते हैं, अतः यह उपयुक्त होगा कि आतंकवाद विषय के विभिन्न पहलुओं से विचार किया जाए। अन्य बातों के साथ-साथ, इससे पाठक को सांप्रदायिक दंगों और आतंकवाद की गतिविधियों के बीच के अंतर को समझने में भी सहायता मिलेगी।

भारत में जब कभी भी कोई आतंकवादी हमला होता है-और, दुर्भाग्यवश, हाल में ऐसे हमले निरंतर बढ़ते ही जा रहे हैं-सत्ताधारी लोग उसका दोष कुछ इस्लामी आतंकवादी संगठनों, जैसे-जैश-ए-मोहम्मद, लश्कर-ए-तोयेबा और हरकत-उल-जिहाद-अल-इस्लामी, पर मढ़ते हैं। यह भी बताया जाता है कि पड़ोसी देशों, विशेषकर पाकिस्तान और बांग्लादेश की धरती पर स्थापित और वहाँ से कार्य कर रहे ये संगठन विदेशी आसूचना एजेंसियों, विशेषकर पाकिस्तान की इंटर-सर्विसेस इंटेलीजेंस (आईएसआई) के समर्थन और सहायता से भारत में घुसपैठ करते हैं। यह आरोप भी लगाया जाता है कि इन नापाक मनसूबों को 'स्लीपर सेल' की सक्रिय भागीदारी से अंजाम दिया जाता है। 'स्लीपर सेल' का गठन सामान्य तौर पर स्टूडेंट्स इस्लामिक मूवमेंट ऑफ इंडिया (सिमी) के सदस्यों को लेकर किया जाता है। 'स्लीपर सेल' शब्द का उपयोग उस छोटे समूह के लिए किया जाता है जो किसी संगठन का एक अलग-थलग समूह होता है। यह सेल सोता रहता है अर्थात लक्षित आबादी के भीतर यह समूह निष्क्रिय पड़ा रहता है और जब उसे अपने आकाओं से विशिष्ट आदेश मिलते हैं तब ही वह कार्रवाई करता है।[1]

एक संगठन, जो इंडियन मुजाहिदीन के नाम से जाना जाता है, की भूमिका को भी हाल में इन घटनाओं से जोड़ा जाता है। हमारी आसूचना एजेंसियों के पास उपलब्ध सूचना के आधार पर किए जाने वाले ये दावे सही भी हो सकते हैं, फिर भी इन संगठनों की संलग्नता के संबंध में अदालतों में ठोस साक्ष्य आमतौर पर प्रस्तुत नहीं किए गए हैं।

अधिकांश आतंकवादी घटनाओं में दोषी न तो पकड़े गए हैं और न ही उन पर मुकदमा चलाया गया है।

मुंबई में 26 नवंबर, 2008 को हुए हमलों (जिन्हें '26/11' के रूप में आमतौर पर जाना जाता है) के बाद भारत में आतंकवाद की अवधारणा के संबंध में एक बुनियादी अंतर आया है। शायद यह पहली बार है कि इस हमले में शामिल आतंकवादियों को विशिष्ट रूप से पहचाना गया है और उनमें से एक, अजमल अमीर कसाब को गिरफ्तार किया गया है। हमले में शामिल अन्य 9 मारे गए, किंतु इसके पहले उन्होंने तबाही मचा दी थी और भारत की वाणिज्यिक राजधानी को लगभग तीन दिन तक बंधक बनाए रखा था।

इस तरह की घटनाओं से अकसर यह होता है कि भारतीय मुसलमानों की एक ऐसी तस्वीर बन जाती है जिसमें इस समुदाय के हर एक सदस्य को संदिग्ध आतंकवादी के रूप में देखा जाता है। ऐसा इस तथ्य के बावजूद होता है कि भारत में मुसलमानों का विशाल बहुमत आतंकवादी गतिविधियों से कोई ताल्लुक नहीं रखता है, और यह भी कि आतंकवादी हमले में इस अल्पसंख्यक समुदाय के सदस्य बहुधा हताहत हुए हैं।

यह उल्लेखनीय है कि सितंबर, 2006 में महाराष्ट्र के मालेगाँव में एक मस्जिद पर हुए आतंकवादी हमले के शिकार हुए सबके सब लोग मुसलमान थे। मुंबई के पश्चिम रेलवे कॉरीडोर पर (जुलाई 2006) लोकल ट्रेन में सफर करने वालों को लक्ष्य कर सीरियल बम विस्फोटों में हताहत होने वालों में बड़ी संख्या मुसलमानों की थी। जयपुर पर 13 मई, 2008 को हुए आतंकवादी हमले का प्रतीक एक नन्ही मुसलमान लड़की शुभाना खान बन गई है। 26 नवंबर, 2008 को मुंबई पर हुए हमले में 173 लोग मारे गए जिनमें 33 मुसलमान थे। यद्यपि पराकाष्ठावादी अकसर कहते हैं कि आतंक का कोई धर्म नहीं है फिर भी इस सामान्य उक्ति पर बहुतेरे हिंदू भरोसा नहीं करते हैं। ऐसे हिंदू प्रत्येक मुसलमान के प्रति हल्की सी छिपी हुई संदेह-भावना रखते हैं और वे हमेशा उन्हें एक संभावित आतंकवादी करार करने को तैयार रहते हैं।

सांप्रदायिक दंगों और आतंकवादी हमलों के बीच एक और संबंध है, वह यह कि कुछ हमलों में धार्मिक महत्त्व के स्थानों को लक्ष्य बनाया जाता है जिससे कि सांप्रदायिक विभाजन हो जाए या ऐसा विभाजन और गहरा बढ़ जाए। सितंबर 2002 में गुजरात में अक्षरधाम मंदिर पर, मार्च 2006 में वाराणसी के मंदिरों पर, सितंबर 2006 में मालेगाँव में मस्जिद पर, 2007 में हैदराबाद में और अक्टूबर 2007 में अजमेर शरीफ पर हुए आतंकवादी हमले इसी प्रकार के थे।

आतंकवाद-मुसलमानों का एकाधिकार नहीं

अमेरिका में 9/11 की महाविध्वंसकारी घटनाओं, और फिर लंदन मेट्रो पर आतंकवादी हमले तथा ग्लासगो हवाई अड्डे पर असफल आतंकवादी हमले के बाद पश्चिमी जगत के राजनेताओं और टिप्पणीकारों के कुछ वक्तव्यों ने यह धारणा प्रचलित कर दी है—जो विश्व भर में प्रसिद्ध जनमत बन गया है—कि "सभी मुसलमान तो आतंकवादी नहीं हैं, किंतु सारे

आतंकवादी मुसलमान है।'' उदाहरण के लिए अमेरिका में राष्ट्रपति के चुनाव में बराक ओबामा से चुनाव हारने वाले रिपब्लिकन पार्टी के उम्मीदवार सीनेटर मैक कैन ने दावे के साथ कहा था कि अमेरिका को एक ऐसे नेतृत्व की आवश्यकता है जो ''हमारे समय की सबसे बड़ी चुनौती का सामना कर सके : पराकाष्ठावादी इस्लामी आतंकवाद का खतरा।''[2]

दूसरे शब्दों में कहें तो मीडिया में आतंकवादी हमलों को जिस तरह दिखलाया गया है, उसके फलस्वरूप गैर-इस्लामी देशों में आतंकवाद को जबरदस्त तौर पर इस्लामी आतंकवाद के रूप में पहचाना जाता है।

एक लेख में, स्वामीनाथन अय्यर...[3] ने यह वर्णित करने के लिए कि आतंकवाद मुसलमानों का एकाधिकार नहीं है आतंकवाद की अनेक कार्रवाइयों और आतंकवादी कार्रवाइयों में विगत में तथा हाल में ही सम्मलित हुए अलग-अलग संगठनों के विस्तृत विवरण का अभिलेखीकरण किया है। श्रीलंका में विश्व के सर्वाधिक खूँखार और अदम्य आतंकवादी समूहों में से एक ने बच्चों को आतंकवादी के रूप में सबसे पहले प्रशिक्षित किया था। वे हिंदू हैं।

आत्मघाती मिशन को एक चाल के रूप में आविष्कृत और व्यवहार में लाने वाले मुसलमान फिलीस्तीनी नहीं थे, जैसा कि ज्यादातर माना जाता है। उससे भी पहले, द्वितीय विश्व युद्ध की समाप्ति के समय, जापानी कामीकाजी पायलेट्स ने जानबूझकर अपने हवाई जहाजों को, जो विस्फोटकों, बमों, टारपिडो और ईंधन से परिपूर्ण टैंकों से भरे हुए थे, मित्र राष्ट्रों के जहाजों से बहुत जोर से टकरा दिया था। अभी हाल में तमिल टाइगर्स ने आत्मघाती बम विस्फोट किया था, कई बार इनका लक्ष्य राजनीतिक नेता (राजीव गांधी, प्रेमदास) रहे हैं जिन्हें वे अपने उद्देश्य के शत्रु के रूप में देखते हैं। जब तमिल टाइगर्स मैदान छोड़कर भाग रहे थे, तब उन्होंने 20 फरवरी, 2009 को दो हवाई जहाजों को लेकर कोलंबो पर कामीकाजी जैसा हमला किया था—जिससे अनेक लोगों की जानें गईं और शासकीय संपत्ति को बहुत नुकसान हुआ।

सुदीर्घ अतीत में अराजकतावादियों ने 1881 में रूसी जार एलेक्जेंडर द्वितीय और 21 दर्शकों को मार डाला था। पहला विश्व युद्ध तब शुरू हुआ था जब अराजकतावादियों ने आस्ट्रिया के आर्कड्यूक फर्डिनांड की हत्या की थी। इन घटनाओं में आतंकवादी मुसलमान नहीं थे। बहुत से लोगों को याद होगा कि किस तरह 1995 में एक बौद्ध पंथ ओम शिनरिक्यो के सदस्यों ने जहरीली गैस का उपयोग कर टोक्यो मेट्रो में हजारों लोगों को मारने की कोशिश की थी। ऐसी घटनाएँ जिन्हें गैर-मुसलमान आतंकवादियों ने अंजाम दिया है, इतनी अधिक हैं कि उन सबका यहाँ वर्णन नहीं किया जा सकता।

भारत में भगतसिंह, चंद्रशेखर आजाद, खुदीराम बोस और कई अनेक स्वतंत्रता संग्राम सेनानियों ने अंग्रेज अत्याचारियों को समूल नष्ट करने के लिए ऐसी रणनीति अपनाई थी जो आज के आतंकवादियों की कार्यप्रणाली से मिलती-जुलती थी। इनमें से कोई भी मुसलमान नहीं था। वर्तमान में अपने देश में हिंदुओं का एक संयुक्त आतंकवादी समूह-युनाइटेड लिबरेशन फ्रंट ऑफ असम (उल्फा) है जो मुसलमानों को अपना लक्ष्य

बनाता है। ईसाई, नागा और मिजो लोग भी सशस्त्र कार्रवाई के द्वारा विद्रोह करते रहे हैं और वे ऐसी प्रणाली काम में लाते रहे हैं जो विश्व के विभिन्न हिस्सों में इस्लामी या गैर-इस्लामी आतंकवादी संगठनों द्वारा काम में लाई गई है।

हाल ही में पंजाब ने खालिस्तान आंदोलन की आड़ में चलने वाले आतंकवाद को देखा है। इस आंदोलन को राज्य प्रशासन और पुलिस द्वारा आतंकवादी विरोधी उपायों के जरिए नियंत्रण में लाया गया। इस उदाहरण में 'आतंकवादी' सिख थे। शायद आपरेशन ब्लू स्टार...[4] के साथ खालिस्तानी आतंकवाद की शुरुआत हुई थी, जबकि आपरेशन ब्लैक थंडर...[5] के साथ उसके अंत का प्रारंभ हुआ। अलबत्ता, खालिस्तान संबंधी आतंकवाद आगे कई वर्षों तक चलता रहा जब तक कि पंजाब के मुख्यमंत्री बेअंतसिंह के नेतृत्व में पुलिस महानिदेशक के.पी.एस. गिल के द्वारा 1990 के दशक के मध्य में कठोर कार्रवाई के जरिए उसे समाप्त नहीं कर दिया गया। यह त्रासदायी बात थी कि पंजाब में आतंकवाद को समाप्त करने का नेतृत्व करने वाले बेअंतसिंह ने इसकी अंतिम कीमत चुकाई जब आतंकवादी आंदोलन के अवशेषों ने उनकी हत्या कर दी। बेअंतसिंह ने इस आतंकवाद को जड़ से समाप्त करने में निर्णयकारी भूमिका निभाई थी।

महाराष्ट्र के आतंक विरोधी दस्ते एंटी-टेरर स्क्वैड (एटीएस) ने हाल में अपनी जाँच में भारत में आतंकवाद के एक नए आयाम को उद्‌घाटित किया है। मीडिया ने इस आयाम को बड़ी शीघ्रता से 'हिंदू आतंक' का नाम दे दिया है।

राष्ट्रीय समाचार-पत्रों में विस्तार से प्रकाशित समाचारों के अनुसार 'अभिनव भारत' नामक संगठन महाराष्ट्र में मालेगाँव में 29 सितंबर, 2008 को हुए बम विस्फोट के लिए जिम्मेदार है। यह बम एक साइकिल में रखा गया था जो मालेगाँव की एक मुसलमान बहुल बस्ती में भिक्कू चौक में फटा था। इस बम विस्फोट में 6 व्यक्ति मारे गए और 89 व्यक्ति घायल हुए थे। इस विस्फोट में आरोपित भूमिका के लिए पुलिस ने शुरू में एक साध्वी प्रज्ञा सिंह ठाकुर और उसके चार सहयोगियों को गिरफ्तार किया था जिनमें भारतीय सेना का एक सेनानिवृत्त मेजर भी शामिल था। यह बतलाया गया कि गिरफ्तार व्यक्ति 'अभिनव भारत' संगठन के सदस्य हैं। बाद में की गई जाँच के आधार पर एटीएस ने भारतीय सेना के एक वर्तमान में कार्यरत अधिकारी, ले. कर्नल श्रीकांत पुरोहित को भी गिरफ्तार किया। स्वामी दयानंद पांडे नामक एक और व्यक्ति को भी गिरफ्तार किया गया जिस पर यह आरोप है कि वह इस षड्‌यंत्र में शामिल है।

मीडिया में यह समाचार प्रकाशित हुआ है कि एटीएस इस षड्‌यंत्र में भारतीय सेना के अन्य सेवारत अधिकारियों के संभावित रूप से शामिल होने की भी जाँच कर रहा है। मीडिया ने जो खुलासे किए हैं उनसे यह अनुमान लगता है कि ले. कर्नल पुरोहित उस आरडीएक्स को उपलब्ध कराने का आरोपी है जिसे 29 फरवरी, 2007 को पानीपत में समझौता एक्सप्रेस ट्रेन को उड़ाने के लिए काम में लाया गया था। इस विस्फोट में 67 लोग मारे गए थे जिनमें पाकिस्तानी नागरिक शामिल थे। इस प्रकरण की अभी जाँच चल रही है और इसे 'जैसे को तैसा आतंकवाद' का नाम दिया गया है।

इस ग्रंथ के अंग्रेजी संस्करण के लेखन के समय इस तथाकथित 'हिंदू आतंक' के संबंध में निश्चयात्मक रूप से कुछ कहना जल्दबाजी होती क्योंकि प्रकरण में जाँच चल रही थी और अदालत में प्रकरण को प्रस्तुत किया जाना बाकी था। इस प्रकरण का बहुत राजनीतिकरण किया गया है। विभिन्न राजनीतिक दलों के वरिष्ठ पदाधिकारी इस घटना के राजनीतिकरण में शामिल थे और वे अपने पूर्वग्रहों के अनुसार बयानबाजी कर रहे थे।

यहाँ स्पष्ट करना होगा कि आतंक को किसी भी धर्म के साथ संबद्ध करना रोषजनक है क्योंकि कोई भी धर्म आतंकवाद की अनुमति नहीं देता। आदर्श स्थिति तो यह होती कि लोक चर्चा में 'इस्लामी आतंक' और 'हिंदू आतंक' जैसे शब्दों का उपयोग नहीं किया जाता। किंतु, दुर्भाग्यवश हम किसी आदर्श संसार में नहीं रहते हैं।

और फिर भारत में माओवादियों ने, जो किसी भी धर्म को नहीं मानते, 150 जिलों में, जो कि बोलचाल की भाषा में 'नक्सलाइट बेल्ट' कहलाता है, आतंक फैला दिया है। स्पष्टत: माओवादियों द्वारा जिस आतंकवाद को अंजाम दिया जा रहा है वह इस्लामी जिहादी संगठनों द्वारा प्रस्तुत खतरे की तुलना में कहीं अधिक बड़ा और सदैव बने रहने वाला खतरा है, क्योंकि भारत में इस्लामी जिहादी संगठनों द्वारा प्रस्तुत खतरा ज्यादातर बड़े शहरों और नगरों तक ही सीमित हैं।

अनेक वर्षों तक पश्चिमी विश्व, विशेषकर अमेरिका, इस विश्वास का सहारा लिए हुए निश्चिंत रहा कि वह आतंकवाद के दायरे से बाहर है और यह कि आतंकवाद की घटना संसार के 'कम सभ्य' क्षेत्रों जैसे मध्य पूर्व, अफ्रीका और दक्षिण एशिया तक सीमित है। 9/11 की घटना ने उनके इस भ्रम को चकनाचूर कर दिया और इसलिए यह घटना इतिहास की एक विशिष्ट घटना के रूप में स्थापित हो गई। परंतु इसके साथ ही एक दुष्परिणाम यह हुआ कि विकसित संसार में और गैर-इस्लामी विकासशील देशों में आतंकवाद को अपने आप इस्लामी आतंकवाद का पर्याय मान लिया गया।

9/11 के बाद पश्चिम में और विशेषकर अमेरिका में मुसलमानों के प्रति मानसिक उन्माद में मुसलमान युवकों को बंदी बनाया गया तथा प्रताड़ित किया गया। इसका कारण यह था कि इन युवकों को संदिग्ध आतंकवादी माना गया, जबकि अनेक मामलों में यह धारणा निराधार ही थी। उन्हें कुख्यात ग्वांटानामो बे जेल में स्थानांतरित किया गया और उनके साथ अमानवीय व्यवहार किया गया। पाकिस्तान में निर्मित फिल्म 'खुदा के लिए' और बालीवुड में जारी हाल की फिल्म 'न्यूयार्क' ने आतंकवादी हमलों के दुखद परिणाम की ओर ध्यान आकर्षित कराने में, कम से कम दक्षिण एशिया में, सफलता मिली है। इन आतंकवादी हमलों को कुछ भ्रमित तत्त्वों द्वारा अंजाम दिया गया जो संयोगवश मुसलमान हैं।

कुछ ऐतिहासिक घटनाओं के कारण इस्लामी आतंकवाद आम चर्चा का एक प्रमुख विषय बन गया है। इन घटनाओं और सैम्युअल हंटिंग्टन के ग्रंथ 'द क्लैश ऑफ सिविलाइजेशंस' के कारण शंकालुओं और प्रबुद्धजनों को चर्चा का मसाला मिल गया है। हंटिंग्टन का जोर देकर यह कहना कि ''पश्चिम के लिए प्रमुख समस्या रूढ़िवाद की नहीं है, यह तो इस्लाम है''–संसार को देखने के उसके नजरिए को सार रूप में प्रस्तुत करता

है। हंटिंग्टन की धारणा की वैधता निश्चय ही सवालों के दायरे में है और हम इस विषय पर अलग से चर्चा करेंगे। परंतु हाल की कुछ घटनाओं ने हंटिंग्टन के दृष्टिकोण को महत्त्वपूर्ण बना दिया है और इस्लामी आतंकवाद के खतरे के प्रति मनोभ्रम को बढ़ा दिया है।

इस समस्या पर भारतीय संदर्भ में चर्चा करने के पहले यह उपयुक्त होगा कि हम उसके वैश्विक परिप्रेक्ष्य को जानें। जिन अध्येताओं ने आतंकवाद की घटना का ध्यानपूर्वक अध्ययन किया है उनका यह निष्कर्ष है कि आतंकवाद किन्हीं भी पूर्व धारणाओं या अनुमानों का अनुगमन नहीं करता। आतंकवाद की सच्चाई यह है कि वह पूर्व धारणाओं को अनुकूलित करता है, परिवर्तित करता है और लगातार चुनौती देता है। अत: आतंकवाद विरोधी रणनीतियों में भी ऐसा ही करना होगा। आतंकवाद द्वारा पहुँचाई जाने वाली क्षति को सीमित करने का यह सर्वोत्तम उपाय है। ऐसी रणनीति अपनाने से आतंकवाद संगठन को मिलने वाले नए रंगरूट अंतत: कम होंगे।

इस्लाम में आतंकवाद, युग-युग में

यह विचार करना, संक्षेप में ही सही, दिलचस्प होगा कि सुदीर्घ अवधि में आतंकवाद का क्रम-विकास किस प्रकार हुआ और अपने लक्ष्यों को पाने के लिए आतंकवादियों ने कौन सी पद्धतियाँ अपनाईं। शुरू में ही यह कहना उचित होगा कि कोई भी धर्म किसी भी व्यक्ति को यह अधिकार नहीं देता कि वह किसी मानव की हत्या करे। ईसाई धर्म और इस्लाम दोनों के ही पारंपरिक एकेश्वरवादी विश्वास के अनुसार सिर्फ ईश्वर ही यह निर्णय ले सकता है कि कौन जीवित रहेगा या कौन मरेगा। फलत: ऐसे व्यक्ति या समूह जो धर्म के नाम पर दूसरे की हत्या करने को मिशन बनाते हैं उन्हें इस तरह के आप्त वाक्यों में विश्वास करने के लिए दीक्षित किया गया है जो उनके धर्म के बुनियादी सिद्धांतों के ही विरुद्ध हैं।

इस्लाम के अनुयायियों के मध्य आतंकवाद का उद्भव सातवीं शताब्दी में कर्बला (वर्तमान इराक) की लड़ाई के समय से माना जाता है, जिसमें अली के दल (अली-पैगंबर मोहम्मद साहब के दामाद थे) को मोहम्मद साहब के समूह के एक सदस्य अबू बक्र की सेनाओं ने पराजित किया था। कर्बला की लड़ाई मोहम्मद साहब के उत्तराधिकार को स्थापित करने के लिए लड़ी गई थी और पैगंबर अली के दल की पराजय के साथ वह समाप्त हुई। इसी से शिया और सुन्नी विभाजन का उद्भव हुआ। शिया शब्द शियात अली से निकला है जबकि शियात अली का अर्थ है अली के तरफदार। ''कर्बला में पराजय उत्पीड़ित और मातहत लोगों के लिए एक केंद्रीय बिंदु बन गई और उसने एक ऐसी परंपरा स्थापित की जिसने हत्यारे पैदा किए और इसके साथ ही इमाम खोमैनी की इस्लामी क्रांति और वर्तमान में सक्रिय इस्लामी सुधार को जन्म दिया।''[6]

ग्यारहवीं शताब्दी से बगदाद में अब्बासिद वंश के कमजोर होने की शुरुआत से विश्व के मंच पर अनेक संघ भेद और वर्ग उभरकर आए। इनमें ही एक पराकाष्ठावादी संप्रदाय था जो 'असेसिंस' (आततायी) कहलाता था। इस संप्रदाय का नेतृत्व उसका संस्थापक हसन-इ-सब्बाह करता था।

इस संप्रदाय को दिया गया 'असेसिंस' नाम 'हश्शशिन' अथवा 'हशिश उपयोग करने वाले' शब्द से व्युत्पन्न हुआ समझा जाता है। मार्को पोलो के यात्रा वृत्तांतों से लोकप्रिय हुई दंत कथा इस प्रकार है : "जब हसन-इ-सब्बाह अलामट के पर्वत स्थित अपने दुर्ग में रहता था, उसने निरंतर चालाकी के साथ अपने युवा अनुयायियों के मन में मृत्यु की तीव्र इच्छा पैदा की। मर्दों को हशिश दी गई—इतनी ज्यादा हशिश कि वे संज्ञाहीनता की स्थिति में चले गए और फिर हसन-ए-सब्बाह उन्हें किले के मैदान में छिपे एक बगीचे में ले गया। ये लोग जब जागे तब उन्होंने पाया कि वे अपने पुराने चिथड़े पहने हुए नहीं हैं, बल्कि सोने के धागों के साथ बुने गए रेशम से बनी पोशाक पहने हुए हैं, वे हरी-भरी घास और गद्दों में पड़े हुए हैं। नौकर उन्हें पानी और शराब की सुंदर सुराहियाँ दे रहे हैं। जन्नत की हूरें वहाँ मौजूद थीं और उनके आदेश का पालन करने को तैयार थीं, और वहाँ और भी ज्यादा हशिश थी। पूरी तौर पर अपनी चेतना खो चुके ये लोग वास्तव में एक बार फिर से संज्ञाहीनता की स्थिति में चले गए थे, इसके बाद उन्हें वहाँ से ले जाया गया और उन्हें उनके सामान्य कपड़े पहना दिए गए। जागने पर, सामान्य तौर पर नशे की खुमारी में, उन्होंने अपने मालिक से पूछा कि इस धरती पर उनके साथ क्या हुआ था। स्वयंभू इमाम ने उत्तर दिया-जन्नत, अथवा ज्यादा उचित यह कि जन्नत का एक पूर्वानुभव, एक आजमाइश की यात्रा। जो व्यक्ति भी वहाँ स्थायी तौर पर लौट कर जाना चाहता है उसे फदायीन, एक असेसिंस जो मरने को तैयार है, के रूप में अपने आप का बलिदान करना होगा।"[7]

यद्यपि लेखकों ने ओसमा बिन लादेन और सब्बाह के बीच समानता के बिंदु बताए हैं, विशेषकर 9/11 के बाद। समानता के ये बिंदु उनके अनुगामियों के संदर्भ में हैं जो बेहद कठिन पर्वतीय भू-भाग में निर्जन स्थानों में रहते हैं और अपने जीवन का बलिदान करने को तत्पर रहते हैं। सब्बाह के विपरीत, बिन लादेन सुन्नी कट्टरपंथी परंपरा का अनुयायी है। लादेन के अनुयायी, जो अब अल-कायदा के नाम से जाने जाते हैं, न केवल ईसाइयों और यहूदियों पर हमला करते हैं बल्कि शिया अनुगामियों पर भी हमला करते हैं, जिन्हें अविश्वासी, विधर्मी और पाखंडी करार करते हुए निंदित किया जाता है। अतः सब्बाह और बिन लादेन के बीच समानता के बिंदु एक सीमित अर्थ में ही सही होते हैं।

क्रिस्टोफ रायटर ने हसन-ए-सब्बाह और उसके बिन लादेन के बीच वास्तविक संबंध को ज्यादा जटिल पाया है और यह संबंध सीधा न होकर घुमावदार है जो खोमैनी, ईरान में इस्लामी क्रांति, और आत्मघाती हमले की उत्पत्ति के जरिए स्थापित होता है। खोमैनी ने तत्कालीन शासन के द्वारा किए जा रहे अन्याय के विरुद्ध शियाओं के विद्रोह से प्रेरणा प्राप्त की थी जिसने हसन-ए-सब्बाह की विचारधारा को भी प्रभावित किया था। और "सुन्नियों के मध्य भी एक आत्मघाती हत्यारा बनने की तत्परता ईरानी युद्ध के स्वयंसेवकों के जरिए तथा सीधे प्रभाव और अनुकरण की प्रक्रिया के जरिए प्रथम 'शहीदी संक्रियाओं' से फैली थी।"[8]

इराक-ईरान युद्ध के दौरान, जो इराक द्वारा ईरान पर हमला किए जाने के साथ सितंबर 1980 में शुरू हुआ था, प्रारंभिक अवस्था में इराकियों ने ईरानी सीमा में बड़ी

पट्टियों पर अधिकार कर लिया था। इराकी सेना के तेजी से आगे बढ़ते दबाव को हजारों युवा ईरानियों की 'मानव लहर' के जरिए रोका गया था। ये युवा ईरानी अयातुल्ला खोमैनी के अनुगामी थे। 'मानव लहर' बनाने वाले युवा ईरानियों की सबसे बड़ी विशेषता यह थी कि वे मरने को तैयार थे। ईरान की आत्मघाती बटालियन के युवा रंगरूट 'अपने गले में जन्नत की चाबी लेकर' लड़ाई के मैदान में गए। खोमैनी शासन ने युवा ईरानी रंगरूटों को सेना में यह भरोसा दिलाकर भर्ती होने के लिए राजी कर लिया कि उनके जीवन में सर्वोत्तम बात यह हो सकती है कि वे अपने सदा के दुश्मन सुन्नी से लड़ाई करते हुए मारे जाएँगे। खोमैनी ने बिना इस बात पर थोड़ा भी शक किए कि उसके प्रश्न का सही उत्तर क्या होगा, उसने पूछा कि "क्या ऐसा कोई व्यक्ति डर सकता है जो इस दुनिया से परे दूसरी दुनिया के होने में भरोसा करता है?" "यदि वह पाक लड़ाई में मरने का सम्मान हमें देने को तैयार है तो हमें ईश्वर को अनिवार्यतः धन्यवाद देना चाहिए। आओ, हम अपने झुंड में शहीदों के इस सैन्य दल पर अपना उद्देश्य थोप दें...यदि हम डरे हुए होते तो उसका यह मतलब होता कि हम इस संसार से परे दूसरे संसार में भरोसा नहीं करते।"[9]

यह विरोधाभासी बात है कि इस्लाम आत्महत्या की मंजूरी नहीं देता, फिर भी जो अपने उद्देश्य के लिए लड़ते हुए मर जाते हैं उन्हें बताया जाता है कि पुरस्कार में जन्नत मिलती है। जन्नत को प्राप्त करने में भरोसा रखना एक ऐसा यंत्र है जो आत्महत्या के विरुद्ध सीख को रद्द कर देता है। हमला करने वालों को, जिनमें से अधिकांश सरलता से प्रभावित हो जाने वाली उम्र के युवा होते हैं, इस तरह दीक्षित किया जाता है कि वे यह विश्वास करने लगते हैं कि "जन्नत की संभावना का अर्थ है कि हमला करने वाला वास्तव में आत्मघात नहीं करता है और न वह ऐसा करना चाहता है, वह तो केवल जीवित रहता है, किंतु एक अन्य जगह पर।"[10]

आधुनिककाल के आतंकवादियों का व्यक्ति-चित्र

आत्मघाती मिशन में भाग लेकर स्वेच्छा से मरने वाले व्यक्तियों की जो प्रेरणा होती है वह सामान्यीकृत कर उन अनेक लोगों पर लागू नहीं की जा सकती जिन्होंने हाल के समय में आतंकवादी हमलों में भाग लिया है। मैनहटन ने वर्ल्ड ट्रेड सेंटर के ट्विन टावर्स को ध्वस्त करने के काम को अंजाम देने और पेंटागन पर हमला करने वालों में से अनेक सुशिक्षित और प्रशिक्षित युवा थे, और वे पश्चिमी पर्यावरण से परिचित थे। ऐसे युवा उस स्वर्ग की कल्पना को ध्यान में रखते हुए, शहीद होने के विचार के प्रति आकर्षित नहीं हो सकते थे जहाँ 72 पवित्र कुमारी कन्याएँ उनका इंतजार करती हों और जो उन्हें कभी न समाप्त होने वाले यौन सुख को देने के लिए तैयार हों। वास्तव में इस समूह का नेता मोहम्मद अट्टा था जो नारी जाति से घृणा करने वाले व्यक्ति के रूप में जाना जाता था। वह महिलाओं से संपर्क करने का विरोधी था।

यह जानना दिलचस्प है कि हाल के समय में आतंकवादी कार्रवाइयों में शामिल होने वाले अनेक आतंकवादियों का व्यक्ति चित्र उन किशोर ईरानी रंगरूटों से बहुत अलग है

जो इराकी सुन्नियों के खिलाफ जिहाद में शामिल होकर वस्तुतः मौत को गले लगा रहे थे। उदाहरण के लिए, 2007 में यू.के. में हुए कार बम विस्फोट प्रकरणों में पकड़े गए 8 संदिग्ध आरोपियों में से 5 डॉक्टर थे। इनमें से एक बंगलौर का कफील अहमद यू. के. में इन बम मारक का भारतीय संपर्क सूत्र था। कफील एक योग्यता प्राप्त इंजीनियर था। उसने 30 जून, 2007 को खुद को पेट्रोल में भिगो लिया था। और फिर वह गैस कनस्तरों से भरी हुई जीप चेरोकी को चलाता हुआ ग्लासगो हवाई अड्डे गया। उसने अपनी जीप से हवाई अड्डे के अग्र भाग को टक्कर मार दी। उससे इतनी तेज आग लगी कि उसका मोबाइल फोन उसके शरीर के मांस में पिघल गया। अस्पताल में जीवन के लिए एक लंबे संघर्ष के बाद वह आग से लगी चोटों के कारण बच न सका। हाल के आतंकवादी हमलों में शामिल अन्य कई इंजीनियर या डॉक्टर थे। 9/11 तथा अन्य हमलों की योजना बनाने वाला खालिद शेख मोहम्मद यू. एस. के एक विश्वविद्यालय से रासायनिक इंजीनियरिंग का स्नातक था। ओसामा बिन लादेन का एक शीर्षस्थ सहायक अयमान अल–जवाहिरी भी एक डॉक्टर है।

वास्तव में ऑक्सफोर्ड यूनिवर्सिटी के समाजविज्ञानियों, डिएगो गाम्बेटा और स्टेफन हर्टाग ने एक अध्ययन में इंजीनियरिंग की पढ़ाई करने वालों और आतंकवाद के बीच एक चकित कर देने वाले परस्पर संबंध की ओर ध्यानाकर्षित कराया है। इन दो समाजविज्ञानियों ने यह सिद्धांत प्रतिपादित किया है कि यह संभव है कि इंजीनियरिंग विषयों की पढ़ाई से एक ऐसा मानस तैयार हो जो किसी व्यक्ति को पराकाष्ठावादी बनने के लिए प्रवृत्त करे।[11] यद्यपि यह विद्वत्तापूर्ण अध्ययन दिलचस्प है फिर भी इसे अंतिम रूप से स्वीकार नहीं किया जा सकता। यह उन लोगों के लिए एक अच्छा संकेत ही हो सकता है जो प्रति–आतंकवाद में संलग्न हैं जिससे वे संभावित आतंकवादियों को शिक्षा या आय के पैमानों पर न आँके क्योंकि उच्च शिक्षा प्राप्त और अच्छी आय वाले भी आतंकवाद की ओर आकर्षित हो सकते हैं। फिर भी यह जाँचना और सुनिश्चित करना महत्त्वपूर्ण है कि अच्छी शिक्षा भी किस प्रकार व्यक्तियों को इतना पराकाष्ठावादी बना सकती है कि वे आतंकवादी कार्रवाइयों की योजना बनाने और उन्हें अंजाम देने में हिस्सेदारी के लिए उत्सुक हों।

हम पराकाष्ठावादी बनने के स्रोतों के मुद्दे पर बाद में चर्चा करेंगे जब हम उन उपायों पर विचार करेंगे जो आतंकवाद की बारंबार होनी वाली घटनाओं को रोकने के लिए जरूरी हैं।

मध्यपूर्व से दक्षिण एशिया तक आतंकवाद का विस्तार

आतंकवाद का केंद्र मध्यपूर्व से हटकर 1979 में दक्षिण एशिया बन गया जब सोवियत यूनियन ने इस क्षेत्र में अपने प्रभाव को बढ़ाने के उद्देश्य से अफगानिस्तान में एक कठपुतली सरकार स्थापित की थी। यूनाइटेड स्टेट्स ने सोवियत की आकांक्षाओं को फलीभूत होने से रोकने के लिए एक योजना बनाई। अमेरिका ने अफगानिस्तान के सरगनाओं की सेनाओं को हथियार दिए और जिहाद के नाम पर सोवियत से युद्ध करने के लिए वित्तीय सहायता दी। योद्धाओं को हथियार प्रदान करने के एक माध्यम के रूप में पाकिस्तान इस मामले

में शामिल हुआ। सेनाओं के अलावा, पूरे इस्लामी जगत के हजारों मुजाहिदीन को भी हथियार दिए गए, वित्तीय सहायता दी गई और प्रशिक्षण दिया गया जिससे सोवियत सेनाओं का सामना करने के लिए अफगानिस्तान को ताकतवर बनाया जा सकता है।

जनरल परवेज मुशर्रफ ने एक तरह से आत्म-प्रशंसा करने वाली अपनी आत्मकथा, 'इन द लाइन ऑफ फायर'[12] में मुजाहिदीन और तालिबान के गठन में पाकिस्तान की भूमिका को बहुत खुले तौर पर स्वीकार किया है। ये संगठन अफगानिस्तान में सोवियत आधिपत्य की समाप्ति के बाद इस क्षेत्र में आतंकवाद फैलाने के लिए तनी हुई बंदूकें बन गए। मुशर्रफ पाकिस्तान में अपने से पहले के शासनों को, विशेषकर जनरल जिया उल हक के नेतृत्व वाले शासन को, इस बात के लिए दोषी ठहराता है कि उन्होंने अमेरिका से गठजोड़ कर फ्रैंकन्स्टान्स मान्स्टर अर्थात अपने निर्माता को ही नष्ट करने वाला दैत्य खड़ा कर दिया।

अफगानिस्तान में सोवियत सेनाओं के विरुद्ध जिहाद में शामिल मुजाहिदीनों को भरपूर आधुनिक हथियारों से लैस कर दिया गया था। एक बार जब इस जिहाद का अंत विजय के रूप में हो गया तब मुजाहिदीनों ने अन्य इलाकों पर दस्तक देना शुरू कर दिया। सोवियत सेनाओं ने भी हड़बड़ी में पीछे हटते हुए अफगानिस्तान में भारी शस्त्रागार छोड़ दिया जिसमें टैंक, गन और हवाई जहाज तथा बारूद का भारी भंडार शामिल था।

जनरल मुशर्रफ ने लिखा है कि अफगानिस्तान में हुई उथल-पुथल से चालीस लाख शरणार्थी पाकिस्तान आ गए और इसी उथल-पुथल में 1995 में तालिबान को भी जन्म दिया। इसके बाद अंतरराष्ट्रीय मुजाहिदीन का अल-कायदा के रूप में एकीकरण हो गया। जिसे मध्य एशिया गणराज्य, असंतुष्ट चेचन और अनेक अरब देशों से सैनिक प्राप्त हुए।

यद्यपि मुशर्रफ कहीं भी यह स्वीकार नहीं करते हैं कि 90 के दशक के मध्य से मुजाहिदीनों ने अपना ध्यान जम्मू-कश्मीर में उग्रवादियों को मदद देने में लगाया। ये मुजाहिदीन इन उग्रवादियों के लिए प्रशिक्षण शिविर आयोजित करने और आतंकवादी कार्रवाई करने के लिए भारतीय सीमा में घुसपैठ करने के लिए सहायक की भूमिका निभा रहे थे।

पाकिस्तान के वर्तमान राष्ट्रपति, आसिफ अली जरदारी ने, आतंकवादियों को बढ़ावा देने में पाकिस्तान की भूमिका को और भी अधिक खुले रूप से स्वीकार किया है। उन्होंने प्रशासनिक अधिकारियों के एक सम्मेलन को संबोधित करते हुए कहा कि ''उग्रवादियों और चरमपंथियों का हमारे राष्ट्रीय परिदृश्य पर उभरना और उनके द्वारा देश को चुनौती देना नागरिक प्रशासनिक सेवा की कमजोरी अथवा सेवा के मनोबल के टूटने के कारण नहीं हुआ है परंतु इसलिए हुआ है कि लघु अवधि के रणनीतिक लक्ष्यों को पाने के लिए एक नीति के रूप में उग्रवादियों और चरमपंथियों को तैयार किया गया और बढ़ावा दिया गया। हमें अपने प्रति सच्चा होना चाहिए और वास्तविकता को खुले रूप से स्वीकार करना चाहिए।''[13] उन्होंने यह भी कहा कि, ''आज के आतंकवादी 9/11 के पहले तक कल के नायक थे और वे हमारी स्मृति में भी लगातार बने रहने लगे।''[14] जिस तरह मुशर्रफ ने अमेरिका को दोषी ठहराया था उसी तरह जरदारी ने भी अमेरिका को पाकिस्तान में लड़ाई भड़काने के लिए दोषी ठहराया। जरदारी ने 'द वाशिंगटन पोस्ट' में लिखा है :

"पश्चिम ने एक लोकतांत्रिक रूप से चुनी गई सरकार का साथ दिया था जिसे सत्तर के दशक के उत्तरार्द्ध में उखाड़ फेंका गया। अफगानिस्तान पर सोवियत हमले के कारण पश्चिम ने मेरे देश को शीत युद्ध के एक भोथरे हथियार के रूप में इस्तेमाल किया। उसने एक (जिया की) तानाशाही को सशक्त बनाया जिसने अपने लोगों को हिंसक बनाया, राजनीतिक दलों को ध्वस्त कर दिया, उस प्रधानमंत्री की हत्या करवा दी जो पाकिस्तान के सबसे बड़े राजनीतिक दल का संस्थापक था, और प्रेस तथा नागरिक समाज को बर्बाद कर दिया।"[15]

9/11 के बाद पाकिस्तान को तथाकथित 'आतंक के विरुद्ध युद्ध' में यूनाइटेड स्टेट्स का एक साथी बनने को वस्तुतः जोर जबरदस्ती कर मजबूर किया गया। उसे सार्वजनिक रूप से तालिबान से अपने आप को अलग करने के लिए मजबूर होना पड़ा जो तब तक पाकिस्तान के समर्थन से फल फूल रहा था। वास्तव में, तालिबान शासन को उखाड़ फेंकने के लिए अफगानिस्तान पर यूनाइटेड स्टेट्स और मित्र देशों की सेनाओं को समर्थन देने के लिए पाकिस्तान को मजबूर होना पड़ा।

जहाँ अल-कायदा को समाप्त करने और तालिबान को जड़ से उखाड़ने के लिए यूनाइटेड स्टेट्स के अभियान में सहायता देने के लिए पाकिस्तान ऊपरी तौर पर प्रतिबद्ध रहा वहीं वास्तविकता में इन लक्ष्यों के प्रति पाकिस्तान की प्रतिबद्धता के संबंध में गंभीर रूप से संकोच था। यह विश्वास किया जाता है कि आज तक ओसामा बिन लादेन अपने अल-कायदा अनुगामियों के साथ और तालिबान नेता मुल्ला उमर पाकिस्तान के भीतर सुरक्षित छिपे हुए हैं। पाकिस्तान की सशस्त्र सेनाएँ इन विद्रोहियों और उग्रवादी तत्त्वों से, जो वजीरिस्तान क्षेत्र के कठिन पहाड़ी इलाकों से कार्रवाई करते हैं, निपटने के लिए बिलकुल ही असंगत कार्रवाई करता रहा है। वास्तव में देश के बड़े हिस्सों में, जिसमें प्रसिद्ध स्वात घाटी शामिल है, तालिबान का कब्जा है। बहरहाल, मई 2009 में यू.एस. प्रशासन द्वारा जोर दिए जाने पर पाकिस्तान की सशस्त्र सेनाओं ने घाटी से तालिबान को निकाल बाहर करने के लिए अंततः एक हमला किया। परंतु मुजाहिदीनों द्वारा भारतीय सीमा में घुसपैठ करने को कम करने और काश्मीरी उग्रवादियों, जो हमारी भूमि पर आतंकवादी कार्रवाई को अंजाम देते हैं, के प्रशिक्षण को समाप्त करने के संबंध में पाकिस्तान कभी भी अपने प्रयासों में ईमानदार नहीं रहा।

रैंड (आर.ए.एन.डी.) कारपोरेशन[16] के एक अध्ययन में उद्घाटित किया गया है कि तालिबान विद्रोही पाकिस्तान की आसूचना सेवाओं और उसके अर्द्ध सैन्य बलों से आश्रय और समर्थन पाते रहे हैं। इस अध्ययन को यू.एस. के. रक्षा विभाग ने प्रायोजित किया था। इस अध्ययन के अनुसार ये विद्रोही पाकिस्तान के संघ शासित आदिवासी क्षेत्रों, उत्तर पश्चिमी सीमा प्रदेश और बलूचिस्तान प्रदेश, में आश्रय पाते हैं। यह रिपोर्ट कहती है कि ये विद्रोही पाकिस्तान से हथियार, बारूद और अन्य सामग्री नियमित रूप से अफगानिस्तान भेजते हैं। यह भी बताया गया है कि पाकिस्तान स्थित अफगान शरणार्थी शिविरों से अनेक आत्मघाती बम विस्फोट करने वाले अफगानिस्तान में भेजे गए हैं।

आतंक को बढ़ावा देने में आई.एस.आई. की सहभागिता की ओर अंतरराष्ट्रीय स्तर पर ध्यान आकर्षित हुआ है, विशेषकर काबुल में जुलाई 2008 में भारतीय राजदूतावास पर आत्घाती बम मारक हमले के बाद। राष्ट्रपति हामिद करजाई ने आरोप लगाया है कि इस हमले के लिए पाकिस्तान के तालिबानी तत्त्व, आई.एस.आई. के समर्थन के साथ, जिम्मेदार हैं। मीडिया[17] में यह बात विस्तार से प्रकाशित हुई है कि पाकिस्तानी अधिकारियों को इस सूचना से वाकिफ कराने के लिए सी.आई.ए. के शीर्ष अधिकारी इस्लामाबाद गए थे कि पाकिस्तान के आसूचना संगठनों का पाकिस्तान के आदिवासी क्षेत्रों में कार्य कर रहे उग्रवादियों के साथ क्या संबंध है। मीडिया में यह बात भी प्रकाशित हुई कि यू.एस. के विदेश विभाग के वरिष्ठ अधिकारी पाकिस्तान में अपने वार्ताकारों से इस विषय पर विमर्श कर रहे हैं कि तालिबान उग्रवादियों की सहायता करने में आई.एस.आई. का हाथ है और ये उग्रवादी अफगानिस्तान के वर्तमान शासन को अस्थिर करने की कोशिश कर रहे हैं जबकि उक्त शासन को यू.एस. और उसके मित्रों का समर्थन प्राप्त है।

अगस्त 2008 के पहले सप्ताह में कोलंबो में दक्षिण एशिया क्षेत्रीय सहयोग (सार्क) सम्मेलन में भारत और अफगानिस्तान की सरकारों के प्रमुखों ने पाकिस्तान के प्रधानमंत्री गिलानी के साथ इस मुद्दे पर चर्चा की। गिलानी को यह मंजूर करना पड़ा कि अफगानिस्तान में आतंकवादी कार्रवाइयों, विशेषकर काबुल में भारतीय दूतावास पर हुए बम हमले के मामले में पाकिस्तान के तथाकथित हाथ होने के प्रश्न की जाँच कराई जाएगी। आई.एस.आई. के कर्मचारियों में ऐसे अनेक हैं जिनका तालिबान से निकट का संबंध है। इस वजह से कुछ विश्लेषक आई.एस.आई. को एक धूर्त संगठन के रूप में देखते हैं। यह धूर्त संगठन आतंकी कार्रवाइयों के जरिये पड़ोसी देशों में उत्पात मचाने के लिए तत्पर है। ऐसा प्रतीत होता है कि पाकिस्तान के नागरिक शासन द्वारा आई.एस.आई. को अपने नियंत्रण में लाने की जो कोशिश की थी उसे असफल कर दिया गया है।

भारत में आतंकवाद

एक लंबे समय तक अधिकांश भारतीय अपनी धर्मनिरपेक्ष पहचान को लेकर गर्व महसूस करते रहे हैं। थामस एल. फ्रीडमेन जैसे प्रमुख राजनीति विश्लेषकों ने तर्क दिया है कि यद्यपि दुनिया की दूसरी सबसे बड़ी मुसलमान आबादी भारत में रहती है फिर भी भारत ने मुसलमान रूढ़िवादिता को यहाँ जड़ें जमाने और फैलने का अवसर नहीं दिया। अलकायदा में एक भी भारतीय मुसलमान नहीं है और किसी भी भारतीय मुसलमान को इराक में जिहादियों के साथ होकर युद्ध करते नहीं पाया गया है। फ्रीडमेन इस बाबत कारण बताते हैं कि :

> यह एक वातावरण के कारण है, और विशेषकर भारत का धर्मनिरपेक्ष, मुक्त बाजार, लोकतांत्रिक वातावरण, जो अहिंसा और हिंदू सहनशीलता की परंपरा से बेहद प्रभावित है। भारतीय संविधान धर्मनिरपेक्ष है और वह हर उस समुदाय को जो निपुणता दिखला सकता है आर्थिक विकास के लिए सच्चा अवसर उपलब्ध कराता है। भारतीय लोकतंत्र आदर्श नहीं है। फिर भी एक अरब लोगों के देश में, जो लोग बीसियों प्रकार की अलग-

> अलग भाषाएँ बोलते हैं, पचास वर्ष से अधिक तक सारी कमजोरियों के साथ कार्यरत लोकतंत्र को बनाए रखना एक तरह का चमत्कार और विश्व में स्थायीत्व के लिए एक महान प्रेरणा है। भारत के दो राष्ट्रपति मुसलमान रहे हैं, और उसके वर्तमान राष्ट्रपति ए.पी.जे. अब्दुल कलाम एक मुसलमान और भारतीय परमाणु मिसाइल कार्यक्रम के जनक दोनों ही हैं। जहाँ एक मुसलमान भारतीय सर्वोच्च न्यायालय का हिस्सा है, वहीं साऊदी अरेबिया में कोई मुसलमान औरत एक कार भी नहीं चला सकती है। भारतीय मुसलमान एक ऐसे वातावरण में रहते हैं जो उन्हें सशक्त बनाता है और संरक्षण देता है।[18]

आतंकवादी हमलों की घटनाओं की लगातार बढ़ती संख्या से ये धारणाएँ समीक्षा के लिए सामने आ रही हैं। अब भी ऐसा कोई साक्ष्य उपलब्ध नहीं है जिससे भारतीय मुसलमानों का अल-कायदा से संबंध होना पता चलता है। अल-कायदा पश्चिम के लिए एक हौआ है। अलबत्ता, यह बात भरोसा करने योग्य है कि एलइटी, जेईएम और हूजी जैसे पाकिस्तान और बांग्लादेश में स्थापित अन्य उग्रवादी संगठनों को हमारी सीमा में घुसपैठ करने में और उनके सिखाए जाने पर कार्रवाई करने के लिए भारत में मुसलमानों को भरती करने में सफलता मिली है।

मुसलमानों में वैचारिक स्तर पर उदारतावादी और कट्टरपंथी विचारों के बीच संघर्ष की स्थिति है और कुछ कट्टरपंथी रूढ़िवादी बनते जा रहे हैं। अतः हाल के वर्षों में भारत में आतंकवाद की हुई घटनाओं पर विचार करना अर्थपूर्ण होगा।

भारत में आतंकी हमलों की घटनाएँ

शुरू में भारत में आतंकवाद को लगभग पूरी तरह से जम्मू-कश्मीर के उग्रवादियों की गतिविधियों से जोड़ा जाता था। उस राज्य में उग्रवाद की घटनाओं में वृद्धि होने के साथ जम्मू-कश्मीर राज्य में सशस्त्र सेनाओं और अर्द्ध सैन्य बलों तथा पुलिस बल पर हमले होने शुरू हुए। कभी-कभी अन्य राज्यों में भी कुछ स्थानों पर हमले किए गए जो कश्मीर उग्रवादियों की हरकत थी। यह धारणा अब बदल गई है कि भारत में आतंकवाद कश्मीर में चलने वाली लड़ाई का परिणाम है।

इस बाबत स्पष्ट परिवर्तन 12 मार्च, 1993 को आया जब मुंबई नगर में 13 भिन्न-भिन्न स्थानों पर शृंखलाबद्ध बम विस्फोट हुए। इन विस्फोटों में 257 व्यक्ति मारे गए और 713 घायल हुए। यह पहला विस्फोट था जिसमें आरडीएक्स का उपयोग किया गया था। यह विश्वास किया गया/जाता है कि इन विस्फोटों की योजना दाऊद इब्राहिम ने बनाई थी और इस योजना को उसके दल के सदस्यों और अन्य सहयोगियों ने अंजाम दिया था। इन विस्फोटों का कश्मीर में चल रहे उग्रवाद से कुछ लेना-देना नहीं था फिर भी लोग भरोसा करते हैं कि दिसंबर 1992-जनवरी 1993 में हुए भयावह सांप्रदायिक दंगों में मुसलमानों के मारे जाने का बदला लेने के लिए ये विस्फोट किए गए थे। अतः यह एक घटना है जिसमें एक आतंकवादी हमले को सांप्रदायिक दंगे से सीधे-सीधे जोड़ा जा सकता है। वर्ष 1993 से शुरू कर, भारत में विभिन्न स्थानों और लक्ष्यों पर, 9/11 के पहले और बाद में, अनेक आतंकवादी हमले हुए हैं।

आतंकवादी घटनाओं और उसमें मारे गए लोगों की संख्या की दृष्टि से इराक के बाद दूसरी सबसे अधिक घटनाएँ भारत में हुई हैं। यह तथ्य निम्नलिखित ग्राफ में दर्शाया गया है जो द टाइम्स ऑफ इंडिया, 27 अगस्त, 2007 में प्रकाशित एक रिपोर्ट से लिया गया है।[19]

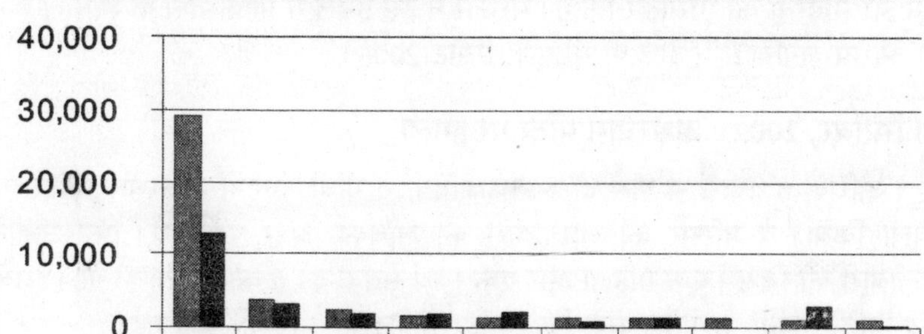

	इराक	भारत	अफगानिस्तान	कॉलम्बिया	थाइलैंड	रषिया	पाकिस्तान	चड	नेपाल	सूडान
मृत्यु	29070	3674	2405	1550	1324	1206	1121	1096	1059	1057
घटना	12718	3032	1682	1721	1959	660	1112	32	2989	155

यह तो संभव नहीं है कि हाल में भारत में हुए सभी बड़े आतंकवादी हमलों का विस्तार से वर्णन किया जाए, फिर भी पिछले एक दशक में हुई घटनाओं में से कुछ का उल्लेख करना प्रासंगिक है।

20 मार्च, 2002 : जम्मू-कश्मीर में चट्टीसिंगपोरा में नरसंहार

''राष्ट्रपति क्लिंटन की यात्रा की पूर्व संध्या पर, उग्रवादियों ने चट्टीसिंगपोरा गाँव में 35 सिखों का नरसंहार कर दिया। ये उग्रवादी भारतीय सेना की यूनिफार्म पहने हुए थे। बलवाइयों द्वारा अब एक नियमित रूप से चली जाने वाली चाल के रूप में भारतीय सेना की यूनिफार्म पहनी जाती है। इस हमले के लिए किसी समूह ने जिम्मेदारी नहीं ली।''[20]

1 अक्टूबर, 2001 : जम्मू-कश्मीर राज्य विधानसभा पर हमला

''श्रीनगर में राज्य विधानसभा भवन के पास एक कार बम का विस्फोट हुआ जिसमें 38 व्यक्ति मारे गए। इस बम विस्फोट के बाद तीन सशस्त्र आतंकवादियों ने विधानसभा परिसर पर सशस्त्र हमला किया।'' (आई.पी.सी.एस. रिपोर्ट 2006)

13 दिसंबर, 2001 : भारतीय संसद, नई दिल्ली पर हमला

''उग्रवादियों ने भारतीय संसद पर हमला किया जिसमें 9 पुलिस कर्मी और संसद के कर्मचारी मारे गए। हमले में शामिल सभी पाँच आतंकवादी भी मारे गए। उनकी पहचान पाकिस्तानी नागरिकों के रूप में की गई। उग्रवादियों ने हमले के लिए एके-47 राइफल और ग्रेनेड का उपयोग किया। वे राजनीतिक हस्तियों की हत्या करना और भारतीय संसद में अव्यवस्था फैलाना चाहते थे। सुरक्षा कर्मियों की सतर्कता के कारण आतंकवादियों की योजना असफल हो गई।'' (आई.पी.सी.एस. रिपोर्ट 2006)

22 जनवरी, 2002, अमेरिकी सांस्कृतिक केंद्र, कोलकाता पर हमला

''उग्रवादियों ने कोलकाता में अमेरिकी सांस्कृतिक केंद्र पर हमला किया जिसमें कम से कम 4 पुलिस अधिकारी मारे गए और 21 घायल हुए। पुलिस ने घटना के लिए कम से कम 50 संदिग्धों को गिरफ्तार किया। सरकार ने इस हमले में पाकिस्तान के शामिल होने का आरोप लगाया।'' (आई.पी.सी.एस. रिपोर्ट 2006)

24 सितंबर, 2002 : अक्षरधाम मंदिर पर हमला

बहुत अधिक हथियारों से लैस दो आतंकवादियों ने गांधी नगर में अक्षरधाम मंदिर पर हमला किया। वे परिसर की चारदीवारी को लाँघकर अंदर पहुँचे थे। फिर उन्होंने गोलीबारी की जिसमें एक महिला और एक स्वयं सेवक की तत्काल मृत्यु हो गई। इसके बाद उन्होंने भक्तों पर ग्रेनेड फेंके जिसे मंदिर में भयावह गड़बड़ी फैल गई।

''स्वामीनारायण संप्रदाय के अक्षरधाम मंदिर संकुल की घेराबंदी कमांडो कार्रवाई के बाद समाप्त हुई। पिछली शाम जो दो आतंकवादी मंदिर में घुस आए थे वे मार डाले गए। इस आतंकवादी हमले में कुल मिलाकर 21 व्यक्ति मारे गए, जिनमे 16 महिलाएँ और 4 बच्चे शामिल थे, और 74 घायल हुए, जिनमें कुछ गंभीर रूप से घायल थे।

''इस कार्रवाई में एक नेशनल सिक्युरिटी गार्ड कमांडो भी मारा गया और एक गंभीर रूप से घायल हुआ। मंदिर में नेशनल सिक्युरिटी गार्ड के जवानों द्वारा मोर्चा सँभालने के पहले, मंदिर संकुल में फँसे लोगों को बचाते हुए दो राज्य पुलिस कमांडो ने अपनी जान गँवाई। द प्रिवेंशन ऑफ टेरेरिज्म एक्ट अदालत ने 2002 अक्षरधाम मंदिर आतंकवादी हमले प्रकरण में 1 जुलाई, 2006 को तीन व्यक्तियों को मौत की सजा सुनाई।'' (आई.पी.सी.एस. रिपोर्ट 2006)

29 अक्टूबर, 2005 : नई दिल्ली में विस्फोट

''29 अक्टूबर, 2005 की शाम 3 सशक्त सीरियल विस्फोटों में कम से कम 70 व्यक्ति मारे गए और अनेक घायल हुए। जहाँ दो बमों का विस्फोट भीड़-भाड़ वाले बाजारों (पहाड़ गंज और सरोजिनी नगर) में किया गया वहीं एक बम का विस्फोट दिल्ली ट्रांसपोर्ट कार्पोरेशन की एक बस (गोविंदपुरी के पास) में किया गया।'' (आई.पी.सी.एस. रिपोर्ट 2006)

यह समझा जाता है कि ये विस्फोट पाकिस्तान स्थित आतंकवादी संगठनों के इशारे पर किए गए हैं। इस प्रकरण में तारिक अहमद दर और रफीक शाह नामक व्यक्तियों के विरुद्ध आरोप पत्र दाखिल किए गए।

28 दिसंबर, 2005 : इंडियन इंस्टीट्यूट ऑफ साइंस, बेंगलोर पर हमला

''इंडियन इन्स्टीट्यूट ऑफ साइंस में हमलावरों द्वारा गोली चलाने और ग्रेनेड फेंकने से नई दिल्ली से आए एक अवकाश प्राप्त वैज्ञानिक मारे गए और चार व्यक्ति घायल हुए। लश्कर-ए-तोएबा के संदिग्ध आतंकवादी प्रतिष्ठित इंडियन इंस्टीट्यूट ऑफ साइंस परिसर में घुस

गए और उन्होंने अंधाधुँध गोलियाँ चलाईं जिससे आईआईटी दिल्ली के एक सेवानिवृत्त प्राध्यापक मारे गए और चार अन्य घायल हुए।'' (आई.पी.सी.एस. रिपोर्ट 2006)

7 मार्च, १2006 वाराणसी में सीरियल बम विस्फोट

''पहला विस्फोट बनारस हिन्दू विश्वविद्यालय के पास संकटमोचन मंदिर में हुआ। भगवान हनुमान के भक्त मंगलवार को विशेष रूप से पावन दिन मानते हैं इसलिए मंदिर में उपस्थित भक्तों की संख्या बहुत थी।

दो अन्य विस्फोट कंटोनमेंट रेलवे स्टेशन पर हुए–एक दिल्ली को जाने वाली शिवगंगा एक्सप्रेस में और दूसरा एक प्रतीक्षालय में। इनमें कम से कम 100 लोग घायल हुए। शहर के अन्य क्षेत्रों से, जिनमें एक ऐसा जलपान गृह भी शामिल है जहाँ विदेशी बहुत आते जाते हैं, 6 बम बरामद हुए।

वाराणसी विस्फोटों के मुख्य योजनाकार और उसके पाँच साथियों को उत्तर प्रदेश पुलिस ने 6 अप्रैल, 2006 को गिरफ्तार किया। बांग्लादेश स्थित हरकत-उल-जिहाद-अल-इस्लामी (हूजी) का एक माड्यूल भी मिला था। वली उल्लाह और उसके साथी राज्य के विभिन्न स्थानों से गिरफ्तार किए गए और उनसे बड़ी मात्रा में हथियार और बारूद बरामद किए गए।'' (आई.पी.सी.एस. रिपोर्ट 2006)

11 जुलाई, 2006 : मुंबई ट्रेन विस्फोट

जुलाई माह में हुए सीरियल विस्फोटों में मरने वालों की संख्या 190 तक पहुँच गई। पुलिस ने कहा कि पश्चिम रेलवे लाइन पर 11 जुलाई, 2006 को शाम 6 और 6.40 बजे के बीच मीरा-भयंदर, जोगेश्वरी, माहिम, सांताक्रूज, खार, माटूंगा और बोरीवली पर ट्रेनों के प्रथम श्रेणी कम्पार्टमेंट में हुए विस्फोटों में 625 लोग घायल हुए थे। गैर शासकीय सूत्रों के अनुसार हताहतों की संख्या इससे कहीं ज्यादा थी।

चल रही जाँच के फलस्वरूप 200 संदिग्ध लोगों को हिरासत में लिया गया था। किसी भी समूह ने इस विस्फोट की जिम्मेदारी नहीं ली है इसलिए संदेह एलइटी और एक भारतीय संगठन सिमी पर है। भारत और पाकिस्तान के बीच इस घटना के बाबत तीखी टिप्पणियाँ होने के कारण शांति स्थापना की प्रक्रिया में एक संभव बाधा उपस्थित की गई। राष्ट्रीय सुरक्षा सलाहकार एम.के. नारायणन ने इन विस्फोटों में पाकिस्तान की वास्तव में सहभागिता होने का आरोप लगाया है। (आई.पी.सी.एस. रिपोर्ट 2006)

13 मई, 2008 : जयपुर, (राजस्थान) में सीरियल बम विस्फोट

ऐतिहासिक नगर जयपुर के भीड़ भरे इलाके में बारह मिनट के अंतराल में आठ बम विस्फोट किए गए। यह समझा जाता है कि इन विस्फोटों में 80 लोग मारे गए और 200 से अधिक घायल हुए। एक बम विस्फोट अठारहवीं सदी के स्मारक हवा महल के निकट और दूसरा विस्फोट प्रसिद्ध जौहरी बाजार में किया गया। जौहरी बाजार जेवरात के

व्यापारियों से आमतौर पर भरा रहता है। यदि तीन और बमों को निष्प्रभावी न किया गया होता तो मरने वालों की संख्या और बड़ी हो सकती थी।

पुलिस सूत्रों ने बताया कि बम प्लास्टिक झोलों में रखे गए थे और उन्हें 9 नई साइकिलों से बाँधा गया था। इन साइकिलों को 'अधिकतम क्षति' पहुँचाने के उद्देश्य से उपयुक्त स्थलों पर रखा गया था। पिछले दो वर्षों में भारत में कम से कम दो आतंकवादी हमलों में साइकिलों का उपयोग किया गया है। संदिग्धों के सूची में तीन समूहों का नाम सबसे ऊपर है-हूजी, सिमी और एलइटी।

चूँकि दो बम मंदिरों के निकट रखे गए थे इससे यह प्रतीत होता है कि हमलावरों का लक्ष्य हिंदू थे। इन बमों को ऐसे समय पर रखा गया जब हनुमान भक्तों की साप्ताहिक भीड़ सबसे ज्यादा होती है। इन विस्फोटों का समय राजस्थान में ही पोखरण में हुए भारत के परमाणु बम परीक्षण की दसवीं सालगिरह से भी मिलाया गया था। (आई.पी.सी.एस. रिपोर्ट 2006)

मैंने कुछ आतंकवादी हमलों का विवरण दिया है किंतु इनके अलावा कुछ और प्रमुख विस्फोटों की घटनाएँ भी हैं। ऐसी अन्य घटनाओं में से एक 18 मई, 2007 को हैदराबाद के एक जलपान गृह में हुई थी और दूसरी 11 अक्टूबर, 2007 को अजमेर शरीफ में हुई थी, जिनमें अनेक लोग हताहत हुए थे।

शहरों में हाल ही में हुई अन्य घटनाएँ

अभी हाल में जुलाई 2008 के अंतिम सप्ताह में पहले बेंगलोर में और फिर अहमदाबाद में सीरियल बम विस्फोट हुए। अहमदाबाद में 26 जुलाई, 2008 को 21 बम विस्फोट हुए जिनमें 56 व्यक्ति मारे गए और 200 से अधिक घायल हुए। अहमदाबाद की तुलना में बेंगलोर में कम नुकसान हुआ। अहमदाबाद में जो विस्फोट किए गए उनमें काम में लाए गए बम कम शक्ति वाले थे और उन्हें साइकिलों में रखा गया था। विस्फोट का तरीका वैसा ही था जैसा कि मई 2008 में जयपुर में हुए विस्फोटों में अपनाया गया था। अहमदाबाद में सीरियल बम विस्फोट के दो दिन बाद गुजरात में सूरत शहर में विस्फोटकों से भरी दो कारें और 18 बम पकड़े गए। सौभाग्यवश, इन बमों और विस्फोटकों को निष्प्रभावी कर दिया गया।

इसके बाद दिल्ली की बारी थी जहाँ 13 सितंबर, 2008 को, कुछ मिनटों के भीतर ही भीड़ भरी बस्तियों और प्रमुख बाजारों में 5 बम विस्फोट किए गए। इन विस्फोटों में कम से कम 30 व्यक्ति मारे गए और 100 से अधिक घायल हुए।

असम राज्य में 30 अक्टूबर, 2008 को बहुत से बम विस्फोट हुए। कम से कम 18 बमों का विस्फोट किया गया जिसमें 84 लोग मारे गए और 470 घायल हुए। यह आशंका थी कि हताहतों की संख्या और भी ज्यादा हो सकती है। ये बम विस्फोट गुवाहाटी के घनी आबादी वाले रिहायशी इलाकों और बाजार में हुए थे। कोकराझार, बोंगईगाँव और बरपेटा में भी विस्फोट हुए थे। गुवाहाटी में 48 व्यक्ति, कोकराझार में 21 व्यक्ति और बरपेटा में 15 व्यक्ति मारे गए थे। इसके बाद कुछ और व्यक्ति गंभीर चोटों के फलस्वरूप मर गए। असम में इन विस्फोटों को अंजाम देने वाले की पहचान नहीं की जा सकी है,

यद्यपि, पुलिस सूत्रों के मुताबिक इन विस्फोटों के लिए उल्फा जिम्मेदार था जिसने बांग्लादेशी इस्लामी उग्रवादियों से गठजोड़ कर ये घटनाएँ की थीं।

मुंबई पर हमले (26/11)

मुंबई में आतंकवादियों ने 26 नवंबर, 2008 से शुरू कर 29 नवंबर तक एक के बाद एक कई हमले किए जिनमें 173 व्यक्ति मारे गए और इनसे भी अधिक लोग घायल हुए। छत्रपति शिवाजी टर्मिनस (सीएसटी), ओबेराय ट्राईडेंट होटल, ताज महल पैलेस और टावर होटल, लियोपोल्ड काफे, कामा हास्पिटल और आर्थोडाक्स यूनानियों द्वारा संचालित नरीमन हाउस (जो चाबड़ हाउस के नाम से भी जाना जाता है)—वे प्रमुख स्थान थे जहाँ पर आतंकवादियों ने हमला किया था। इन हमलों में 10 आतंकवादी शामिल थे। इनमें से 9 आतंकवादी पुलिस, नौसेना कमांडो और नेशनल सिक्युरिटी गार्ड के कमांडो के साथ गोली बारी में मारे गए। आतंकवादी अजमल अमीर कसाब को जिंदा पकड़ा गया था। मारे जाने के पहले अन्य आतंकवादियों ने भारत के सबसे बड़े मेट्रो शहर को लगभग 72 घंटे तक बंधक बनाकर रखा हुआ था जिससे बेहद दहशत और अफरा-तफरी मची थी।

पाकिस्तान सरकार के अधिकारी काफी समय तक इस बात से इंकार करते रहे कि कसाब पाकिस्तानी मूल का नागरिक है किंतु बाद में उन्हें यह तथ्य स्वीकार करना पड़ा। यह पता चला कि यह हमला एक सुनियोजित कार्रवाई थी और आतंकवादी पाकिस्तान से समुद्री मार्ग के जरिए मुंबई आए थे।

मुंबई पुलिस ने मुंबई के मेट्रोपोलिटन मैजिस्ट्रेट की अदालत में 25 फरवरी, 2009 को एक भारी भरकम आरोप पत्र दाखिल किया। कसाब के विरुद्ध अदालत में अभियोग चल रहा है।

इस विमर्श में पहले जिन आतंकी हमलों की चर्चा की गई है उनसे मुंबई पर हुए हमले एक अलग किस्म की कार्रवाई का प्रतिनिधित्व करते हैं। मुंबई पर हुए हमले कुछ मामलों में विशेष प्रकार के थे। जैसा कि बी. रमन ने वर्णित किया है, मुंबई हमला 'व्यष्टिगत की गई क्रूरता' का मामला था। ऐसे मामलों में जिन व्यक्तियों को लक्ष्य बनाया गया उनके साथ आमने-सामने क्रूरता की जाती है। रमन के मतानुसार व्यष्टिगत क्रूरता के पूर्व उदाहरण जम्मू-कश्मीर में मिलते हैं परंतु जम्मू-कश्मीर के बाहर भारत में अन्य कही ऐसी घटना नहीं की गई थी। अधिकांश अन्य आतंकी हमलों में 'समूह में की गई क्रूरता' का तरीका अपनाया गया था जिसमें सार्वजनिक स्थलों पर काम चलाऊ विस्फोटक यंत्र (आईइडी) रखा जाना, भीड़ पर हथगोले फेंकना, आदि वारदातें शामिल थीं।[21] मुंबई हमलों में, हमलावरों ने सीएसटी को छोड़कर अन्य ऐसे स्थान चुने गए जहाँ अमीर और नामी-गिरामी व्यक्ति आते-जाते हैं, जैसे सेवेन स्टार होटल और लियोपोल्ड काफे। परिणामस्वरूप, जो लोग मारे गए या घायल हुए उनमें बहुत से जाने-माने लोग थे।

नरीमन हाउस पर किए गए हमले से आतंकवादियों के यहूदी विरोधी उद्देश्य का पता चलता है। भारत के भीतर शायद यह पहला मौका था जब यहूदियों को हमले का शिकार बनाया गया है।

ताज और ओबेराय होटलों को जाहिराना तौर पर इसलिए चुना गया कि इन होटलों में बड़ी संख्या में विदेशी नियमित रूप से आते-जाते हैं। जो लोग मारे गए उनमें यूएसए, यूके, यूरोपीय देशों और पूर्वी एशियाई देशों के नागरिक शामिल थे। फलस्वरूप इन हमलों को विश्व भर में मीडिया ने प्रदर्शित किया और उसकी ओर ध्यान आकर्षित कराया। भारत में इसके पूर्व हुए किसी भी आतंकी हमले की ओर विकसित विश्व में इतना अधिक ध्यान नहीं दिया गया था।

मीडिया में आई रिपोर्ट्स के मुताबिक 26/11 मुंबई हमलों के पीछे पाकिस्तान में स्थित एलइटी और उसके अग्रणी संगठन जमात-उद-दावा का कथित रूप से हाथ था।

26/11 प्रकरण ने हमारे आसूचना एकत्र करने वाले तंत्र की संरचनात्मक-क्षमता की कमजोरी उजागर कर दी। इसके साथ ही, इससे ऐसे हमलों का सामना करने में हमारी तैयारी की कमजोरी भी सामने आई। ये दोनों बिंदु गंभीर चिंता का विषय हैं।

शिक्षा और भावी दिशा

बहरहाल, इन घटनाओं ने भारत में आतंकी कार्रवाई के संबंध में हमारी कुछ धारणाओं को बदल दिया है। इंडियन मुजाहिदीन नाम का संगठन अब तक अज्ञात था किंतु इस संगठन ने अनेक विस्फोटों की जिम्मेवारी अपने ऊपर ली। अहमदाबाद में विस्फोटों के कुछ मिनट पहले ही आसन्न हमले के संबंध में चेतावनी इंटरनेट पर दी गई थी। विश्व में अपराध के क्षेत्र में इसे एक नए अध्याय की शुरुआत माना जा सकता है क्योंकि सूचना युग के इस शक्तिशाली साधन को आतंकवादी संगठनों द्वारा अब भारत में अपने लक्ष्यों पर हमले के दौरान काम में लाया जा रहा है।

इसके पहले की आतंकवादी हमलों की घटनाएँ इतनी जल्दी-जल्दी नहीं हुई थीं। स्पष्ट है, एक हमले के बाद आतंकवादी दूसरे हमले की योजना बनाने और उसे अंजाम देने के लिए पुनः संगठित होने के लिए समय लेते थे। अब ऐसा लगता है कि इन संगठनों ने अपना प्रभाव क्षेत्र काफी फैला दिया है जिससे उन्हें यह क्षमता प्राप्त हो गई है कि वे भिन्न-भिन्न स्थानों पर अपने लक्ष्यों पर लगभग एक साथ हमला कर सके। भिन्न-भिन्न राज्यों में 'स्लीपर सेल' कई गुना बढ़ गए हैं और इस बात का पता भी नहीं चला। अब इन सेलों को सुनिश्चित स्थानों पर हमला करने के लिए उनके आकाओं के द्वारा अपनी मर्जी के अनुसार सक्रिय किया जा सकता है। यह वास्तव में एक खतरनाक संकेत है और उससे यह महत्त्वपूर्ण बात भी सामने आई है कि अपने देश में आतंकवादियों के जाल को ढूँढ़ निकालने और उन्हें कमजोर बनाने के काम को करने में हमारे आसूचना संगठन कितने असफल रहे हैं। इससे यह भी पता चलता है कि पराकाष्ठावादी इस्लाम ने भारत में अपने पैर जमा लिए हैं।

पिछले कुछ वर्षों में हुए विभिन्न आतंकवादी हमलों का विवरण इस तथ्य को जोरदार तरीके से सामने लाने के लिए पर्याप्त है कि अब आतंकवादियों द्वारा किए जाने वाले हमलों के लिए भारत अत्यधिक आसान लक्ष्य बन गया है। यह भी स्पष्ट है कि

काफी समय से ऐसा नहीं रहा कि भारत में आतंकवादी घटनाएँ केवल जम्मू-कश्मीर में उग्रवादिता के परिणाम स्वरूप होती हो।

आसान लक्ष्य

यह गौर करना प्रासंगिक होगा कि 1 अक्टूबर, 2001 को जम्मू-कश्मीर की राज्य विधानसभा पर हमले, 13 दिसंबर, 2001 को नई दिल्ली में भारतीय संसद पर हमले और 22 जनवरी, 2002 को कोलकाता में अमेरिकी सांस्कृतिक केंद्र पर हमले जैसी कुछ घटनाओं को छोड़ दें तो, जिन स्थानों पर हमला किया गया वे 'आसान लक्ष्य' थे। ऐसे लक्ष्यों की निगरानी नहीं की जाती है या उनकी 24 घंटे सुरक्षा भी नहीं की जाती है और यहाँ लोग लगातार आते-जाते रहते हैं। आसूचना विशेषज्ञ बी.रमन ने इस विषय पर अपने लेखों में बतलाया है कि ऐसे लक्ष्यों पर हमले से अनेक लोगों की मौतें होती हैं और इससे आतंकवादी समूह की इस क्षमता का पता चलता है कि वह आसूचना और आतंकवादी विरोधी एजेंसियों की पकड़ में आए बिना कार्रवाई कर सकता है।[22]

बी. रमन ने ऐसे लक्ष्यों पर हुए हमलों का विश्लेषण करते हुए यह बतलाया है कि ऐसे आसान लक्ष्यों पर हमले की तैयारी करने के लिए ज्यादा समय नहीं लगता है। इसके लिए जिस बात की आवश्यकता होती है वह है ऐसे हमलों को करने के लिए, और 'स्लीपर सेल' को हथियार तथा विस्फोटक सामग्री पहुँचाने के लिए उसका गठन और उसकी घुसपैठ।[23]

जब ऐसी घटनाएँ होती है, तब पुलिस के पास ऐसे सूत्र नहीं होते जिनसे वह वास्तविक अपराधियों का पता लगा सके इसलिए पुलिस अल्पसंख्यक समुदाय के संदिग्ध लोगों को बड़ी संख्या में अंधाधुँध तरीके से गिरफ्तार कर लेती है। इससे आतंकवादियों का वह उद्देश्य पूरा होता है जिससे वे सांप्रदायिक विभाजक को स्थायी बनाना चाहते हैं और प्रशासन और पुलिस के विरुद्ध विद्रोह की भावना पैदा करना चाहते हैं।

कुछ हमलों का लक्ष्य मंदिर या मस्जिद जैसे आराधना स्थलों को बनाने का उद्देश्य स्थानीय आबादी में विभिन्न समुदायों के बीच सांप्रदायिक शत्रुता पैदा करना होता है।

कुछ महत्त्वपूर्ण स्थापनाओं, जैसे शासकीय भवनों, सशस्त्र सेनाओं और सुरक्षाबल अधिकारियों के कैम्पों, बिजली घर, हवाई अड्डे और महत्त्वपूर्ण खेल स्टेडियमों की 24 घंटे चौकसी की जा सकती है, किंतु आराधना स्थलों, बाजारों और रेलवे स्टेशनों, काल सेंटरों जैसे बहुत से स्थानों, जहाँ जनता का आना-जाना लगा रहता है, को अच्छी सुरक्षा नहीं दी जा सकती। आसूचना एजेंसियों के लिए यह जरूरी है कि यदि ऐसे लक्ष्यों को बचाना है तो वे ऐसे लक्ष्यों पर किए जाने वाले हमलों के संबंध में पूर्व सूचना प्राप्त करें। यदि भारत में कार्यरत 'स्लीपर सेलों' में हमारी सुरक्षा एजेंसियों को घुसपैठ करना है और इन सेलों को निष्क्रिय करना है, तो हमें कुछ रुकना होगा और इस समस्या पर वैश्विक प्रसंग में विचार करना होगा, क्योंकि आतंकवाद अब एक विश्वव्यापी समस्या बन गया है।

सुरक्षित लक्ष्य

ऐसे भवनों और स्थापनाओं को भी आतंकवादी हमले के विरुद्ध पूर्ण सुरक्षा देना बहुत कठिन है जो सुरक्षा कर्मियों द्वारा संरक्षित रहते हैं। विशेषज्ञों का कहना है कि सरकार अपना अधिक समय और धन सुरक्षा की अंतिम पंक्ति पर लगाती है। यह अंतिम पंक्ति है, 24 घंटे रक्षकों को लगाना, क्लोज सर्किट टी.वी. लगाना और हवाई अड्डों, रेलवे लाइनों तथा अन्य ऐसे स्थानों पर बारूद का पता लगाने वाले कुत्तों को काम में लगाना। परंतु यंत्रों की स्थापना कर लेने से ही काम पूरा नहीं होता। जून 2006 में ग्लासगो हवाई अड्डे पर उच्च तकनीक वाली लाइसेंस प्लेट पहचान व्यवस्था स्थापित की गई थी। यह व्यवस्था हवाई अड्डे के चारों ओर अंदर आने की सड़क के द्वार पर लगे बैरियर को कार्यशील करती थी। केवल रजिस्टर्ड नंबर वाली टैक्सियाँ और बसें ही इस बैरियर में से गुजर सकती थीं। परंतु, यह सुरक्षा व्यवस्था तब असफल हो गई जब कफिल अहमद और उसके साथी ग्लासगो हवाई अड्डे के सुरक्षित क्षेत्र में घुसने में कामयाब हो गए क्योंकि वे एक रजिस्टर्ड कार के पीछे-पीछे बैरियर बंद होने के पहले ही तेजी से अंदर घुस गए।[24] मुद्दे की बात यह है कि गड़बड़ी फैलाने के लिए आतंकवादी बेहद जटिल सुरक्षा व्यवस्था को भी धोखा देते हुए अंदर घुस सकते हैं।

फ्रांस के एक पूर्व प्रति आतंकवादी अधिकारी ने कहा है कि ''यदि आप आतंकवादियों को घटना को अंजाम देने के पहले पकड़ नहीं लेते हैं, तो खून-खराबा और मौत को रोकने के लिए आपके अवसर भाग्य पर ही निर्भर करते हैं।'' न्यूयार्क यूनिवर्सिटी के कानून और सुरक्षा केंद्र के सह निदेशक रिचर्ड पिल्डेस को उद्धृत करना उपयुक्त होगा जिन्होंने कहा था : ''आतंकवाद को रोकने का मतलब है सूचना इकट्ठा करना और आसूचना प्राप्त करना। इसका सुरक्षा उपायों से कोई संबंध नहीं है।''[25]

अतः यह स्पष्ट है कि यदि चालाक और दृढ़ निश्चयी आतंकवादी ऐसे स्थानों को अपना लक्ष्य बना लेते हैं तो अच्छी तरह सुरक्षित भवनों और स्थापनाओं में भी विध्वंस और खून-खराबा रोकने के लिए कोई पूर्ण रूप से सफल विधि नहीं है। जहाँ तक 'आसान लक्ष्यों' का प्रश्न है उन पर आतंकवादी अपनी मनमर्जी से हमला कर सकते हैं। अत: आतंकवादी हमलों को निष्फल करने के लिए आसूचना ही कुंजी है।

दूसरे सफल होते हैं, तो हम क्यों असफल होते हैं?

इस पृष्ठभूमि में हमारे लिए यह जरूरी है कि इस बात का पता करें कि भारत में हम आतंकवादी हमलों को टालने में बार-बार क्यों असफल हुए हैं, जबकि यूएसए में 9/11 के बाद से लगभग सात साल हो गए हैं लेकिन वहाँ फिर कोई बड़ा हमला नहीं हुआ है। न्यूयार्क पुलिस विभाग इस मामले में एक आदर्श है जिसका अनुकरण विश्व में अन्यत्र आसूचना और प्रतिआतंकवादी एजेंसियों द्वारा शायद किया जा सकता है। न्यूयार्क पुलिस विभाग के अधिकारी विश्व भर में, लंदन, तेल अबीब, अम्मान, पैरिस आदि शहरों में पदस्थ हैं। इसका उद्देश्य अन्य पुलिस बलों के साथ संबंध बनाकर खतरों की बाबत

सूचना इकट्ठा करना है। कोशिश यह है कि न्यूयार्क शहर[26] पर यदि कोई खतरा आने वाला हो तो उसकी पहले खबर हो जानी चाहिए।

एक महत्त्वपूर्ण लक्ष्य यह भी है कि आतंकवादी समूहों के अंदर घुसपैठ की जाए। हम समझते हैं कि इस मामले में इजराइल ने फिलीस्तीनी सहयोगियों के साथ एक संजाल स्थापित करने में सफलता पाई है।

उपर्युक्त उदाहरण यह बतलाने के लिए दिए गए हैं कि आतंकवादी हमलों को टालने के लिए भारत में राज्य और केंद्र की सरकारों की आसूचना और आतंकवादी विरोधी एजेंसियाँ बेहतर प्रदर्शन के लिए क्या कर सकती हैं। यह ध्यान देने की बात है कि भारत में आतंकवादी हमले लगातार होते रहे हैं। यूके में अधिकारियों ने आतंकवादी हमलों का जिस तरह से सामना किया है वह हमारे तरीके से कहीं बिलकुल अलग है। 7 जुलाई, 2005 को (जिसे 7/7 के नाम से जाना जाता है) लंदन मेट्रो में अलग-अलग स्थानों पर लगभग एक साथ तीन बम विस्फोट हुए। लगभग इसी समय एक डबल डेकर बस में भी विस्फोट किया गया। इस घटना में 52 यात्री और बम विस्फोट करने वाले 4 आत्मघाती मारे गए और 700 लोग घायल हुए। यद्यपि यह हमला टाला नहीं जा सका था, तथापि पुलिस ने तत्काल ही उसकी जाँच कर ली और षड्यंत्रकारियों को गिरफ्तार कर लिया और उन पर अभियोग चलाया।

अगस्त 2006 में यूके से यूएसए और कनाडा जाने वाले कई विमानों को एक आतंकवादी षड्यंत्र के अनुसार द्रव विस्फोटकों से उड़ा दिया जाना था किंतु यूके पुलिस ने घटना को अंजाम देने के पहले ही उसका पता लगा लिया। ट्रांस अटलांटिक हवाई जहाज को विस्फोट के जरिए उड़ा देने के इस असफल प्रयास से संबंधित 16 लोगों को गिरफ्तार किया गया और उन पर आतंकवादी अपराध कायम कर अभियोग चलाया गया। यह दिलचस्प बात है कि एफबीआई और स्काटलैंड यार्ड ने इन बम विस्फोट करने वालों के कश्मीरी आतंकवादियों से संबंध की पड़ताल शुरू की। यूके के समाचार-पत्रों ने यह प्रकाशित किया कि इन बम विस्फोट करने वालों को 2005 के कश्मीरी भूकम्प के पीड़ितों की सहायता के लिए 'चैरिटी' में प्राप्त राशि से धन दिया गया था। पाकिस्तान और अंतरराष्ट्रीय समाचार-पत्रों ने समाचार प्रकाशित किया कि इस षड्यंत्र के सरगना राशिद रऊफ का एक कश्मीर आतंकवादी समूह जेइएम से संबंध था।

आतंकवादी समूहों के द्वारा किए जाने वाले हमलों के लक्ष्य के मुख्य केंद्र यूके और यूएसए अपने देश में प्रति आतंकवादी तंत्र को संगठित करने में सफल रहे हैं। इस तंत्र को गठित करने का उद्देश्य यह सुनिश्चित करना है कि जहाँ तक संभव हो आतंकवादी हमलों को टाला जाए और उनकी जाँच करने वाली एजेंसियाँ–जो हमले हो चुके हैं–उनके षड्यंत्रों को उजागर करें और षड्यंत्रकारियों को गिरफ्तार करें।

इसके विपरीत, भारत की आसूचना और प्रति आतंकवादी एजेंसियों का रिकार्ड बहुत निराशाजनक रहा है। हाल के वर्षों में भारत के विभिन्न हिस्सों में जो बहुतेरे आतंकवादी हमले हुए उनमें से किसी को भी टालने में ये एजेंसियाँ सफल नहीं रहीं। जहाँ

बड़ी संख्या में संदिग्धों को कई आतंकवादी हमलों के संबंध में गिरफ्तार किया गया है वहीं अधिकांश मामलों में वास्तविक दोषी पकड़े नहीं जा सके हैं और बहुत थोड़े से ही मामले अभियोजन के स्तर पर पहुँचे हैं।

मुंबई में 1993 में हुए सीरियल बम विस्फोटों के मामले में अपराध को अंजाम देने वाले पहचाने गए, गिरफ्तार किए गए और उन पर अभियोजन भी चलाया गया। परंतु अभियोजन अदालत ने अभियोजन पूरा करने, अपराधियों को दोषी ठहराने और उन्हें दंड देने में 14 वर्ष का लंबा समय लगाया।

यह स्पष्ट है कि आतंकवाद का सामना करने में जहाँ हमारी आसूचना और प्रति आतंकवादी एजेंसियाँ प्रभावहीन सिद्ध हो रही हैं, वहीं आतंकवादी गतिविधियों में शामिल आरोपियों के विरुद्ध त्वरित अभियोजन सुनिश्चित करने के लिए हमारा अपराध न्याय तंत्र भी पूरी तौर पर तैयार नहीं है। भारत में आतंकवादी अपराध के मामलों में दोष सिद्ध किए जाने के मामलों की संख्या बेहद कम है।

हाल के वर्षों में विभिन्न स्थानों पर ऐसे हमले निश्चित समयावधि में होते रहे हैं जिनसे मौत और बर्बादी होती रही है। अतः जब तक आतंकवाद का सामना करने में हमारे दृष्टिकोण और तरीकों में आमूल परिवर्तन नहीं हो जाता, नगरों और शहरों में रहने वाले लोगों पर आतंकवादी हमले होने की संभावना बनी रहेगी। इस गंभीर खतरे का प्रभावकारी ढंग से सामना करने के लिए अनेक उपाय करना जरूरी है क्योंकि हमारे लोग, विशेषकर वे जो शहरों में रहते हैं, इस खतरे से अरक्षित हैं।

आसूचना एकत्र करने का महत्त्व

इंटेलीजेंस ब्यूरो (आईबी) और रिसर्च एंड एनालिसिस विंग (रा) केंद्रीय सरकार की वे एजेंसियाँ है जो आतंकवादी गतिविधियों से संबंधित आसूचना एकत्र करने के सर्वाधिक महत्त्वपूर्ण कार्य में लगी हुई हैं। राज्य सरकारों के अपने आसूचना विभाग हैं जो 'विशेष शाखा' (स्पेशल ब्रांच) के सामान्य नाम से जाने जाते हैं। इस बात पर जोर देना जरूरी है कि हमारे आसूचना तंत्र में काम करने वाले लोगों की कमी है। आईबी में देश भर में काम करने वालों की संख्या लगभग 3500 है जो हमारी एक अरब से अधिक आबादी को देखते हुए नाम मात्र है। यह एक गंभीर कमजोरी है। राज्यों की विशेष शाखाएँ भी इसी तरह की कमी का शिकार हैं। विशेष शाखाओं के लोग जिलों में बेहद कम संख्या में पदस्थ होते हैं। यह भी सच है कि विशेष शाखा में पदस्थापना को दंड समान माना जाता है क्योंकि यहाँ पदस्थ होने वाले लोगों को वे वैधानिक और गैर वैधानिक लाभ उन्हें नहीं मिल पाते हैं जो वर्दी पहनने वाले पुलिस कर्मियों को मिलते हैं।

यह जाहिर कि इन एजेंसियों को सशक्त बनाया जाए और उनके कामकाज को पुनः निर्धारित किया जाए। इन एजेंसियों में कार्य कर रहे लोगों को इस तरह पुनः प्रशिक्षित किया जाए जिससे वे आतंकवादी षड्यंत्रों को सफल होने से रोक सकें, और उनके षड्यंत्रों का भंडाफोड़ कर सकें। यह हितकारी हो सकता है कि हमारी आसूचना एजेंसियों

को पुनर्गठित करने के लिए और उसमें कार्यरत लोगों के प्रशिक्षण के लिए यूके, यूएसए आदि विदेशी आसूचना एजेंसियों के विशेषज्ञों की सहायता ली जाए। भारत में होने वाली आतंकवादी घटनाओं की जाँच के स्तर को बहुत बेहतर बनाने की आवश्यकता है। ये जाँचें आमतौर पर राज्य सरकारों के पुलिस बल द्वारा की जाती हैं। पुलिस बल के कर्मी न तो ठीक से प्रशिक्षित होते हैं न उनके पास उपयुक्त साधन होते हैं। उन्हें जाँच करने के लिए पूरी छूट भी नहीं होती है और उनके हर कदम पर राजनीतिक हस्तक्षेप होता है। इन जाँच एजेंसियों के कौशल को बेहतर बनाने की आवश्यकता है। यह भी जरूरी है कि जहाँ तक संभव हो वहाँ तक उनके कार्य को राजनीतिक हस्तक्षेप से मुक्त रखा जाए। एक के बाद एक पुलिस आयोग में इस सिलसिले में सिफारिशें की हैं जो राजनीतिक सहमति और इच्छाशक्ति के अभाव के कारण अब तक क्रियान्वित नहीं की गई हैं। सर्वोच्च न्यायालय के कुछ निर्देश भी अब तक क्रियान्वित नहीं किए गए हैं।

आतंक फैलाने के लिए इंटरनेट, मीडिया और मोबाइल टेलीफोन का उपयोग

इस विषय पर आगे चर्चा करने के पहले यह प्रसंगोचित है कि यह जान लिया जाए घृणा और आतंक फैलाने के लिए उभरती हुई टेक्नोलॉजी का किस प्रकार उपयोग किया जा रहा है।

इंटरनेट पर जिहाद का हमला शुरू करने वाला व्यक्ति अपने आप को 'इरहाबी007' कहता था। 'इरहाबी007' अरबी के शब्द 'आतंकवादी' और लोकप्रिय साहित्य नायक, जेम्स बांड से जुड़े '007' को मिलाकर तैयार किया गया था। इस व्यक्ति ने तालिबान के पतन और अफगानिस्तान से बाहर किए जाने के बाद अलकायदा को पुनः संगठित करने में महत्त्वपूर्ण भूमिका निबाही थी। "अलकायदा और उसके अनुगामियों ने साइबर स्पेस का उपयोग करना शुरू कर दिया। साइबर स्पेस को अंतिम रूप से शासनमुक्त क्षेत्र माना जाता है। जिहादियों ने इस साइबर स्पेस में सिद्धांतों और सैनिक प्रशिक्षण के लिए वर्चुअल स्कूल स्थापित किए और अपने सक्रिय प्रचार माध्यम के रूप में उसका इस्तेमाल किया।"[27]

इंटरनेट ने जिहादियों को प्रचार के लिए एक माध्यम उपलब्ध कराया जिससे वे विशाल पाठक समुदाय तक बिना सेंसरशिप के पहुँच सकते थे और उनकी पहचान भी छिपी रहती। इंटरनेट के माध्यम से सभी प्रकार की प्रचार सामग्री पहुँचाई जाती है। इंटरनेट भिन्न-भिन्न जिहादी समुदायों को पास लाने का साधन बन गया है। इंटरनेट अपने तथाकथित दुश्मन के खिलाफ एक वैश्विक इस्लामी आंदोलन की भावना को भी निर्मित करने में सहायक हुआ है। अलकायदा का दूसरा सबसे बड़ा नेता अयमान अल-जवाहिरी अपने वीडियो-वक्तव्य इंटरनेट के जरिए नियमित रूप से प्रसारित करता है।

"संक्षेप में, हैंड हेल्ड वीड़ियो कैमरा विद्रोह का उतना ही महत्त्वपूर्ण साधन बन गया है जितने कि एके-47 या आरपीजी रॉकेट लांचर हैं। जवाहिरी ने अबू मुसब अल-जरकाबी (जो इराक में जून 2006 में मारे जाने के पहले तक अलकायदा का नेता था) को एक पत्र में लिखा था, 'इस लड़ाई का आधे से अधिक हिस्सा मीडिया के मैदान में लड़ा जा रहा है।' जवाहिरी का यह पत्र रास्ते में पकड़ लिया गया था।"[28]

इंटरनेट पर सैन्य संहिताएँ और अन्य साहित्य भेजे जाते हैं जिनके जरिए हथियारों के उपयोग, हिंसा करने के तरीकों, जहर और विस्फोटकों के निर्माण करने की विधियाँ जैसे विषयों पर निर्देश दिए जाते हैं।

युवाओं को पराकाष्ठावादी बनाने के लिए इंटरनेट बड़ी तेजी से एक साधन बनता जा रहा है। उदाहरण के लिए, ब्रिटेन में 23 वर्षीय युवा मुसलमान महिला समीना मलिक को आतंकवादी अपराध के लिए दोषी ठहराया गया था। यह महिला इंटरनेट पर जिहादी संहिताओं की लाइब्रेरी से सामग्री लेने की अपराधी थी। मलिक एक हवाई अड्डे पर किताबों की दुकान पर काम करती थी और ऑन लाइन मंचों पर अपने को 'लिरिकल टेररिस्ट' (लयकारी आतंकवादी) कहती थी। मलिक को इंटरनेट से अन्य विषयों के अलावा 'द अल-कायदा मैन्युअल' और 'द मुजाहिदीन प्वाइजन्स हैंड बुक' को डाउन लोड करते पकड़ा गया था।[29]

जरकावी के एक निकट सहयोगी, अबू मुसब अल-सूरी, ने 1600 पृष्ठों की एक रचना तैयार की जिसका शीर्षक था 'द कॉल टू ग्लोबल इस्लामिक रेसिस्टेंस'।[30] सूरी अलकायदा के सबसे प्रमुख सिद्धांतवादी के रूप में जाना जाता है। इस रचना का उद्देश्य यह था कि आंदोलन में भाग लेने वाले नए जिहादियों को इस्लामी सिद्धांतों की बाबत उच्च शिक्षा दी जाए। "उसकी दृष्टि में, इस्लाम के सिद्धांतों को जाने बिना (जो खुद को मार डालने की अनुमति देता है) इस्लाम के नाम पर हत्या करने वाला एक सही जिहादी नहीं है। शीत युद्ध लड़ने वाले साम्यवादी सदस्यों के समान लड़ाई लड़ने की इच्छा होना ही पर्याप्त नहीं है। लड़ाई लड़ने वाले को समूह के सिद्धांतों की उचित जानकारी अनिवार्यत: दी जाए जिससे वह सही कारणों के लिए लड़े और मरे।"[31]

'द कॉल टू ग्लोबल इस्लामिक रेसिस्टेंस' एक घोषणा पत्र है जिसे एडाल्फ हिटलर के 'मीन काम्फ' और व्लादीमिर लेनिन के 'व्हाट इज टू बी डन?' के मिश्रण के रूप में जाना जाता है। 2005 में इस रचना के प्रकाशन के समय से इसकी ओर मीडिया का काफी ध्यान गया है और यह अरबी भाषा में और दर्जनों जिहादी वेबसाइट पर डाउन लोड के लिए उपलब्ध है।[32] इस तरह भड़काऊ साहित्य का यह भंडार पराकाष्ठावादी बनने के लिए प्रभावित किए जा सकने वाले युवा लोगों के लिए आसानी से उपलब्ध है।

पश्चिमी आसूचना एजेंसियाँ आतंकवादी षड्यंत्रों के साक्ष्य की खोज में इंटरनेट खोजती हैं किंतु आतंक को फैलने से रोकने के लिए ये आधी अधूरी कोशिशें हैं। इंटरनेट का उपयोग करने वालों की संख्या निरंतर बढ़ती जा रही है इस वजह से पराकाष्ठाकरण और आतंकवादी गतिविधियों की सहायता के लिए इंटरनेट का अधिक से अधिक उपयोग किया जाएगा।[33] हमारी आसूचना एजेंसियों के लिए यह जरूरी है कि वे इंटरनेट की पुलिसिंग-प्रभावकारी ढंग से-करना शुरू करें जिससे यदि इंटरनेट पर उपलब्ध सामग्री का सेंसर न भी किया जा सके तो आतंकवादी षड्यंत्रों को पता लगाने के लिए आवश्यक जानकारी प्राप्त की जा सके और उसकी नियमित रूप से मानिटरिंग की जा सके।

भारत में भी आतंकवादी संगठनों द्वारा इंटरनेट का उपयोग किए जाने की ओर तब ध्यान केंद्रित हुआ जब 27 जुलाई, 2008 को अहमदाबाद में सीरियल बम विस्फोटों के

कुछ मिनट पहले एक ई-मेल के माध्यम से चेतावनी मिली थी। यद्यपि जिस ई-मेल पते से यह संदेश भेजा गया था उसकी पहचान की जा सकी थी तथापि जिन लोगों ने यह ई-मेल भेजा था उन्हें न तो गिरफ्तार किया जा सका न उनकी पतासाजी की जा सकी।

'रा' में वरिष्ठ पद पर कार्य कर चुके अंदर की जानकारी रखने वाले मेजर जनरल वी.के. सिंह...[34] ने इस बात का विवरण दिया है कि आसूचना एजेंसियों द्वारा अभी तक इंटरनेट की पुलिसिंग के मामले को कितने अव्यवस्थित ढंग से निपटाया जाता रहा है। इंटरनेट पर जानकारी को बीच में पकड़ने के लिए जिन सुविधाओं की आवश्यकता होती है उन्हें जुटाने में ढेरों समस्याओं का सामना करना पड़ा। इंटरनेट सर्विस प्रोवाइडरों को उनके उपयोग कर्ताओं के कार्यस्थल पर मानिटरिंग उपकरण लगाने की कीमत वहन करनी पड़ी। नेशनल एसोसिएशन ऑफ सॉफ्टवेयर एंड सर्विस कम्पनीस (नेसकाम) के तत्कालीन अध्यक्ष ने इस संबंध में अनेक आशंकाएँ व्यक्त की थीं। इंटरनेट पर जानकारी बीच में पकड़ने के लिए आवश्यक मानिटरिंग सॉफ्टवेयर डेवलप करने का काम सेंटर फॉर डेवलपमेंट ऑफ टेलीमेटिक्स (सी-डाट) को सौंपा गया (यद्यपि बाजार में यह सॉफ्टवेयर उपलब्ध था)। मेजर जनरल पी.के. सिंह ने यह बताया है कि सॉफ्टवेयर उपयुक्त रूप से क्रियाशील न किए जा सकने के कारण चार साल का समय नष्ट हो गया। आईबी और रा के बीच की पारंपरिक प्रतिद्वंद्विता भी तब उभरकर आई जब इंटरनेट की मानिटरिंग के काम से रा को हटाकर आईबी को लगाने की कोशिश की गई ।

यह दुर्भाग्यजनक है कि इंटरनेट की मानिटरिंग ठीक से नहीं हो पाई जबकि प्रति आतंकवादी कार्रवाइयों के लिए यह अत्यंत महत्त्वपूर्ण है। वी.के. सिह ने बताया है कि विभिन्न एजेंसियों के बीच नौकरशाही की खींचतान के कारण यह मानिटरिंग नहीं हो सकी। आतंकवाद के विरुद्ध युद्ध में मानिटरिंग का महत्त्व हाल की घटनाओं से सिद्ध हो चुका है। इस सिलसिले में इस बात पर जोर देने की जरूरत है कि देश की सुरक्षा के लिए प्रभावकारी आसूचना प्राप्त करने की दृष्टि से संबंधित एजेंसियों के बीच के मामले तेजी से सुलझाए जाएँ।

मोबाइल फोन का भी आतंकवादी गतिविधियों के लिए उपयोग होता है। आतंकवादी अपनी पहचान को छुपाने के लिए विदेशों से प्राप्त सिमकार्ड का इस्तेमाल करते हैं। आसूचना एजेंसियों के लिए यह जरूरी है कि वे इतना तकनीकी ज्ञान प्राप्त कर लें कि वे आतंकवादियों से हमेशा एक कदम आगे रहें। जब तक ऐसा नहीं होता है तब तक आधुनिक युग में आतंकवादी घटना को होने से रोकना कठिन होगा।

आसूचना का समन्वय

यद्यपि आसूचना एकत्र करने के काम में लगी एजेंसियों में आईबी और रा सबसे महत्त्वपूर्ण एजेंसियाँ हैं तथापि 16 अन्य आसूचना एजेंसियाँ हैं जो सुरक्षा संबंधी सूचनाएँ एकत्र करती हैं। तीन और एजेंसियाँ हैं जो आर्थिक आसूचना जुटाती हैं। संयोगवश सरकारी संगठनों की यह भरमार निरंतर बढ़ती ही जा रही है। यह हमारे लोक प्रशासन का एक अभिशाप है।

प्रेम शंकर झा ने यह वर्णित किया है कि इन ढेर सारी एजेंसियों के बीच समन्वय में क्यों और किस कारण कमी है।[35] राष्ट्रीय सुरक्षा परिषद (एनएससी) के तीसरे सोपान के रूप में संयुक्त आसूचना समिति (जेआईसी) को विभिन्न आसूचना एजेंसियों द्वारा एकत्र आसूचना को समन्वित करने का कार्य करना पड़ता है। पूर्व में, जेआईसी की बैठकों की अध्यक्षता राष्ट्रीय सुरक्षा सलाहकार (एनएसए) किया करते थे। इन बैठकों में संबंधित आसूचना संगठनों के वरिष्ठ अधिकारी हिस्सा लेते थे। बहरहाल, इधर इन बैठकों की अध्यक्षता जेआईसी के सचिव करते हैं जिसका ओहदा इतना ऊँचा नहीं होता कि वह आसूचना संगठनों से उपयुक्त प्रतिक्रियाएँ प्राप्त कर सके जो एकत्रित जानकारी देने वालों से अपेक्षित होती हैं। दो उपराष्ट्रीय सुरक्षा सलाहकारों की नियुक्ति से जेआईसी की भूमिका और प्रभावशीलता में और भी ज्यादा कमी आ गई है।

प्रशासनिक सुधार आयोग (भारत सरकार द्वारा स्थापित) के अध्यक्ष वीरप्पा मोयली ने 26/11 की घटना के बाद, आसूचना एजेंसियों के द्वारा एकत्र आसूचना में समन्वय की कमी पर विपरीत टिप्पणी करते हुए एक साक्षात्कार में कहा कि, ''ऐसा प्रतीत होता है कि सभी आसूचना एजेंसियाँ, चाहे वह रा हो या इंटेलीजेंस ब्यूरो या राज्य आसूचना ब्यूरो, अलग-अलग दिशा में कार्य कर रही हैं। किसी भी स्तर पर आसूचना या सूचना के समन्वय की स्थिति नहीं है। प्रत्येक आतंकवादी हमले के बाद जब आसूचना की असफलता पर सवाल उठाए जाते हैं तो हर एक एजेंसी दूसरी एजेंसी पर दोष मढ़ देती है।''[36]

मेजर जनरल वी.के.सिंह ने ऐसे ठोस उदाहरण दिए हैं जिनसे पता चलता है कि तीन प्रमुख आसूचना एजेंसियों, रा, आईबी और मिलिटरी इंटेलिजेंस (एमआई) के बीच प्रतिद्वंद्विता के कारण ''न केवल इन एजेंसियों को स्वयं बल्कि राष्ट्र को बेहिसाब नुकसान पहुँचा है।''[37]

मुंबई पर 26/11 को हुए आतंकवादी हमले से हमारी संरचनात्मक कमजोरियों और शासकीय एजेंसियों के बीच समन्वय की कमी के बुरे नतीजों की ओर ध्यान केंद्रित हुआ है। मीडिया को यह खबर चुपके से बतलाई गई कि रा और आईबी ने समुद्री रास्ते के जरिए मुंबई पर संभावित आतंकवादी हमले, और यह कि ताजमहल होटल एक संभावित लक्ष्य हो सकता है, के संबंध में एक चेतावनी दी थी। बहरहाल, मीडिया में प्रकाशित समाचारों के अनुसार, मुंबई पुलिस, नौसेना और कोस्ट गार्ड ने ऐसी किसी सूचना प्राप्त होने से इंकार किया था। जानकारी मिली है कि नौसेना प्रमुख ने भी कहा कि मुंबई हमलों के संबंध में कोई भी 'कार्रवाई की जाने योग्य आसूचना' नहीं थी।

यह जाहिर है कि सभी आसूचना एजेंसियों को पुनर्गठित करने की आवश्यकता है जिससे कि संरचनात्मक कमजोरियाँ दूर की जा सकें। एक संभव उपाय यह हो सकता है कि एक सर्वोच्च आसूचना शासक (इंटेलीजेंस जार) के पद को निर्मित किया जाए। इस सर्वोच्च आसूचना शासक को विभिन्न एजेंसियों द्वारा एकत्र की गई जानकारी को समेकित करने के लिए आवश्यक अधिकार और साधन दिए जाएँ और उसे यह अधिकार भी प्राप्त हो कि वह दुर्भाग्यजनक घटनाओं को टालने के लिए समयानुकूल 'चेतावनी' अपेक्षित अधिकारियों

को जारी कर सके। इस पद पर नियुक्त व्यक्ति विभिन्न आसूचना एजेंसियों में पदस्थ अधिकारियों से वरिष्ठ होना चाहिए और उसे प्रधानमंत्री को सीधे प्रतिवेदन देना चाहिए।

आतंक का राजनीतिकरण

जब भी कोई आतंकवादी हमला होता है, भारत में राजनीतिज्ञ और राजनीतिक दल, लगभग हर बार स्थिति से राजनीतिक लाभ उठाने की कोशिश करते हैं। वर्तमान में केंद्र में संयुक्त प्रगतिशील गठबंधन सत्ता में है। हाल ही में प्रतिपक्ष ने सत्ताधारी पक्ष पर यह आरोप बार-बार लगाया कि वह आतंक के प्रति नरम है। पोटा को हटा लेने के मामले को लेकर भी गठबंधन सरकार पर आरोप लगाया गया। इसके प्रत्युत्तर में संयुक्त प्रगतिशील गठबंधन ने यह हवाला दिया कि कांधार हाईजैक वाली घटना को जिस तरह निपटाया गया था। इस हवाले का उद्देश्य कांधार घटना के समय बीजेपी के नेतृत्व वाले शासन की कमजोरी को इंगित करना था।

राज्य और केंद्र की सरकारें भी एक दूसरे पर आरोप लगाने की प्रवृत्ति प्रदर्शित करती हैं और ऐसा तब ज्यादा होता है जब दोनों जगह अलग-अलग राजनीतिक दल सत्ता में हों। ऐसा राजस्थान में हुआ था जब जयपुर में मई 2008 में सीरियल बम विस्फोट हुए थे। राजस्थान की राज्य सरकार ने केंद्र सरकार पर आरोप लगाया कि उसने राजस्थान सरकार को बांग्लादेश से आए नागरिकों के विरुद्ध कठोरता से कार्रवाई करने की इजाजत नहीं दी, जबकि इन अप्रवासियों में से कुछ आतंकवादी कार्रवाइयों में शामिल हो सकते थे। बहरहाल, केंद्र और राज्य दोनों ही सरकारें राजस्थान राज्य में कार्यरत 'स्लीपर सेल्स' का पता लगाने में निष्प्रभावी सिद्ध हुई थीं।

शासक और प्रतिपक्ष दलों के बीच तथा राज्य सरकारों और केंद्र सरकारों के बीच एक दूसरे पर दोष मढ़ने का यह खेल सभी एजेंसियों के उस लक्ष्य से ध्यान हटा लेता है जिस पर ध्यान केंद्रित होना चाहिए। आतंकवाद के अभिशाप का सामना करने के लिए सभी एजेंसियों का एकजुट होकर काम करना जरूरी है। अमेरिका में 9/11 के बाद 'आतंक के विरुद्ध युद्ध' शुरू करने पर अमेरिका के प्रशासन को सभी राजनीतिक दलों ने अपने दलीय मतभेद भुलाकर मोटे तौर पर पूरा समर्थन दिया था। यहाँ यह बताना जरूरी है कि 26/11 को हुए आतंकी हमले सहित सभी आतंकी हमलों के बाद हमारे राजनीतिक दलों की जो प्रतिक्रिया हुई है वह अमेरिका में हुई प्रतिक्रिया के ठीक विपरीत रही है। आतंकवाद का सामना करने के लिए एक प्रकार की राजनीतिक सहमति निर्मित करने के अलावा, इस समस्या के कुछ और भी आयाम हैं जिनकी ओर ध्यान देना जरूरी है।

पोटा, यूएनपीए और एनआईए

पोटा को रद्द करने का मामला संयुक्त प्रगतिशील गठबंधन (यूपीए) सरकार (मई 2004 से मई 2009 तक और जून 2009 के बाद से निरंतर) तथा राष्ट्रीय लोकतांत्रिक गठबंधन (एनडीए) के बीच विवाद का मुद्दा रहा है। सरकार ने अपनी कार्रवाई के पक्ष

में यह तर्क दिया कि पोटा एक बर्बर कानून था जिसका गलत उपयोग किया जा सकता था, विशेषकर अल्पसंख्यकों को शिकार बनाने के लिए। बहरहाल, 26/11 के परिणामस्वरूप शासन ने 2008 में अनलाफुल एक्टिविटीज (प्रिवेंशन) एक्ट (यूएनपीए) लागू किया। इस तरह पोटा के अधिकांश कठोर प्रावधानों को अप्रत्यक्ष रूप से वापस लाया गया। इन प्रावधानों में वह प्रावधान भी शामिल है जिसके अंतर्गत संदिग्ध व्यक्तियों को अभियोजन के पूर्व 180 दिनों तक जेल में रखा जा सकता है। पुलिस हिरासत में रखने की अवधि (पहले के 15 दिनों से) बढ़ाकर 30 दिन कर दी गई। यदि संदिग्ध व्यक्तियों के विरुद्ध प्रथम दृष्टया मामला बनता है तो उन्हें जमानत नहीं दी जा सकती जबकि विदेशियों को तो किसी प्रकार की जमानत नहीं दे सकती। इस संदर्भ में इन मामलों में यह बहुत महत्त्वपूर्ण है कि आरोपी को बजाय निर्दोष मानने के दोषी माना जाता है।

नेशनल इनवेस्टीगेशन एजेंसी एक्ट, 2008 के लागू होने के बाद नेशनल इनवेस्टीगेटिव एजेंसी (एनआईए) का भी गठन किया गया है। 'भारत की सार्वभौमिकता, सुरक्षा और एकता को प्रभावित करने वाले अपराधों की जाँच और अभियोग के लिए' इस कानून के अंतर्गत विशेष अदालतें भी गठित की जाएँगी।[38] एनआईए को यह अधिकार दिया गया है कि वह किसी राज्य से अनुरोध प्राप्त होने पर या केंद्र शासन के निर्देश पर स्वयमेव किसी अपराध की जाँच करें।

यह समझा जाता है कि एनआईए की स्थापना अमेरिका के एफबीआई के अनुकरण में की गई है। बहरहाल, एनआईए की प्रभावशीलता कुछ समय बाद ही उजागर होगी। यह संभव है कि एनआईए अपनी कार्रवाई से मुश्किलें खड़ी कर दें क्योंकि कानून और व्यवस्था राज्य सरकारों के दायरे में है जो केंद्र सरकार के साथ सहयोग करने को सदैव इच्छुक हों, यह जरूरी नहीं है। एनआईए के सुचारू रूप से काम करने के मामले में यह स्थिति बाधा उत्पन्न कर सकती है।

भारत का वर्तमान परिदृश्य

भारत के वर्तमान परिदृश्य में, आतंकवादी हमले के लिए कुछ अंतरराष्ट्रीय उग्रवादी समूहों को अपरिहार्य रूप से दोषी ठहराया जाता है, किंतु स्टूडेन्ट्स इस्लामिक मूवमेंट ऑफ इंडिया (सिमी) की पहचान भी समान्य रूप से एक ऐसे संगठन के रूप में की जाती है जिसकी सहायता से आतंकवादी हमले भारत में किए जाते हैं। सिमी भारत में ही पैदा हुआ संगठन है जिस पर आतंकवादी कार्रवाइयों में शामिल होने का आरोप है, अतः यह प्रासंगिक होगा कि यह जाना जाए कि सिमी क्या है।

स्टूडेंट्स इस्लामिक मूवमेंट ऑफ इंडिया (सिमी)

सिमी की उत्पत्ति जमात-ए-इस्लामी से हुई है। जमात एक सांस्कृतिक संगठन के रूप में कार्य करती रही है। जमात मुसलमानों के बीच नव-रूढ़िवादिता के प्रसार के लिए प्रतिबद्ध रही है। 1956 में जमात ने अपने विद्यार्थी वर्ग, स्टूडेंट्स इस्लामिक आर्गेनाइजेशन

(एसआईओ) की स्थापना की। अप्रैल 1977 में जमात की मुख्य धारा के सुधारवादियों ने कट्टरपंथियों के जोर देने पर एसआईओ को शक्ति संपन्न बनाने के लिए सिमी को गठित किया। एसआईओ शुरू में उत्तर प्रदेश में सक्रिय था किंतु बाद में उसने आंध्र प्रदेश, पश्चिम बंगाल और केरल जैसे राज्यों में अपने प्रभाव का विस्तार किया। यह समझा जाता है कि सिमी ने एलईटी, जेइएम और हूजी से संबंध स्थापित किए और सिमी के सदस्यों ने भारत के बाहर इन्हीं संगठनों द्वारा स्थापित प्रशिक्षण केंद्रों में हिस्सा लिया।

केंद्रीय सरकार ने 2001 में सिमी को दो वर्षों के लिए प्रतिबंधित कर दिया था। बाद में यह प्रतिबंध बढ़ा दिया गया। प्रतिबंधित होने के बाद भी सिमी देश के भीतर छद्म रूप से और मुखौटा संगठन खड़े कर अपनी कार्रवाई संचालित करता रहा है। हाल के समय में सिमी के प्रमुख नेता, सफदर नागोरी और कई सदस्यों को आतंकवादी हमले का षड्यंत्र रचने के आरोप में इंदौर तथा कुछ अन्य स्थानों से हिरासत में लिया गया है। यह आरोपित है कि सिमी को मुलायम सिंह यादव के नेतृत्व वाली उत्तर प्रदेश की सरकार से राजनीतिक समर्थन प्राप्त हुआ था। उत्तर प्रदेश सरकार ने सितंबर 2006 में सिमी के पूर्व अध्यक्ष शाहिद बद्र फलाही और उसके 12 सदस्यों के विरुद्ध राष्ट्रद्रोह के मामले बहराइच की अदालत से वापस ले लिए थे। भारत में आतंकवाद को नियंत्रित करने के लिए सुरक्षा बलों द्वारा की जा रही कोशिशों को इस कार्रवाई से झटका पहुँचा था।

सिमी पराकाष्ठावादी मुस्लिम युवाओं को अपने संगठन में सदस्य के रूप में भर्ती करता है और भारत में इस्लाम के कठोर उग्रवादी पक्ष का प्रतिनिधित्व करता है। 5 अगस्त, 2008 को एक ट्रिब्यूनल ने सिमी पर लगे प्रतिबंध को उठाने का आदेश दिया था क्योंकि प्रतिबंध को जारी रखने के लिए पर्याप्त साक्ष्य उपलब्ध नहीं कराए जा सके थे। अगले दिन सर्वोच्च न्यायालय ने हस्तक्षेप किया और ट्रिब्यूनल के आदेश पर रोक लगा दी, इस पुस्तक के लेखन के समय प्रतिबंध लगा हुआ है।

दीर्घकालिक समाधान

हर दृष्टि से यह जरूरी है कि मुसलमान समुदाय के उन युवकों से संपर्क स्थापित किया जाए जो पराकाष्ठावादी बन सकते हैं। युवकों तक पहुँचने के लिए उनके असंतोष के कारणों को जानना होगा और उन कारणों को दूर करना होगा। मदरसों में पढ़ाई कर रहे विद्यार्थियों को आधुनिक शिक्षा का लाभ पहुँचाने के लिए कई उपाय किए जा सकते हैं। उन्हें बेहतर रोजगार के अवसर भी उपलब्ध कराए जाने चाहिए। संक्षेप में कहें तो इस बात को सुनिश्चित करने के लिए सभी संभव उपाय किए जाने चाहिए जिससे कि वे सारे संभावित कारण दूर किए जा सकें जिनकी वजह से अल्पसंख्यक की आबादी का यह वर्ग आतंकवादी गतिविधियों के लिए रंगरूट उपलब्ध कराता है। इस प्रयास के कारण, यह वर्ग हमारे समाज की मुख्य धारा से भी दूर नहीं रह सकेगा।

एक विशेषज्ञ के शब्दों को उद्धृत करें तो, ''यदि देश का आंतरिक पर्यावरण समर्थन न दें तो विदेश से प्रायोजित आतंकवाद ज्यादा सफलता नहीं पा सकता है। अल्पसंख्यकों

के बीच असुरक्षा की भावना आतंकवाद को वह अवसर उपलब्ध कराती है जिसमें आतंकवाद अपनी जड़ें जमाता है। अल्पसंख्यक समूहों के विश्वास को जीतना महत्त्वपूर्ण है। बहरहाल, अन्य किसी भी बात के अलावा आर्थिक नीतियाँ सबसे महत्त्वपूर्ण हैं जो इन गतिविधियों के भविष्य को निर्धारित करेंगी। एक फलती-फूलती अर्थव्यवस्था लोगों के मन में आशा जगाती है और अन्य किसी रणनीति के बजाय यह सभी प्रकार के अतिवादी आंदोलनों को पराजित करने में सफल हो सकती है। गरीबी और कुशासन की परिस्थितियों में हिंसक अतिवादी आंदोलन ज्यादा आसानी से बढ़ते हैं। भ्रष्टाचार और भाई-भतीजावाद ने भारत में आतंकवादी आंदोलनों को बढ़ने के लिए आधार भूमि उपलब्ध कराई है यह बात देश में सभी प्रभावित क्षेत्रों-जम्मू-कश्मीर, पंजाब, उत्तर पूर्व, बिहार और आंध्र प्रदेश-के लिए सही है।''[39]

टिप्पणियाँ

1. 'क्लेंडेस्टाइन सेल सिस्टम', http://en.wikipedia.org/wiki/Clandestine_cell_system
2. जॉन पावर, 'वर्ल्ड ब्यू', द स्टेट्समैन, 9 मई, 2008
3. स्वामीनाथन एस.ए.अय्यर, 'टेररिज्म इज नाट ए मुस्लिम मोनोपली', द टाइम्स ऑफ इंडिया, 23 जुलाई, 2006
4. अमृतसर में स्वर्ण मंदिर में सुरक्षित छिपे अच्छी तरह से हथियार बंद सिख अलगाववादियों के विरुद्ध यह कार्रवाई करने के लिए प्रधानमंत्री इंदिरा गांधी ने जून 1984 में आदेश दिए थे। यह कार्रवाई सैन्य दृष्टि से सफल रही थी परंतु इसके फलस्वरूप सेना के 83 कर्मी और 492 नागरिक मारे गए। इस कार्रवाई के फलस्वरूप सिख समुदाय में चारों ओर क्रोध की भावना भड़की और अन्ततः इस कारण इंदिरा गांधी की हत्या हुई। आन लाइन रिफरेंस : http://en.wikipedia.org/wiki/Operation_Blue_Star
5. ब्लू स्टार कार्रवाई के लगभग दो वर्ष बाद हथियारबंद सिख अलगाववादी फिर से अमृतसर के स्वर्ण मंदिर में जाकर छिप गए। पहले की कार्रवाई के विपरीत, इस बार उग्रवादियों को हताश करने के लिए नाकाबंदी की चाल का उपयोग किया गया। 30 अप्रैल, 1986 को एन एस जी के कमांडो मंदिर के अंदर घुसे और उग्रवादियों ने समर्पण कर दिया। इस बार कोई हताहत नहीं हुआ और इस कार्रवाई ने अलगाववादी आंदोलन की कमर ही तोड़कर रख दी। आनलाइनरिफरेंस : http://en.wikipedia.org/wiki/Operation_Black_Thunder
6. क्रिस्टोफ रायटर, माई लाइफ इज ए वेपन : ए मार्डन हिस्ट्री ऑफ सुसाइड बाम्बिंग (न्यू डेल्ही : मानस पब्लिकेशन 2004), पृ. 22
7. वही, पृ. 25-26
8. वही, पृ. 27
9. वही, पृ. 44
10. वही, पृ. 148
11. शशी थरूर, 'वाई सम इंजीनियर्स बिकम टेररिस्ट्स,' द टाइम्स ऑफ इंडिया, 30 मार्च, 2008
12. परवेज मुशर्रफ इन द लाइन ऑफ फायर (न्यूयार्क : फ्री प्रेस, 2006), पृ. 275
13. 'पाक नर्चटर्ड टेररिज्म : जरदारी', द टाइम्स ऑफ इंडिया, 9 जुलाई, 2009
14. वही

15. वही
16. 'पाक इलिमेंट्स एडिंग तालिबान अगेंस्ट यूएस', द टाइम्स ऑफ इंडिया 11 जून, 2008
17. मार्क मजेटी और एरिक स्कमिट, 'आईएसआई बैकिंग तालिबान, यूएस टेल्स पाक, सीआईए सेज बाम्बिंग ऑफ इंडियाज काबुल मिशन हैंडीवर्क ऑफ दिस नेक्सस', द टाइम्स ऑफ इंडिया, 31 जुलाई, 2008
18. थामस एल. फ्रीडमैन, द वर्ल्ड इज फ्लैट : ए ब्रीफ हिस्ट्री ऑफ ट्वेंटी फर्स्ट सेंचुरी (यूएस : फरार स्ट्रास एंड गिरूक्स, 2005), पृ. 63-64
19. शंकर रघुरमन, 'इंडिया लूजेज मोर लाइव्स टू टेरर देन एनी अदर कंट्री इन द वर्ल्ड एकसेप्ट इराक' द टाइम्स ऑफ इंडिया, 27 अगस्त, 2007
20. 'आईपीसीएस स्पेशल रिपोर्ट', 27 जुलाई, 2006, इंस्टीट्यूट ऑफ पीस एंड कांफ्लिक्ट स्टडीज, न्यू डेल्ही, इसके बाद मूल पाठ में संदर्भित।
21. बी. रमन 'मुम्बई : क्यू एंडए' (2008), http://sify.com/news/columns/fullstory.php?id=14814315&acid=13180904
22. बी. रमन, 'स्ट्राइकिंग ऐट विल : वी मस्ट एनश्योर सिक्योरिटी फॉर सॉफ्ट टारगेट्स', द टाइम्स ऑफ इंडिया, 15 मई, 2008
23. वही
24. 'टेरेरिज्म' : टाइम, 16 जुलाई, 2007, पृ. 21
25. वही
26. वही
27. 'ए वर्ल्ड वाइड वेब ऑफ टेरर', द इकॉनॉमिक्ट, 14-20 जुलाई, 2002 पृ. 25
28. वही
29. 'द लिरिकल टेररिस्ट : वी केयरफुल व्हाट यू गूगल', द इकॉनॉमिक्ट, 8-14 दिसंबर, 2007, पृ. 67
30. 'जिम लेसी, सं., ए टैरस्ट्सि काल टू ग्लोबल जिहाद', डेसीफरिंग अबू मुसब अल-सूरीज इस्लामिक जिहाद मेनीफेस्टो (एनापोलिस, मेरीलैड, नेवल इंस्टीट्यूट प्रेस, 2006) पृ. आठ
31. वही, पृ. नौ-दस
32. वही, पृ. नौ
33. 'ए वर्ल्ड वाइड वेब ऑफ टेरर', द इकॉनॉमिक्ट, 14-20 जुलाई, 2007, पृ. 27
34. वी.के. सिंह, इंडियाज एक्सटरनल इंटेलीजेंस-सीक्रेट्स ऑफ रिसर्च एंड एनालिसिस विंग (रा) (न्यू डेल्ही : मानस पब्लिकेशन, 2007), पृ. 130-140
35. प्रेम शंकर झा, 'हाऊ ए प्लाट वाज लास्ट-द टावर ऑफ बेबल', संडे टाइम्स ऑफ इंडिया, 7 दिसंबर, 2008
36. अपूर्व, 'पिकिंग अप द पीसेज-रा, आईबी पास द बक : मोयली' द इंडियन एक्सप्रेस, 3 दिसंबर, 2008
37. सिंह, इंडियाज एक्सटरनल इंटेलीजेंस, पृ. 157
38. 'अनलाफुल एक्टीविटीज (प्रिवेंशन) http://en.wikipedia.org/wiki/Unlawful_Activities_(Preventio)_Act
39. वेद मरवाह, काम्बैटिंग टैररिज्म : स्ट्रेटेजीज ऑफ टेन कंट्रीज में से, योनाह अलेक्जेंडर (न्यू डेल्ही : मानस पब्लिकेशन), पृ. 301-336

धर्मनिरपेक्षता

आशुतोष वार्ष्णेय ने राष्ट्रीयता की सैद्धांतिक अवधारणा को तीन प्रमुख वर्गों में विभाजित किया है—पहली, धर्मनिरपेक्ष राष्ट्रीयता; दूसरी, धार्मिक राष्ट्रीयता; और तीसरी, हमारी जाति प्रथा पर आधारित। वार्ष्णेय ने इन तीन वर्गों को बीसवीं शताब्दी में भारतीय राजनीति की प्रमुख विचारधारा बताया है।[1] वार्ष्णेय ने यह स्पष्ट किया है कि विचारधारा से उनका तात्पर्य, "जन राजनीति के प्रमुख संघटक साधनों, अथवा प्रमुख राजनीतिक मुहावरों से है जो बड़ी संख्या में लोगों को प्रेरित करते हैं।" मानक आख्यान वे कथाएँ कहते हैं, ऐसी कथाएँ जो राजनीति के नाजुक मुद्दों को जनता के लिए सहजता से समझ में आने वाला बनाती हैं। वे लोकप्रिय सामाजिक गठबंधनों को एक साथ रखने की विधियाँ हैं जिनसे राजनीति बदली जा सकती है और राजनीतिक सत्ता प्राप्त की जा सकती है। वार्ष्णेय इन मानक आख्यानकों को 'प्रतियोगी राष्ट्रीय कल्पनाओं' के रूप में भी वर्णित करते हैं। यह स्पष्ट है कि हाल के इतिहास में इन तीनों आख्यानों के प्रति राजनीति में लगातार उल्लेखनीय लालसा पैदा हुई है।

जाति की धारणा हिंदू समुदाय तक सीमित है अतः वह हिन्दू–मुसलमान दंगों के बड़े संदर्भ में कोई भूमिका नहीं निभाती है। इस तरह जाति की धारणा इस विषय के विचार क्षेत्र के बाहर है। सांप्रदायिक दंगों को अकसर धर्मनिरपेक्ष राष्ट्रीयता और धार्मिक राष्ट्रीयता की विचारधाराओं के बीच संघर्ष के परिणाम के रूप में देखा जाता है। अतः हम इन दो प्रतियोगी राष्ट्रीय कल्पनाओं की ही चर्चा करेंगे।

भारत तथा पश्चिम में धर्मनिरपेक्षता

पश्चिमी विचारधारा के पक्षधर लेखक और वार्ताकार अकसर यह मानते हैं कि वह पश्चिम में लोकतंत्र, मानव अधिकार, उदारतावाद और धर्मनिरपेक्षता की अवधारणाएँ एक विकासशील प्रक्रिया के जरिए उभरकर आई हैं और इसलिए विश्व के अन्य हिस्सों की सभ्यताओं के लिए ये अवधारणाएँ परदेशी हैं। तर्क यह है कि इन मूल्यों को पश्चिम से अलग सभ्यतागत लोकाचार वाले देशों की सामाजिक राजनीतिक व्यवस्थाओं पर आरोपित करना कठिन है।

इस तर्क में एक बड़ी कमी है। हमारी सोच में भारत में धर्मनिरपेक्षता कोई परदेशी अवधारणा नहीं है, उसकी जड़ें प्राचीन भारत में हैं, और यहाँ इस अवधारणा का

विकास अपने अलग ढंग से हुआ है जो पश्चिम की धारणा से उल्लेखनीय रूप से मेल नहीं खाता है।

पश्चिमी समाजों में मध्ययुग के शुरू से ही धार्मिक आस्था और मानव तर्क के बीच टकराव हुआ था। मानव तर्क का आधार बुनियादी रूप से वैज्ञानिक था। इस टकराहट से गिरजाघर और राजनीतिक प्राधिकार के बीच श्रेष्ठता का संघर्ष शुरू हुआ और अंततः उसके परिणामस्वरूप राज्य और गिरजाघर के बीच अलगाव पैदा हो गया। अतः 'धर्मनिरपेक्षता' की पश्चिमी अवधारणा राज्य की गतिविधियों में धार्मिक जुड़ाव को प्रतिबंधित करने पर जोर देती है, जबकि भारत में विभिन्न धर्मों को समानता के साथ देखे जाने पर जोर दिया गया है। धर्मनिरपेक्षता की भारतीय धारणा राज्य को विभिन्न धार्मिक संस्थाओं की गतिविधियों में भाग लेने से नहीं रोकती, बशर्ते सभी धर्मों से बराबर की दूरी बनाई रखी जाए।

अमर्त्य सेन ने अपनी उल्लेखनीय कृति 'द आर्ग्युमेंटेटिव इंडियन' में अपने देश में धर्मनिरपेक्षता के पिछले हजारों साल में क्रमिक विकास को बतलाया है।[2] सेन ने तर्क दिया है कि भारत में धर्म के विविध रूपों को मानने का लंबा इतिहास रहा है और इसका प्रभाव न केवल लोकतंत्र के विकास और उसके जीवित रहने पर पड़ा है बल्कि इसने एक ऐसी धर्मनिरपेक्षता के सिद्धांत के उभरने में बहुत योगदान किया है जो अनन्य रूप से भारतीय है। भारत के इतिहास में धार्मिक विविधता के प्रति सहनशीलता दिखलाई पड़ती है, क्योंकि भारत हिंदुओं, बौद्धों, जैनों, यहूदियों, ईसाइयों, मुसलमानों, पारसियों, सिखों, बहाइयों, तथा अन्य धर्मों का एक साझा घर रहा है।

यह माना जाता है कि वेदों की रचना ईसा से पहले दो हजार साल पहले हुई थी। वेदों ने हिंदू धर्म का मार्ग प्रशस्त किया था। छठी शताब्दी में बौद्ध धर्म और जैन धर्म उभरे। येरुसलम के पतन के बाद यहूदी लोग एक के बाद एक समूह में भारत आते रहे। ईसाई भी काफी पहले आ गए और वे उस जगह बस गए जो आज केरल के नाम से प्रख्यात है। बाद में, अपने देशों में उत्पीड़ित किए जाने के कारण पारसी और बहाई भी भारत आए और यहाँ बस गए। इस्लाम धर्म की स्थापना के शीघ्र बाद मुसलमान अरब सौदागर भारत आए और यहाँ बस गए। इनके बाद मुसलमान आक्रान्ता आए जिन्होंने भारत के कुछ हिस्सों को जीता और इस देश में बस गए।

विभिन्न मूलों और आस्थाओं वाले लोग इस देश में आए, और उन्होंने एक लंबी प्रक्रिया के जरिए इसे अपना घर बना लिया और वे (अपनी अलग नस्ली और धार्मिक संबद्धता बनाए रखते हुए) भारतीय संस्कृति की मुख्यधारा का एक हिस्सा बन गए। इस लंबी प्रक्रिया को प्रख्यात उर्दू कवि, रघुपति सहाय फिराक ने इन शब्दों में सार रूप में व्यक्त किया है–"सर जमीं ए हिंद पर अकवान ए आलम के फिराक काफिले बसते गए, हिन्दुस्तान बनता गया।" (दुनिया से काफिले इस धरती पर बसते रहे और इस तरह हिन्दुस्तान बनता गया)।[3] ऐसे सारे लोगों ने, संस्कृति संक्रमण और आत्मीकरण की प्रक्रिया में भारतीय पहचान को अपना लिया। इसी वजह से रवीन्द्रनाथ टैगोर का

'भारत का विचार', 'अपने ही लोगों को दूसरे से अलग करने की तीव्र चेतना' का विरोध करता है।[4]

सम्राट अशोक ने बाद में बौद्ध धर्म अपना लिया था। उसने अपने एक शिलालेख के जरिये यह विशेष आदेश प्रसारित किया कि "हर व्यक्ति को अपने पंथ के प्रति आदर की भावना या दूसरे व्यक्ति की आस्था के प्रति तिरस्कार की भावना बिना किसी कारण नहीं होनी चाहिए।" अनेक सदियों बाद सम्राट अकबर ने धर्मनिरपेक्ष कानूनी व्यवस्था और राज्य की धार्मिक निरपेक्षता की औपचारिक आधारशिला रखी थी। यद्यपि अकबर स्वयं एक आस्थावान मुसलमान था तथापि उसने यह सुनिश्चित किया था कि उसके शासन में सभी धर्मों को बराबर माना जाए। उसने दीन-ए-इलाही को लागू करने के लिए सच्चे मन से कोशिश की थी जो कि विभिन्न धर्मों की सर्वश्रेष्ठ विशेषताओं पर आधारित था। यह बात अलग है कि यह धारणा जड़ें नहीं जमा सकी और सम्राट के निधन के बाद इस धारणा का अस्तित्व समाप्त हो गया।

अमर्त्य सेन ने भारतीय इतिहास के प्रारंभ के समय से सामाजिक जीवन के विभिन्न क्षेत्रों में विविधता के प्रति सहनशीलता बरतने का उल्लेख किया है। इस संबंध में शूद्रक के 'मृच्छकटिकम्' और 'मुद्राराक्षसम्' संस्कृत नाटकों में साक्ष्य प्राप्त होते हैं।[5] विविधता के प्रति यही प्रतिबद्धता मध्यकाल तक चलती रही। मध्यकाल की ख्याति गैर-पंथीय धार्मिक काव्य की समृद्ध संस्कृति के कारण है। इस काव्य में हिंदू भक्ति और मुसलमान सूफी परंपरा की प्रधानता रही है। कबीर, दादू, अमीर खुसरो, रविदास, सेना तथा अन्य कवियों के काव्य में अंतरधार्मिक सहनशीलता को हम एक स्थायी विषय के रूप पाते हैं।

इस तरह भारत में धर्मनिरपेक्षता समाज के बहुलतावादी और एकजुटतावादी चरित्र पर आधारित है। बहुलतावाद के जरिए हम विविधता का उत्सव मनाते हैं। सभी आस्थाओं और संप्रदायों का अनुगमन करने वाले लोग अपनी धार्मिक और सांस्कृतिक रीतियों का पालन करने के लिए स्वतंत्र हैं और राज्य इनमें से न तो किसी के विरुद्ध भेदभाव करता है और न किसी का पक्ष लेता है। 'सर्व धर्म समभाव' अर्थात सभी धर्मों के प्रति समान आदर करना हमारे देश की धर्मनिरपेक्ष नैतिकता का मार्गदर्शी सिद्धांत है। उदाहरण के लिए, सूफियों का उद्भव इस्लामिक परंपराओं से हुआ है किंतु उनके इबादतगाह (आराधना स्थल) पर भक्ति संगीत और नृत्य होता है। सूफियों ने ईश्वर के साथ मनुष्य के संपर्क को स्थापित करने की बात उसी तरह से की है जिस तरह से प्राचीन भारतीय परंपरा में भजन और कीर्तन की चर्चा की गई है। निश्चय ही यह भारत की समन्वित संस्कृति का एक उल्लेखनीय बिंदु है।

गांधी-नेहरू-निर्मिति के रूप में धर्मनिरपेक्षता

यद्यपि धर्म निरपेक्षिता हमारी विरासत का एक अभिन्न अंग है तथापि उसका वर्तमान स्वरूप गांधी-नेहरू-निर्मिति है। महात्मा गांधी और जवाहरलाल नेहरू के कारण ही

धर्मनिरपेक्षता को भारतीय समाज के एक संगठनकारी सिद्धांत के रूप में औपचारिक रूप से स्वीकार किया गया था। मणि शंकर अय्यर ने लिखा है कि–

> हमारी समन्वित संस्कृति में गांधी–नेहरू परंपरा उल्लसित रूप में दिखाई देती है। यह परंपरा भारत की असीम विविधता को न केवल स्वीकार करती है वरन् उसका उत्सव भी मनाती है। यह परंपरा विविधता को केवल स्वीकार ही नहीं करती, बल्कि विविधता को हमारी एकता की बुनियाद मानती है। यह एक ऐसी परंपरा है जो यह विश्वास करती है कि भारत की संरचना की सतह के नीचे यदि दुनिया के सभी प्रमुख–और अनेक गौण–धर्मों का संयोजन नहीं है तो वह वैसा भारतवर्ष नहीं हो सकता जिसे हम पाँच हजार वर्षों और उससे भी अधिक समय से जानते आ रहे हैं।[6]

भारत के स्वतंत्रता आंदोलन की अगुआई आधुनिक काल के सबसे करिश्माई और संत व्यक्तित्व वाले महात्मा गांधी ने की थी। कुछ लोग महात्मा गांधी के जीवन में एक विरोधाभास देखते हैं कि एक तरफ तो वे निष्ठावान हिंदू हैं और दूसरी ओर उनका दृष्टिकोण धर्मनिरपेक्ष है। यह जानना दिलचस्प है कि एक विद्वत्तापूर्ण पुस्तक में महात्मा गांधी को एक पाकिस्तानी मुसलमान के दृष्टिकोण से किस तरह देखा गया है। एस.एम.बर्क और सलीम अल–दीन कुरैशी ने अपनी पुस्तक 'द ब्रिटिश राज इन इंडिया–एन हिस्टोरिकल रिव्यू' में ब्रिटिश राज के विरुद्ध स्वतंत्रता आंदोलन का नेतृत्व करते हुए महात्मा गांधी के अपार योगदान और मार्गदर्शी भूमिका का विस्तृत, और एक हद तक, निष्पक्ष विवरण दिया है।[7] इन लेखकों ने महात्मा गांधी की भूरि–भूरि प्रशंसा की है कि महात्मा गांधी ने देश के लिए कितना बलिदान किया था, कि उनका जीवन कितना संतमय था और कि कांग्रेस पार्टी तथा आम जनता पर उनका कितना जादुई प्रभाव था। बर्क और कुरैशी ने महात्मा गांधी की धार्मिकता के संबंध में यह कहा है :

> गांधी ने इस तथ्य को कभी गोपनीय नहीं रखा कि वे एक आस्थावान हिंदू हैं और ना ही उन्होंने यह छिपाया कि वे यह मानते हैं कि राजनीति से धर्म को अलग नहीं किया जा सकता। उन्होंने विश्वासपूर्वक कहा था कि "मेरे अस्तित्व का हर धागा हिंदू है।" वे अन्य धर्मों का उतना ही आदर करते थे जितना कि वे अपने धर्म का करते थे और इससे वे कोई कम हिंदू नहीं बन जाते थे क्योंकि हिंदू धर्म को उसके अनुयायियों द्वारा सत्य की निरंतर खोज के रूप में परिभाषित किया गया है। अन्य धर्मों के अनुयायी कठोरता के साथ यह मानते हैं कि उनका अपना विशिष्ट धर्म ही सच्चा है, यद्यपि वे अन्य आस्थाओं के प्रति सहनशील हो सकते हैं।[8]

बहरहाल, बर्क और कुरैशी ने पाकिस्तानी दृष्टिकोण से यह भी लिखा है कि :

> परंतु महात्मा गांधी के नेतृत्व में एक बड़ी कमी थी। उनका नेतृत्व चरित्र की दृष्टि से हिंदू था और हिंदू–मुसलमान मतभेद, जो कि भारत की सबसे गंभीर राजनीतिक बीमारी थी, का उपचार करने के लिए अनुपयुक्त था। खिलाफत के औचित्य का समर्थन कर हिंदुओं और मुसलमानों को एक करने के लिए उनके द्वारा किया गया सबसे महत्त्वपूर्ण उपाय भी बाद में चलकर इन दोनों समुदायों को एक दूसरे से दूर ले गया।[9]

महात्मा गांधी विश्वास करते थे कि उनकी निजी धार्मिकता और अन्य धर्मों के प्रति उनके उदार दृष्टिकोण के बीच कोई विरोधाभास नहीं है। उन्होंने एक बार कहा था :

> यदि हिंदू यह विश्वास करते हैं कि भारत में केवल हिंदुओं को ही रहना चाहिए, तो वे एक कल्पना लोक में रह रहे हैं। हिंदुओं, मुसलमानों, पारसियों और ईसाइयों ने भारत को अपना देश बनाया है और वे सब सह-देशवासी हैं।क्या हमें यह याद नहीं रखना चाहिए कि अनेक हिंदुओं और मुसलमानों के पूर्वज एक ही थे और उनकी रगों में एक समान ही खून दौड़ता है? क्या लोग इसलिए दुश्मन बन जाते हैं कि उन्होंने अपना धर्म बदल लिया है? इससे भी बड़ी बात यह है कि शिव के भक्तों और विष्णु के भक्तों के बीच भयंकर लोकवाद है। फिर भी कोई यह नहीं सुझाता कि वे भक्त एक ही देश के नहीं हैं। यह कहा जाता है कि वैदिक धर्म जैन धर्म से अलग है परंतु इन अलग-अलग धर्मों के अनुयायी अलग-अलग देशों के नहीं हैं।

जवाहरलाल नेहरू को अकसर आधुनिक भारत का निर्माता कहा जाता है। वे महात्मा गांधी के प्रमुख सहायक और शिष्य थे किंतु अनेक मामलों में वे दोनों बिलकुल अलग-अलग विशेषता वाले थे। हैरो-कैंब्रिज में पढ़े नेहरू ने भारत की आजादी के लिए अनेक निजी बलिदान किए और लंबे-लंबे समय तक अंग्रेजों की जेल में बंदी रहे। वे संत नहीं थे। उन्हें जीवन की सुखदायी चीजें पसंद थीं। गाँवों के संबंध में महात्मा गांधी की कल्पनाओं के साथ उनके विचार मेल नहीं खाते थे। वे औद्योगीकरण के पक्षधर थे और फेबियन सोशलिस्ट की भाँति संपत्ति के अनिवार्य पुनर्वितरण को सही मानते थे।

महात्मा गांधी से अलग, नेहरू के पास धार्मिक कर्मकांडों के लिए न तो समय था और न धीरज। कुछ लेखकों ने धर्मनिरपेक्षता के लिए महात्मा गांधी की प्रतिबद्धता, जो उनकी धार्मिकता पर आधारित थी और अनीश्वरवादी नेहरू की धार्मिकता के बीच अंतर को जानने की कोशिश की है। धर्मनिरपेक्षता पर नेहरू का भरोसा इतिहास के प्रति उनकी दृष्टि और हमारे सभ्यता मूलक लोकाचार पर आधारित था। बहरहाल, दोनों ही महान नेता थे और वे सभी धर्मों के अनुयायियों के साथ समान व्यवहार करने की अनिवार्यता में पक्का भरोसा रखते थे। उन दोनों के निजी विश्वासों के आधार पर धर्मनिरपेक्षता के संबंध में उनकी अवधारणाओं में भेद करने की बात अप्रासंगिक है।

आजादी के बाद, राज्य की नीति में धर्मनिरपेक्षता को बुनियाद के रूप में स्थापित करने के लिए नेहरू को कठिन संघर्ष करना पड़ा था। संक्षेप में, नेहरू की दृष्टि में धर्मनिरपेक्षता का रूप इस प्रकार था :

> 'धर्मनिरपेक्ष' शब्द कोई बहुत आनन्द देने वाला शब्द नहीं है। फिर भी इससे बेहतर शब्द न मिलने के कारण हमने इसका इस्तेमाल किया है। आखिर इसका बिलकुल सही मतलब क्या है? जाहिराना तौर पर, इसका मतलब एक ऐसा राज्य नहीं है जिसमें धर्म को निरुत्साहित किया जाता हो। इसका मतलब है, धर्म और अंतरात्मा की आजादी, जिसमें उन लोगों की भी आजादी शामिल है जो किसी धर्म को नहीं मानते। इसका मतलब है, सभी धर्मों को खुलकर व्यवहार करने की आजादी, बंदिश इतनी ही होगी कि वे एक

दूसरे के मामले में या हमारे राज्य की बुनियादी अवधारणाओं के मामले में हस्तक्षेप न करें। इसका मतलब है कि धार्मिक दृष्टि से, अल्पसंख्यक समुदायों को यह स्थिति स्वीकार करनी चाहिए। इसका कहीं और ज्यादा यह मतलब है कि इस दृष्टि से बहुसंख्यक समुदाय इस बात को पूरी तरह समझ लें। संख्या अथवा अन्य किसी कारण से बने प्रमुख समुदायों के लिए जरूरी है और यह उनकी जिम्मेदारी है कि वे अपनी हैसियत को इस तरह न जतलाएँ जिससे हमारे धर्मनिरपेक्ष आदर्श पर बुरा प्रभाव पड़े।[10]

आजादी के बाद के समय में हम धर्मनिरपेक्षता की धारणा के विकास से संबंधित कुछ ऐतिहासिक घटनाओं का वर्णन करें, उसके पहले यह उपयुक्त होगा कि हम धर्मनिरपेक्ष विचारधारा के प्रति नेहरू की प्रतिबद्धता के रूप और गहराई को समझ लें। उनके लेखों और भाषणों में भारत की धर्मनिरपेक्ष नियति, सभी धर्मों के अनुयायियों के साथ समान व्यवहार करने की अनिवार्यता और अल्पसंख्यकों के अधिकारों की रक्षा करने की जरूरत से संबंधित संदर्भ जगह-जगह मिलते हैं।

यद्यपि नेहरू एक धार्मिक व्यक्ति नहीं थे, तथापि वे उन प्रतीकों से गहराई के साथ जुड़े हुए थे जिनके लिए जनता में पूजा का भाव था, जैसे गंगा नदी। अनीश्वरवादी नेहरू के लिए इन प्रतीकों की भावनात्मक महत्ता थी, उनके धार्मिक महत्त्व के कारण नहीं, बल्कि उनके हमारी सभ्यता के उत्तराधिकार का एक हिस्सा होने के कारण। इस संदर्भ में उनके वसीयतनामे के निम्नलिखित शब्द उनके विचारों का प्रतिपादन करते हैं :

मेरे लिए गंगा भारत के अतीत का एक प्रतीक और स्मृति है जो वर्तमान तक चली आई है और जो भविष्य के महान समुद्र की ओर बहती चली जा रही है।और यद्यपि मैंने अतीत की बहुतेरी परंपराओं और रीतियों को त्याग दिया है और मैं चाहता हूँ कि भारत उन सभी बेड़ियों से मुक्त हो जाएँ जो उसे जकड़ती और रोकती हैं और लोगों को विभाजित करती हैं, और बहुत सारे लोगों का दमन भी करती हैं और उनके शरीर और आत्मा के मुक्त विकास को रोकती हैं, फिर भी मैं इन सबको स्वीकार करना चाहता हूँ, हालाँकि मैं अतीत से अपने आप को पूरी तरह काटना नहीं चाहता। हमारा जो महान उत्तराधिकार रहा है, और जो है, उस पर मैं गर्व महसूस करता हूँ। और मैं यह जानता हूँ कि अन्य लोगों के समान मैं भी उस अटूट शृंखला का एक हिस्सा हूँ जो भारत के अविस्मरणीय इतिहास के उषा काल तक ले जाती है, मैं इस शृंखला को तोड़ना नहीं चाहूँगा क्योंकि मैं उसे संजोता हूँ और उससे प्रेरणा प्राप्त करता हूँ। अपनी इस इच्छा के साक्षी और भारतीय सांस्कृतिक उत्तराधिकार के प्रति अपनी इस अंतिम श्रद्धांजलि के रूप में मैं यह प्रार्थना कर रहा हूँ कि मेरी एक मुट्ठी राख इलाहाबाद में गंगा में प्रवाहित कर दी जाए जिससे कि वह उस महान समुद्र तक चली जाए जो भारत के तट को धोता है।[11]

आजादी के बाद की कुछ ऐतिहासिक घटनाएँ

दो-राष्ट्र सिद्धांत के अंतिम परिणाम के रूप में पाकिस्तान का निर्माण हुआ था। पाकिस्तान को एक इस्लामिक गणतंत्र घोषित किया गया। कांग्रेस ने दो-राष्ट्र सिद्धांत का सदैव विरोध किया था। चूँकि आजादी की लड़ाई कांग्रेस के नेतृत्व में जीती गई थी, भारत ने

एक धर्मनिरपेक्ष राज्य बनना पसंद किया। बहरहाल, कांग्रेस पार्टी के भीतर ही एक प्रभावी वर्ग था जो धर्मनिरपेक्ष विचारधारा से पूर्णतः सहमत नहीं था। आजादी मिलने पर शुरू के वर्षों में नेहरू को यह सुनिश्चित करने के लिए बहुत दबाव डालना पड़ा कि भारत धर्मनिरपेक्षता के लिए पक्की तौर पर प्रतिबद्ध बना रहे और ऐसी किसी भी कार्रवाई से दूर रहे जिससे पुरातनपंथी होने या हिंदू धर्म के प्रति झुकाव होने की बू आए।

यद्यपि नेहरू चाहते थे कि अंतरिम गवर्नर जनरल सी. राजगोपलाचारी भारतीय गणतंत्र के पहले राष्ट्रपति बनें, तथापि सरदार वल्लभ भाई पटेल ने कांग्रेस संसदीय दल पर अपने प्रभाव के सहारे यह सुनिश्चित किया कि डॉ. राजेन्द्र प्रसाद राष्ट्रपति बनें।

जैसे ही राष्ट्रपति राजेन्द्र प्रसाद ने अपना कार्यभार ग्रहण किया उन्होंने गणतंत्र दिवस के लिए निश्चित तिथि 26 जनवरी को परिवर्तित करना चाहा क्योंकि उनके ज्योतिषियों ने उन्हें बताया था कि उक्त तिथि शुभ नहीं।[12] वास्तव में 26 जनवरी वह तिथि है जिस दिन दो दशकों पहले कांग्रेस ने पूर्ण स्वराज्य के लिए आह्वान किया था। नेहरू ने राजेन्द्र प्रसाद को स्पष्ट रूप से कह दिया कि इस मामले में ज्योतिषियों की बात नहीं मानी जा सकती और इस तरह 26 जनवरी, 1950 को भारत गणतंत्र घोषित किया गया।

कांग्रेस अध्यक्ष पद के लिए 1950 में होने वाले चुनाव में नेहरू ने पुरुषोत्तम दास टंडन के विरुद्ध जे.बी.कृपलानी का समर्थन किया था क्योंकि टंडन हिंदू दक्षिणपंथ के गहरे प्रभाव में थे। किंतु सरदार पटेल और उस समय के कुछ सशक्त मुख्यमंत्रियों के समर्थन से टंडन चुन लिए गए। आर्थिक नीति और सांप्रदायिकता के मामलों पर टंडन के साथ नेहरू की टकराहट हुई। अंततः टंडन को त्यागपत्र देना पड़ा और प्रधानमंत्री नेहरू ने कांग्रेस अध्यक्ष का पद ग्रहण कर लिया।

सोमनाथ मंदिर को कई सदियों पहले महमूद गजनी ने अपवित्र और ध्वस्त कर दिया था। इस मंदिर का पुनर्निर्माण हिंदुओं के लिए एक भावात्मक मामला था। राष्ट्रपति राजेन्द्र प्रसाद इस मंदिर के उद्घाटन समारोह में उपस्थित रहना चाहते थे, किंतु नेहरू ने उन्हें ऐसा करने से रोकने की कोशिश की।[13] जब राजेन्द्र प्रसाद ने समारोह में शामिल होने पर बहुत जोर दिया तो उनसे कहा गया कि वे समारोह में भारत के राष्ट्रपति के रूप में नहीं, अपनी निजी हैसियत में उपस्थित रह सकते हैं क्योंकि इस तरह के धार्मिक कार्यक्रम को एक शासकीय कार्यक्रम नहीं माना जा सकता। नेहरू ने 2 मई, 1951 को मुख्यमंत्रियों को भेजे अपने एक पत्र में अपना दृष्टिकोण स्पष्ट किया था :

> आपने सोमनाथ मंदिर में आयोजित होने वाले समारोहों की बाबत अवश्य पढ़ा होगा.. यह बात स्पष्ट रूप से समझ ली जानी चाहिए कि यह समारोह शासकीय नहीं है और भारत शासन का इससे कुछ भी लेना देना नहीं है।हमें ऐसा कोई भी काम नहीं करना चाहिए जो हमारे राज्य के धर्मनिरपेक्ष बने रहने के रास्ते में आड़े आए। यह हमारे संविधान और सरकारों का आधार है और इसलिए उन्हें ऐसे किसी भी कार्य में सम्मिलित होने से दूर रहना चाहिए जो हमारे राज्य के धर्मनिरपेक्ष चरित्र को प्रभावित करता प्रतीत हो।[14]

सरदार पटेल के स्वर्गवास के बाद और उनके तत्कालीन सहयोगियों के प्रभाव में कमी आने से कांग्रेस दल के भीतर हिंदूवादी ताकतों को कम से कम कुछ समय के लिए मैदान छोड़ना पड़ा। नेहरू 1952 में हुए पहले आम चुनाव में चुनाव प्रचार में धर्मनिरपेक्षता को एक बुनियादी मुद्दा बनाने में सफल हुए थे। उन्होंने पूरे देश में प्रचार अभियान चलाया था और कांग्रेस के लिए प्रसिद्धिपूर्ण विजय प्राप्त की। जनसंघ और हिंदू महासभा के प्रतिनिधित्व वाली सांप्रदायिक ताकतों को चुनावों में धूल चाटनी पड़ी और उन्हें कुल दो सीटों पर विजय मिली और 2 प्रतिशत से भी कम वोट मिले थे। एक स्वतंत्र गणतंत्र के रूप में देश की शुरुआत करते समय इस चुनावी जीत से हमारी राज्य व्यवस्था में धर्मनिरपेक्षता के पक्ष में बहुत ताकत मिली थी।

राजनीति और धर्मनिरपेक्षता

समय बीतने के साथ, केंद्रीय सरकार हो या राज्य सरकारें उनकी शासकीय नीतियाँ गांधी–नेहरू–आदर्श के अनुरूप नहीं बनी रहीं, जबकि यह आदर्श हमारे संविधान में दिया हुआ है। यद्यपि 1976 में एक संविधान संशोधन के जरिए भारत को औपचारिक रूप से एक 'धर्मनिरपेक्ष' गणतंत्र घोषित किया गया, कांग्रेस पार्टी पर भी समय–समय पर 'वोट बैंक राजनीति' करने का आरोप लगता रहा है। कांग्रेस पर इस प्रकार की राजनीति के लिए या तो अल्पसंख्यकों को अनुचित प्रश्रय देने (जैसा कि शाहबानो मामले के बाद नया कानून बनाने को लेकर हुआ) या दूसरे छोर पर हिंदुत्व के प्रति नरम रवैया अपनाने का आरोप लगा है। बहरहाल, प्रधानमंत्री नरसिंह राव की इस बात के लिए सही आलोचना की गई है कि उन्होंने 1992 में बाबरी मस्जिद के विध्वंस को रोकने के लिए प्रभावकारी ढंग से हस्तक्षेप नहीं किया था।

दूसरी ओर, भारतीय जनता पार्टी के नेतृत्व वाले एनडीए शासन ने संविधान में प्रतिष्ठापित धर्मनिरपेक्षता के आदर्शों के प्रति केवल दिखावा किया था। जब सही अवसर आया था तब वह सरकार अल्पसंख्यकों या उनके अधिकारों की सुरक्षा के लिए आगे नहीं आई। हस्तक्षेप नहीं करने का सबसे ज्वलंत उदाहरण 2002 में गुजरात के दंगों के समय का है जब वहाँ हजारों मुसलमानों का संहार कर दिया गया, और राज्य सरकार अल्पसंख्यक समुदाय के लोगों के जीवन और उनकी संपत्ति की रक्षा करने के अपने उत्तरदायित्व को पूरी तरह नकारते हुए मूक दर्शक बनी रही।

धर्मनिरपेक्षता और भारतीय संविधान

'धर्मनिरपेक्षता' बनाम 'छद्म धर्मनिरपेक्षता' बहस हिंदू दक्षिणपंथियों के समूह ने, जो संघ परिवार के रूप में भी जाना जाता है, शुरू की थी। इस परिवार ने कांग्रेस और वामपंथी दलों पर 'छद्म धर्मनिरपेक्ष' होने का लगातार आरोप लगाया है। इन दक्षिणपंथी संगठनों के अनुसार, अल्पसंख्यकों के साथ किसी भी प्रकार का भिन्न व्यवहार करना धर्मनिरपेक्षता के सिद्धांत के विरुद्ध होता है। यह वाद–विवाद वर्तमान राजनीतिक द्वन्द्वात्मकता का हिस्सा है और निकट भविष्य में यह विवाद ऐसे ही चलता रहेगा।

अपने देश में धर्मनिरपेक्षता के संदर्भ में सांविधानिक प्रावधान का वर्णन करना उपयुक्त होगा, जो संविधान निर्माताओं की प्रतिबद्धता का सम्मान करते हुए किया गया है। देश ने इन प्रावधानों के प्रति बाद में पुनः अपनी निष्ठा व्यक्त की है और कई संशोधनों के द्वारा उसे मजबूती दी है। मैथ्यू जॉन ने एक लेख में इस सांविधानिक स्थिति को बहुत अच्छी तरह से वर्णित किया है। उस वर्णन में से प्रासंगिक अंश इस प्रकार है :

> अमेरिका के संविधान में धार्मिक स्वतंत्रता मंजूर करने के लिए और धर्म की स्थापना को रोकने के लिए बिलकुल ही सामान्य और लगभग अस्पष्ट धाराएँ दी गई हैं, उसके विपरीत इस मामले में भारतीय संविधान कहीं अधिक विस्तृत है जिसमें यह बताया गया है कि वह धर्म के मामले में अपने को किस प्रकार संगठित करता है। लोक व्यवस्था, स्वास्थ्य और नैतिकता के मामले में संयम बरतने की शर्त के साथ, भारतीय संविधान व्यक्तियों को धर्म का पालन करने, उसका प्रचार और प्रसार करने के लिए धार्मिक स्वतंत्रता भी उपलब्ध कराता है। इसके अतिरिक्त, संविधान सभी धार्मिक संप्रदायों को संगठनात्मक स्वतंत्रता भी देता है जिससे वे धर्म संबंधित अपनी गतिविधियों को चलाएँ, संपत्ति का स्वामीत्व रखें, संपत्ति अर्जित करें और कानून के मुताबिक उसका प्रशासन करें। बहरहाल, भारतीय संविधान मानक उदारवादी (अमेरिकी और संभवतः यूरोपीय) सांविधानिक माडलों से इस मामले में अलग है कि वह धार्मिक स्वतंत्रता की मंजूरी देते हुए कुछ शर्ते भी लगाता है। लोक व्यवस्था के हित में सामान्य उदारवादी शर्तों के अलावा, भारतीय संविधान के अनुच्छेद 25 (दो) (क) और (ख) यह नियत करता है कि राज्य धार्मिक आचरण से संबद्ध किसी आर्थिक, वित्तीय, राजनीतिक या अन्य धर्मनिरपेक्ष क्रिया कलाप का विनयमन कर सकता है। वह राज्य को अनुमति देता है कि वह सामाजिक कल्याण और सुधार के लिए या सार्वजनिक प्रकार की हिंदुओं की धार्मिक संस्थाओं को हिंदुओं के सभी वर्गों और अनुभागों के लिए खोलने के लिए कानून बनाए। और फिर अनुच्छेद 27 यह संकेत देता प्रतीत होता है कि धार्मिक उद्देश्य के लिए कर लगाए जा सकते हैं यदि ये कर किसी विशेष धर्म के विनिर्दिष्ट रूप के खर्चों की पूर्ति के लिए विनियोजित नहीं किए जाते हैं। अंत में और शायद कुछ कम विवादास्पद रूप में, अनुच्छेद 28 में यह प्रावधान है कि राज्य से आंशिक रूप में राज्यनिधि पाने वाली शैक्षणिक संस्था में धार्मिक शिक्षा दी जा सकती है, यदि उक्त संस्था की स्थापना किसी ऐसे विन्यास या न्यास के अधीन हुई है जिसके अनुसार उस संस्था में धार्मिक शिक्षा देना आवश्यक है। ऐसी संस्थाओं में, किसी भी व्यक्ति को धार्मिक शिक्षा में भाग लेने के लिए बिना उसकी सहमति के बाध्य नहीं किया जा सकता। इस तरह भारतीय संविधान स्वतंत्रता के उदारवादी पूर्वग्रह से ज्यादा परेशान होता प्रतीत नहीं होता और 'धर्मनिरपेक्ष' धार्मिक मामलों में राज्य की हस्तक्षेप करने वाली उपस्थिति के संबंध में विस्तृत प्रावधान की अनुमति देता प्रतीत होता है।[15]

सर्वोच्च न्यायालय ने अनेक प्रकरणों में अपने निर्णयों के द्वारा संविधान की व्याख्या की है जिससे राज्य को 'धर्मनिरपेक्ष' प्रकृति के धार्मिक मामलों में हस्तक्षेप करने की शक्ति प्राप्त हो सकी है। ऐसे निर्णयों में से कुछ महत्त्वपूर्ण निर्णयों पर हम सरसरी नजर डालना चाहेंगे।

शीर्ष न्यायालय ने 1973 के केशवानंद भारती प्रकरण में सबसे पहले धर्मनिरपेक्षता को भारतीय संविधान की अपरिवर्तनीय बुनियादी संरचना घोषित किया था। इस प्रकरण को सर्वोच्च न्यायालय की तेरह न्यायधीशों वाली पीठ के द्वारा निर्णीत किया गया था। इस पीठ ने 7 विरुद्ध 6 के बहुमत से घोषित किया कि 'यद्यपि संविधान का कोई भी हिस्सा, मूल अधिकार सहित' संसद की संशोधन करने की शक्ति से परे नहीं है (इस तरह उसने 1967 के प्रकरण में दिए गए निर्णय को बदल दिया), तथापि 'संविधान की बुनियादी संरचना को सांविधानिक संशोधन के द्वारा भी रद्द नहीं किया जा सकता।'[16] फिर न्यायधीशों ने संविधान की बुनियादी संरचना के तत्त्वों को निरूपित किया जिनमें उसका धर्मनिरपेक्ष चरित्र शामिल था।

एस.आर.बोमई विरुद्ध भारत संघ के मामले में 1994 में दिए गए निर्णय में सर्वोच्च न्यायालय ने संविधान में धर्मनिरपेक्षता के स्थान को स्पष्ट रूप से बतलाया था। न्यायालय ने सबसे पहले जोर देकर यह कहा कि धर्म की स्वतंत्रता के अधिकार को सुनिश्चित करने के लिए धर्मनिरपेक्षता बहुत महत्त्वपूर्ण है। धर्म की स्वतंत्रता से जुड़े अधिकार के मामले में राज्य को व्यक्ति की धार्मिक संबद्धता पर ध्यान दिए बगैर समानता से व्यवहार करना चाहिए। अतः यह निर्धारित किया गया कि शासन के लोकतांत्रिक रूप के सफल संचालन के लिए धर्मनिरपेक्ष राज्य की धारणा अनिवार्य है। न्यायालय ने दूसरी बात यह जोर देकर कही कि सहनशीलता और सांप्रदायिक सदभाव के भारतीय सभ्यतामूलक या सांस्कृतिक लोकाचार से धर्मनिरपेक्षवाद उद्भूत हुआ है। धर्मनिरपेक्षता को भारतीय सभ्यता मूलक लोकाचार का एक हिस्सा मानने के कारण, न्यायालय ने तीसरी बात के रूप में सकारात्मक धर्मनिरपेक्षवाद का प्रतिपादन करते हुए न्यायालय की सुधारवादी भूमिका पर जोर देकर कहा कि जब धर्मनिरपेक्ष सभ्यता मूलक मूल्य खतरे में आए हुए प्रतीत हों तब न्यायालय को निर्णयात्मक रूप से हस्तक्षेप करना होगा। बोमई मामले में सर्वोच्च न्यायालय के निर्णय में धर्मनिरपेक्षता के संबंध में निश्चित न्यायिक स्थिति का निरूपण किया गया है। इस तरह, बोमई प्रकरण में न्यायालय के निर्णय से भारतीय संविधान की हस्तक्षेप करने वाली संरचना स्पष्ट हुई है जो सांप्रदायिक सदभाव और सहनशीलता पर आसन्न खतरे की स्थितियों से निपटने के लिए न्यायालय को अनुमति देती है।

बोमई और इस्माइल फारूकी विरुद्ध भारत संघ (1994) प्रकरणों में दिए गए निर्णयों में से कुछ प्रसिद्ध एक पंक्ति वाले उद्गारों को धनंजय महापात्र ने उद्धृत किया है जो हमारे संविधान के धर्मनिरपेक्ष स्वरूपों को सूत्र रूप में उजागर करते हैं। ये उद्गार उल्लेखनीय हैं[17] :

- ''संविधान में धर्मनिरपेक्षता ईश्वर-विरोधी नहीं है।''
- ''ऐसे मामले जो पूरी तरह धार्मिक हैं वे व्यक्ति के निजी मामले माने गए हैं और जनहित, व्यवस्था तथा जनकल्याण के आधार पर धर्मनिरपेक्ष मुद्दे को राज्य का दायित्व माना गया है।''

- "धर्मनिरपेक्ष शासन को धार्मिक आधार पर लोगों को विभाजित करने के लिए की जाने वाली कोशिशों को निष्फल करना चाहिए और समाज में व्यवस्था स्थापित करनी चाहिए।"
- "सांप्रदायिक तनाव को बढ़ने से रोकने के लिए और सांप्रदायिक तालमेल तथा सद्भाव स्थापित करने के लिए उठाया गया कोई भी कदम गैर-धर्मनिरपेक्ष या धर्मनिरपेक्षता के विरुद्ध निरूपित नहीं किया जा सकता।"

धर्मनिरपेक्षता और धार्मिक प्रतीकों का प्रदर्शन

यह जानना उपयुक्त होगा कि फ्रांस और ब्रिटेन जैसे पश्चिमी देशों में सरकारों ने समय-समय पर स्कूलों या कार्य स्थलों पर महिलाओं के हिजब या नकाब पहनने पर और पुरुषों के पगड़ी पहनने पर प्रतिबंध लगाया है। ये सरकारें सार्वजनिक स्थलों पर लोगों के द्वारा पहनने जाने वाले परिधान के मामलों में इसी तरह के अन्य प्रतिबंध लगाती हैं। इस तरह के प्रतिबंधों के विरुद्ध मुसलमानों अथवा सिखों ने प्रकरण के मुताबिक विरोध प्रदर्शित किया है। धार्मिक प्रतीक मानी जाने वाली चीजों पर प्रतिबंध लगाने की बात पश्चिम में धर्मनिरपेक्षता के प्रतिबंधात्मक स्वरूप से उभरती है।

फ्रांस के राष्ट्रपति सरकोजी ने फ्रांस की संसद में हाल ही में अपने एक उद्बोधन में बुरका पहनने की प्रथा पर तीखी टिप्पणी की थी जिससे पश्चिम में मुसलमान महिलाओं की वेशभूषा से जुड़ा विवाद ताजा हो गया है। उसका प्रभाव भारत में भी महसूस किया जा रहा है। बहरहाल, भारत में ऐसे मामले नहीं उठते क्योंकि विभिन्न धर्मों और संप्रदायों के अनुयायियों द्वारा इस प्रकार के धार्मिक प्रतीकों के उपयोग के मामले में राज्य ने समानता की नीति अपना रखी है।

बहरहाल, महिलाएँ जब दो पहिया वाहन की पिछली सीट पर बैठ कर यात्रा कर रहीं हों तो वे अनिवार्य रूप से हेलमेट पहनें या नहीं-यह मामला कुछ वर्ष पूर्व धार्मिक कारणों से सार्वजनिक विवाद बना था। सिख धर्म के अनुसार, सिख पुरुष और महिलाएँ अपने सिर पर केवल पगड़ी बाँध सकती हैं और इसलिए सिख महिलाओं के लिए हेलमेट पहनने को अनिवार्य बनाना कुछ सिख महिलाओं को मंजूर नहीं था। पंजाब और हरियाणा उच्च न्यायालय ने इसे अनिवार्य बनाया था परंतु उस निर्णय को सर्वोच्च न्यायालय ने अक्टूबर 2004 के अपने एक निर्णय में उलट दिया था। सर्वोच्च न्यायालय के इस निर्णय के द्वारा दो पहिया वाहन की पिछली सीट पर बैठकर यात्रा करने वाली सभी महिलाओं को, चाहे वे जिस धर्म का पालन करती हों, हेलमेट पहनने से छूट दी गई थी। उसके बाद से इस विषय पर चल रहा विवाद थम गया है।

धर्मनिरपेक्ष-सांप्रदायिक प्रश्न पर अकादमिक बहस

कौन 'धर्मनिरपेक्ष' है और कौन 'धर्मनिरपेक्ष नहीं' है, इस वाद-विवाद से परे धर्मनिरपेक्ष-सांप्रदायिक का प्रश्न भारतीय अकादमिक क्षेत्र के विद्वानों के बीच बहस का एक विषय

लगातार बना हुआ है। कुछ विद्वान समाज की सामाजिक-आर्थिक संरचना के शोषणपरक पहलुओं पर सामान्यतः जोर देते हैं जो सांप्रदायिक दरार बढ़ाते हैं। दूसरी ओर, कुछ विद्वानों को 'धर्मनिरपेक्ष विरोधी' निरूपित किया गया है (यद्यपि वे इस लेबल को अपने लिए मंजूर नहीं करना चाहेंगे)। ये विद्वान धार्मिक परंपराओं को बनाए रखने के पक्ष में तर्क देते हुए प्रतीत होते हैं क्योंकि ये परंपराएँ वास्तव में विभिन्न समुदायों के बीच समरसता को बढ़ाती हैं, न कि विरोध को। इस दृष्टि से वे भारत की सुदीर्घ सभ्यता मूलक सहनशीलता के लोकाचार से प्रेरणा लेते हैं।

नीरा चांढोक ने अपनी पुस्तक 'बियांड सेक्युलरिज्म-द राइट्स ऑफ रिलीजस माइनरिटीज' में धर्मनिरपेक्षता के संबंध में नेहरू की अवधारणा के पक्ष में जोरदार तर्क प्रस्तुत किए हैं किंतु वे इस बात पर दुख प्रकट करती हैं कि स्वतंत्रता के बाद राजनीतिक घटनाओं ने किस प्रकार इस अवधारणा को लगातार खोखला बनाने का काम किया है।[18] अपने इस तर्क के पक्ष में प्रमाण देते हुए वे ''बाद के प्रधानमंत्रियों, जैसे इंदिरा गांधी, द्वारा की गई कार्रवाई का उदाहरण देती हैं जिन्होंने खुले रूप से धार्मिक प्रतीक अपना लिए थे और उनका वैध माने जाने वाले साधन के रूप में व्यवहार किया था, जिन्होंने सत्तर के दशक के उत्तरार्ध और अस्सी के दशक की शुरुआत में हिंदू कार्ड खेला था।'' इन वैध माने जाने वाले साधनों को अपनाए जाने के कारण अल्पसंख्यक समूहों में यह भावना पैदा हुई कि इस देश में उन्हें हाशिए पर ढकेला जा रहा है। नीरा हिंदुओं के लिए बाबरी मस्जिद को खोल दिए जाने को भी मुसलमानों के दूर होने का एक कारण मानती हैं।

अमर्त्य सेन ने अपने एक निबंध, 'सेक्यूलरिज्म एंड इट्स डिसकंटेंट्स'[19] में भारतीय धर्मनिरपेक्षता की आलोचना करने वालों द्वारा प्रस्तुत विभिन्न तर्कों की समालोचना पूर्वक परीक्षा की है और उन्हें अस्वीकार्य पाया है। सेन ने धर्मनिरपेक्षता विरोधियों द्वारा प्रस्तुत तर्कों के 6 विशिष्ट तर्कों को विचार में लिया और यह बताने के लिए वे त्रुटिपूर्ण हैं उनके विरुद्ध अपने तर्क दिए हैं। ये हैं : (क) 'अस्तित्वहीन' समीक्षा, (ख) 'पक्षपातपूर्ण' समीक्षा, (ग) 'पूर्व पहचान' वाली समीक्षा, (घ) 'मुसलमान वर्गवादी' समीक्षा, (च) 'गैर आधुनिकतावादी' समीक्षा और (छ) 'सांस्कृतिक' समीक्षा। मैं इन तर्कों में से केवल उस एक पर संक्षिप्त चर्चा करना चाहूँगा जिसका संबंध सांप्रदायिक हिंसा और उसके कारणों से है। यह सेन द्वारा प्रतिपादित धर्मनिरपेक्षता की गैर आधुनिकतावादी समीक्षा से संबंधित है।[20]

धर्मनिरपेक्षता की गैर आधुनिकतावादी समीक्षा और वह कैसे त्रुटिपूर्ण है

आशीष नंदी ने यह तर्क दिया है कि ''यह आधुनिक भारत नहीं है जिसने भारत में यहूदी धर्म को लगभग 2000 वर्ष तक, ईसाई धर्म के यूरोप में जाने के पहले से भी और पारसी धर्म को 1200 से अधिक वर्षों तक सहन किया। यह पारंपरिक भारत है जिसने इस प्रकार की सहनशीलता दिखलाई है।...भारत जैसे-जैसे आधुनिक होते जा रहा है वैसे-वैसे धार्मिक हिंसा बढ़ रही है।''

धर्मनिरपेक्षता के प्रति यह दृष्टिकोण यह मानता है कि यह एक पश्चिमी अवधारणा है जिसकी बुनियाद 'प्रबोधन और सुधार' (ईसाई धर्म आंदोलन) में है। प्रोटेस्टेंटवाद के बढ़ने से चर्च और राज्य के बीच विभाजन हुआ। इस पृष्ठभूमि में धर्मनिरपेक्षता पश्चिमी संस्कृति में निहित हो गई। 'गैर धर्मनिरपेक्षतावादियों' के अनुसार भारत में धर्मनिरपेक्षता के लिए कोई स्थान नहीं है। यह भी तर्क दिया जाता है कि पारंपरिक भारत में सांप्रदायिक दंगे नहीं हुए क्योंकि पारंपरिक धार्मिकता ने धार्मिक सहनशीलता और सहअस्तित्व के सिद्धांतों को बढ़ाया था।

नंदी ने यह भी कहा है कि "धर्मनिरपेक्षता के सिद्धांत को स्वीकार करना उसी प्रकार है जैसे प्रगति और आधुनिकता के सिद्धांतों को स्वीकार करने के लिए (अंग्रेजों द्वारा किए गए) आधिपत्य को न्यायोचित ठहराने का नया तर्क माना जाए, और सिद्धांतों को प्राप्त करने तथा बनाए रखने के लिए हिंसा के उपयोग को जनता के लिए नई अफीम के रूप में स्वीकार किया जाए।" अमर्त्य सेन धर्मनिरपेक्षता के इस चरित्र चित्रण को स्वीकार नहीं करते। धर्मनिरपेक्षता की भारतीय अवधारणा यह माँग करती है कि राजनीति में और राज्य के मामलों में विविध धार्मिक समुदायों के साथ समान व्यवहार किया जाना चाहिए। इस बात को स्वीकार करना कठिन है कि इस प्रकार का व्यवहार इस सिद्धांत को प्राप्त करने या बनाए रखने के लिए अनिवार्यतः 'हिंसा' को पैदा करेगा।

आशुतोष वार्ष्णेय ने उल्लेख किया है कि [गैर] धर्मनिरपेक्षता विरोधी विचारधारा के लोगों ने विभिन्न प्रकार की परम्पराओं के बीच भेद नहीं किया है क्योंकि यह सबकी सब सहनशील किस्म की नहीं हैं।[21] मुगल शासक अकबर ने विभिन्न समुदायों के बीच सम्पर्क सूत्र स्थापित किए थे और वह मध्यकालीन भारत में सहनशीलता के प्रसार का प्रतिनिधित्व करता है। परंतु औरंगजेब ने इसके ठीक उल्टा कार्य किया। उसने गैर-मुसलमानों के उत्पीड़न की नीति को अपनाया था। अन्य धर्मों के अनुयायियों के प्रति इन दो-मुगल शासकों के दृष्टिकोण में अन्तर यह बतलाता है कि परम्परा किस प्रकार सहनशीलता से असहनशीलता की ओर मुड़ सकती है, और इस तरह परम्परा वह एकांतिक आधार नहीं है जिसे आधुनिकता के विरोध के लिए विचार में लिया जाए।

वार्ष्णेय ने यह तर्क भी दिया है कि जिस तरह परंपरा अलग-अलग रूप की हो सकती है उसी तरह आधुनिकता और धर्मनिरपेक्षता भी अलग-अलग रूप में आ सकती है। इस प्रकार वार्ष्णेय नेहरू के सिद्धांत को धर्मनिरपेक्ष सहनशीलता के रूप में निरूपित करते हैं जिसका अर्थ यह है कि यद्यपि धर्म को लेकर नेहरू के मन में संकोच की भावनाएँ थीं, उन्होंने इस संकोच को "धर्म का अहंकारी तरीके से दुरुपयोग करने या सार्वजनिक जीवन में धर्म को मौकापरस्ती के साथ स्वीकार करने का रूप नहीं लेने दिया।"[22] इसके विपरीत, इंदिरागांधी 'धर्मनिरपेक्ष अहंकारिता' का उदाहरण हैं। वार्ष्णेय के मतानुसार, (धर्मनिरपेक्ष अहंकारिता) "वह विचार है जिसका उपयोग राजनीतिक सत्ता द्वारा धर्म में विश्वास करने वालों को अपने साथ लेने या उनके प्रभाव को कम करने के लिए किया जा सकता है।"[23] वार्ष्णेय ने धर्मनिरपेक्ष अहंकार के उदाहरण के रूप में

यह उदाहरण प्रस्तुत किया है–अमृतसर में स्वर्ण मंदिर पर कब्जा किए हुए सिख अलगाववादियों को बेअसर करने के लिए सशस्त्र सेनाओं का किस प्रकार उपयोग किया गया था।

वार्ष्णेय की दृष्टि में राजीव गांधी 'धर्मनिरपेक्ष भोलेपन' का प्रतिनिधित्व करते थे। यह प्रकरण उल्लेखनीय है कि राजीव गांधी ने शाहबानों निर्णय को लेकर किस प्रकार कार्रवाई की थी। इससे भी बड़ी बात यह है कि राजीव गांधी सरकार ने इस संबंध में एक कानून को पारित कराने के लिए पहल की थी जिससे मुसलमान महिलाओं के लिए विवाह, तलाक, आदि मामलों में शरियत का स्थान सिविल कानून के ऊपर हो गया। यह (इस विषय पर एक समान सिविल संहिता के अध्याय में चर्चा की गई है) घटना राजीव गांधी के 'धर्मनिरपेक्ष भोलेपन' का भेद खोलती है।

अंतिम शब्द

वार्ष्णेय ने जिस तरह धर्मनिरपेक्षता के विभिन्न प्रकार बताए हैं, हम उससे सहमत या असहमत हो सकते हैं। यह सम्भव है कि यथार्थ की राजनीति के कारण सरकारों को विभिन्न नीतियों के क्रियान्वयन में धर्मनिरपेक्षता के संबंध में गांधी–नेहरू की अवधारणा से भटकना पड़ा हो। परंतु इस प्रकार के भटकावों को अस्थायी चूक के रूप देखना होगा क्योंकि संविधान में उल्लिखित धर्मनिरपेक्षता के इसी स्वरूप का पालन किया जाता है। यह धारणा ही समरसता और सहनशीलता को बढ़ा सकती है। अतः धर्मनिरपेक्षता का मर्यादा–पालन हमें हिंसा की ओर नहीं ले जाए, बल्कि हिंसा से दूर करे।

मई 2009 के आम चुनाव के परिणामों ने हिंदुत्व की वकालत करने वालों की जड़ें हिलाकर रख दी होंगी, जो सच्चे धर्मनिरपेक्ष राज्य के निर्माण के रास्ते में बाधा पहुँचाने के लिए 'तुष्टिकरण की नीति' और 'अल्प संख्यकवाद' का ढिंढ़ोरा पीटते रहते हैं। हिंदू मतदाताओं को लुभाने की कोशिश में दक्षिणपंथी गठबंधन ने एक बार फिर अयोध्या में राम मंदिर बनाने और एक समान सिविल संहिता को प्रभावशील बनाने के मुद्दों को उठाया था। बहरहाल, ये मुद्दे बेअसर ही सिद्ध हुए। मतदाताओं के बहुमत ने कांग्रेस पार्टी के पक्ष में निर्णय दिया और दक्षिणपंथी गठबंधन को पिछली बार की तुलना में काफी कम मत मिले। ऐसा प्रतीत होता है कि हमारे मतदाता अब इतने परिपक्व हो गए हैं कि वे विभाजनकारी उद्देश्यों का लाभ उठाने के लिए राजनीतिज्ञों की कोशिश को नकार दें, और वे यह भी जान लें कि राजनीतिज्ञों की विभाजनकारी कोशिशें भारत के अनिवार्य धर्मनिरपेक्ष लोकाचार के विरुद्ध हैं।

टिप्पणियाँ

1. वार्ष्णेय, एथनिक कांफ्लिक्ट एंड सिविक लाइफ, पृ. 55
2. सेन, आर्ग्युमेंटेटिव इंडियन, पृ. 16–18
3. सईद नकवी, 'द परेड ऑफ पैरानोइय', द इंडिया एक्सप्रेस, 29 जनवरी, 1999

4. सेन, आर्गुमेंटेटिव इंडिया, पृ. 72
5. वही, पृ. 19
6. अय्यर, कनफेशंस ऑफ ए सेकुलर फंडामेटलिस्ट, पृ. 34
7. वर्क एंड कुरैशी, द ब्रिटिश राज इन इंडिया, पृ. 181–201
8. वही, पृ. 195
9. वही, पृ. 194–195
10. मुशीरुल हसन, मॉडरेट ऑर मिलिटेंट : इमेजेज ऑफ इंडियाज मुस्लिम्स (न्यू डेल्ही; ऑक्सफोर्ड, 2008) पृ. 7
11. एम.जे. अकबर, नेहरू : द मेकिंग ऑफ इंडिया (न्यू डेल्ही : रोली बुक्स, 2003) पृ. 583–584
12. वही, पृ. 459
13. वही, पृ. 462
14. अय्यर, कनफेर्सस ऑफ ए सेकुलर फंडामेंटलिस्ट, पृ. 134
15. मैथ्यू जॉन, डिकोडिंग सेकुलरिज्म–कम्परेटिव स्टडी ऑफ लीगल डिसीशंस इन इंडिया एंड यू.एस, इकॉनॉमिक्स एंड पॉलिटिकल वीकली, 30 अप्रैल, 2005, पृ. 1901–1906
16. 'बेसिक स्ट्रक्चर', http://en.wikipedia.org/wiki/Bisic_Structure
17. धनंजय महापात्र, 'इन ए वीक, टू असाल्ट ऑन सेकुलरिज्म', द टाइम्स ऑफ इंडिया, 17 सितंबर, 2007
18. नीरा चांढोक, बियांड सेकुलररिज्म–द राइट्स ऑफ रिलीजियस माइनरिटीज (न्यू डेल्ही : ऑक्सफोर्ड, 2002) पृ. 43–74
19. सेन, आर्ग्युमेंटेटिव इंडियन, पृ. 294–316
20. वही
21. वार्ष्णेय, एथनिक कांफ्लिक्ट एंड सिविक लाइफ, पृ. 78
22. वही, पृ. 79
23. वही

धार्मिक राष्ट्रवाद : मुसलमानों का कथन

धर्मनिरपेक्ष राष्ट्रवाद के प्रति सैद्धांतिक विरोध धार्मिक राष्ट्रवाद से उपजता है। स्वतंत्रता आंदोलन को अंग्रेजी शासन के विरुद्ध राष्ट्रवादियों द्वारा किए गए संघर्ष के रूप में देखा जाता है। इस पूरे आंदोलन के दौरान धर्मनिरपेक्ष और धार्मिक राष्ट्रवादी शक्तियों के बीच अंदर ही अंदर एक द्वंद्व चलता रहा था।

धर्मनिरपेक्ष राष्ट्रवाद का प्रतिनिधित्व कांग्रेस द्वारा किया जाता था। कांग्रेस का यह दावा था कि वह सभी भारतीयों, चाहे वे किसी भी धर्म के हों, का प्रतिनिधित्व करती है और उनके लिए कार्य करती है। मुसलमान राष्ट्रवाद का प्रतिनिधित्व मुस्लिम लीग और उसके शीर्षस्थ नेता, दो राष्ट्र के सिद्धांत की वकालत करने वाले मोहम्मद अली जिन्ना द्वारा किया जाता था। वे मानते थे कि हिंदू और मुसलमान दो अलग-अलग राष्ट्र हैं। अखिल भारतीय हिंदू महासभा भी दो राष्ट्र के सिद्धांत में विश्वास करती थी लेकिन उसका दृष्टिकोण मुस्लिम लीग के दृष्टिकोण से ठीक उलटा था। हिंदू महासभा इस पृष्ठभूमि में दो राष्ट्र के सिद्धांत पर विश्वास करती थी कि भारत का विभाजन नहीं होना चाहिए और अल्पसंख्यकों को हिंदू संस्कृति की मुख्यधारा की प्रधानता स्वीकार करनी होगी। इस दृष्टिकोण में, देश में व्यक्तियों की धार्मिक पहचान को सबसे ऊपर माना गया जिसमें अन्य सभी पहचानें अधीनस्थ हो जाती हैं। यह पर्याप्त आश्चर्य की बात है कि हिंदू और मुसलमान राष्ट्रवादी दोनों की ही सैद्धांतिक दृष्टि एक समान थी किंतु अलग-अलग दिशाओं में। इस परिप्रेक्ष्य में जिन्ना के विचार वी.डी. सावरकर के विचारों में प्रतिध्वनित होते हैं जबकि हिंदू राष्ट्रवादियों में सबसे ज्यादा तेज आवाज सावरकर की ही थी।

स्वतंत्रता आंदोलन के आरंभिक दौर में, प्रथम विश्वयुद्ध के समय में और उसके ठीक बाद तक आंदोलन का मुख्य उद्देश्य अंग्रेजी शासन से मुक्ति पाना था। तब तक मुसलमानों के लिए अलग राष्ट्र की माँग नहीं उभरकर आई थी, और यदि कहीं कोई आवाज थी भी तो उसमें गंभीरता या विश्वास की कमी थी।

मुसलमान राष्ट्रवाद का ऐतिहासिक परिप्रेक्ष्य

हमारे लिए यह जरूरी कि हम मुसलमान राष्ट्रवाद (जिसे मुसलमान सांप्रदायिकता का लेबल भी दिया जा सकता है) के उदय के इतिहास पर गौर करें। भारत का विभाजन होने के बाद और पाकिस्तान के निर्माण की माँग पूरी हो जाने के बाद मुसलमान राष्ट्रवाद की

धारणा को बनाए रखने के लिए कोई वजह नहीं थी जिससे मुसलमान राष्ट्रवाद का अस्तित्व लगभग समाप्त हो गया था। फिर भी मुसलमान राष्ट्रवाद का अस्तित्व बना हुआ है। हाँ, यह जरूर है कि अब यह धारणा अपने मूल स्वरूप की तुलना में बहुत कमजोर है। मुसलमान समुदाय के कुछ तत्त्व सांप्रदायिक मामलों को लेकर, इस देश के धर्मनिरपेक्ष लोकाचार के विपरीत, जिस ढंग से आंदोलन करते हैं वह मुसलमान राष्ट्रवाद की झलक देता है।

मुसलमानों के लिए एक अलग राष्ट्र के विचार के उभरने या उसे अभिव्यक्त किए जाने के बहुत पहले कुछ मुसलमान प्रबुद्ध व्यक्तियों के मन में मुसलमानों को एक कौम के रूप में देखने का विचार घर कर गया था। (कौम का अर्थ विशिष्ट लोग, समुदाय या राष्ट्र होता है।) सर सैयद अहमद खान विश्वास करते थे कि कौम का हित अंग्रेजों के साथ समझौता करने में है। सन् 1866 में सैयद अहमद ने अलीगढ़ में ब्रिटिश इंडिया एसोसिएशन की स्थापना की थी। यह एसोसिएशन केवल मुसलमानों के लिए नहीं था। बहरहाल, सैयद अहमद हिंदुओं से धीरे-धीरे दूर होते गए क्योंकि बनारस में कुछ हिंदुओं ने न्यायिक अदालतों में उर्दू के स्थान पर हिंदी के उपयोग के लिए अभियान शुरू किया था। सैयद अहमद विश्वास करते थे कि उर्दू 'इस देश में मुसलमान राज्य का स्मृति चिह्न' और समन्वित हिंदू-मुसलमान संस्कृति का केंद्र है।

अलीगढ़ मुस्लिम यूनिवर्सिटी की स्थापना

सन् 1857 के विद्रोह के बाद अंग्रेजों से, हिंदुओं की तुलना में, मुसलमान कहीं अधिक दूर हो गए थे। इस स्थिति में अंग्रेजों ने सर सैयद अहमद को एक मूल्यवान मित्र के रूप में पाया। सैयद अहमद मुसलमानों को आधुनिक शिक्षा का लाभ पहुँचाने के लिए एक महाविद्यालय की स्थापना करना चाहते थे। अंग्रेजी राज ने अलीगढ़ में 75 एकड़ भूमि आवंटित कर इस कार्य में सहायता पहुँचाई। इसी भूमि पर मोहम्मडन एंग्लो-ओरिएंटल कॉलेज की स्थापना हुई। इस महाविद्यालय में अंग्रेजी भाषा में कला, विज्ञान और कानून के विषयों की शिक्षा की व्यवस्था की गई थी। यही महाविद्यालय बाद में चलकर अलीगढ़ मुस्लिम यूनिवर्सिटी बन गया। समय बीतने पर यह विश्वविद्यालय भारत में मुसलमान जन की शैक्षिक और राजनीतिक आकांक्षाओं का प्रतिनिधित्व करने लगा। यह विश्वविद्यालय उस आंदोलन का बौद्धिक केंद्र बनकर उभरा जिसके फलस्वरूप 1947 में भारत का विभाजन हुआ और पाकिस्तान का निर्माण हुआ।

कुछ मुसलमान यह विश्वास करते थे कि उनके अपने कुछ विशेष हित हैं जिनकी पूर्ति की जानी चाहिए और कि उनके ये हित अंग्रेजी राज के विरुद्ध अखिल भारतीय संघर्ष से अलग हैं। ऐसा मानने वाले मुसलमान मुस्लिम लीग की स्थापना के लिए 1906 में एकजुट हुए। उनका पहला प्रमुख उद्देश्य मुसलमानों के लिए अलग निर्वाचन मंडल प्राप्त करना था। उनका यह उद्देश्य मोर्ले-मिंटो सुधार पर आधारित इंडियन कौंसिल एक्ट, 1909 के पारित होने पर इम्पीरियल कौंसिल और लेजिस्टेटिव कौंसिल के मामले

में पूर्ण हो गया। इस कानून के अंतर्गत विभिन्न कौंसिलों के सदस्यों के निर्वाचन और नामांकन की प्रक्रिया निर्धारित की गई थी। इसमें कौंसिलों के लिए चुने जाने वाले और नामांकित होने वाले व्यक्तियों की योग्यताएँ भी निर्धारित की गई थीं। इन कौंसिलों में विभिन्न समुदायों और समूहों के लिए आरक्षण के आधार पर प्रतिनिधित्व निर्धारित किया गया था।

मुस्लिम लीग

27 दिसंबर, 1909 को लाहौर कांग्रेस में पारित एक प्रस्ताव में इन नियमों की भर्त्सना की गई थी क्योंकि, "(क) एक विशेष धर्म के अनुयायियों को अत्यधिक और अधिक भारी प्रतिनिधित्व दिया गया है, (ख) निर्वाचन मंडल, मताधिकार और उम्मीदवारों की योग्यता के मामले में महामहिम की प्रजा में मुसलमान और गैर-मुसलमान के बीच न्याय विरुद्ध, द्वेषजनक और अप्रतिष्ठाकर भेदभाव किया गया है।[1]

लखनऊ संधि

कांग्रेस चूँकि सभी समुदायों और वर्गों का प्रतिनिधित्व करने का दावा करती थी इसलिए अपने इतिहास के अधिकांश समय में कांग्रेस अलग निर्वाचन मंडल की विरोधी बनी रही। बहरहाल, एक ऐसी भी समयावधि थी जिसमें सभी मुसलमानों का सहयोग प्राप्त करने के हित में, उसने इस मामले में अपने दृष्टिकोण में हलका-सा बदलाव किया था। जब अंग्रेजों ने अलग निर्वाचन मंडल की माँग स्वीकार कर ली तब एक ऐसी अवस्था आई जिसमें कांग्रेस और मुस्लिम लीग के बीच संधि सरीखी हो गई। कांग्रेस और मुस्लिम लीग, दोनों ने अपने अधिवेशन एक ही स्थान और एक ही समय में लखनऊ में दिसंबर 1916 में आयोजित किए। दोनों ही दल एक योजना पर सहमत हो गए जिसे 'लखनऊ संधि' के नाम से जाना गया। दोनों दलों ने निर्धारित किया कि मुसलमान इम्पीरियल कौंसिल और प्रान्तीय लेजिस्लेटिव कौंसिलों के लिए अलग निर्वाचन मंडल से चुने जाएँगे। इस संधि के अधीन, यह सहमति हुई कि किसी भी कौंसिल में ऐसा कोई विधेयक पारित नहीं किया जाएगा जो एक या दूसरे समुदाय को प्रभावित करता हो, यदि उस समुदाय के तीन-चौथाई सदस्य उसका विरोध करते हों। और फिर, इम्पीरियल कौंसिल में मुसलमानों को एक-तिहाई सीटें दी गई थीं, जबकि अंग्रेजी शासन के अधीन भारत में मुसलमान आबादी एक-चौथाई से ज्यादा नहीं थी।[2]

खिलाफत आंदोलन

एक और मसला था जिसमें महात्मा गांधी के नेतृत्व वाली कांग्रेस ने मुसलमानों को समर्थन दिया था। यह खिलाफत का सवाल था। प्रथम विश्वयुद्ध में तुर्की की हार के बाद भारतीय मुसलमान चाहते थे कि आयमन (ऑटमन) सुल्तान अपने देश का खलीफा बने रहें और इस्लाम के धार्मिक स्थानों की रक्षा का भार उठाने के समस्त संसाधन उपलब्ध

रहें। खलीफा के समर्थन में 1919 में खिलाफत कांफ्रेंस की स्थापना हुई जिसका सार्वजनिक अधिवेशन नई दिल्ली में 23 और 24 नवंबर को हुआ।

महात्मा गांधी ने दिल्ली में अधिवेशन में भाग लेकर और 24 नवंबर को उसकी अध्यक्षता कर इस मुद्दे पर मुसलमानों के साथ सहयोग किया और एकजुटता प्रदर्शित की। कांग्रेस ने एक प्रस्ताव पारित कर अंग्रेज सरकार से आग्रह किया कि वह भारतीय मुसलमानों की संवेदनाओं को ध्यान में रखकर तुर्की के प्रश्न को निपटाए। खिलाफत आंदोलन का समर्थन देने के संबंध में महात्मा गांधी के निर्णय की, बाद में, आलोचना की गई क्योंकि खलीफा का मुद्दा पूरी तरह मुसलमानों का प्रश्न था जिसका स्वशासन के आंदोलन से कोई संबंध नहीं था। बहरहाल, उस समय 'यंग इंडिया' में एक लेख में महात्मा गांधी ने अपने दृष्टिकोण को सही ठहराया। उन्होंने लिखा था कि हम हिन्दू-मुसलमान एकता की बात करते हैं। यह खोखली बात होगी यदि हिन्दू उस समय अलग खड़े रहें जब मुसलमानों के महत्त्वपूर्ण हित दाँव पर लगे हों।''

खिलाफत आंदोलन के इतिहास का वर्णन करने की आवश्यकता नहीं है क्योंकि यह आंदोलन स्वयमेव 29 अक्टूबर, 1923 को समाप्त हो गया। तुर्की एक गणतंत्र बन गया और कमाल अतातुर्क उसके राष्ट्रपति बन गए और 3 मार्च, 1924 को खलीफा का पद समाप्त कर दिया गया। कमाल अतातुर्क की पहल पर तुर्की में सुधार लाए गए जिससे खिलाफत आंदोलन का ज्ञान-विरोधी अंतर्निहित स्वरूप उजागर हो गया।

बहरहाल, खिलाफत आंदोलन को महात्मा गांधी द्वारा दिया गया समर्थन बाद में चलकर अहितकारी सिद्ध हुआ। तुर्की के सुल्तान के लौकिक और आध्यात्मिक पद की रक्षा संबंधी मुसलमानों का आंदोलन एक भारतीय मामला नहीं था। वह अखिल इस्लामिक आंदोलन था। अत: उसने भारत में अंग्रेजी राज के विरुद्ध संयुक्त राष्ट्रीय आंदोलन के पक्ष में मुसलमानों की भावनाओं को एकजुट करने के उद्देश्य की पूर्ति नहीं की। वास्तव में, इसका उलटा प्रभाव पड़ा, जिसने भारतीय मुसलमानों की धार्मिक राष्ट्रवादी भावना को उभारा, जो बाद में चलकर पाकिस्तान के निर्माण की माँग के रूप में विकसित हो गई।

अन्य मामले

मुस्लिम लीग और कांग्रेस ने एक और मामले को साझा मुद्दा बनाया था और वह था, अमृतसर में 13 अप्रैल, 1919 को जलियाँवाला बाग में एकत्र निहत्थे लोगों का नरसंहार। ब्रिगेडियर जनरल डायर के आदेश से अंग्रेजी बरतानवी सैनिकों ने गोलीबारी की जिसमें कोई 379 लोग मारे गए और इससे कहीं अधिक लोग घायल हुए। ये तो सरकारी आँकड़े थे जो हंटर कमीशन को दिए गए थे किंतु यह विश्वास किया जाता है कि हताहतों की संख्या इनसे कहीं ज्यादा थी।

कांग्रेस और मुस्लिम लीग दोनों ही अंग्रेजी राज द्वारा की गई कुछ अन्य कार्रवाइयों के विरोध में थे। ऐसी ही कार्रवाई का एक और उदाहरण रॉलेट बिल था जिसे सशक्त संयुक्त विरोध के बावजूद एक कानून के रूप में पारित कर लागू किया गया।

कांग्रेस और लीग के बीच की खाई

कांग्रेस और मुस्लिम लीग के बीच तनाव शिथिलता का स्वरूप बहुत नाजुक था और दोनों के बीच तनाव शिथिलता की स्थिति ज्यादा दिन नहीं चली। लखनऊ संधि के अंतर्गत अलग निर्वाचन मंडल के लिए कांग्रेस द्वारा दिया गया समर्थन अस्थायी था। यह समर्थन कांग्रेस की बुनियादी लोकनीति के विरुद्ध गया। इसके परिणामस्वरूप कांग्रेस को अलग निर्वाचन मंडल का विरोध करने के अपने रुख पर वापस आने में ज्यादा समय नहीं लगा।

मोपलाह विद्रोह

इसी समय मोपलाह विद्रोह ने भी हिंदू-मुसलमान संबंध को गंभीर क्षति पहुँचाई। मोपलाह गरीब किसान और मछुआरे थे और वे वहाँ बसने वाले अरब लोगों के वंशज थे जो दक्षिण भारत के मलाबार तट पर रहते थे। मोपलाह लोगों की स्थानीय अधिकारियों और संपन्न हिंदू जमींदारों और साहूकारों से झड़पें होती रहती थीं। मोपलाह लोगों ने अगस्त 1921 में विद्रोह शुरू कर दिया। उन्होंने कुछ यूरोपीय लोगों की हत्या कर दी। परंतु उनका क्रोध मुख्य रूप से हिंदुओं पर केंद्रित था। अनेक हिंदुओं को जबरिया इस्लाम धर्म अपनाने को बाध्य किया गया, हिंदू स्त्रियों के साथ बलात्कार किया गया, मंदिरों को अपवित्र किया गया और संपत्तियाँ लूट ली गईं। इस विद्रोह को सैन्य कार्रवाई द्वारा नियंत्रण में लाया गया लेकिन उसके पहले इस विद्रोह ने हिंदुओं और मुसलमानों के संबंधों पर बुरा प्रभाव डाल दिया था।

असहयोग आंदोलन और महात्मा गांधी

महात्मा गांधी के नेतृत्व में 1920 में खिलाफतियों ने असहयोग आंदोलन शुरू किया था। प्रारंभ में इसे मुसलमानों ने अपनाया था जबकि सी.आर. दास, बिपिन चंद्र पाल, एनी बेसेंट, मदन मोहन मालवीय और जिन्ना जैसे वरिष्ठ नेताओं सहित कांग्रेस के नेतृत्व ने इसका विरोध किया था। इसके बावजूद गांधी के प्रस्ताव को समर्थन मिला और 4 सितंबर, 1920 को कलकत्ता में हुए विशेष अधिवेशन में कांग्रेस ने इस प्रस्ताव को स्वीकार किया। असहयोग आंदोलन को समर्थन देने वाले प्रस्ताव को कांग्रेस द्वारा दी गई स्वीकृति की पुष्टि नागपुर में दिसंबर 1920 में कांग्रेस के वार्षिक अधिवेशन में की गई थी।

नागपुर अधिवेशन में एक और महत्त्वपूर्ण प्रस्ताव पारित हुआ जिसमें एक वर्ष के भीतर स्वराज की स्थापना का आह्वान किया गया था। अन्य विषयों के साथ-साथ, इसमें हिंदू-मुसलमान एकता को बढ़ाने, अस्पृश्यता समाप्त करने और दलित वर्ग के साथ व्यवहार के मामले में हिंदू धर्म में सुधार लाने का भी आह्वान किया गया था।

जिन्ना इस समय मुस्लिम लीग के अध्यक्ष बन गए थे। उन्होंने अपने को असहयोग आंदोलन से दूर रखना शुरू कर दिया। वे इस आंदोलन के अनेक पहलुओं, जैसे-विदेशी माल का बहिष्कार, कौंसिल का बहिष्कार और विदेशी सरकार को पंगु बनाने के लिए गांधी के द्वारा सुझाए गए उपायों के कटु आलोचक थे। जब कलकत्ता के विशेष अधिवेशन

में पारित असहयोग आंदोलन संबंधी प्रस्ताव की नागपुर के वार्षिक अधिवेशन में पुष्टि कर दी गई तब जिन्ना ने इस प्रस्ताव के विरुद्ध अपनी बात कही। जिन्ना के भाषण के दौरान लोगों ने तानाकशी की और इसके विरोध स्वरूप जिन्ना बैठक छोड़कर चले गए।

बहरहाल, यह दिलचस्प बात है कि कांग्रेस अधिवेशन के तुरंत बाद मुस्लिम लीग का अधिवेशन आयोजित किया गया और उसकी अध्यक्षता वरिष्ठ कांग्रेस नेता एम.ए. अंसारी ने की। मुस्लिम लीग के अधिवेशन में असहयोग आंदोलन के समर्थन में प्रस्ताव पारित किया गया। इस प्रस्ताव में कांग्रेस के नागपुर अधिवेशन में पारित प्रस्ताव की अनेक बातें प्रतिध्वनित होती थीं। अली बंधु, अबुल कलाम आजाद, एम.ए. अंसारी, किचलू और हसरत मोहानी जैसे प्रमुख मुसलमान राष्ट्रवादी नेता महात्मा गांधी के समर्थन में और अंग्रेजी राज के विरोध में खुलकर सामने आए।

सिविल नाफरमानी

असहयोग आंदोलन को आगे चलकर और सघन बनाया गया जब महात्मा गांधी ने यह निर्णय लिया कि यदि असहयोग आंदोलन में बंदी बनाए गए सभी बंदियों को मुक्त करने सहित कुछ विशेष माँगें मान ली नहीं जातीं तो सिविल नाफरमानी की जाएगी। वाइसरॉय ने इन माँगों को अस्वीकार कर दिया तो महात्मा गांधी ने इस आंदोलन का स्वयं नेतृत्व करने के लिए गुजरात के बारडोली के लिए प्रस्थान किया। बहरहाल, 4 फरवरी, 1922 को चौरी-चौरा त्रासदी हुई जिसमें उग्र प्रदर्शनकारियों ने कुछ पुलिसकर्मियों की हत्या कर दी थी। प्रदर्शन के दौरान पुलिस ने भी कुछ लोगों की जान ले ली थी। महात्मा गांधी ने तत्काल सिविल नाफरमानी आंदोलन को निलंबित कर दिया। इस निर्णय से महात्मा गांधी के हिंदू और मुसलमान दोनों ही वर्गों के अनुयायी हैरान हो गए। इस निर्णय से उस हिंदू-मुसलमान एकता को भी आघात पहुँचा जो एकता खिलाफत और असहयोग आंदोलनों के दौरान आई थी।

मोहम्मद अली जिन्ना

राजनीति के प्रति भ्रम टूटने से जिन्ना ने कुछ समय के लिए अपने आपको राजनीति के केंद्र से अलग कर लिया और वे वकालत करने के लिए ब्रिटेन में जाकर बस गए। कुछ वर्षों के बाद, प्रमुख रूप से लियाकत अली खाँ की पहल पर उन्हें भारत वापस आने को राजी किया गया। जिन्ना 1934 में भारत आए तो उन्हें मुस्लिम लीग ने सर्वसम्मति से अपना स्थायी अध्यक्ष बनाया। अक्टूबर 1934 में जब वे लंदन में थे, उन्हें मुंबई के मुसलमानों ने (नई दिल्ली में) सेंट्रल असेंबली का सदस्य चुना। उन्होंने फरवरी 1935 में असेंबली के अधिवेशन में भाग लिया। जिन्ना ने अपने आप को 'हिंदू-मुसलमान एकता के विशेष दूत' के बजाय एक ऐसें कट्टरपंथी के रूप में बदल लिया जिसका कांग्रेस से कोई संबंध नहीं होगा। कुछ समय बाद उन्होंने अलग निर्वाचन मंडल के स्थान पर मुसलमानों के लिए ऊँची आवाज में एक अलग राष्ट्र और देश के विभाजन की माँग करनी शुरू कर दी।

जिन्ना केवल मुसलमानों के लिए एक इस्लामी राष्ट्र पाकिस्तान की खोज में लगे मुसलमानों के बेताज बादशाह बन गए। जिन्ना के व्यक्तित्व का रूपांतरण हो गया था और हिंदू-मुसलमान एकता के इस विशेष दूत ने अपने आपको इस्लाम और मुसलमान हितों के रक्षक के रूप में बदल डाला था। यह विडंबना है कि एक ऐसा व्यक्ति जो इस्लाम के नियमों के अनुसार चलने वाला मुसलमान नहीं था और जो व्हिस्की का आनंद लेता था, उसने इस्लाम धर्म का रक्षक बनने की जिम्मेदारी ओढ़ ली थी।

यह जिन्ना के जीवन का पुराना चरित्र था जिसमें उन्होंने कांग्रेस की विचारधारा का समर्थन किया था। और, जिन्ना का यही चरित्र था जिसने एल.के. अडवाणी को, पाकिस्तान में जिन्ना के मकबरे की यात्रा के समय, जिन्ना की धर्मनिरपेक्ष प्रतिष्ठा को विवादास्पद रूप से प्रमाणित करने के लिए प्रेरित किया था। बहरहाल, जिन्ना ज्यादा समय तक 'धर्मनिरपेक्ष' नहीं रहे और अपने बाद के राजनीतिक जीवन में उन्होंने अपने आपको मुसलमान अलगाववाद के सबसे बड़े योद्धा के रूप में ढाल लिया।

जिन्ना के धर्मनिरपेक्ष राष्ट्रवादी रूप से इस्लामी रूढ़िवादी रूप में वैचारिक रूपांतरण की प्रक्रिया हमारे स्वतंत्रता संग्राम के लगभग समानान्तर चलती है। उन्होंने अंग्रेजी राज के विरुद्ध संयुक्त आंदोलन में भाग लेने पर से अपना ध्यान जिस तरह भारत के विभाजन की ओर मोड़ा, वह हमारे आधुनिक इतिहास की एक विडंबना है।

1930 के दशक में कांग्रेस की कुछ कार्रवाइयाँ भी अधिकांश मुसलमानों को उससे दूर ले जाने और अंग्रेजी राज के विरुद्ध राष्ट्रवादी आंदोलन की मुख्यधारा से अलग करने के लिए जिम्मेदार हैं। 1937 में हुए चुनावों के दौरान प्रांतों में कांग्रेस सत्ता में आई थी। दुर्भाग्यवश कांग्रेस की यह अदूरदर्शिता थी कि उसने मंत्रिमंडलों में मुसलमानों को खुलकर प्रतिनिधित्व नहीं दिया। इसके फलस्वरूप अधिकांश मुसलमान कांग्रेस शासन को हिंदू शासन मानने लगे। इस बाबत राजमोहन गांधी ने लिखा है :

> भारतीय मुहावरे में अपनी बात कहने में कांग्रेस की असफलता ने अलगाववाद को बढ़ावा दिया। कांग्रेस हिंदू-मुहावरे में बात कर रही थी। 1937 के चुनाव में चुने गए अधिकांश सदस्य कांग्रेस के थे; अधिकांश कांग्रेस मंत्री हिंदू थे; जानबूझकर अथवा अनजाने में वे हिंदू चेहरे को प्रस्तुत करते थे। उनके मार्गदर्शक महात्मा गांधी के उपवास, भविष्य के आदर्श समाज के लिए उनके द्वारा प्रयुक्त शब्द रामराज्य, कुछ मंत्रियों द्वारा शालाओं को शिक्षा मंदिर वर्णित करना, शासकीय आयोजनों में ऐसे गीतों का गायन करना जो हिंदुओं के लिए तो देशभक्ति के थे किंतु 'कौम' के कानों में वे हिंदू लगते थे, और मंत्रियों द्वारा संस्कृतनिष्ठ भाषा का उपयोग करना, ये सब बातें हिंदू-मुहावरे का हिस्सा थीं जिसने हिंदू शासन के बारे में लीग द्वारा की गई चिल्लाहट को कुछ विश्वसनीयता दी थी।[3]

अबुल कलाम आजाद

भारत में इस्लाम दो रूपों में विकसित हुआ : समेकित रूप में और ऐकांतिक रूप में। समेकित इस्लाम ने अपने आपको विद्यमान भारतीय संस्कृति में संविलयित कर दिया और उसके विकास में योगदान किया। यद्यपि अपने निजी जीवन और विश्वासों में जिन्ना

सदैव दो विरोधी गुणों वाले रहे किंतु विभाजन अभियान के दौरान वे ऐकांतिक इस्लाम के झंडाबरदार बन गए। इसके विपरीत, ऐसे अनेक वरिष्ठ मुसलमान नेता कांग्रेस के प्रति वफादार थे जो इस्लाम के समेकित रूप में विश्वास करते थे। इस दृष्टि से अबुल कलाम आजाद से बढ़कर कोई दूसरा उदाहरण नहीं हो सकता।

आजाद कुरान के मान्य विद्वान थे, वे धर्मग्रंथों के अच्छे ज्ञाता थे और एक प्रभावशाली वक्ता थे। उन्होंने 'अल हिलाल' समाचार-पत्र शुरू किया था जिसके पाठकों की संख्या बहुत बड़ी थी और जिसका प्रभाव भी बहुत था। इस समाचार-पत्र ने शुद्ध इस्लाम और भारतीय स्वतंत्रता दोनों के लिए एक साथ प्रचार किया। आजाद की महान रचना, 'तर्जुमान', कुरान के तीस अध्यायों में से अठारह अध्यायों का अनुवाद और उस पर भाष्य थी। उन्होंने कुरान की अवधारणा को इतना समावेशी पाया कि वह एकेश्वरवाद के सभी रूपों को अपने में समाहित करती थी, और कुरान की हिदायतों की उनकी (आजाद द्वारा की गई) व्याख्या में हिंदुओं के लिए भी स्थान था।

'अल हिलाल' वह माध्यम था जिसके द्वारा आजाद ने अपने विचारों को अभिव्यक्ति दी थी। इसमें 1 जनवरी, 1913 को यह महत्त्वपूर्ण अंश प्रकाशित हुआ था :

> इस्लाम संकीर्ण दृष्टि और नस्ली तथा धार्मिक पूर्वग्रह की हिदायत नहीं देता है। वह मानवीय उदारता, दया और प्रेम की पात्रता और शुद्धता की पहचान धर्म या नस्ल के भेद के आधार पर या उसके अधीन होकर नहीं करता है। वह हमें हर उस व्यक्ति का आदर करने की शिक्षा देता है जो अच्छा है, फिर चाहे उसका कोई भी धर्म हो।[4]

हिंदू-मुसलमान एकता के लिए आजाद की प्रतिबद्धता पर कोई शंका नहीं कर सकता। उनकी प्रतिबद्धता इन शब्दों में झलकती है :

> यदि आज कोई फरिश्ता स्वर्ग से उतरकर आए और कुतुबमीनार पर से घोषणा करे कि भारत 24 घंटे के अंदर स्वराज प्राप्त कर सकता है, बशर्ते मैं हिंदू-मुसलमान एकता की माँग छोड़ दूँ तो मैं पलटकर उसको उत्तर दूँगा : नहीं मेरे मित्र, मैं स्वराज छोड़ दूँगा किंतु हिंदू-मुसलमान एकता नहीं, क्योंकि यदि स्वराज के आने में देर हुई तो वह भारत के लिए एक क्षति होगी किंतु यदि हिंदू-मुसलमान एकता चली गई तो वह पूरी मानव जाति के लिए क्षति होगी।[5]

अबुल कलाम आजाद ने 1940 में भारतीय राष्ट्रीय कांग्रेस के अध्यक्ष के रूप में भाषण दिया था। उस भाषण का यह प्रेरक अंश उद्धरणीय है :

> मैं एक मुसलमान हूँ और इस हकीकत पर मुझे गर्व है, इस्लाम की तेरह सौ वर्षों की शानदार परंपराएँ हैं जो मेरी विरासत हैं...इसके अलावा, मुझे एक भारतीय होने पर गर्व है। मैं भारतीय राष्ट्रीयता की अविभाज्य एकता का एक हिस्सा हूँ...यह भारत की ऐतिहासिक नियति थी कि अनेक मानव जातियाँ और संस्कृतियाँ और धार्मिक आस्थाएँ यहाँ आईं और कि अनेक कारवों ने यहाँ आराम पाया...अंतिम कारवों में से एक कारवाँ इस्लाम के अनुयायियों का था...हम अपने साथ अपना खजाना लेकर आए थे और भारत के पास तो उसके खुद के मूल्यवान उत्तराधिकार का खजाना था...इसके बाद से ग्यारह

सदियाँ बीत चुकी हैं। भारत की धरती पर हिंदू धर्म का जितना दावा है उतना ही महान दावा अब इस्लाम का है। यदि हजारों वर्षों तक हिंदू धर्म यहाँ के लोगों का धर्म रहा है तो इस्लाम भी एक हजार सालों से उनका धर्म है। जिस तरह कोई हिंदू गर्व के साथ कह सकता कि वह भारतीय है और हिंदू धर्म को मानने वाला है, तो उसी तरह ही हम भी समान गर्व के साथ कह सकते हैं कि हम भारतीय हैं और इस्लाम को मानते हैं। मैं इस विषय को कुछ और विस्तार दूँगा। भारतीय ईसाई को भी समान रूप से गर्व के साथ यह कहने का अधिकार है कि वह एक भारतीय है और वह भारत के एक धर्म, जिसका नाम ईसाई धर्म है, को मानने वाला है।

ग्यारह सौ वर्षों के साझा इतिहास ने हमारी साझा उपलब्धियों के साथ भारत को समृद्ध बनाया है। हमारी भाषाएँ, हमारी कविता, हमारा साहित्य, हमारी संस्कृति, हमारी कला, हमारी वेशभूषा, हमारे तौर-तरीके और रीति-रिवाज, हमारे दैनिक जीवन की अनगिनत घटनाएँ इनमें से प्रत्येक पर हमारी संयुक्त कोशिश की छाप लगी हुई है। वास्तव में हमारे जीवन का ऐसा कोई पहलू नहीं है जिस पर यह छाप न लगी हो।

हमारी संयुक्त संपत्ति साझा राष्ट्रीयता का उत्तराधिकार है और हम इसे छोड़ना नहीं चाहते और उस अतीत में वापस नहीं जाना चाहते जब हमारी साझा जिंदगी शुरू नहीं हुई थी।[6]

जिन्ना और आजाद के व्यक्तित्व एक दूसरे के इतने विरोधी हैं कि उनका अध्ययन दिलचस्प है। जिन्ना की निजी रुचियाँ भोगवादी थीं और वे देश का अंगच्छेद करने के लिए दबाव डालने वाले मुसलमानों के निर्विवाद नेता बन गए। इसके विपरीत, इस्लाम के उसूलों का पूरी तरह पालन करते हुए, अपनी निजी जिन्दगी में धार्मिक व्यक्ति आजाद हिंदू-मुसलमान एकता के लिए पूर्ण प्रतिबद्धता वाले सच्चे धर्मनिरपेक्ष राष्ट्रवादी थे।

आजाद और उनके समान सोच वाले मुसलमानों की सारी कोशिशों के बावजूद एकान्तिक इस्लामी शक्तियों को आगे बढ़ने से नहीं रोका जा सका और इसके कारण भारत का अपरिवर्तनीय रूप से विभाजन हो गया। इसमें कोई शक नहीं, जैसा हम देख चुके हैं कि देश के बँटवारे के पक्ष में अधिकांश मुसलमानों के झुकाव के लिए कांग्रेस नेतृत्व की अदूरदर्शी कार्रवाइयाँ भी जिम्मेदार हैं।

दरार का परिणाम

1946 के शुरू में विभिन्न प्रान्तों की विधानसभाओं के लिए चुनाव हुए। चुनाव के दौरान प्रचार में, कांग्रेस ने भूमि सुधार, मजदूरों के अधिकारों आदि के लिए अपने कार्यक्रमों के समर्थन में वोट माँगे। परंतु, मुस्लिम लीग ने पाकिस्तान के प्रश्न पर उसे जनमत-संग्रह बना दिया। चुनाव परिणामों ने दिखला दिया कि किस प्रकार अधिकांश मुसलमानों का रुख अलगाववादी विचार के पक्ष में हो गया था। यद्यपि कांग्रेस ने सामान्य वर्ग की सीटों पर बहुत अच्छी सफलता पाई, मुसलमान-सीटों पर मुस्लिम लीग ने एकतरफा जीत हासिल की थी। बंगाल में लीग ने मुसलमानों के लिए आरक्षित 119 सीटों में से 114 जीती थीं। संयुक्त प्रांत में लीग ने 66 में 54 मुसलमान-सीटों पर विजय पाई थी। मद्रास प्रान्त में मुसलमानों के लिए आरक्षित सभी 29 सीटें लीग के खाते में गई थीं। कुल

मिलाकर सामान्य निर्वाचन क्षेत्रों में कांग्रेस ने 80.9 प्रतिशत वोट पाए थे जबकि मुसलमानों के लिए आरक्षित सीटों में लीग ने 74.7 प्रतिशत वोट पाए थे।[7]

सांप्रदायिक दंगे

अतीत पर गौर करें तो, हम देख चुके हैं कि 1921 के मोपलाह विद्रोह ने किस प्रकार हिंदू और मुसलमान समुदायों के बीच मनमुटाव पैदा कर दिया था। इसके बाद अनेक स्थानों पर हिंदू–मुसलमान दंगे भड़के थे। 1923 में बंगाल और पंजाब में भयावह दंगे हुए थे। इस मोड़ पर आकर दो हिंदू और मुसलमान सांप्रदायिक आंदोलन भी अस्तित्व में आ गए थे। हिंदू आंदोलनों को 'संगठन' नाम दिया गया जिसने उस भौतिक संस्कृति को बढ़ावा दिया था जिससे सांप्रदायिक गड़बड़ी के दौरान वे एकजुट हो सकें और प्रभावकारी ढंग से लड़ सकें, और शुद्धि, जो मुसलमानों का हिंदू धर्म में पुनः धर्मांतरण करने की योजना थी, को बढ़ावा दिया। इसके अनुरूप मुसलमान आंदोलन तंजीम (संगठन) और तबलीग (मिशनरी कोशिश) के रूप में जाने जाते थे।

ये घटनाएँ धर्मनिरपेक्ष राष्ट्रवादियों की कोशिशों के ठीक उलटी दिशा की थीं, यद्यपि अंग्रेजी राज के विरुद्ध संघर्ष में अनेक हिंदू और मुसलमान एकजुट रहे और उन्होंने एकता को बनाए रखा। वर्ष 1924 में दिल्ली, गुलबर्ग, लखनऊ, शाहजहाँपुर, जबलपुर और कोहट सहित अनेक स्थानों पर सांप्रदायिक दंगे हुए। अगले वर्ष 1925 में एक बार फिर दिल्ली, अलीगढ़ और कलकत्ता सहित विभिन्न स्थानों में सोलह सांप्रदायिक दंगे हुए। इन दंगों में हिंदू और मुसलमान दोनों ही संप्रदायों के लोग बड़ी संख्या में मारे गए। इसके बाद 1929 तक काफी बड़े पैमाने पर सांप्रदायिक दंगे लगातार होते रहे। वास्तव में, इन वर्षों में सैकड़ों सांप्रदायिक दंगे हुए और स्वतंत्रता संग्राम के दौरान, आजादी के पहले के भारत में, ये दंगे स्थानिक रोग बन गए थे।

सबसे ज्यादा हिंसक और बड़े पैमाने पर हिंदू–मुसलमान दंगे विभाजन के ठीक पहले और बाद में हुए। इन दंगों में नई विभाजन रेखा के दोनों ओर लाखों लोग मारे गए थे। इस तरह के हत्याकांड के संदर्भ में प्रशासन अकसर एक असहाय दर्शक बना रहा, और विवेक की पुनः स्थापना के लिए महात्मा गांधी ने एकाधिक बार उपवास किए, लेकिन बिना पूरी सफलता के।

इन दंगों का आसन्न कारण, फिर सामान्यतः किसी त्योहार के मनाने के दौरान एक समुदाय द्वारा दूसरे समुदाय की भावनाओं को आघात पहुँचाना होता था। बहरहाल, ये दंगे उस गहरी बेचैनी का प्रतिनिधित्व करते थे जिसने इन दो प्रमुख संप्रदायों के बीच लगभग तीन दशक पहले सौहार्द्रपूर्ण संबंधों को प्रभावित करना शुरू किया था।

सांप्रदायिकता की तुलना में रूढ़िवादिता

देश का विभाजन हो जाने के बाद मुसलमान सांप्रदायिकता वस्तुतः समाप्त हो गई थी। पर आजादी के बाद से और विशेषकर 1961 के बाद होने वाले अनेक हिंदू–मुसलमान दंगों

का उदाहरण देकर संभवत: इस बात को गलत ठहराया जा सकता है। भारत में विभाजन के पहले और बाद में जो दंगे हुए थे उनके पश्चात, 1961 का वर्ष सांप्रदायिक दंगों के फिर से उभरने का वर्ष था। बहरहाल, मेरा तर्क है कि आजादी के बाद हुए दंगों का कारण मुसलमान सांप्रदायिकता का उभरना नहीं बतलाया जा सकता। वास्तव में, इनमें से अधिकांश दंगों में मुसलमान घटना के शिकार थे, और कई बार इन घटनाओं को दंगा कहने के बजाय मुसलमानों के 'पूर्व निर्धारित हत्याकांड' के रूप में वर्गीकृत किया गया था। इस दृष्टि से 2002 के गुजरात दंगों पर गौर किया जा सकता है।

मुसलमान सांप्रदायिकता को इस्लामी रूढ़िवादिता के साथ कन्फ्यूज नहीं करना चाहिए और न उसके समान मानना चाहिए। इस्लामी रूढ़िवादिता का प्रभाव आतंकवादी और उग्रवादी कार्रवाइयों के रूप में देखा जा सकता है। इस्लामी रूढ़िवादिता का उद्‌भव, विशेषकर 9/11 की घटनाओं और अफगानिस्तान तथा इराक युद्धों के बाद, पूरी दुनिया के और भारत के भी ध्यान का केंद्र बिंदु है। इस्लामी रूढ़िवादिता ने आतंक की कार्रवाई को अंजाम दिया। इस मुद्दे पर पिछले एक अध्याय में चर्चा की जा चुकी है, किन्तु यहाँ यह इंगित किया जाता है कि अखिल इस्लामी कारणों से संबद्ध इस्लामी रूढ़िवादिता एक ऐसी घटना है जो मुसलमान सांप्रदायिकता से बिलकुल अलग है। मुसलमान सांप्रदायिकता भारत की सीमा के भीतर हिंदुत्व की प्रतिद्वंद्वी विचारधारा है।

भारत में मुसलमान सांप्रदायिकता जिस रूप में आजादी के पहले थी अब उस रूप में उसका अस्तित्व नहीं है। फिर भी, मुसलमानों के भीतर अत्यंत थोड़ी संख्या में ऐसे कुछ तत्त्व हैं जो वर्गगत मामलों को उठाते हैं और इस वजह से, उन्हें सांप्रदायिक के रूप में चिह्नित किया जाता है। परंतु जनचर्चा में आज उनका प्रभाव नगण्य है। बहरहाल, उसका प्रतिद्वंद्वी हिंदू राष्ट्रवाद या हिंदुत्व पूरी शक्ति के साथ अस्तित्व में है जिसकी विस्तार से परीक्षा करने की आवश्यकता है।

टिप्पणियाँ

1. बर्क और कुरैशी, द ब्रिटिश राज इन इंडिया, पृ. 126–127
2. वही, पृ. 164
3. राजमोहन गांधी, अंडर स्टैंडिंग द मुस्लिम माइंड (न्यू डेल्ही : ऑक्सफोर्ड, 2000), पृ. 313
4. वही, पृ. 223
5. वही, पृ. 230
6. वार्ष्णेय, एथनिक कांफ्लिक्ट एंड सिविक लाइफ, पृ. 67
7. रामचंद्र गुहा, इंडिया आफ्टर गांधी : द हिस्ट्री ऑफ द वर्ल्ड्स लार्जेस्ट डेमोक्रेसी (न्यू डेल्ही : पिकाडोर, 2007), पृ. 29

धार्मिक राष्ट्रवाद एवं हिंदुत्व

आजादी से पहले के समय में धर्मनिरपेक्ष राष्ट्रवाद–राजनीतिक क्षेत्र में जिसका प्रतिनिधित्व भारतीय राष्ट्रीय कांग्रेस करती थी–और मुसलमान राष्ट्रवाद–जिसका प्रतिनिधित्व मुस्लिम लीग करती थी–के बीच कठिन प्रतिस्पर्द्धा थी। वीर सावरकर ने हिंदू राष्ट्रवाद को हिंदुत्व नाम दिया था। आजादी से पहले हिंदुत्व को ज्यादा राजनीतिक महत्त्व प्राप्त नहीं हुआ था। यद्यपि अखिल भारतीय हिंदू महासभा अस्तित्व में आ चुकी थी किंतु उसके अनुयायियों की संख्या बहुत कम थी। हिंदू राष्ट्रवादियों ने अंग्रेजों के विरुद्ध स्वतंत्रता आंदोलन में कोई खास भूमिका नहीं निभाई थी। वास्तव में, उन पर अंग्रेज शासकों से मिले हुए होने का आरोप भी कभी–कभी लगा था।

हिंदू राष्ट्रवादी यह विश्वास करते थे कि बहुसंख्यक होने के कारण हिंदुओं को भारत के सांस्कृतिक और राजनीतिक जीवन में प्रधानता अनिवार्यतः मिलनी चाहिए। हिंदुओं की संस्कृति को राष्ट्र की मुख्यधारा वाली संस्कृति के रूप में मान्य किया जाना चाहिए। आजादी मिलने के बाद, हिंदुत्व के समर्थकों ने खुद को धर्मनिरपेक्ष राष्ट्रवादियों के सैद्धांतिक रूप से विरोधी की भूमिका में ढाल लिया था, फिर भी उन्हें अधिकांश भारतीयों की राजनीतिक चेतना में महत्त्वपूर्ण स्थान पाने में चालीस साल लगे। भारत को आजादी मिल जाने के बाद, शुरू के कुछ दशकों में, हमारी राज्य व्यवस्था में कांग्रेस–जिसने स्वतंत्रता आंदोलन का नेतृत्व किया था और जो धर्मनिरपेक्षता के लिए प्रतिबद्ध थी–सबसे प्रमुख शक्ति थी। 1980 के दशक में जब अयोध्या में राममंदिर बनाने के आंदोलन ने तेजी पकड़नी शुरू की तब हिंदू राष्ट्रवाद वास्तव में उभरकर सामने आया। इस आंदोलन का वर्णन इसी अध्याय में आगे किया गया है।

धर्मनिरपेक्ष राष्ट्रवाद और हिंदुत्व से संबंधित विचारधाराएँ राजनीतिक शक्ति अर्जित करने के लिए प्रतियोगिता कर रही थीं। इस प्रतियोगिता ने भारत में हिंदू और मुसलमान समुदायों के बीच सौहार्द्र पूर्ण संबंध स्थापित होने में बाधा उपस्थित की। इन दोनों समुदायों के बीच तनाव को देश में, विशेषकर उत्तरी और पश्चिमी हिस्सों में, बनाया रखा गया। इसके फलस्वरूप समय–समय पर सांप्रदायिक हिंसा भड़कती रही। इस परिप्रेक्ष्य में देश में एक विचारधारा के रूप में और राजनीतिक महत्त्व प्राप्त करने के साधन के रूप में हिंदू राष्ट्रवाद के क्रम–विकास का पता लगाना प्रासंगिक हो जाता है।

एक विचारधारा के रूप में हिंदू राष्ट्रवाद का क्रम-विकास

हिंदू शब्द की व्युत्पत्ति सिंधु नदी के नाम से हुई है। यूनानियों और मुसलमानों ने सिंधु नदी के पार रहने वाले लोगों के संदर्भ में इस शब्द का सिलसिलेवार प्रयोग किया है। वरना, मध्यकाल तक यहाँ के लोग अपने आप को हिंदू नहीं कहते थे।

मुसलमानों के पहले जो आक्रमणकारी भारत आए थे उन्होंने अपने आप को इस देश की संस्कृति में घुला मिला लिया था। इसका एक उदाहरण हूण हैं जो अब क्षत्रिय के रूप में जाने जाते हैं। उन्होंने जाति-संबंधित रीति-रिवाजों को अपना लिया और ब्राह्मणों के वर्चस्व को स्वीकार लिया था। इस्लाम में भरोसा करने वालों ने इस प्रकार के घुलने-मिलने का प्रतिरोध किया। वे अपने धार्मिक रीति-रिवाजों को संशोधित करने के इच्छुक नहीं थे और इन मुद्दों पर वे देशी लोगों से संघर्ष करने को तैयार थे। इस विरोध ने हिंदू चेतना के उभरने में योगदान किया।

हिंदू धर्म कोई आकाश से अवतरित हुआ धर्म नहीं है, और न इसका बाईबिल या कुरान के समान कोई एक ग्रंथ है जिसे हिंदू धर्म के मूल स्रोत के रूप में संदर्भित किया जा सके। जिसे हिंदू दर्शन कहा जाता है वह ऐसा पंथ नहीं है जिसका मात्र एक-सिद्धांत हो, वह तो अनेक सैद्धांतिक व्यवस्थाओं का सार संग्रह है जो समाज के विभिन्न बिंबों और मूल्यों की कई अलग-अलग पद्धतियों को स्वीकार करता है तथा उनका समर्थन करता है।[1]

आठवीं शताब्दी में दार्शनिक आदि शंकर ने इतिहास में पहली बार हिंदू धर्म को एक धर्म-संघीय संरचना दी। उनके उद्भव के पहले हिंदू अनेक पंथों में विभाजित थे जो एक दूसरे के विरोधी थे। मीमांसा और सांख्य दर्शन का अनुगमन करने वाले अनीश्वरवादी भी थे। अनेक ईश्वरवादी पंथ थे और ऐसे भी थे जो वेद को अस्वीकार करते थे, जैसे चार्वाक। शंकर ने सभी ईश्वरवादियों को एक साझा संरचना में एकताबद्ध किया। उन्होंने वेद की महत्ता पर जोर दिया। उनकी शिक्षा का हिंदुओं पर एकीकरण करने वाला प्रभाव पड़ा था।

बौद्ध धर्म के विस्तार को देखते हुए शंकर ने भारत के चार कोनों में-दक्षिण में श्रृंगेरी, पश्चिम में द्वारका, उत्तर में बद्री और पूर्व में पुरी-मठों की स्थापना की। शंकराचार्य इन मठों के प्रधान थे जिन्हें हिंदू धर्म के रूप में अब माने जाने वाले धर्म के अनुयायियों को आध्यात्मिक रूप से प्रेरित करने के लिए विधिपूर्वक नियुक्त किया गया था।

हिंदू धर्म की महान परंपरा में एक विश्वास अंतर्निहित है "...यह विश्वास भारत और धर्म के बीच उस विशेष संबंध में है, जो वर्ण की सामाजिक व्यवस्था-ब्राह्मण (पुरोहित और विद्वान), क्षत्रिय (योद्धा), वैश्य (व्यापारी और शिल्पी) और शूद्र (दासवत जातियाँ) की तर्कसंगति का आधार है-जो ब्राह्मणवादी महान परंपरा का आधार है-इन वर्णों को पुरातन पुरुष, विराट पुरुष के बलिदानी अंगविच्छेद से उद्भूत बताया गया है, जिसमें ब्राह्मण उनके मुँह से, क्षत्रिय उनकी भुजाओं से, वैश्य उनकी जंघाओं से और शूद्र उनके पैरों से निकले हैं। सामाजिक संरचना का चार भागों में यह विभाजन हिंदू समाज और ब्रह्मांड की संपूर्णता के बीच अनुरूपता को प्रतिबिंबित करता है।"[2]

भारत में मुसलमान-शासन के आगमन के साथ, हिंदू धर्म और देशी संस्कृति को समानतावादी लोकाचार को लेकर धर्मांतरण करने वाले धर्म द्वारा प्रस्तुत चुनौती का सामना करना पड़ा था। अंग्रेजी राज अपने साथ ईसाई मिशनरियों को लेकर आया था और उसके भी बढ़ते प्रभाव का सामना हिंदू धर्म को करना पड़ा था। अनेकेश्वरवाद और जाति व्यवस्था वाले हिंदू धर्म को इस्लाम और ईसाई धर्म दोनों के ही प्रचारकों द्वारा निंदित किया गया था।

इस वातावरण में कुछ विचारक और सुधारक उभरे जिन्होंने हिंदू विश्वासों और रीति-रिवाजों की इस प्रकार पुनर्व्याख्या की जिससे हिंदू धर्म का ऐसा सुधरा हुआ स्वरूप सामने आ सके जो इस्लाम और ईसाई धर्म के आगमन की चुनौती का सामना कर सके।

इस तरह के पहले विचारक बांग्ला उपन्यासकार बंकिमचंद्र चट्टोपाध्याय थे। उन्होंने अपनी रचनाओं में इस बात पर जोर दिया कि संस्कृति के पुनरुत्थान, सशक्त राष्ट्रीय संगठन वाले धर्म, आम लोगों के व्यापक और लोकप्रिय शिक्षण और उनके समान लोगों, बंगाली भद्रलोक, द्वारा जागृत किए गए पाठकों की सहायता से राष्ट्रीय गौरव फिर से पाया जा सकता है। बंकिमचंद्र की दृष्टि का लक्ष्य हिंदू चेतना को बढ़ाना था। उनके दृष्टिकोण में मुसलमान-विरोधी पूर्वग्रह था।

पश्चिमी प्रभाव की चुनौती का सामना करने के लिए भारतीय जीवन प्रणाली के आध्यात्मिक तत्त्व को पश्चिम के भौतिकवाद के विरुद्ध खड़ा किया गया। भारतीय राष्ट्रवाद की सेवा में हिंदू पहचान को बढ़ाने वाले जिन सुधारकों और विचारकों ने नेतृत्व प्रदान किया था उनमें विवेकानंद, दयानंद, अरविंद और सावरकर प्रमुख थे। उन्होंने जिस ऐतिहासिक विचार को आधार बनाया था उसमें यह चित्रित किया गया कि पहले इस्लामी और फिर ईसाई विदेशियों की विजय के द्वारा भारत को अधीनस्थ और गुलाम बनाया गया था, जबकि उसके पहले इस देश में 'स्वर्ण युग' था जो आर्य जाति का समय था।

इस ऐतिहासिक व्याख्या के अनुसार, आर्य वे चुनिंदा व्यक्ति थे जिन्हें निराकार ईश्वर ने वेदों का पूर्ण ज्ञान उद्घाटित किया था। समय बीतने पर, पौरोहित्य करने वाली जाति के उत्थान के कारण बौद्ध धर्म और जैन धर्म का उदय हुआ, और वर्ण व्यवस्था अनिष्टकारी जाति व्यवस्था के रूप में पतित हो गई, वेद का सार तत्त्व फीका पड़ गया और समाज सौहार्द्र की स्थिति से भटककर अस्त-व्यस्त हो गया।

पश्चिमी विद्वानों के अनुसार इन सुधारकों का लक्ष्य उन लोगों को कलंकित करना और उनसे प्रतियोगिता करना था जो हिंदू समाज के लिए खतरा पैदा कर रहे थे। इन सुधारवादियों की कोशिश, पश्चिम के आधुनिकीकरण वाले लोकाचार की परंपरा के अनुसार अपने को अनुकूलित करते हुए, हिंदू समाज के बुनियादी तत्त्वों और परंपराओं की रक्षा करने की थी।

आर्य समाज और स्वामी दयानंद

आर्य समाज की स्थापना 1875 में पंजाब में दयानंद सरस्वती द्वारा की गई थी। हिंदू रीति-रिवाजों में सुधार लाने की दृष्टि से आर्य समाज सर्वाधिक प्रभावशाली आंदोलन सिद्ध

हुआ था। दयानंद का जन्म 1824 में हुआ था और वे किशोर अवस्था में ही सन्यासी बन गए थे। वे विद्वान थे और उन्होंने वेदों का संस्कृत से हिंदी में अनुवाद किया था जिससे कि आम आदमी उन्हें पढ़ सके। वे महिलाओं को समान अधिकार देने के प्रबल समर्थक थे।

आर्य समाज का लक्ष्य अनेकेश्वरवादी व्यवहार, जाति व्यवस्था के कुछ पहलुओं और हिंदू धर्म को कमजोर करने वाले अनेक कर्मकांडों से छुटकारा दिलाना था। इन बातों के साथ-साथ ही, इस आंदोलन ने ईसाई मिशनरियों और मुसलमान प्रभाव का शिक्षा, भाषा तथा सामाजिक जीवन-प्रभाव के विस्तार का विरोध किया।

दयानंद वेदों के दैवीय उद्भव में विश्वास करते थे। वेदों में अपनी आस्था को उन्होंने निम्नलिखित शब्दों में वर्णित किया है :

> हम विश्वास करते हैं कि वेद ही सच्चे धर्म के-जीवन के सही संचालन के-निर्धारण के लिए सर्वोच्च प्राधिकार हैं। वेदों ने जो भी व्यवस्था निर्धारित की है हम उसे सही मानते हैं, जबकि वेदों ने जिन बातों की भर्त्सना की है हम उन्हें गलत मानते हैं। अतः हम कहते हैं कि हमारा धर्म वैदिक है। सभी व्यक्तियों, विशेषकर आर्यों, को वेदों में विश्वास करना चाहिए और इस तरह धर्म के अंतर्गत एकता बढ़ानी चाहिए।[3]

दयानंद हिंदू धर्म को 'वैदिक धर्म' के नाम से पुकारना पसंद करते थे। दयानंद वेदों का पूर्ण विश्वास के साथ पालन करते थे। वे जैन धर्म, बौद्ध धर्म, शैववाद और वैष्णववाद जैसे धर्मों और पंथों के विरोधी थे। उनकी दृष्टि में इन धर्मों और पंथों ने निराकार, सर्वव्यापी, सर्वशक्तिमान और पूर्ण दयावान ईश्वर के वैदिक विचार का अनर्थ कर दिया था।

दयानंद ने शुद्धि आंदोलन भी शुरू किया था जिसका उद्देश्य इस्लाम और ईसाई धर्म में हिंदुओं के धर्मांतरण को रोकना तथा और जो धर्मांतरित हो चुके हैं उनका हिंदू धर्म में पुनः धर्मांतरण करना था। इस तरह सबसे पहली बार दयानंद ने हिंदू धर्म में धर्मांतरण के तत्त्व को जगह दी।

आर्य समाज के कार्यक्रम में आधुनिक शिक्षा को बढ़ावा देना शामिल था। इस उद्देश्य की प्राप्ति के लिए आर्य समाज ने पूरे उत्तर भारत में दयानंद एंग्लो-वैदिक कॉलेज के नाम से शिक्षण संस्थाओं की व्यवस्था स्थापित की। सांस्कृतिक राष्ट्रवाद को शक्तिशाली बनाने के उद्देश्य से आर्य समाज ने संस्कृत के अध्ययन और प्रसार को और अपने प्रकाशनों के जरिए संस्कृतनिष्ठ हिंदी को बढ़ावा दिया।

कुल मिलाकर दयानंद और आर्य समाज ने हिंदू चेतना और सांस्कृतिक राष्ट्रवाद को प्रोत्साहित करने में महत्त्वपूर्ण योगदान किया।

स्वामी विवेकानंद

बीसवीं शताब्दी के प्रारंभ में, हिंदू धर्म के पक्षपोषकों में संभवतः सबसे ज्यादा करिश्माई व्यक्तित्व विवेकानंद का था। स्वामी विवेकानंद का जन्म 12 जनवरी, 1863 को कलकत्ता में हुआ था और उनका जन्म नाम नरेंद्र दत्त था। वे स्वामी विवेकानंद के रूप में बाद में विख्यात हुए। किशोर अवस्था में वे योगी श्री रामकृष्ण जो काली माँ के मंदिर के एक

पुरोहित थे, के प्रभाव में आए। कुछ समय बाद वे श्री रामकृष्ण के प्रिय शिष्य बन गए। विवेकानंद ने वेदांत के उपदेश के प्रचार के लिए पूरे देश भर में यात्राएँ कीं।

शिकागो में 11 सितंबर, 1893 को विश्व धर्म परिषद में उनके अत्यंत प्रभावशाली उद्‌बोधन ने उनके आसपास एक 'काल निरपेक्ष रहस्यमयता और आदर का आभा मंडल' निर्मित कर दिया था। हिंदू धर्म विषय पर उनके भाषण के प्रासंगिक अंश नीचे उद्धृत हैं :

> मुझको ऐसे धर्मावलंबी होने का गौरव है, जिसने संसार को 'सहिष्णुता' तथा सब धर्मों को मान्यता प्रदान करने की शिक्षा दी है। हम लोग सब धर्मों के प्रति केवल सहिष्णुता में ही विश्वास नहीं करते वरन् समस्त धर्मों को सच्चा मानकर ग्रहण करते हैं। मुझे एक ऐसे देश का व्यक्ति होने का अभिमान है जिसने इस पृथ्वी की समस्त पीड़ित और शरणागत जातियों तथा विभिन्न धर्मों के बहिष्कृत मतावलंबियों को आश्रय दिया है। मुझे यह बतलाते हुए गर्व होता है कि जिस वर्ष यहूदियों का पवित्र मंदिर रोमन जाति के अत्याचार से धूल में मिला दिया गया उसी वर्ष अभिजात यहूदी आश्रय लेने दक्षिण भारत में आए और हमारी जाति ने उन्हें छाती से लगाकर शरण दी। ऐसे धर्म में जन्म लेने का मुझे अभिमान है जिसने पारसी जाति की रक्षा की और उसका पालन अब तक कर रहा है।
>
> यह सभा, जो संसार की अब तक की सर्वश्रेष्ठ सभाओं में से एक है, जगत् के लिए गीता के उस अद्‌भुत उद्‌देश्य की घोषणा और विज्ञापन है जो हमें बताता है, "जो कोई मेरी ओर आता है-चाहे किसी प्रकार से हो-मैं उसको प्राप्त होता हूँ। लोग भिन्न-भिन्न मार्ग द्वारा प्रयत्न करते हुए अंत में मेरी ही ओर आते हैं।" सांप्रदायिकता, संकीर्णता और इनसे भयंकर धर्म-विषयक उन्मत्तता इस सुंदर पृथ्वी पर बहुत समय तक राज्य कर चुकी हैं। इनके घोर अत्याचार से पृथ्वी भर गई, इन्होंने अनेक बार मानव रक्त से धरणी को सींचा, सभ्यता नष्ट कर डाली और समस्त जातियों को हताश कर डाला। यदि यह सब न होता, तो मानव समाज आज की अवस्था से कहीं अधिक उन्नत हो गया होता। पर अब उनका भी समय आ गया है और मैं पूर्ण आशा करता हूँ कि जो घंटी आज सुबह इस सभा के सम्मान के लिए बजाई गई, वे समस्त कट्टरताओं, तलवार या लेखनी के बल पर किए जाने वाले समस्त अत्याचारों तथा एक ही लक्ष्य की ओर अग्रसर होने वाले मानवों की पारस्परिक कटुताओं के लिए मृत्यु-नाद ही सिद्ध होंगे।

यह इतिहास की विडंबना है कि विश्वशांति और सहनशीलता का यह अनन्य संदेश 11 सितंबर, 2001 (9/11 के रूप में जाना जाने वाला) को, जब न्यूयार्क में वर्ल्ड ट्रेड सेंटर की दो मीनारों पर बर्बर फियादीन हमला कर विश्व शांति को बुरी तरह ध्वस्त कर दिया गया था, ठीक 108 साल पहले इसी दिन दिया गया था।

विवेकानंद ने विश्व धर्म परिषद में हिंदू धर्म पर एक आलेख भी प्रस्तुत किया था। उनके शब्दों और उनके व्यक्तित्व की ओर सभा में मौजूद लोगों का ही ध्यान उनकी ओर केंद्रित नहीं हुआ था बल्कि विस्तार के द्वारा पूरे पश्चिमी सभ्य संसार का ध्यान आकृष्ट हुआ था। भगिनी निवेदिता इतनी अधिक प्रभावित हुईं कि इन्होंने इस धर्म परिषद में विवेकानंद के भाषण के महत्त्व को इन शब्दों में वर्णित किया : "जब उन्होंने भाषण देना शुरू किया तो वह हिंदुओं के धार्मिक विचारों के संबंध में था, किंतु जब उन्होंने समाप्त किया तो हिंदू धर्म की रचना हो गई थी।"[4]

विवेकानंद ने अन्य दार्शनिक व्यवस्थाओं से कहीं ऊपर हिंदू धर्म की आध्यात्मिक श्रेष्ठता पर जोर दिया था। वे विश्वास करते थे कि वेद वह अकेली शक्ति है जिसमें हिंदू धर्म के भीतर सभी पंथों को एकजुट करने की क्षमता है। विवेकानंद वेदों को हिंदू धर्म का धर्म ग्रन्थ कहते थे। उन्होंने पुराणों को अस्वीकार कर दिया था क्योंकि वे विश्वास करते थे कि उनकी रचना सीमित बुद्धि वाले, गलतियों, भ्रांतियों और वर्गगत भावनाओं तथा बेचैनी से भरे मनुष्यों द्वारा की गई है।

यद्यपि विवेकानंद के मन में इस्लाम धर्म की मतवादी प्रकृति को लेकर आशंकाएँ थीं तथापि उन्होंने यह स्वीकार किया था कि इस्लाम ने भाईचारे और समानता के व्यावहारिक आदर्श की राह दिखलाई थी। उनके शब्दों में :

> हमारी अपनी मातृभूमि के लिए दो महान व्यवस्थाओं, हिंदू धर्म और इस्लाम धर्म का–वेदांत मस्तिष्क और इस्लामी शरीर का–संगम एक मात्र आशा है। मैं अपने मन की आँखों में इस दुर्व्यवस्था और संघर्ष में से भविष्य का परिपूर्ण भारत उभरता हुआ देखता हूँ जो कीर्तिमान और अपराजेय है, वह वेदांत मस्तिष्क और इस्लामी शरीर वाला है।[5]

यह अवश्य ध्यान देना चाहिए कि जहाँ विवेकानंद ने सहनशीलता पर जोर दिया था वहीं वे वैदिक धर्म व्यवस्था की अंतर्निहित श्रेष्ठता में भी विश्वास करते थे। उनके लिए वैदिक धर्म 'सभी धर्मों की माँ' थी।

दयानंद और विवेकानंद धर्मपरायण व्यक्ति थे जिन्होंने हिंदू समाज को सुधारने और हिंदू धर्म की सच्ची परंपराओं को पुनः स्थापित करने का प्रयास किया था। वे मानते थे कि बाद में सहविकास के रूप में आए रीति–रिवाजों और कर्मकांडों के द्वारा हिंदू धर्म दूषित किया गया था। दयानंद और विवेकानंद हिंदू धर्म के उस उदार विशाल दृष्टिकोण का प्रतिनिधित्व करते हैं जो कट्टरता से परहेज करता है।

विनायक दामोदर सावरकर

वीर सावरकर का जन्म 28 मई, 1883 को हुआ था। वे हिंदुत्व की राष्ट्रवादी राजनीतिक विचारधारा के जनक थे। उन्हें उनके अनुयायियों द्वारा 'वीर' सावरकर के नाम से बुलाया जाता था। वे क्रांतिकारी साधनों के जरिए अंग्रेजों से आजादी प्राप्त करने में विश्वास करते थे। 1910 में उन्हें हिंसक क्रांतिकारी समूहों से संबद्ध होने के कारण गिरफ्तार किया गया था और अंडमान तथा निकोबार द्वीपों की सेलुलर जेल में बंद रखा गया था।

सावरकर अपने व्यक्तिगत जीवन में हिंदू धर्म की विधियों तथा रीति–रिवाजों का पालन करने वालों में नहीं थे। इसके बावजूद, उन्होंने धर्म का राजनीतिकरण किया और एकांतिक संकल्प निष्ठा के साथ एक हिंदू राष्ट्र के रूप में भारत की स्थापना के उद्देश्य के लिए कार्य किया। वे राष्ट्रवादी आंदोलन का एक हिस्सा थे किंतु उन्होंने 'हिंदू राष्ट्र' के निर्माण को प्राथमिकता दी थी। उनके लिए अंग्रेजी राज से आजादी प्राप्त करने की अपेक्षा हिंदू राष्ट्र के निर्माण का उद्देश्य ज्यादा महत्त्वपूर्ण था।

सावरकर इटली के राष्ट्रभक्त और क्रांतिकारी गियूसेपी मज्जिनी के लेखन से बहुत प्रभावित थे। "मज्जिनी में, सावरकर ने एक ऐसा सैद्धांतिक ढाँचा और राजनीतिक दर्शन

पाया, जिसमें सांस्कृतिक गरिमा और राष्ट्रीय आत्माभिमान का आधुनिकतावादी रुख के साथ संयोजन था, और एक ऐकिक राज्य में निहित सशक्त, सांस्कृतिक रूप से समरस राष्ट्र के संबंध में दृष्टि भी थी।''[6]

सावरकर के लेखन से इस्लाम और मुसलमानों के प्रति उनके विरोध का स्पष्ट पता चलता है। उन्होंने अपनी रचना 'हिंदुत्व' में हिंदू राष्ट्रवाद पर अपने विचारों को स्पष्ट रूप से व्यक्त किया है। उनके विश्वास के केंद्र में यह दृढ़ निश्चय है, ''सिंधु नदी से लेकर समुद्रों तक विस्तृत भारत भूमि का जो व्यक्ति सम्मान करता है और उसे अपना मानता है, अपनी पितृभूमि और पुण्यभू-अपने धर्म के उद्‌भव और अपने विश्वास का पालना-मानता है वह हिंदू है।''[7]

हिंदू धर्म के इस निरूपण से यह स्पष्ट है कि जहाँ सिखों और जैनियों को हिंदू माना गया, वहीं ईसाई, मुसलमान या उसी दृष्टि से पारसी और यहूदी भी हिंदू धर्म का हिस्सा नहीं बन सकते क्योंकि उनकी 'धर्म भूमि' भारत की सीमाओं के बाहर स्थित है।

सावरकर मुसलमानों को देशी मुख्यधारा की संस्कृति के एक हिस्से के रूप में स्वीकार नहीं कर सके, यह बात उनके निम्नलिखित दृष्टिकोण से स्पष्ट है : '' ...उनकी धर्म भूमि सुदूर अरब या पेलेस्टाइन में है, उनकी देवकथाएँ और उनके देवपुरुष, विचार और नायक इस भूमि की संतान नहीं हैं। परिणामस्वरूप, उनके नामों और दृष्टिकोण से विदेशी मूल का आभास मिलता है।''[8]

सावरकर ने हिंदू राष्ट्र की जातीय और नस्ली यथार्थता पर इस तरह जोर दिया था :

> हिंदू भारत राज्य के नागरिक मात्र नहीं हैं क्योंकि वे अपनी साझा भूमि के लिए प्यार के बंधन मात्र से एकजुट नहीं हुए हैं बल्कि साझा खून के बंधनों से भी बँधे हैं। वे सिर्फ एक राष्ट्र नहीं हैं बल्कि जाति हैं। 'जाति' शब्द 'जन' मूल से, अर्थात उपजाना से उद्‌भूत है जिसका अर्थ है एक समाज और एक जाति, जो साझा रक्त होने के कारण साझा मूल के द्वारा निर्धारित है। समस्त हिंदुओं की रगों में दावे के साथ उस शक्तिवान जाति का खून प्रवाहित है जो उसे वैदिक पिताओं से मिला है और वंशक्रम से उस तक आया है।[9]

सावरकर 1937 से 1942 तक हिंदू महासभा के अध्यक्ष थे। इस पद पर उनका कार्यकाल द्वितीय विश्वयुद्ध का सहविस्तारी था। इस अवधि में, ऐसा प्रतीत होता है कि, वे नाजी विचारधारा, विशेषकर भारत में मुसलमानों से निपटने के संदर्भ में काफी हद तक प्रभावित हुए थे। उन्होंने जर्मनी में यहूदियों के स्तर की तुलना भारत के मुसलमानों से की थी। हिंदू महासभा के 21 वें अधिवेशन में 1939 में अपने भाषण में उन्होंने भारत में मुसलमानों के सवाल और जर्मनी में यहूदियों की 'समस्या' की निम्नलिखित शब्दों में तुलना की थी :

> ...कुल मिलाकर भारत के मुसलमान, जर्मनी में यहूदियों की भाँति, खुद को भारत से बाहर के मुसलमानों के समान और अपने हितों को उनके हितों के समान मानते ज्यादा प्रतीत होते हैं, बजाय उन हिंदुओं के जो उनके पड़ोसी हैं।[10]

सावरकर ने सांस्कृतिक राष्ट्रवाद के शास्त्रीय सिद्धांतों को अनुकूलित करते हुए हिंदू राष्ट्रवाद के विस्तार को परिभाषित करने के लिए निम्नलिखित चार सिद्धांतों पर अपना ध्यान केंद्रित किया था। पहला तत्त्व था-राज्य क्षेत्र की प्रधानता, जो कि इस मामले में सिंधु

नदी के पूर्व की ओर हजारों वर्षों के दौरान विकसित सभ्यता का क्षेत्र था। इसमें पूरा भारत उपमहाद्वीप शामिल हो जाता था। दूसरा तत्त्व था–'हिंदुस्तान' के नाम से प्रसिद्ध देश की प्राचीनता का भाव और उससे भावनात्मक जुड़ाव। तीसरा तत्त्व था–सांस्कृतिक सार के प्रमुख वाहक के रूप में भाषा की एकता और पूर्वकाल में संस्कृत के प्रति और आधुनिक काल में हिंदी के प्रति सावरकर की भावना। चौथा तत्त्व था–साझा रक्त और नस्ल।

बंकिमचंद्र चट्टोपाध्याय, विवेकानंद, दयानंद आदि के लिए हिंदू राष्ट्रवाद केवल आध्यात्मिक और सांस्कृतिक क्षेत्र तक सीमित था। सावरकर के सामने आने पर, हिंदू राष्ट्रवाद ने मुस्लिम विरोधी रुख को और अधिक कड़ा बना लिया और उसे राजनीतिक क्षेत्र में स्थानांतरित कर दिया गया। बहरहाल, भारतीय स्वतंत्रता के आंदोलन में हिंदू महासभा की भूमिका नगण्य सी थी। उसे राजनीतिक क्षेत्र में जो भी प्रमुखता मिली वह बहुत हद तक सावरकर और उनके सहचरों के प्रयासों से ही मिली थी।

भारत में कुछ राष्ट्रीय स्तर के हिंदुत्व संगठनों के ऐतिहासिक क्रम-विकास पर नजर डालना उपयुक्त होगा।

हिंदू महासभा

अखिल भारतीय हिंदू महासभा की स्थापना 1915 में हुई थी। इसकी स्थापना का उद्देश्य मुस्लिम लीग और धर्मनिरपेक्ष भारतीय राष्ट्रीय कांग्रेस की बराबरी में खड़ा होना था। वी.डी.सावरकर इसके संस्थापक अध्यक्ष थे।

एक हिंदू राष्ट्रवादी संगठन के रूप में इसने उन हिंदू राष्ट्रवादियों के उद्देश्य का समर्थन किया था जो यह विश्वास करते थे कि भारत को एक हिंदू राष्ट्र होना चाहिए। आजादी के थोड़े ही समय बाद, और महात्मा गांधी की हत्या के पश्चात, यह संगठन कमजोर पड़ गया क्योंकि इसके अनेक सदस्यों ने श्यामा प्रसाद मुखर्जी के नेतृत्व वाले भारतीय जनसंघ की सदस्यता ले ली।

राष्ट्रीय स्वयं सेवक संघ

राष्ट्रीय स्वयं सेवक संघ की स्थापना 1925 में हिंदू राष्ट्रवादी विचारधारा को बढ़ाने के लिए केशव बलीराम हेडगेवार द्वारा की गई थी। मैदानी स्तर पर ऐसे संगठन को विकसित करने का उद्देश्य अपने संदेश का प्रसार करना था। हेडगेवार राष्ट्र के संबंध में सावरकर की अवधारणा से प्रभावित थे। उनके प्रमुख परामर्शदाता बी.एस. मुंजे थे जो मुसोलिनी और फासीवाद के संबंध में इतालवी दृष्टिकोण से बहुत अधिक प्रभावित थे। यह आश्चर्य की बात नहीं है कि हेडगेवार उन व्यक्तियों में शामिल थे जिन्होंने फासिस्ट मॉडल के आधार पर समाज के सैन्यीकरण के पक्ष में अभियान चलाया था।

राष्ट्रीय स्वयं सेवक संघ को गठित करते हुए हेडगेवार ने प्रशिक्षण और अनुशासन पर जोर दिया। आतंकवादी समाजों के समान, राष्ट्रीय स्वयं सेवक संघ ने अपने रंगरूटों के प्रशिक्षण के लिए सैन्य पद्धति अपनाई थी। इसके साथ ही, उसमें धार्मिकता पर भी

जोर दिया गया था। राष्ट्रीय स्वयं सेवक संघ की प्राथमिक इकाई, 'शाखा', 'अखाड़ा' जैसी पुरानी संस्थाओं से बहुत मिलती-जुलती थी। अखाड़ा वह स्थान है जहाँ किसी बस्ती के युवक शरीर के विकास के लिए व्यायाम करने और खेलों जैसे-कुश्ती और भारोत्तोलन के लिए एकत्र होते हैं। सामान्य तौर पर अखाड़े से लगा हुआ भगवान हनुमान का मंदिर होता है जो उसे आध्यात्मिक आयाम उपलब्ध कराता है। राष्ट्रीय स्वयं सेवक संघ की शाखा कई मायनों में परंपरागत पुराने अखाड़ों की तरह गठित की गई थी।

राष्ट्रीय स्वयं सेवक संघ के केंद्र में स्वयं सेवक होते हैं जिन्हें 'शाखाओं' में प्रशिक्षण प्राप्त कर रहे युवकों में से चुना जाता है। "ये स्वयं सेवक अपने आप को तन, मन और धन के साथ राष्ट्रीय स्वयं सेवक संघ के लिए धर्मार्पित करते हैं क्योंकि इसमें ही हिंदुओं और देश की भलाई निहित है।"[11] धर्म का तत्त्व उसमें सदैव शामिल रहता था क्योंकि स्वयं सेवकों को यह शपथ हनुमान जी की प्रतिमा के समक्ष लेनी पड़ती थी।

यद्यपि हेडगेवार संघ के संस्थापक थे, तथापि माधव सदाशिव गोलवलकर निर्विवाद रूप से संघ के आध्यात्मिक गुरु थे। गोलवलकर ने जी.डी. सावरकर (वी.डी.सावरकर के बड़े भाई) के एक लघु प्रबंध का अंग्रेजी में, 'वी ऑर अवर नेशनहुड डिफाइंड', अनुवाद किया था। उन्होंने 'ए बंच ऑफ थाट्स' नामक कृति की रचना भी की थी। इन दोनों रचनाओं से गोलवलकर के वैचारिक पूर्वग्रहों के संबंध में पता चलता है।

'वी ऑर अवर नेशनहुड डिफाइंड' के निम्नलिखित दो उद्धरणों से मुसलमानों के प्रति उनकी विरोध-भावना और हिंदू राष्ट्रत्व और राष्ट्रवाद की धारणा के संबंध में जातीय विचार पर उनके द्वारा जरूरत से ज्यादा जोर देने की बात स्पष्ट होती है :

> जब मुसलमान हिंदुस्तान में पहली बार पहुँचे थे, उस अशुभ दिन से लगातार, हिंदू राष्ट्र इन लुटेरों से छुटकारा पाने के लिए बहादुरी के साथ लड़ता रहा है। जातीय चेतना जागृत होती रही है...राष्ट्रीय चेतना भड़कती रही है और हम हिंदू हिंदू ध्वज, भगवा ध्वज (जिसे राष्ट्रीय स्वयं सेवक संघ राष्ट्र ध्वज के बदले प्राथमिकता देकर अब भी फहराता है) के नीचे एकत्र होकर, अपनी विरोधी शक्तियों का सफाया करने के लिए कठोर संकल्प के साथ कटिबद्ध रहे हैं। हम हिंदुओं का एक ओर तो मुसलमानों के साथ युद्ध चल रहा है तो दूसरी ओर अंग्रेजों के साथ।
>
> ...जहाँ तक राष्ट्र का प्रश्न है, वे सब जो इसकी पंचकोणीय सीमाओं (जिन्हें भौगोलिक, जातीय, धार्मिक, सांस्कृतिक और भाषाई के रूप में वर्णित किया जा चुका है) के बाहर हैं उनके लिए इस राष्ट्रीय जीवन में कोई स्थान नहीं है, जब तक कि वे अपने मतभेदों को समाप्त नहीं कर देते हैं और राष्ट्रीय जाति में अपने आपको पूरी तौर पर संविलयित कर लेते हैं...इन विदेशी तत्त्वों के लिए केवल दो रास्ते खुले हुए हैं, या तो वे राष्ट्रीय जाति में संविलयित हो जाएँ और इसकी संस्कृति को अपना लें, अथवा उस दया पर तब तक जीवित रहें जब तक राष्ट्रीय जाति उन्हें ऐसा करने की अनुमति दें, और जब राष्ट्रीय जाति चाहे तब वे इस देश से बाहर चले जाएँ...हिंदुस्तान में जो विदेशी जातियाँ हैं उन्हें या तो हिंदू संस्कृति और भाषा अनिवार्यत: अपना लेनी चाहिए, हिंदू धर्म के प्रति आदर करना अनिवार्यत: सीखना चाहिए और उसके प्रति सम्मान बनाएँ रखना चाहिए, हिंदू जाति और संस्कृति के महिमा गान के अलावा उन्हें और किसी विचार को अनिवार्यत:

ध्यान में नहीं लाना चाहिए, और हिंदू जाति में संविलयित होने के अलावा अपने अलग अस्तित्व को अनिवार्यतः समाप्त कर देना चाहिए; अथवा इस देश में पूरी तौर पर हिंदू राष्ट्र के अधीन रहकर रह सकते हैं बिना कोई दावा किए, बिना किसी विशेष अधिकार के, बिना किसी विशेष पक्षपात के और बिना नागरिक अधिकारों के।

अपनी कृति 'ए बंच ऑफ थाट्स' में गोलवलकर ने बौद्ध धर्म, यहूदी धर्म और ईसाई धर्म सहित अन्य धर्मों को अपना लक्ष्य बनाया और उनकी निंदा भी की।

हिंदू राष्ट्र की उनकी अवधारणा में भारत की बहुलतावादी और समेकित संस्कृति के लिए कोई स्थान नहीं था। वे सभी जो हिंदू जाति, धर्म संस्कृति और भाषा वाले नहीं हैं वे, उनकी दृष्टि में, राष्ट्रीय जीवन में शामिल नहीं हैं।

राष्ट्रीय स्वयं सेवक संघ के उद्देश्य और संगठन

दयानंद और विवेकानंद जैसे विचारकों और सुधारकों ने हिंदू धर्म के गौरवशाली अतीत की ओर ध्यान आकर्षित कर हिंदू धर्म को पुनः ओजपूर्ण बनाने की कोशिश की थी जिससे कि वह इस्लाम और ईसाई धर्म ने धर्मांतरण के द्वारा जो चुनौती प्रस्तुत की थी उसका अडिग रहकर सामना कर सके। विशेषकर विवेकानंद ने हिंदू धर्म के समावेशी चरित्र पर जोर दिया था और अन्य धर्मों के प्रति उनका रुख संघर्षात्मक नहीं था क्योंकि उनकी अवधारणा में हिंदू धर्म में और भारतीय सांस्कृतिक वातावरण में सभी के लिए स्थान था। सावरकर और गोलवलकर भी पुनरुत्थानवादी थे जो वैदिक सभ्यता के 'स्वर्ण युग' के मूल्यों की पुनः स्थापना चाहते थे। बहरहाल, हिंदू राष्ट्रवाद के संबंध में उनकी अवधारणा ज्यादा आक्रामक और असहनशील थी। यह उचित होगा कि अन्य धर्मों के संदर्भ में हिंदू धर्म की स्थिति के बाबत उनके दृष्टिकोण को प्रधानतावादी वर्णित किया जाए।

चूँकि राष्ट्रीय स्वयं सेवक संघ की कल्पना एक ऐसे साधन के रूप में की गई थी जो हिंदू राष्ट्र के संबंध में सावरकर-गोलवलकर की अवधारणा को साकार करेगा। यही वजह थी कि संघ के उद्देश्यों को उसी के अनुसार परिभाषित किया जाना था और इन लक्ष्यों को पाने के लिए संगठन को उसके अनुरूप निर्मित किया जाना था।

संघ के आदर्शों का उसके औपचारिक संविधान में इस प्रकार खुलासा किया गया है : "हिंदुओं के मध्य मतभेदों को समाप्त करना, उन्हें उनके अतीत की महानता का अहसास कराना, पूरे हिंदू समाज के लिए आत्म बलिदान और आत्मनिष्ठा की भावना पैदा करना, एक संगठित और सुअनुशासित संघबद्ध जीवन को बनाना और हिंदू समाज का पुनरुद्धार करना।"[12]

संघ के नेतृत्व द्वारा सामान्यतः यह दृष्टिकोण अपनाया गया है कि यह राजनीतिक या धार्मिक निकाय नहीं है, बल्कि सांस्कृतिक संगठन है। उसके साथ ही संघ भारतीय संविधान में निहित धर्मनिरपेक्षता के इस सिद्धांत को अस्वीकार करता है कि धर्म एक निजी मामला है। संघ विश्वास करता है कि "हम युद्ध करते हैं और शांति लाते हैं, कला और शिल्प के कार्य में संलग्न रहते हैं, संपत्ति अर्जित करते हैं और उसे दान करते हैं-वास्तव में हम जन्म लेते हैं और मरते हैं-यह सब धार्मिक निर्देश के अनुसार करते हैं।"[13]

संघ का कार्य हिंदू राष्ट्र की रक्षा करना है, उस राष्ट्र की जो राज या राज्य से अलग है। राज का कार्य कानून और व्यवस्था लागू करना होता है किंतु राष्ट्र में संस्कृति के समस्त पहलू–अर्थात, भाषा, साहित्य, धर्म, कला, सीमा और जाति–समाए हुए होते हैं। हिंदू शब्द संस्कृति के विशेषण के रूप में प्रयुक्त हुआ है, केवल धर्म के विशेषण के रूप में नहीं क्योंकि धर्म संस्कृति का एक घटक है।

इसे और विस्तार से देखा जाए तो स्पष्ट होता है कि संघ का बुनियादी कार्य हिंदू धर्म का रूपान्तरण करना है जो पदच्युत और कमजोर हो गया था। कुछ पश्चिमी विद्वानों के अनुसार, हिंदू राष्ट्रवादियों ने इस्लाम और ईसाई धर्म को भयावह और विदेशी निरूपित कर उन्हें दैत्य रूप में प्रस्तुत किया। इन हिंदू राष्ट्रवादियों ने इन 'सुगठित' धर्मों का अनुकरण करना चाहा जिससे कि हिंदू धर्म में ज्यादा सहचर्य और शक्ति आ जाए। यह कारण है कि संघ अनुशासन, सांस्कृतिक गौरव और धार्मिकता पर बहुत अधिक जोर देता है।

यह कहा गया है कि संघ की नकल करने की प्रवृत्ति को आसानी से पहचाना जा सकता है। उसके स्वयं सेवकों के गणवेश की एक विशेषता खाकी हाफ पैंट है जो ब्रिटिश पुलिस से उधार ली गई है। संघ की इस तरह नकल की गई विशेषताएँ आधिकारिक हिंदू तत्त्वों के साथ बराबर बनी रहती हैं। संघ का लक्ष्य पूरे भारत में अपनी शाखाओं का जाल फैला देना है, यद्यपि उसकी शाखाएँ अभी तक उत्तरी और पश्चिमी क्षेत्रों तक ही सीमित हैं। संघ ने बहुत मामूली शुरुआत की थी लेकिन अब उसकी शाखाओं की संख्या 25 हजार और उप शाखाओं की संख्या 31 हजार हो गई है। वर्तमान में राष्ट्रीय स्वयं सेवक संघ के सदस्यों की संख्या करीब 20 लाख है।[14]

चूँकि संघ यह प्रचार करता है कि वह अनिवार्यतः एक सांस्कृतिक संगठन है, समाज के सभी हिस्सों तक पहुँचने के उद्देश्य से उसने अन्य संगठन बना लिए हैं जिन्हें उससे संबद्ध कहा जा सकता है। इन सारी संस्थाओं को एकजुट कर 'संघ परिवार' कहा जाता है जहाँ संघ का अर्थ राष्ट्रीय स्वयं सेवक संघ है।

भारतीय जनता पार्टी

राष्ट्रीय स्वयं सेवक संघ राजनीति में भाग लेने से प्रत्यक्षतः दूर रहा है अर्थात आजादी के बाद लोकतांत्रिक प्रक्रिया में हिस्सा लेने से वह दूर रहा। फिर भी अपने स्वयं सेवकों के माध्यम से उसने समान सोच वाले और मित्र राजनीतिक दलों को समर्थन दिया है। आजादी के पहले और आजादी के बाद थोड़े समय के लिए हिंदू महासभा को राष्ट्रीय स्वयं सेवक संघ का मौन समर्थन प्राप्त हुआ था। 1951 में डॉ. श्यामा प्रसाद मुखर्जी ने जनसंघ की स्थापना की थी। हिंदू महासभा के बाद, हिंदू राष्ट्रवादियों की निष्ठा और समर्थन जनसंघ को मिला। न तो हिंदू महासभा और न जनसंघ को किसी प्रकार की खास चुनावी सफलता मिली थी। विधानसभाओं और लोकसभा में इन दलों से जीतकर आए सदस्यों की संख्या इतनी कम थी कि वे इन विधायिका संस्थाओं में किसी प्रकार की उल्लेखनीय हलचल पैदा नहीं कर सके।

वह राजनीतिक दल जिसकी केंद्रीय विचारधारा हिंदू राष्ट्रवाद है और जिसने अंततः महत्त्वपूर्ण राजनीतिक सफलता अर्जित की वह है भारतीय जनता पार्टी। यह पार्टी तत्कालीन जनसंघ की उत्तराधिकारी है। यद्यपि भाजपा एक राष्ट्रीय राजनीतिक दल के रूप में उभरी है फिर भी वह राष्ट्रीय स्वयं सेवक संघ से अपने संबंध बनाए रखती है।

अखिल भारतीय विद्यार्थी परिषद

1948 में दिल्ली में स्थित राष्ट्रीय स्वयं सेवक संघ के पदाधिकारियों ने अखिल भारतीय विद्यार्थी परिषद की स्थापना की। इसका उद्देश्य विश्वविद्यालय परिसर में साम्यवादी प्रभाव का मुकाबला करना और विद्यार्थियों के बीच धार्मिक राष्ट्रवादी दृष्टिकोण विकसित करना था। यह संगठन, विद्यार्थी संघों का राजनीतिकरण करने के साथ-साथ, भाजपा की विद्यार्थी शाखा के रूप में वस्तुतः कार्य करता है।

भारतीय मजदूर संघ

1955 में राष्ट्रीय स्वयं सेवक संघ ने भारतीय मजदूर संघ के नाम से श्रमिक संघ का गठन किया। इस संगठन का उद्देश्य साम्यवादी संघों का विरोध करना और देश में संगठित मजदूरों के मध्य हिंदू राष्ट्रवादी विचारधारा का प्रसार करना है। इसने अपना बहुत विस्तार कर लिया है और आज देश का सबसे बड़ा श्रमिक संघ है।

वनवासी कल्याण आश्रम

1952 में राष्ट्रीय स्वयं सेवक संघ ने आदिवासी कल्याण आंदोलन, वनवासी कल्याण आश्रम, शुरू किया। यह संगठन मुख्य रूप से मध्य भारत में आदिवासियों के बीच ईसाई मिशनरियों के प्रभाव का प्रतिरोध करता है। मध्य भारत में मिशनरियों की ईसाई धर्म संबंधी कार्यवाइयों के जरिए अनेक धर्मांतरण हुए हैं। वनवासी कल्याण आश्रम आदिवासियों का हिंदू धर्म में पुनः धर्मांतरण आयोजित करता रहा है।

विश्व हिंदू परिषद

1964 में राष्ट्रीय स्वयं सेवक संघ ने धर्म से जुड़े कुछ प्रमुख व्यक्तियों के साथ मिलकर विश्व हिंदू परिषद की स्थापना की। इसकी स्थापना स्वामी चिन्मयानंद के आश्रम में की गई। विश्व हिंदू परिषद को लगातार प्रमुखता मिलती जा रही है। विश्व हिंदू परिषद अपने उद्देश्यों और गतिविधियों को प्रचारित करने के लिए, राष्ट्रीय स्वयं सेवक संघ से बढ़कर, मीडिया के समस्त आधुनिक साधनों का उपयोग करती है। उल्लेखनीय है कि परिषद की गतिविधियाँ उन शक्तियों के विरुद्ध, जिन्हें हिंदू धर्म के लिए खतरा समझा जाता है, हिंदुओं के समस्त पंथों को संगठित करने पर केंद्रित हैं। ईसाई धर्म, इस्लाम और साम्यवाद को ऐसे खतरे के रूप में चिह्नांकित किया गया है। बहरहाल, साम्यवाद को अब भारत की एकता और अखंडता के लिए खतरा नहीं माना जाता, इसलिए परिषद ने अपना ध्यान दो अन्य धर्मों पर केंद्रित कर लिया है।

विश्व हिंदू परिषद अपनी स्थिति को मजबूत बनाने और अपनी गतिविधियों का विस्तार करने के लिए तीन क्षेत्रों का उपयोग करती रही है। पहला, परिषद ने बड़े क्षेत्र में सम्मानित शंकराचार्य गण और अन्य धर्म गुरुओं सहित विविध हिंदू पंथों और मठों के महंतों को अपनी गतिविधि में सम्मिलित किया है। इन धार्मिक व्यक्तियों को शामिल करने से परिषद को एक ऐसे संगठन के रूप में सफलता पाने में सहायता मिली है जो सार्वजनिक जीवन में धर्म शिक्षा और धर्म निष्ठा बढ़ाने वाली है। परिषद का दूसरा क्षेत्र व्यापारी समुदाय और बड़े औद्योगिक घराने का रहा है जो काफी समय से हिंदू उद्देश्यों के संरक्षक रहे हैं।

विश्व हिंद्रू परिषद ने अपनी गतिविधि के तीसरे क्षेत्र के रूप में भारतीय अनिवासियों, विशेषकर उत्तर अमेरिका और यूरोप में रहने वालों, से संबंध बनाए हैं। परिषद एक अभियान चलाती रही है जिसके अंतर्गत अनिवासी भारतीय हिंदुओं को इस तरह प्रोत्साहित किया जाता है कि वे अपनी पहचान मूलत: भारतीय नहीं बल्कि विशेष रूप से हिंदुओं के रूप में बनाएँ। इसके परिणामस्वरूप विदेशों में बसने वाले, बड़े पैमाने पर सफल हुए, भारतीय (हिंदू) संघ परिवार की गतिविधियों, विशेषकर विश्व हिंदू परिषद की गतिविधियों, के लिए खुले मन से धन देने के लिए आगे आए हैं। मैरीलैंड में 'द इंडिया डेवलपमेंट एंड रिलीफ फंड' एक चैरिटी संगठन के रूप में 1989 में स्थापित किया गया। द इंडिया डेवलपमेंट एंड रिलीफ फंड अमेरिका में संघ परिवार के लिए चंदा एकत्र करने वाला प्रमुख माध्यम है। अमेरिका और भारत के कुछ समूहों ने द इंडिया डेवलपमेंट एंड रिलीफ फंड पर यह आरोप लगाया है कि यह फंड राष्ट्रीय स्वयं सेवक संघ और विश्व हिंदू परिषद को गुजरात में मुसलमानों के विरुद्ध हिंसक गतिविधियों के समर्थन के लिए, विशेषकर 2002 में गुजरात दंगों के दौरान, वित्तीय साधन उपलब्ध कराता रहा था।[15]

बजरंग दल

विश्व हिंदू परिषद की एक उपशाखा, बजरंग दल की स्थापना 1984 में राष्ट्रीय स्वयं सेवक संघ के एक प्रचारक विनय कटियार ने की थी। इस बजरंग दल में युवा उग्रवादी शामिल हैं। यह समझा जाता है कि ये वे युवा हैं जिन्होंने 1992 में बाबरी मस्जिद को ध्वस्त करने के काम में सक्रिय भाग लिया था। बजरंग दल हिंदुत्व के आक्रामक और उग्रवादी ब्रैंड का प्रतिनिधित्व करता है। यह आरोपित है कि सांप्रदायिक हिंसा को भड़काने वाली अनेक घटनाओं के पीछे इसका हाथ रहा है।

हिंदुत्व के संबंध में संघ परिवार की धारणा को डी.आर. गोयल द्वारा लिखित राष्ट्रीय स्वयं सेवक संघ के आधिकारिक इतिहास में इस तरह भली-भाँति वर्णित किया गया है[16] :

> हिंदू भारत में अति प्राचीन काल से रहते आए हैं; हिंदू एक राष्ट्र हैं क्योंकि समस्त संस्कृति, सभ्यता और जीवन उनके द्वारा ही दिया गया है; गैर हिंदू या तो आक्रान्ता हैं या अतिथि, और उनके साथ तब तक समानता का व्यवहार नहीं किया जा सकता जब तक

वे हिंदू परंपराओं, संस्कृति आदि को स्वीकार नहीं कर लेते हैं; गैर हिंदू, विशेषकर मुसलमान और ईसाई जो कुछ भी हिंदू रहा है उसके वे विरोधी रहे हैं और इसलिए उन्हें खतरा मानकर उनके साथ व्यवहार करना चाहिए; इस देश की स्वतंत्रता और प्रगति हिंदुओं की स्वतंत्रता और प्रगति है; भारत का इतिहास इन विदेशियों के भीषण आक्रमण के विरुद्ध हिंदुओं द्वारा उनके धर्म और संस्कृति की रक्षा और संरक्षण के लिए संघर्ष का इतिहास है; यह खतरा बना हुआ है क्योंकि सत्ता उन लोगों के हाथ में है जो यह विश्वास नहीं करते कि यह राष्ट्र एक हिंदू राष्ट्र है; जो इस देश में रहने वाले सभी लोगों की एकता को राष्ट्रीय एकता मानकर बात करते हैं वे अल्पसंख्यकों के वोट जुटाने की स्वार्थ भरी इच्छा से प्रेरित हैं और इसलिए वे गद्दार हैं; हिंदुओं की एकता और एकजुटता आज के समय की सबसे बड़ी आवश्यकता है क्योंकि हिंदू जनता चारों ओर से शत्रुओं से घिरी हुई है; हिंदुओं के लिए यह अनिवार्य है कि वे ज़ोरदार बदला लेने के लिए क्षमता विकसित करें और आक्रमण सबसे अच्छी सुरक्षा है; हिंदुओं की सारी परेशानियों का मूल कारण एकता की कमी है और संघ का जन्म इसी एकता को स्थापित करने के दिव्य मिशन के लिए हुआ है।

हिंदू धर्म-सारसंग्रही दृष्टिकोण

प्रारंभिक सुधारवादी विवेकानंद हिंदू धर्म के सारसंग्रही दृष्टिकोण का प्रतीकात्मक रूप में प्रतिनिधित्व करते हैं। इस दृष्टिकोण में विश्वास करने वाले एक व्यक्ति के रूप में मैं इस तथ्य पर गर्व करता हूँ कि हिंदू धर्म इस मायने में अनन्य है कि यह विश्व का अकेला प्रमुख धर्म है जो यह दावा नहीं करता कि केवल वह सच्चा धर्म है। यह इस मायने में भी अकेला धर्म है जो आत्म-विश्वासपूर्वक जानता है कि "सत्य किसी एक क्षण या कौंध के रूप में उद्घाटित नहीं होता बल्कि संविलयन, आत्मीकरण और संश्लेषण की दीर्घ प्रक्रिया से उद्भूत होता है।"[17]

इस दृष्टिकोण का सार संस्कृत भाषा में व्यक्त इस धर्म-विश्वास में निहित है-'सर्व धर्म समभाव'-अर्थात सभी धर्म समान आदर के पात्र हैं। उदारवादी विस्तृत दृष्टिकोण वाला हिंदू कभी भी रूढ़िवादी नहीं हो सकता क्योंकि उसके धर्म में 'रूढ़ियाँ' नहीं हैं। वह स्वेच्छा से उन अन्य धर्मों के सिद्धांतों और रीति-रिवाजों को अपनाता है जो युग-युग से भारत के सभ्यतामूलक उत्तराधिकार का हिस्सा हैं, फिर चाहे वह बौद्ध धर्म, जैन धर्म, यहूदी धर्म, पारसी धर्म, ईसाई धर्म, इस्लाम हो या इनमें सबसे बाद के सिख धर्म।

हिंदू धर्म का यह विशाल दृष्टिकोण हिंदुत्व के समर्थकों के संकीर्ण संप्रदायवाद से ठीक उलटा है। इस संकीर्ण दृष्टिकोण को वी.डी.सावरकर जैसे नेताओं ने सूत्रबद्ध किया था और जिसका अनुगमन के.बी.हेडगेवार और एम.एस.गोलवलकर ने किया था। यह बात अमर्त्य सेन ने इन शब्दों में स्पष्ट की है :

> उपनिषद या गीता की, या ब्रह्मगुप्त या शंकर की, या कालिदास या शूद्रक की संस्कारित दृष्टि के बजाय, वे राम की मूर्ति और हनुमान की प्रतिमा को अपनाना पसंद करते हैं। उनका राष्ट्रवाद उस भारत देश की तर्क-बुद्धिपरक परंपरा को अनदेखा करता है, जिसमें

बीजगणित, रेखागणित और खगोलविज्ञान के क्षेत्र में सबसे पहले कदम उठाए गए थे, जहाँ दशमलव प्रणाली उद्‌भूत हुई थी, जहाँ प्रारंभिक दर्शनशास्त्र-धर्मनिरपेक्ष और धार्मिक-अनूठे रूप से संस्कारित हुआ था, जहाँ लोगों ने शतरंज जैसे खेलों का आविष्कार किया था, जहाँ यौन शिक्षा को सबसे पहले प्रारंभ किया था, और जहाँ राजनीतिक अर्थशास्त्र के सर्वप्रथम व्यवस्थित अध्ययन की शुरुआत हुई थी। हिंदू उग्रवादियों ने इसके बदले भारत को-व्यक्त रूप में या अव्यक्त रूप में-अविवादी मूर्ति पूजक, उन्मत्त धर्मान्ध, युयुत्सु उपासक और धार्मिक हत्यारों के देश के रूप में प्रस्तुत करना पसंद किया है।[18]

राजनीतिक शक्ति के रूप में हिंदू राष्ट्रवाद का विकास

राजनीतिक शक्ति के रूप में भाजपा का उदय उल्लेखनीय रहा है। 1984 में लोकसभा में उसकी कुल दो सीटें थीं। उसकी सीटें 1989 में बढ़कर 85, और 1991 में 119 सीटें हो गईं। 1998 और 1999 के चुनाव में उसने 182 सीटें जीतीं और केंद्र में मित्र दलों के साथ मिलकर सत्ता प्राप्त कर ली। मित्र दलों से मिलकर भाजपा ने राष्ट्रीय लोकतांत्रिक गठबंधन या एनडीए का गठन किया था। सत्ता में उसने अपना कार्यकाल पूरा किया और उसके बाद 2004 के आम चुनाव और 2009 के आम चुनाव में वह कांग्रेस के नेतृत्व वाले संयुक्त प्रगतिशील गठबंधन (यूपीए) से लगातार हार गई।

बहरहाल, भाजपा लोकसभा में प्रमुख विपक्षी दल बना हुआ है और गुजरात तथा हिमाचल प्रदेश सहित कई राज्यों में उसका शासन है। गुजरात और हिमाचल प्रदेश में विधानसभा के 2007 के चुनावों में उसे अच्छे बहुमत के साथ सफलता मिली थी। भाजपा का यह दावा है कि उसे विकास के मुद्दे पर सफलताएँ मिली हैं, पर इस बात में कोई शक नहीं कि राजनीतिक क्षेत्र में उसका अभ्युदय काफी हद तक राजनीति के सांप्रदायिकीकरण और उसके फलस्वरूप उसके पक्ष में हिंदू वोटों के होने वाले ध्रुवीकरण के कारण हुआ है।

भाजपा को कुछ ऐसे संवेदनशील मुद्‌दों के आधार पर व्यवस्थित रूप से राजनीतिक एकजुटीकरण का लाभ मिला है जिन्हें संघ परिवार ने उठाया था और लम्बे समय तक जिन्हें जीवन्त बनाए रखा था। हम इन मुद्‌दों के विकास पर नजर डालेंगे जो इस देश में राजनीतिक लोकाचार को उदार और धर्मनिरपेक्ष आम सहमति से दूर ले जाने के लिए उत्तरदायी हैं। आजादी के बाद लगभग दो दशक तक इस देश में उदार और धर्मनिरपेक्ष आम सहमति बनी रही थी लेकिन इन मुद्‌दों के कारण धर्मनिरपेक्षता को मानने वाले दलों और हिंदू राष्ट्रवादी विचारधारा वाले दलों के बीच राजनीतिक वरीयता प्राप्त करने की प्रतियोगिता की स्थिति बन गई।

हिंदुत्व और इतिहास

1998 और 1999 के चुनाव के बाद जब भाजपा के नेतृत्व वाला गठबंधन सत्ता में आया तो उसने राष्ट्रीय शैक्षिक अनुसंधान एवं प्रशिक्षण परिषद (एनसीइआरटी) को यह दायित्व सौंपा कि वह भारतीय शालाओं के लिए नई पाठ्य-पुस्तकें तैयार कराए। उसे

ऐसी नई पाठ्य-पुस्तकें तैयार करने के लिए कहा गया जिनमें उस समय प्रचलित पुस्तकों के कुछ अंश शामिल नहीं किए जाने थे। उस समय प्रचलित पुस्तकें प्रख्यात इतिहासकारों द्वारा लिखी गई थीं। ऐसा प्रतीत होता है कि नई पाठ्य-पुस्तकों को तैयार कराने का उद्देश्य शालेय बच्चों को हिंदू राष्ट्रवादी परिप्रेक्ष्य में इतिहास की शिक्षा देना था। अमर्त्य सेन ने अपनी पुस्तक 'द आर्ग्युमेंटेटिव इंडियन' में विस्तार से वर्णित किया है कि किस तरह दो विद्वानों ने उनके प्रकाशनों में ऐतिहासिक तत्त्वों को तोड़-मरोड़कर प्रस्तुत करने के लिए कपट का सहारा भी लिया था। इस प्रकरण के बाबत सेन ने जो वर्णन किया है उसका सार संक्षेप नीचे दिया जा रहा है।[19]

यह प्रदर्शित करने के लिए कि भारत की सभ्यतामूलक विरासत पर अकेले हिंदुओं का ही अधिकार है, हिंदू राष्ट्रवादियों के लिए यह आवश्यक हो गया कि वे भारत की 'सांस्कृतिक' संस्कृति की प्राचीनता को उससे बढ़ाकर बतलाएँ जितना कि ऐतिहासिक तथ्यों और घटनाओं के विषयपरक आकलन में जरूरी होता है। सिंधु घाटी सभ्यता ईसा पूर्व तीसरी सहस्राब्दी से अस्तित्व में थी, प्राचीनतम हिंदू साहित्य वेदों के समय के पहले से। वेदों की रचना ईसा पूर्व दूसरी सहस्राब्दी में की गई मानी जाती है। यह सभ्यता अविभाजित उपमहाद्वीप के उत्तर पश्चिम के बड़े क्षेत्र में फली-फूली थी। यह लगभग वही समय था जब संसार के दूसरे हिस्से में मिस्र की और मेसोपोटामिया की सभ्यताएँ अपने चरम उत्कर्ष पर पहुँच रही थीं।

सिंधु घाटी सभ्यता की असंदिग्ध प्राचीनता भारतीयों के लिए राष्ट्रीय गौरव की बात है। किंतु यह तथ्य हिंदू राष्ट्रवादियों को उचित नहीं लगा कि भारोपीय (आर्य) लोग घोड़ों पर सवार होकर वह भाषा बोलते हुए आए (प्रव्रजन क्रिया) थे जिसे आज वैदिक संस्कृत कहा जाता है। इतिहास के कल्पनापरक हिंदुत्ववादी दृष्टिकोण के निर्माताओं ने भारतीय सभ्यता के मूल को वेदों में पाना चाहा। उन्हें दो समस्याओं का सामना करना पड़ा : पहला-यह स्वीकार करना कि हिंदू संस्कृति का बुनियादी आधार मूलतः भारत के बाहर से आया था; और, दूसरा-हिंदू धर्म को भारतीय सांस्कृतिक इतिहास और उसके नागर उत्तराधिकार के बिलकुल शुरू में स्थापित करने में सफल न होना।

सिंधु घाटी सभ्यता अवशेष बैलों की उपस्थिति प्रदर्शित करते हैं, न कि घोड़ों की। दूसरी ओर वेदों में घोड़ों के बाबत अनेक संदर्भ हैं। विदेशों में बसे भारतीयों में हिंदुत्व पंथ के अनेक अनुयायी हैं। ऐसे दो अनिवासी भारतीय इतिहासज्ञों नटवर झा और एन. एस. राजाराम ने 'द डेसिफर्ड इंडस स्क्रिप्ट' (न्यू डेल्ही : आदित्य प्रकाशन, 2000) शीर्षक से एक पुस्तक प्रकाशित की जिसमें उन्होंने एक टेराकोटा सील का चित्र प्रकाशित किया जिस सील पर एक घोड़ा अंकित था। इस सील को सिंधु सभ्यता की वैदिक पहचान के एक साक्ष्य के रूप में प्रस्तुत किया गया था। इस पर 'सिंधु-सरस्वती' सभ्यता का लेबल लगाया गया था।

इस दावे को लेकर अकादमिक क्षेत्र के भीतर और बाहर तीखी बहस चली। और अंततः यह सिद्ध किया गया कि घोड़े की सील वाला चित्र एक तुच्छ धोखाधड़ी का

मामला था जिसमें एक सींग वाले बैल की टूटी हुई सील के चित्र को कम्प्यूटर की सहायता से बदल दिया गया था। इस धोखाधड़ी का (जो बीसवीं सदी के अंत के समय में की गई थी) प्रामाणिक रूप से भंडाफोड़ हार्वर्ड यूनिवर्सिटी के संस्कृत के प्रोफेसर माइकल विट्ज़ल द्वारा एक निबंध 'हार्सप्ले इन हरप्पा' में किया गया था जो इन्होंने स्टीव फारमर के साथ मिलकर लिखा था। इतिहास संबंधी वाद-विवाद की मुख्यधारा में इन दोनों अप्रवासी भारतीय इतिहासज्ञों का उपहास और अनादर किया गया।

त्योहारों का सांप्रदायिकीकरण

पंथगत कुछ गतिविधियों को वैध माना जाता है, यदि ये गतिविधियाँ संबंधित समुदाय तक ही पूरी तौर पर सीमित रहती हैं। ये गतिविधियाँ तब अपवाद स्वरूप बन जाती हैं जब वे समुदाय की बारीक विभाजक रेखा को पार कर लोकाचार के क्षेत्र में होने लगती हैं। एक समाजविज्ञानी के शब्दों में :

> ...कोई भी सांस्कृतिक संगठन सैद्धांतिक रूप में किसी भी पंथगत दृष्टिकोण को तब तक अपनाए रह सकता है जब तक वह उसके अपने क्षेत्र और समुदाय तक सीमित रहता है। बहरहाल, जब वह लोक राजनीति के उस क्षेत्र में आने का जोखिम उठाता है, जहाँ राष्ट्र का एक समन्वित संस्कृति के आधिकारिक लोकवार्ता की सीमाओं में प्रतिनिधित्व करना जरूरी है, पंथगत बातें सांप्रदायिक प्रतीत होंगी। इसके स्पष्ट उदाहरण वे धार्मिक जुलूस और त्योहार हैं जिनमें किसी विशेष देवता, पुराण कथा, या धार्मिक कर्मकांड का उत्सव मनाया जाता है, बिना उन्हें सांप्रदायिक माने हुए। ऐसे अवसर पर जिस क्षण कोई ऐसा गीत, प्रतीक या बिंब प्रदर्शित किया जाता है जो राजनीतिक घटनाओं पर टिप्पणी करता हो या यह ऐसी अनुशंसा करता हो कि समुदाय के ये विशेष मूल्य राजनीतिक निर्णयों का आधार होंगे, या किसी राजनीतिक रैली में किसी धार्मिक प्रतीक का प्रदर्शन या आह्वान किया जाए तो उस क्षण धर्मनिरपेक्ष और सांप्रदायिक राजनीति को अलग-अलग करने वाली बारीक विभाजक रेखा पार कर दी जाती है। इस तरह जन क्षेत्र के राजनीतिक हिस्से में जो बात सांप्रदायिकता को संकेतित करती है वह जन क्षेत्र के दूसरे हिस्से में संस्कृति के रूप में ली जा सकती है।[20]

हिंदुओं और मुसलमानों दोनों के द्वारा त्योहारों को सार्वजनिक रूप में मनाए जाने के कारण दोनों समुदायों के बीच तनाव और दरार पैदा होती रही है। जब धार्मिक जुलूस किसी नगर या शहर में एक विशेष रास्ते-सामान्यत: उस बस्ती में से जिसमें दूसरे समुदाय के लोगों की आबादी हो-से ले जाने से अकसर सांप्रदायिक हिंसा भड़कती है। ये केवल त्योहार मनाना नहीं है बल्कि अन्य समुदाय के प्रति विरोध पैदा करने या शत्रुता उत्पन्न करने के उद्देश्य से किया गया कार्य होता है।

आजादी मिलने से काफी पहले, राजनीतिज्ञों ने सार्वजनिक स्थानों और समारोहों में धार्मिक प्रतीकों के प्रदर्शन के द्वारा लोगों को एकजुट करने से मिलने वाले लाभ का अनुमान लगा लिया था। बहुत पहले 1893 में बाल गंगाधर तिलक ने एक प्राचीन

धार्मिक समारोह गणेश चतुर्थी (या गणेश उत्सव) को जुलूस, व्याख्यान और गीत के माध्यम से एक लोकप्रिय मेले के रूप में नए ढंग से संगठित और आयोजित कर उसे राष्ट्रवादी रंग दिया था। इस उत्सव को मनाए जाने के संबंध में जस्टिस रालेट की अध्यक्षता वाली राजद्रोह समिति के प्रतिवेदन में 1893 में निम्नलिखित निष्कर्ष दिए गए थे :

> ऐसा प्रतीत होता है कि सार्वजनिक गणेश उत्सव मुसलमान-विरोधी आंदोलन के रूप में उभरा है। इसके बाद मुंबई में 1893 में हिंदुओं और मुसलमानों के बीच दंगे भड़के थे। ऐसे आंदोलनकारियों ने जो दोनों समुदायों के बीच की खाई को और चौड़ा करना चाहते थे, बुद्धि और सफलता के गजमुख वाले देवता गणपति के सम्मान में सार्वजनिक आयोजन को पिछले वर्षों के मुकाबले कहीं बड़े पैमाने पर आयोजित करने को प्रोत्साहित किया था। ऐसा प्रतीत होता है कि उनका विचार जल में विसर्जन के लिए भगवान को ले जाए जाने वाले जुलूस को मुसलमानों के विरुद्ध जितना अधिक आक्रामक हो सके उतना अधिक बनाने की कोशिश की गई थी। त्योहार के दस दिन के उत्सव के दौरान पूना की सड़कों पर युवा लोगों की टोलियाँ ऐसे गीत गात] घूमती थीं जिनका उद्देश्य मुसलमानों और सरकार के विरुद्ध भावना को ज्यादा उग्र करना था।[21]

इसी तरह 1895 में रायगढ़ में शिवाजी उत्सव बहुत शानोशौकत के साथ मनाया गया था। रायगढ़ शिवाजी की राजधानी था। सार्वजनिक जुलूसों में स्वयं सेवकों ने शस्त्र विद्या के अपने कौशल का प्रदर्शन किया था और धार्मिक तथा देशभक्ति पूर्ण गानों के द्वारा राष्ट्रवादी भावनाओं को उभारा था।[22]

कुछ सांप्रदायिक दंगों की घटनाओं पर लिखे अध्यायों में, जो इस पुस्तक में आगे दिए गए हैं, मैंने यह प्रदर्शित किया है कि किस तरह धार्मिक जुलूस हिंदुओं और मुसलमानों के बीच तनाव पैदा करते हैं। इनमें से कुछ जुलूस निश्चय ही गड़बड़ी पैदा करने के दुर्भावनापूर्ण उद्देश्य से निकाले जाते हैं। हिंदू दक्षिणपंथ को इन घटनाओं के द्वारा हिंदू वोट बैंक के मजबूत बनने से राजनीतिक लाभ मिला है।

गौ संरक्षण आंदोलन

हिंदू धर्म और पौराणिक कथाओं में गाय को सदैव एक पूज्य पशु के रूप में सम्मान दिया गया है और इसलिए गौ हत्या पर प्रतिबंध की माँग हिंदुओं को एकताबद्ध करने के लिए एक संगठनात्मक नारा रहा है। एम.एस गोलवलकर एक ऐसे मुद्दे की खोज में थे जिसे लेकर वे अपना सर्वस्व बलिदान करने के लिए युवाओं का आह्वान कर सकें इसलिए उन्होंने घोषणा की, ''हमारे राष्ट्रीय जीवन में सम्मान का इससे बढ़कर और कोई दूसरा प्रतीक नहीं है-जैसे कि गौ माता, धरती माता का जीवन्त प्रतीक-जो हमारे समर्पण और आराधना का एकमात्र विषय बनने के योग्य हो। हमारे राष्ट्रीय सम्मान के इस बिंदु पर होने वाले आघात को तत्काल रोकने के लिए और अपनी मातृभूमि के लिए समर्पण की

भावना को संवर्धित करने के लिए, स्वराज में राष्ट्रीय पुनर्जागरण के हमारे कार्यक्रम में गौ हत्या पर प्रतिबंध को सर्वोच्च प्राथमिकता मिलनी चाहिए।''[23] हिंदुओं को एकताबद्ध करने के लिए गोलवलकर को गाय के रूप में एक प्रतीक मिल गया था, वे हिंदू जो अन्यथा जाति, धर्म और क्षेत्र के आधार पर बँटे हुए थे।

गाय को अधिकांश हिंदू, विशेषकर उत्तर भारत में, पूज्य मानते हैं, किंतु ईसाई और मुसलमान गौ मांस का भोजन करते हैं। राष्ट्रीय स्वयं सेवक संघ ने इसीलिए हिंदुओं को एकताबद्ध करने और उसके साथ ही साथ मुसलमानों और ईसाइयों को अपना निशाना बनाने के लिए गौ हत्या पर प्रतिबंध लगाने की माँग करने के लिए एक राष्ट्रव्यापी अभियान तैयार किया। गोलवलकर ने 1952 में जो लेख लिखा था, जिससे उनके शब्दों को उद्धृत किया गया है, उसके चौदह वर्षों बाद दिल्ली में गौ हत्या पर प्रतिबंध की माँग करते हुए और काफी उथल-पुथल मचाती हुई एक बड़ी भीड़ ने संसद भवन की ओर कूच किया था।

कुछ राज्यों में वास्तव में गौ हत्या पर प्रतिबंध लगा दिया गया है और हिंदुओं को राजनीतिक रूप से एकजुट करने के उद्देश्यों से देशभर में गौ हत्या पर पूर्ण प्रतिबंध लगाने के लिए माँग उठाई जाती है। लेकिन, इस आंदोलन से हिंदू राष्ट्रवादियों को राजनीतिक लाभ लेने की दृष्टि से सीमित सफलता ही मिली।

एकात्म यात्रा/यज्ञ

हमने देखा है कि हिंदू चेतना को बढ़ाने के एक संगठनात्मक उपाय के रूप में जुलूसों का काफी लंबे समय से उपयोग किया जाता रहा है। नवंबर-दिसंबर 1983 में विश्व हिंदू परिषद ने, राष्ट्रीय स्वयं सेवक संघ के स्वयं सेवकों का साथ लेकर, एक माह लंबी एकात्मता यात्रा/यज्ञ आयोजित करने के रूप में एक बड़ी पहल की थी। इसके दो उद्देश्य थे : पहला, अखिल भारतीय हिंदू एकता का नाटकीय प्रदर्शन करना, इस संदेश के साथ कि भारतीय संस्कृति भारतीय राष्ट्रीय एकता की कुंजी है; और दूसरा, आदिवासियों के बीच मिशनरी कार्य के लिए निधि एकत्र करना और इस्लाम तथा ईसाई धर्म में धर्मांतरित हुए लोगों को 'घर वापस लाना।'

इस आयोजन में तीन मुख्य यात्राएँ शामिल थीं। दो यात्राएँ भारत में उत्तर से दक्षिण तक आयोजित हुईं जो गंगातट पर हरिद्वार, कन्याकुमारी और रामेश्वरम जैसे तीर्थ स्थलों को जोड़ते हुए चली। तीसरी यात्रा पूर्व से पश्चिम तक बंगाल की खाड़ी में गंगासागर से लेकर अरब सागर के तट पर सोमनाथ तक चली। इन यात्राओं के रास्ते में अनेक स्थानीय जुलूस, अनुमानतः कुल दो हजार, इन यात्राओं से जोड़े गए थे।

इन यात्राओं के दौरान आयोजित गतिविधियों में पवित्र नदियों, झीलों, तालाबों और कुओं से जल एकत्र करने और जुलूस में चल रहे लोगों द्वारा ले जाए जा रहे गंगा जल को यात्रा के विश्राम स्थलों पर वितरित करने जैसे धार्मिक प्रतीकवाद पर बहुत जोर दिया गया था। जुलूस में शामिल लोग जो नारे लगा रहे थे वे हिंदुओं के लिए धार्मिक महत्त्व वाले

थे जिनमें उनका एकजुट होने का आह्वान किया जा रहा था। और इस तरह राष्ट्रीय एकता की परियोजना में से गैर हिंदुओं को अलग रखा जा रहा था।

शाहबानो विवाद

शाहबानो प्रकरण से संबंधित विवाद की मोटी-मोटी बातें एक समान सिविल संहिता वाले अध्याय में वर्णित की जा चुकी हैं। मुसलमान महिला (तलाक में अधिकारों की रक्षा) विधेयक को संसद में मई 1986 में पारित कराकर इस मामले में सर्वोच्च न्यायालय के निर्णय को निष्फल कर दिया गया था। इस कृत्य को हिंदू दक्षिण पंथियों ने मुसलमानों के 'तुष्टिकरण' के रूप में देखा।

इस विवाद का आरएसपी-वीएसपी-बीजेपी गुट द्वारा लाभ उठाया गया। इस गुट ने शासक दल की 'वोट बैंक' की राजनीति खेलने के लिए आलोचना की। इसने हिंदू राष्ट्रवादियों द्वारा एक समान सिविल संहिता की माँग को नई जीवन शक्ति दी। एक समान सिविल संहिता को, विशेषकर मुसलमानों पर, लागू करने पर जोर दिया गया और जिस तरह इस विवाद का निपटारा किया गया उससे एक समान संहिता की माँग लोगों के बीच में ज्यादा स्वीकार्य होने लगी।

रामकथा और अयोध्या आंदोलन

अयोध्या आंदोलन को जिस मुख्य विषय के आधार पर संगठित किया गया, वह है- रामकथा। वे राम जो वाल्मिकी के महाकाव्य 'रामायण' के नायक हैं। रामकथा के अनेक संस्करण हैं, और ऐसा नहीं है कि उन सब में राम को देवता माना गया हो। राम की ऐतिहासिकता सदैव से वाद-विवाद का विषय रही है, यद्यपि ऐसा भी नहीं है कि यह विवाद सही जानकारी पर आधारित रहा हो।

हिंदू राष्ट्रवादियों ने इस मुद्दे को सार्वजनिक क्षेत्र पर थोप दिया और उसे आंदोलनात्मक राजनीति का विषय बना दिया। हिंदू राष्ट्रवादी यह स्वीकार कराना चाहते थे कि राम भगवान विष्णु के अवतार हैं जिनका जन्म 900 सहस्राब्दी पूर्व एक अच्छी तरह पहचानी जगह पर हुआ था, और यह जगह वही है जहाँ उत्तर प्रदेश में अयोध्या में बाबरी मस्जिद बनी हुई है (अब ध्वस्त हो गई है)। हिंदू राष्ट्रवादियों का संकल्पनिष्ठ लक्ष्य इस स्थान पर एक भव्य मंदिर बनाना है। यह दावा किया गया है कि इसी स्थान पर मूल मंदिर बना हुआ था जिसे बाबर ने मस्जिद बनाने के लिए ढहा दिया था।

इस मुद्दे का अभी तक निपटारा नहीं हुआ है कि इस स्थल पर वास्तव में कोई मंदिर बना हुआ था जिसे बाद में ढहा दिया गया। यह मामला न्यायपालिका को संदर्भित कर दिया गया है, यद्यपि ऐतिहासिक प्रामाणिकता के सवाल, जिसमें इतिहास, पुरातत्त्व और पुराणकथा शामिल हों, को किसी न्यायिक उद्घोषणा के द्वारा मुश्किल से ही निपटाया जा सकता है।

राम की ऐतिहासिकता के विषय पर, रवीन्द्रनाथ टैगोर ने कहा है कि रामायण की व्याख्या किसी ऐतिहासिक तथ्य के रूप में नहीं की जा सकती, किंतु (यह व्याख्या)

समाधान की उत्कृष्ट नीतिकथा के रूप में विचारों के धरातल पर की जा सकती है।[24] डॉ. अल्लामा इकबाल ने राम के प्रति निम्नलिखित आदरांजलि समर्पित की है :

है राम के वजूद पे हिंदुस्तान को नाज
अहल-ए-नजर समझते हैं उसको इमामे-हिंद;
एजाज आउस चिराग-ए-हिदायत का है यहाँ ही
रनशानतर अजसहर है जमाने में शाम-ए-हिंद।

(भारत को राम के अस्तित्व पर सही तौर पर गर्व है। दूरदर्शी लोग उन्हें भारत के आध्यात्मिक नायक के रूप में देखते हैं। इस मार्गदर्शी नक्षत्र का चमत्कार इस बात में है कि भारत की शाम अन्यत्र की सुबह से ज्यादा चमकदार है)।[25]

इस तरह बीसवीं शताब्दी में अविभाजित भारत के दो महानतम कवियों, उनमें से एक मुसलमान हैं, ने जोर देकर बताया है कि राम हमारी साझा सभ्यता मूलक विरासत के निर्विवाद रूप से एक हिस्से हैं। यह एक तमाशा है कि इस राष्ट्रीय रूप से आदरणीय नायक को केंद्र में रखकर पंथगत लाभों के लिए एक आंदोलन खड़ा किया गया है। इस आंदोलन ने इस देश के दो सबसे बड़े समुदायों के बीच विभेद को बढ़ाने का काम ही किया है।

अयोध्या में राम मंदिर के निर्माण को लेकर वर्तमान की आंदोलनात्मक राजनीति की शुरुआत का पहला प्रकरण 22-23 दिसंबर 1949 को हुआ था। कुछ न्यस्त स्वार्थी तत्त्वों ने उन्माद फैलाया जिन्होंने बाबरी मस्जिद के परिसर में राम और सीता की मूर्तियों के चमत्कारिक रूप से प्रकट होने की तथाकथित घटना को प्रचारित किया था। यह वही स्थान है जिसे राम भक्त यह मानते हैं कि यहाँ राम का जन्म हुआ था। तत्कालीन जिला मजिस्ट्रेट के.के. नायर ने मुख्यमंत्री, गोविंद वल्लभ पंत, मुख्य सचिव और गृह सचिव को तथ्यात्मक स्थिति की जानकारी दी कि रात में जब मस्जिद में कोई नहीं था तब कुछ हिंदू बाबरी मस्जिद में घुसे थे और उन्होंने वहाँ मूर्तियाँ स्थापित की थीं।

हिंदू दक्षिण पंथियों के कुछ नेताओं ने इस घटना का लाभ उठाते हुए यह माँग की कि हिंदुओं को मस्जिद परिसर के भीतर मूर्तियों की पूजा करने की अनुमति दी जाए। निश्चय ही मुसलमान ऐसी किसी कार्रवाई के विरोध में थे। प्रधानमंत्री नेहरू के हस्तक्षेप से परिसर को बंद कर दिया गया जिससे कि हिंदू वहाँ पूजा न कर सकें। नेहरू चाहते थे कि मूर्तियों को हटा दिया जाए, किंतु उस पर संभावित प्रतिक्रिया के भय से राज्य सरकार और जिला दंडाधिकारी ने ऐसा नहीं किया।

न्यायाधीश श्रीकृष्ण ने 1992-93 के मुंबई दंगों की जाँच की है। ये दंगे बाबरी मस्जिद को ध्वस्त करने के बाद हुए थे। न्यायाधीश श्रीकृष्ण ने लिखा है कि उस समय केंद्र सरकार के ढीले-ढाले रुख ने विवादित ढाँचे में रामलला की मूर्ति की एकाएक स्थापना को प्रोत्साहित किया और वहाँ पूजा करने की अनुमति की माँग को बढ़ावा दिया। इससे बाबरी मस्जिद मुसलमानों के लिए एकजुट होने का केंद्र बिंदु बन गई। और उन्होंने बाबरी मस्जिद प्रोटेक्शन कमेटी (जो बाद में बाबरी मस्जिद एक्शन कमेटी के रूप में जानी जाने लगी) का गठन किया।

जहाँ हिंदू राष्ट्रवादी समय-समय पर भगवान की पूजा हेतु हिंदुओं के लिए बाबरी मस्जिद को खोलने की माँग पर जोर डालते रहे, इस माँग ने तब तक जोर नहीं पकड़ा था जब तक कि 1980 के दशक में विश्व हिंदू परिषद ने इस मामले को आक्रामक तरीके से अपने हाथ में नहीं ले लिया। 'देश को जगाने' के उद्देश्य से सितंबर 1984 में श्रीराम जानकी रथयात्रा (जानकी राम की पत्नी सीता का दूसरा नाम है) बिहार के सीतामढ़ी से शुरू की थी। इसके बाद अक्टूबर 1984 में अनेक साधुओं और रामभक्तों के समूह ने अयोध्या में सरयू नदी के तट पर संकल्प लिया और लखनऊ तक पदयात्रा की। इस पदयात्रा का समापन होने पर बाबरी मस्जिद को खोलने की माँग के लिए एक धर्मसभा आयोजित की गई थी। इसी माह विश्व हिंदू परिषद और बजरंग दल द्वारा लोगों को जागृत करने के लिए इसी प्रकार की अनेक यात्राएँ, प्रवचन, प्रदर्शन और सार्वजनिक सभाएँ आयोजित की गईं। इसका उद्देश्य यह भी था कि लोग बाबरी मस्जिद के भीतर हिंदू पूजा की अनुमति की माँग के समर्थन में बाहर आएँ।

विश्व हिंदू परिषद और बजरंग दल के कार्यकर्ताओं और कुछ स्थानीय नेताओं ने 1984 के शेष समय और 1985 में तथा फरवरी 1986 में इस मुद्दे को जिंदा तब तक बनाए रखा जब तक कि फैजाबाद जिला न्यायालय के आदेश पर परिसर के ताले को खोल नहीं दिया गया और पूजा के लिए हिंदुओं को अंदर जाने की अनुमति नहीं दे दी गई। यद्यपि यह कार्य एक न्यायालयीन आदेश के तहत किया गया था, मीडिया और कुछ लोगों द्वारा यह आरोपित किया गया कि शासक दल का उद्देश्य हिंदुओं को तुष्ट करना था जो मुसलमानों को दी गई रियायतों, विशेषकर मुसलमान महिला (तलाक में अधिकारों की रक्षा) विधेयक को उसी साल कानून बनाए जाने, के कारण उत्तेजित थे।

हिंदुओं के लिए बाबरी मस्जिद परिसर खोल दिए जाने के बाद सैयद शहाबुद्दीन के नेतृत्व में बाबरी मस्जिद एक्शन कमेटी मुसलमानों की ओर से विरोध प्रदर्शन के लिए सक्रिय हो गई। मुसलमानों से कहा गया कि वे 1987 में गणतंत्र दिवस समारोह का बहिष्कार करें, यद्यपि बाद में बहिष्कार की बात वापस ले ली गई। बाबरी मस्जिद एक्शन कमेटी द्वारा दिल्ली के बोट क्लब लान्स पर एक रैली आयोजित की गई जिसकी ओर मीडिया का बहुत ध्यान गया और जिसमें मुसलमानों ने बड़ी संख्या में भाग लिया था। इस रैली में उत्तेजना फैलाने वाले भाषण दिए गए। इससे सांप्रदायिक तनाव को बढ़ावा मिला और मेरठ में 18 से 23 मई, 1987 तक सांप्रदायिक हिंसा फैली। यह हिंसा पूर्ववर्ती घटनाओं का एक परिणाम थी। 1987 से लेकर 1989 में लोकसभा चुनाव होने तक विश्व हिंदू परिषद, भारतीय जनता पार्टी और शिवसेना ने यात्राओं, धर्म सभाओं और अन्य आयोजनों के द्वारा इस आंदोलन की तेजी बनाए रखी जिसे मीडिया में काफी स्थान मिला।

अयोध्या आंदोलन ने राजनीतिक लाभ देना शुरू कर दिया था। यह बात इससे स्पष्ट है कि भारतीय जनता पार्टी ने लोकसभा में 1984 के चुनाव में जीती दो सीटों से बढ़कर 1989 के चुनाव में 85 सीटें प्राप्त करने में सफलता पाई थी।

इसी समय विश्व हिंदू परिषद ने भारत के सभी हिस्सों में ईंटों की प्राण प्रतिष्ठा का कार्यक्रम शुरू किया। रामशिला के नाम से इन्हें राम मंदिर के निर्माण के लिए अयोध्या लाया जाना था। इन ईंटों की प्राण प्रतिष्ठा का कार्य विभिन्न स्थानों पर समारोहपूर्वक रामशिला पूजन द्वारा किया गया। इसके उपरान्त इन ईंटों को जुलूसों में लेकर अयोध्या लाया जाना था। ये जुलूस नवंबर 1989 में आम चुनावों के ठीक पहले अक्टूबर 1989 में निकलने शुरू हुए।

जुलूस निकलने के दौरान उत्तेजक नारेबाजी के द्वारा सांप्रदायिक भावनाएँ भड़काई गईं। इन गतिविधियों का बहुत दुखद परिणाम सांप्रदायिक दंगों के रूप में सामने आया। ये दंगे इंदौर, महू, रतलाम, कोटा, जयपुर और भागलपुर सहित अनेक स्थानों पर भड़के। इस पुस्तक में भागलपुर में हुए सांप्रदायिक दंगों का वर्णन किया गया है। ये दंगे विशेष रूप से भयावह थे जिसमें अनेक व्यक्तियों की जानें गईं और संपत्ति का नुकसान हुआ। इनमें प्रभावित होने वाले अधिकांशतः मुसलमान थे।

राम मंदिर का शिलान्यास बाबरी मस्जिद के बहुत निकट एक स्थान पर 9 नवंबर, 1989 को किया गया। इसमें कोई शक नहीं कि यह शिलान्यास राज्य और केंद्रीय सरकार के मौन समर्थन से किया गया था।

राम जन्मभूमि आंदोलन विश्व हिंदू परिषद, भारतीय जनता पार्टी और शिवसेना गुट द्वारा संगठित किया गया और आगे ले जाया गया था, कुछ विश्लेषकों का विश्वास है कि कांग्रेस भी इसमें सहभागी थी क्योंकि शिलान्यास समारोह संपन्न नहीं हो सकता था यदि स्थानीय जिला दंडाधिकारी ने स्थान का औपचारिक रूप से अनुमोदन न किया होता।

1989 के चुनाव के बाद वी.पी. सिह के नेतृत्व में नेशनल फ्रंट सरकार बनी जिसे भारतीय जनता पार्टी ने बाहर से समर्थन दिया था।

मंडल आयोग और अडवाणी की रथयात्रा

कुछ महीनों बाद अगस्त 1990 में सरकार ने मंडल आयोग के प्रतिवेदन को लागू करने का निर्णय घोषित किया। इसके अनुसार पिछड़े वर्गों के लिए शिक्षा और सार्वजनिक क्षेत्र में रोजगार के मामलों में निश्चयात्मक कार्रवाई के द्वारा आरक्षण लागू करने का निर्णय लिया गया था। इस वजह से भाजपा ने सरकार को दिया समर्थन वापस ले लिया क्योंकि वह नहीं चाहती थी कि पिछड़े वर्ग के सशक्तिकरण का मुद्दा राजनीतिक बहस का मुख्य विषय बने। इस तरह, उसने बहस को धर्म और मंदिर–मस्जिद के सवाल की ओर मोड़ने के लिए कदम उठाए। भाजपा ने गुजरात के सोमनाथ के प्राचीन मंदिर से उत्तर प्रदेश के अयोध्या तक एल.के.अडवाणी के नेतृत्व में एक यात्रा के आयोजन की घोषणा की।

यह रथयात्रा 25 सितंबर, 1990 को शुरू हुई और निर्धारित योजना के अनुसार इसे आठ राज्यों में से होते हुए 6000 मील चलकर पाँच सप्ताह बाद अयोध्या पहुँचना था। एक इतिहासज्ञ ने रथयात्रा की प्रगति का इस प्रकार वर्णन किया है :

> विश्व हिंदू परिषद के उग्रवादी इस रथ के आजू–बाजू चलते थे, वे उसे एक नगर से रवाना करते और अगले शहर में उसका स्वागत करते। सार्वजनिक सभाओं में केसरिया

परिधान धारण किए साधू उनके साथ जुड़ जाते थे। इन साधुओं के 'सुमरनी की मालाएँ, लंबी दाढ़ियाँ और भभूत लगे हुए माथे' उन हथियारबंद युवाओं के संदर्भ में 'एक जोरदार चाक्षुष विरोधी दृश्य' प्रस्तुत करते थे। इस यात्रा की बिंब योजना 'धार्मिक, सांकेतिक, उग्रवादी, पौरूषमय और मुसलमान-विरोधी' थी। इसे अडवाणी द्वारा दिए गए भाषणों से और जोरदार बनाया जाता था जिसमें सरकार पर यह आरोप लगाया जाता था कि वह मुसलमान अल्पसंख्यकों का 'तुष्टिकरण' करती है और 'छद्म धर्मनिरपेक्षता' का व्यवहार करती है जिससे बहुसंख्यक हिंदुओं के वैधानिक हितों और आकांक्षाओं को नकार दिया जाता है। अयोध्या में राम मंदिर के निर्माण को इन हितों और आकांक्षाओं की प्रतीकात्मक पूर्ति के रूप में प्रस्तुत किया गया था।[26]

यह रथयात्रा उन लोगों में एक आवेश पैदा करने में सफल हुई जो यात्रा के अलग-अलग सोपानों में शामिल हुए थे। बिहार में तत्कालीन मुख्यमंत्री लालू प्रसाद यादव के निर्देश पर एल.के. अडवाणी की गिरफ्तारी के कारण मुख्य यात्रा रोक दी गई। परंतु देश के सभी हिस्सों से हजारों कार सेवक, अयोध्या की ओर यात्रा करते हुए, एकत्र होते गए। मुलायम सिंह के नेतृत्व वाली उत्तर प्रदेश की राज्य सरकार ने इस संगीन होती स्थिति का दृढ़ता के साथ सामना किया।

हजारों कार सेवकों को निरुद्ध किया गया। कार सेवकों को बाबरी मस्जिद पहुँचने से रोकने के लिए पुलिस और अर्द्धसैनिक बलों को बड़ी संख्या में लगाया गया था। फिर भी हजारों कार सेवक बाबरी मस्जिद की ओर उमड़ पड़े और उन्हें ढाँचे को ध्वस्त करने से रोकने के लिए पुलिस को बल प्रयोग करना पड़ा था। स्वयं सेवकों और सुरक्षा बलों के बीच हुई मुठभेड़ों में कम-से-कम बीस कार सेवक मारे गए।

विश्व हिंदू परिषद कार्यकर्ताओं ने इन कार सेवकों को 'शहीद' घोषित किया। बदला लेने के लिए आह्वान करते हुए ये कार्यकर्ता पात्रों में कार सेवकों की राख को उत्तर भारत के बड़े हिस्सों में ले गए। इसके बाद उत्तर प्रदेश के अनेक नगरों में एक के बाद एक शृंखलाबद्ध रूप में धार्मिक दंगे हुए जिनमें मुख्य रूप से मुसलमानों ने नुकसान उठाया था। अलीगढ़, खुर्जा और बुलंदशहर वे नगर और शहर थे जो इन दंगों से प्रभावित हुए थे। प्राविंशियल आर्म्स कांस्टेबुलरी (पीएसी) ने पक्षपातपूर्ण भूमिका निभाई और अनेक स्थानों पर मुसलमानों की हत्या करने तथा उनकी संपत्ति को क्षति पहुँचाने में वह सहभागी थी।

यह सही ही कहा गया है कि अडवाणी की रथयात्रा एक 'रक्त यात्रा' बन गई थी।

1991 के आम चुनाव के अधबीच राजीव गांधी की हत्या कर दी गई थी। कांग्रेस को इसका लाभ मिला और संवेदना की लहर के फलस्वरूप उसे लोकसभा में 244 सीट पर विजय मिली। फिर उसने कुछ बाहरी समर्थन लेकर, नरसिंह राव के नेतृत्व में सरकार बनाई। भाजपा ने भी 1989 के चुनाव में जीती 35 सीटों के मुकाबले इन चुनावों में 120 सीटों पर विजय पाकर अपनी स्थिति बेहतर की।

बाबरी मस्जिद का विध्वंस और उसका परिणाम

विश्व हिंदू परिषद और राष्ट्रीय स्वयं सेवक संघ ने अयोध्या मंदिर के मुद्दे पर अपना ध्यान बनाए रखा। जहाँ केंद्रीय सरकार ने स्थिति को देखकर अपना रुख बदला और इस

मुद्दे को सुलझाने के लिए बातचीत करने के लिए पहल की, वहीं विश्व हिंदू परिषद ने मंदिर के निर्माण का काम शुरू करने के लिए 6 दिसंबर की शुभ तिथि चुनी जाने की घोषणा की।

लाखों कार सेवक त्रिशूल, धनुष और बाण और अन्य हथियार लेकर मंदिर नगरी पहुँच गए। (त्रिशूल भगवान शिव का अस्त्र है और अब उसे भारत में हिंदू दक्षिण पंथियों की पहचान के एक प्रतीक के रूप में सहयोजित कर लिया गया है) इसके साथ ही, पुलिस और अर्द्धसैनिक बलों को बड़ी संख्या में मंदिर के आसपास तैनात किया गया था। फिर भी 6 दिसंबर, 1992 को सुबह, पुलिस बल के बिना किसी हस्तक्षेप के, समारोह शुरू हुआ।

समारोह की कार्रवाई जो भाषणों और प्रार्थनाओं से शुरू हुई थी वह बेलगाम हो गई और बिना कोई समय खोए कार सेवक स्मारक की ओर बढ़ गए। मौके पर तैनात पुलिस भाग गई और हथियारबंद कार सेवकों ने कब्जा कर लिया और मस्जिद पर उमड़ पड़े। उन्होंने हथौड़ों और कुल्हाड़ियों से ढाँचे को तोड़ना शुरू किया, और एक के बाद एक गुंबद धराशाई हो गए, और वह भवन मलबे में तब्दील हो गया जो उस अपराह्न के पहले कई शताब्दियों तक प्रकृति के आक्रमण को सह सका था।

जहाँ लालकृष्ण अडवाणी जैसे नेताओं ने इस ढाँचे के ध्वंस को 'दुर्भाग्यजनक' निरुपित किया, वहीं विश्व हिंदू परिषद और राष्ट्रीय स्वयं सेवक संघ के कार्यकर्ताओं ने उल्लास के साथ इसका स्वागत किया। इस बात की सूचना मिली थी कि देश के कई हिस्सों में विजय उत्सव मनाया गया। उत्तर प्रदेश की राज्य सरकार का नेतृत्व भाजपा कर रही थी और कल्याण सिंह उसके मुख्यमंत्री थे। राज्य सरकार ने विवादित ढाँचे के विध्वंस को चुपचाप स्वीकार कर लिया। केंद्रीय सरकार अकर्मण्य बनी रही और बाबरी मस्जिद ध्वस्त कर दिए जाने के बाद ही उसने राज्य सरकार को बर्खास्त करने के लिए हस्तक्षेप किया।

एक बार फिर से पूरा देश सांप्रदायिक दंगों की आग से घिर गया। ये दंगे या तो विजयोन्मादी हिंदू दक्षिण पंथियों के समारोहों के कारण भड़के थे, या मुसलमानों के विरोध और प्रदर्शन के फलस्वरूप हुए थे। ये दंगे उत्तर और पश्चिम भारत के बड़े इलाकों में हुए थे। इन दंगों में गुजरात में 246, और मध्य प्रदेश में 120, असम में 100, उत्तर प्रदेश में 201 और कर्नाटक में 60 लोग मारे गए थे।[27]

इन दंगों का सबसे बुरा प्रभाव भारत की वाणिज्यिक राजधानी पर पड़ा था। इस पुस्तक में आगे चलकर इन दंगों का विस्तार से वर्णन किया गया है। मुंबई दंगों के बाद वहाँ जो सीरियल बम विस्फोट हुए उसने भारत में सांप्रदायिक सद्भाव के ताबूत में आखिरी कील ठोक दी। यह उद्घाटित हुआ कि ये बम विस्फोट मुंबई के अंडर वर्ल्ड के मुसलमान डॉनों के द्वारा कराए गए थे जो इसके पहले हुए दंगों में मारे गए और विस्थापित हुए अपने भाइयों का बदला लेना चाहते थे। इस खून-खराबे और नरसंहार के अलावा, इन दंगों से अर्थव्यवस्था और व्यापार पर बहुत विपरीत प्रभाव पड़ा।

अयोध्या आंदोलन की अगुवाई विश्व हिंदू परिषद कर रही थी और यह स्पष्ट है कि वह इस घटना के बाद एक बड़ी उपलब्धि के जोश से भर गई थी। बाबरी मस्जिद के ध्वंस पर टिप्पणी करते हुए परिषद के अगुवा अशोक सिंघल ने कहा कि "यह उस सैद्धांतिक ध्रुवीकरण के लिए एक उत्प्रेरक था जो लगभग पूरा हो गया है।"[28] इस ध्रुवीकरण से भाजपा को भी लाभ पहुँचा और 1996 के आम चुनाव में उसे 161 सीटों पर विजय मिली और बाद के 1998 और 1999 मध्यावधि चुनाव में हर बार 182 सीटें मिलीं।

हिंदू-मुसलमान संबंधों पर प्रभाव

चुनावी राजनीति के व्याकरण को बदलने का मध्यम अवधि वाला प्रभाव डालने के अलावा, इस ध्रुवीकरण ने शहरों, नगरों और गाँवों में हर जगह आसपास रहने वाले हिंदुओं और मुसलमानों के संबंधों पर विनाशकारी प्रभाव डाला। उसने इन दो समुदायों के बीच नागरिक संबंधों की केमिस्ट्री और प्रकृति को लगभग स्थायी रूप से बदल दिया। दोनों समुदायों के सदस्यों के बीच परस्पर संदेह और शत्रुता का वातावरण बना दिया गया। उसने मुसलमानों के मन में असुरक्षा की भावना भी पैदा कर दी। इससे भारतीय मानस को जो क्षति पहुँची है उसे ठीक होने में बहुत लंबा समय लगेगा।

जहाँ अयोध्या में राम मंदिर के निर्माण का प्रश्न अनेक दशकों से बना हुआ है, हिंदुत्व के कार्यकर्ताओं ने दोनों बड़े समुदायों के बीच तनाव को बनाए रखने के लिए अन्य कई भावनात्मक मुद्दों को खड़ा कर दिया है। रामसेतु (तमिलनाडु में रामेश्वरम् द्वीप में प्राचीन पुल जो समुद्री जहाज के लिए रास्ते के प्रस्तावित निर्माण के कारण खतरे में आ सकता है) और अमरनाथ श्राइन बोर्ड को भूमि हस्तांतरण (जो जम्मू-कश्मीर राज्य में है और जो सांप्रदायिक आधार पर विभाजन का कारण बन गया है) जैसे विवाद इसी तरह के मुद्दे हैं। जब तक राजनीतिक लाभ के लिए ऐसे मुद्दों को दोहन न करने के लिए सामाजिक आम सहमति नहीं बन जाती, हिंदुओं और मुसलमानों के बीच सामंजस्यपूर्ण संबंधों की पुनः स्थापना एक दूर का सपना बना रहेगा।

टिप्पणियाँ

1. क्रिस्टोफ जैफरलॉट, द हिंदू नेशनलिस्ट मूवमेंट एंड इंडियन पॉलिटिक्स : 1925 टू द 1990 विथ ए न्यू आफ्टर वर्ड (न्यू डेल्ही : पेंग्विन बुक्स,1999), पृ. 01
2. वही, पृ. 3-4
3. ज्योतिर्मय शर्मा, हिंदुत्व : एक्सप्लोरिंग द आइडिया ऑफ हिंदू नेशनलिज्म (न्यू डेल्ही : पेंग्विन बुक्स, 2003), पृ. 22
4. स्वामी विवेकानंद, लाइफ ऑफ स्वामी विवेकानंद (केलकटा : अद्वैत आश्रम, 1960), पृ. 308
5. शर्मा, हिंदुत्व, पृ. 113
6. हैनसन, द सैफ्रन वेव, पृ. 77
7. अय्यर, कन्फेशंस ऑफ ए सेक्यूलर फंडामेंटलिस्ट, पृ. 17-18

8. मार्जिया केसोलरी, 'हिंदुत्व फारेन टाई–अप इन द 1930 आर्काइवल एविडेंस', इकॉनामिक्स एंड पोलिटीकल वीकली, 22 जनवरी, 2000, पृ. 224
9. जैफरलॉट, द हिंदू नेशनलिस्ट मूवमेंट एंड इंडियन पॉलिटिक्स : पृ. 28
10. कैसोलरी, वही
11. जैफरलॉट, द हिंदू नेशनलिस्ट मूवमेंट एंड इंडियन पॉलिटिक्स : पृ. 37
12. रफीक दोस्सानी एंड हेनरी एस. रोवेन, प्रास्पेक्ट्स फार पीस इन साऊथ एशिया (कैलीफोर्निया : स्टेनफोर्ड यूनिवर्सिटी प्रेस, 2005), पृ. 121
13. वही,
14. क्रिस्टोफ जैफरलॉट, 'हिंदूज एंड मुस्लिम्स इन द कम्यूनल इरा' (इंटरनेशनल साऊथ एशियन फोरम कांफ्रेंस, वेंक्यूवर, 10–12 अगस्त, 2001)
15. नौनिधि कौर, 'द फारेंन हैंड', फ्रंटलाईन 19(25), 7–20 दिसंबर, 2002
16. डी.आर. गोयल, राष्ट्रीय स्वयं सेवक संघ (नई दिल्ली : राधाकृष्ण प्रकाशन, 2000), पृ.17–18
17. अय्यर, कन्फेशंस ऑफ ए सेक्यूलर फंडामेंटलिस्ट, पृ. 33
18. शशि थरूर, द एलिफैंट, द टाइगर एंड द सेलफोन : रिफ्लेक्शंस आन इंडिया इन द ट्वेंटी–फर्स्ट सेंचुरी (न्यू डेल्ही : पेंग्यूइन बुक्स, 2007), पृ. 72
19. सेन, आर्ग्यूमेंटेटिव इंडियन, पृ. 65–69
20. हैंसन, द सैफ्रन वेव, पृ. 56
21. बर्क एंड कुरैशी, द ब्रिटिश राज इन इंडिया, पृ. 85
22. वही, पृ. 68
23. गुहा, इंडिया आफ्टर गांधी, पृ. 633
24. सेन, आर्ग्यूमेंटेटिव इंडियन, पृ. 48
25. गुहा, इंडिया आफ्टर गांधी, पृ. 635
26. वही, पृ. 635
27. वही, पृ. 641
28. वही, पृ. 643

सभ्यताओं का संघर्ष

सैम्युअल हंटिंग्टन ने 'सभ्यताओं का संघर्ष'[1] शीर्षक वाले अपने आलेख में यह परिकल्पना प्रस्तुत की है कि शीतयुद्ध के बाद वाले युग में संघर्ष का बुनियादी कारण सैद्धांतिक या आर्थिक नहीं होगा, किंतु सांस्कृतिक होगा। इस आलेख को लेकर बौद्धिक जगत में खलबली मच गई थी। अंतरराष्ट्रीय स्तर के सिद्धांतकारों ने इस दृष्टिकोण के पक्ष में और उसकी आलोचना में बहुत प्रतिक्रियाएँ व्यक्त कीं। हार्वर्ड यूनिवर्सिटी के प्रोफेसर हंटिंग्टन ने अपनी अवधारणा का और विस्तार किया और उसे एक जोरदार शीर्षक 'क्लैश ऑफ सिविलाइजेशंस एंड द रिमेकिंग ऑफ द वर्ल्ड आर्डर'[2] के साथ पुस्तकाकार रूप में प्रस्तुत किया। यह पुस्तक प्रभावशाली और बारंबार उद्धृत की जाने वाली सिद्ध हुई। उसका तर्क था कि अब किसी बड़े युद्ध के भड़कने के लिए कोई विचारधारा ही पर्याप्त नहीं होगी, सांस्कृतिक और धार्मिक आधार पर हुआ विभाजन 'वैश्विक राजनीति पर छाया रहेगा।'

हंटिंग्टन द्वारा प्रस्तुत तर्कों पर हमारे द्वारा विचार करने का कारण यह है कि इन तर्कों ने अनेक लोगों को वह प्रबुद्ध आधार दिया है जिसे लेकर वे आतंकवाद और इस्लाम को एक बराबर मानते हैं और आतंकवाद की पहचान इस्लाम से करते हैं। कुछ आगे बढ़कर, हंटिंग्टन ने धार्मिक पुनरुत्थान आंदोलनों की घटनाओं को समझाने के लिए यह विचार प्रतिपादित किया है कि संसार की नई वैश्विक व्यवस्था में संस्कृतियों के बीच टकराव एक सामान्य बात है। इस पुस्तक के मुख्य विषय को देखते हुए यह प्रासंगिक और संगतपूर्ण है कि इन विचारों पर विमर्श किया जाए।

हंटिंग्टन की परिकल्पना-एक मोटी रूपरेखा

हंटिंग्टन के अनुसार, फ्रांस की क्रांति के पहले पश्चिमी विश्व में संघर्ष ज्यादातर राजाओं, सम्राटों और बादशाहों के मध्य अपने प्रभाव, शक्ति और सीमाओं का विस्तार करने की कोशिश को लेकर होते थे। इस प्रक्रिया में उन्होंने राष्ट्र-राज्यों का निर्माण किया और इसके फलस्वरूप फ्रांस की क्रांति के बाद संघर्ष बादशाहों के बीच होने के बजाय विभिन्न राष्ट्रों के बीच होने लगे। प्रथम विश्व युद्ध तक संघर्ष का यही स्वरूप बना रहा।

इसके उपरांत, रूसी क्रांति के फलस्वरूप और उसके विरोध में प्रतिक्रिया स्वरूप, देशों के बीच होने वाले संघर्ष का स्थान विचारधाराओं के बीच संघर्ष ने ले लिया। पहले

यह संघर्ष साम्यवाद, फासीवाद और उदार लोकतंत्र के बीच हुआ और फिर साम्यवाद और उदार लोकतंत्र के बीच। शीतयुद्ध के दौरान, इस संघर्ष ने दो महाशक्तियों अर्थात संयुक्त राज्य अमेरिका तथा सोवियत संघ के बीच के संघर्ष का रूप ले लिया था। शीत युद्ध की समाप्ति के साथ, अंतरराष्ट्रीय राजनीति पश्चिमी दायरे से निकलकर बाहर आ गई। इस राजनीति का केंद्र बिंदु पश्चिमी और गैर पश्चिमी सभ्यताओं की अंतरक्रिया बन गया। इस तरह, हंटिंग्टन की परिकल्पना के अनुसार, हम अब सभ्यताओं के संघर्ष के युग में प्रवेश कर चुके हैं।

हंटिंग्टन ने अपनी अवधारणा में कहा है कि कोई भी सभ्यता व्यक्तियों के सर्वोत्तम सांस्कृतिक समूह का प्रतिनिधित्व करती है। वह साझा वस्तुनिष्ठ तत्त्वों के द्वारा और व्यक्तियों की विषयगत आत्म पहचान के द्वारा–दोनों ही प्रकार से–उनकी सभ्यता के रूप में परिभाषित की जाती है। सभ्यता की रचना करने वाले तत्त्वों की परिभाषा करते हुए हंटिंग्टन ने भाषा, इतिहास, धर्म, रीति-रिवाज, संस्थाओं आदि का उल्लेख किया है, किंतु जब संघर्ष का मामला आता है तो वह धर्म को अकस्मात ही अधिक महत्त्व देता है।

आधुनिक विश्व में सात प्रमुख सभ्यताएँ इस प्रकार बतलाई गई हैं–पश्चिमी, कन्फ्यूशन, जापानी, इस्लामी, हिंदू, स्लाविक-आर्थोडाक्स, लैटिन अमेरिकी और संभवतः अफ्रीकी। हंटिंग्टन ने इन सभ्यताओं के बीच मुख्य मतभेदों को पहचाना है जो भविष्य में युद्ध क्षेत्र को निर्धारित करेंगे। ये संघर्ष टाले नहीं जा सकते हैं, विशेषकर आधुनिक युग में, क्योंकि इन सभ्यताओं की मूल्य-व्यवस्थाएँ अलग-अलग हैं।

हंटिंग्टन ने कहा है कि सांस्कृतिक विशेषताएँ और विभेद–राजनीतिक और आर्थिक विशेषताओं और विभेदों की तुलना में–कम ही परिवर्तनशील हैं इसलिए उन पर आसानी से न तो समझौता किया जा सकता है और ना ही उनका समाधान किया जा सकता है। इसका अर्थ यह हुआ कि सभ्यताओं के बीच के संघर्षों का समाधान करना उन संघर्षों की तुलना में कठिन है जो अतीत में वैचारिक आधार पर या राष्ट्र-देशों के बीच हुए हैं।

विश्व भर में होने वाले आर्थिक आधुनिकीकरण और सामाजिक परिवर्तन की प्रक्रियाओं ने लोगों को उनकी अत्यंत पुरानी स्थानीय पहचान से अलग कर दिया है। इन प्रक्रियाओं ने एक पहचान के स्रोत के रूप में 'राष्ट्र देशों' को भी कमजोर बना दिया है। इस तरह, विश्व के कई भागों में धर्म ने आंदोलनों के रूप में–जो रूढ़िवादी अथवा कट्टरपंथी कहलाते हैं–रिक्त स्थान की पूर्ति कर दी है। अतः रूढ़िवाद के उदय ने पश्चिमी ईसाई धर्म, यहूदी धर्म, बौद्ध धर्म, हिंदू धर्म और इस्लाम में अपनी जगह बना ली है। हंटिंग्टन ने नेहरू की विरासत की समाप्ति के साथ भारत का 'हिंदुईकरण' और मध्यपूर्व का 'पुनः इस्लामीकरण' होने का उल्लेख किया है जो मूल्यों और राजनीतिक तंत्र के संदर्भ में पश्चिमी श्रेष्ठता की दावेदारी खारिज होने के कारण हुए है।

इस तरह हंटिंग्टन का तर्क है कि जब लोग अपनी पहचान नस्ली और धार्मिक आधार पर करते हैं तो उनके लिए यह ज्यादा संभव होता है कि वे अपने और दूसरी नस्ल या धर्म के लोगों के बीच के संबंध को 'हम विरुद्ध वे' के रूप में देखें। बाद में प्रकाशित

एक पुस्तक में[3] हंटिंग्टन ने यह प्रतिपादित किया है कि "अमेरिका उसी तरह एक प्रोटेस्टेंट समाज के रूप में निर्मित हुआ था जिस तरह और जिन कुछ कारणों से बीसवीं शताब्दी में पाकिस्तान तथा इजराइल मुसलमान और यहूदी समाजों के रूप में निर्मित हुए थे।" जहाँ अमेरिका में शुरुआत के उत्प्रवासियों ने वहाँ की प्रभावी संस्कृति में अपने आप को संविलयित किया था, नए समूहों ने अपनी अलग पहचान बनाए रखने की प्रवृत्ति दिखलाई है। हंटिंग्टन ने आशंका व्यक्त की है कि यदि किसी देश में समुदाय वहाँ की प्रधान संस्कृति और मूल्यों को स्वीकार नहीं करते हैं तो वह देश एक 'द्विभाषी, द्विसांस्कृतिक समाज' में बंट जाएगा।

हंटिंग्टन के इस दृष्टिकोण से आस्ट्रेलिया के कुछ प्रभावशील लोगों ने सहमति व्यक्त की है, जहाँ के शुरुआती उत्प्रवासी अधिकांशत: यूरोपीय राष्ट्रों से आए थे किंतु बाद में, बड़ी संख्या में एशियाई उपमहाद्वीप से आने वाले लोग उनसे आकर जुड़ गए। इस वजह से आस्ट्रेलिया के पूर्व प्रधानमंत्री, जॉन हॉवर्ड 'प्रधान संस्कृति'[4] की आवश्यकता पर जोर देने के लिए प्रेरित हुए। उन्होंने कहा कि आस्ट्रेलियाई संस्कृति, उसकी भाषा, उसका साहित्य और उसकी संस्थाएँ एंग्लो-सैक्सन हैं। सिंगापुर के पूर्व प्रधानमंत्री, ली कुआ यू ने एक विवादास्पद वक्तव्य में सिंगापुर राज्य की सफलता का श्रेय देश में चीनी संस्कृति की प्रधानता को दिया।

भारत में हम एम.एस. गोलवलकर जैसे हिंदू दक्षिणपंथी सिद्धांतकारों से परिचित हैं जिन्होंने तर्क दिया है कि भारत की एक प्रधान संस्कृति अर्थात हिंदू संस्कृति, होनी चाहिए। निश्चय ही यह दृष्टिकोण उन लोगों द्वारा स्वीकार नहीं किया गया जिन्होंने भारतीय संविधान का निर्माण किया है। और इसी तर्क पर कहा जा सकता है कि भारत एक बहु सांस्कृतिक, बहुलतावादी समाज के रूप में बच सका और फल-फूल सका।

अत: 'संस्कृतियों का संघर्ष' दो स्तरों पर होता है। सूक्ष्म स्तर पर, संस्कृतियों का संघर्ष अकसर हिंसक रूप में, एक दूसरे की सीमाओं पर कब्जा करने के लिए मतभेद के मुद्दों को लेकर होता है, जैसा कि भारत और पाकिस्तान के मामले में हुआ। वृहत् स्तर पर, विभिन्न सभ्यताओं वाले राज्य तुलनात्मक सैन्य और आर्थिक शक्ति, अंतरराष्ट्रीय संस्थाओं के नियंत्रण और अपने विशेष राजनीतिक और धार्मिक मूल्यों को बढ़ाने के लिए प्रतिद्वंद्विता करते हैं, जैसा कि इजराइल और पेलेस्टाइन के मामले में हुआ।

मुसलमान विरुद्ध गैर-मुसलमान

हंटिंग्टन ने 9/11 के बाद पश्चिमी विश्व में उभरी वर्तमान बड़ी चिंताओं के संबंध में, पश्चिमी और इस्लामी सभ्यताओं के बीच मतभेद के मुद्दों को लेकर हो रहे संघर्षों, जो 1300 वर्षों से चल रहे हैं, पर जोर देते हुए, विशेष झुकाव प्रदर्शित किया है। वह भविष्यवाणी करता है कि पश्चिमी विश्व और इस्लाम के बीच सदियों पुरानी परस्पर विरोधी अंतरक्रियाएँ कम नहीं होंगी। ये अंतरक्रियाएँ और भी अधिक घातक हो सकती हैं। इस संदर्भ में उसने एम.जे.अकबर के इस कथन को सहमति के साथ उद्धृत किया है कि पश्चिम को "अगली

चुनौती निश्चय ही मुसलमान विश्व से मिलेगी। इस्लामी देशों के मग्रिब से पाकिस्तान तक के फैलाव में एक नई विश्व व्यवस्था के लिए संघर्ष शुरू होगा।''

बहरहाल, सभ्यताओं के बीच अंतरक्रियाएँ बहुत अधिक रूप में अलग-अलग रूप में होती हैं और यह संभावित है कि इनका स्वरूप हिंसात्मक हो। हंटिंग्टन का निम्नलिखित कथन यह उजागर करता है कि वह इस्लाम और हिंसा के बीच संबंध को लेकर कितना पूर्वग्रह ग्रस्त है :

> यूरेशिया में सभ्यताओं के बीच महान ऐतिहासिक महान मतभेद एक बार फिर से धधक रहे हैं। यह बात अफ्रीका के उभार से लेकर मध्य एशिया तक के देशों के धन्वाकार इस्लामी समूह की सीमाओं के बाबत ज्यादा सही है। एक ओर मुसलमान हैं जिनकी दूसरी ओर बालकन प्रायद्वीप में आर्थोडॉक्स सर्बियावासियों, इजराइल में यहूदियों, भारत में हिंदुओं, बर्मा में बौद्धों और फिलीपीन्स में कैथालिकों के साथ हिंसा होती है। इस्लाम की सीमाएँ रक्त रंजित हैं।[5]

हंटिंग्टन ने अपना ध्यान मुख्य रूप से इस्लामी और पश्चिमी विश्व के बीच मतभेद पर केंद्रित किया है। इस्लाम के संबंध में उसकी धारणा को सार रूप में निम्नलिखित उद्धरण प्रतिबिंबित करता है :

> पश्चिम के लिए अंतर्निहित समस्या इस्लामी रूढ़िवाद नहीं है। वह तो इस्लाम है, एक अलग सभ्यता जिसके लोग अपनी संस्कृति की श्रेष्ठता में यकीन करते हैं और अपनी शक्ति की हीनता से परेशान हैं। इस्लाम को सीआईए या अमेरिका के रक्षा विभाग से परेशानी नहीं है। वह तो पश्चिम है, एक अलग सभ्यता जिसके लोग अपनी संस्कृति की विश्वजनीनता में यकीन करते हैं और यह विश्वास करते हैं कि उनकी श्रेष्ठ शक्ति, यदि घट भी रही है, उनको यह दायित्व सौंपती है कि वे अपनी संस्कृति का पूरे विश्व में विस्तार करें। ये वे बुनियादी तत्त्व हैं जो इस्लाम और पश्चिम के बीच संघर्ष को भड़काते हैं।[6]

ये शब्द एक दशक से पहले कहे गए थे। तब से दुनिया आगे बढ़ गई है। इस्लामी और पश्चिमी विश्व के बीच तनाव और ज्यादा बढ़ गए हैं। भारत को भी, कोमल शब्दों में व्यक्त मुहावरे, 'सीमापार आतंकवाद' की पीड़ा सहनी पड़ी है। जैसा कि आतंकवाद और भारतीय मुसलमान वाले अध्याय में रेखांकित किया जा चुका है, भारत में नियमित आतंकवादी हमले करने वाले मुसलमान उग्रवादी संगठन पाकिस्तान में केंद्रित हैं, गोकि वे भारत में स्थित 'स्लीपर सेल' के एजेटों द्वारा कार्यान्वित किए जाते हैं। किंतु भारत में रहने वाले मुसलमानों का विशाल बहुलांश अच्छी तरह एकीकृत समाज है जिसके सदस्य इस्लामी रूढ़िवादियों के बेहद खिलाफ हैं। इस्लामी रूढ़िवादियों की संख्या बहुत कम हैं और वे हाशिए पर हैं। यह सच में विरोधाभास है कि भारतीय मुसलमानों को कुछ भटके हुए उग्रवादी तत्त्वों द्वारा की जाने वाली कार्रवाइयों का दंड भुगतना पड़ता है। अतः रूढ़िवादी तत्त्वों द्वारा प्रस्तुत वैश्विक खतरे के वर्तमान समय में भी इस्लाम और उसकी विभिन्न संस्कृतियों के संबंध में हंटिंग्टन की संकीर्ण दृष्टि का कोई महत्त्व नहीं है।

धार्मिक पुनरुत्थानवाद

हंटिंग्टन ने हाल के समय में हो रहे धार्मिक पुनरुत्थानवाद के संबंध में जो टिप्पणियाँ की हैं वे हमारी दिलचस्पी का विषय हैं। धार्मिक पुनरुत्थान में भाग लेने वाले लोग जीवन के सभी क्षेत्रों से आते हैं किंतु उनकी बहुत बड़ी संख्या दो क्षेत्रों से है, दोनों ही शहरी हैं, और दोनों ही गतिशील हैं। पहले क्षेत्र में वे लोग हैं जो शहरों में अभी हाल में आए हैं और जिन्हें भावनात्मक, सामाजिक और भौतिक मार्गदर्शन की जरूरत है। उनकी इस जरूरत को धार्मिक समूह एक अलग तरीके से पूरा करते हैं। दूसरे क्षेत्र में सभी धर्मों के नए मध्यम वर्ग के लोग शामिल हैं। अतः धार्मिक पुनरुत्थानवाद एक शहरी घटना है जिसके प्रति उन लोगों में आकर्षण हैं जो आधुनिकता की ओर उन्मुख हैं, काफी पढ़े-लिखे हैं और विभिन्न क्षेत्रों में व्यावसायिक कैरियर वाले हैं।

भारत में हिंदू पुनरुत्थानवादी आंदोलनों के नेता देशज बन चुके दूसरी पीढ़ी वाले हैं और उनमें से अधिकांश सफल व्यापारी और प्रशासक हैं। इन्हें भारतीय प्रेस में अनौपचारिक रूप से 'स्कप्पीज'-सैफ्रन-क्लैड यप्पीज-के नाम से पुकारा जाता है जो नाम उन्हें 90 के दशक के शुरू में दिया गया था। भारत में पुनरुत्थानवादी आंदोलन के समर्थकों में से अधिकांश भारत के विशाल मध्यमवर्गीय हिंदू वर्ग के लोग हैं जो व्यापारी और इंजीनियर, वरिष्ठ शासकीय अधिकारी, प्रबुद्ध और पत्रकार हैं।

वर्तमान में एशिया की आर्थिक सम्पन्नता सभ्यताओं के बीच शक्ति के केंद्र को स्थानांतरण की ओर ले जा रही है। चीन का एक महाशक्ति के रूप में संभावित रूप से उभरने का पश्चिम के प्रभाव वाली वैश्विक आर्थिक व्यवस्था पर गहरे तक हिला देने वाला प्रभाव पड़ेगा। इसी तरह भारत भी तीव्र आर्थिक विकास के फलस्वरूप विश्व के मामलों पर प्रभाव डालने वाले एक प्रमुख दावेदार के रूप में उभर सकता है। इस्लामी पुनरुत्थान भी हो रहा है और उसके महत्त्वपूर्ण परिणाम होंगे। मुसलमानों में इस बात की ज्यादा जागृति आएगी कि उनमें और गैर-मुसलमानों में कौन सी बातें मिलती-जुलती हैं और वे कौन से तत्त्व हैं जो उन्हें एक दूसरे से अलग करते हैं। इसके परिणामस्वरूप इस्लामी देशों में वर्तमान से कहीं ज्यादा तीव्र पश्चिम विरोधी राष्ट्रवाद उभर सकता है।

चूँकि हंटिंग्टन द्वारा ये टिप्पणियाँ 9/11 और अफगानिस्तान और इराक के विरुद्ध अमेरिकी की सैन्य कार्रवाई के कुछ वर्ष पूर्व की गई थीं, अतः यह तो मानना पड़ेगा कि जहाँ तक पश्चिम की बात है, विशेषकर अमेरिका के विरुद्ध इस्लामी रूढ़िवादी समूहों के कठोर रुख को हमने देखा है, उसके संदर्भ में उसकी टिप्पणियाँ भविष्यवाणी सरीखी थीं। उसके बाद से, आतंकवादी समूहों और आतंक से जुड़ी घटनाओं में भी वृद्धि हुई है जो विश्व भर में अनेक देशों को प्रभावित कर रही हैं।

लेकिन, एक दृष्टि से हंटिंग्टन की भविष्यवाणियाँ पुरानी पड़ गई हैं। भारत में हिंदू पुनरुत्थानवादी आंदोलनों को ताकत देने वाले राजनीतिक दल (भाजपा) के समर्थन आधार में 2004 के बाद से कमी आई है। ऐसा प्रतीत होता है कि अब हिंदुत्व विचारधारा

को लेकर मध्यवर्गीय लोगों का बड़े पैमाने पर भ्रम टूटा है या कम से कम अब वे उससे प्रेरित होते प्रतीत नहीं होते। यह बात युवतर पीढ़ी पर और भी ज्यादा लागू होती है। अपने भगवा परिधान को छोड़ देने के कारण अब वे 'स्कप्पीज' नहीं रह गए हैं, और न ही 'यप्पीज' क्योंकि इक्कीसवीं शताब्दी में इन शब्दों ने अपनी प्रासंगिकता खो दी है।

समय बीतने के साथ, यह स्पष्ट है कि, भारत के 'हिंदुईकरण' के संबंध में हंटिंग्टन के विचार अपनी वैधता खो रहे हैं। परंतु, इस कारण से, हम भविष्य के संबंध में उसने जो चित्र प्रस्तुत किया था उसके तत्त्वों को पूरी तौर पर अस्वीकार भी नहीं कर सकते। हमें, कुछ हद तक, यह लाभ तो प्राप्त है कि हम घटनाओं के हो जाने के बाद यह देखें कि उनका क्या स्वरूप रहा है, भले ही वे उस रूप में न हो जिस रूप में हंटिंग्टन ने, कासांड्रा के समान, भविष्यवाणी की थी।

हंटिंग्टन की भविष्यवाणी

हंटिंग्टन ने भविष्यवाणी की है कि विश्व की महान सभ्यताओं के केंद्रीय राज्यों के बीच विश्वयुद्ध की संभावना अत्यंत असंभाव्य है किंतु असंभव नहीं। यदि ऐसा होता भी है तो वह विभिन्न सभ्यताओं के समूहों के बीच मतभेद बढ़ने के कारण होगा, जिसमें अत्यधिक संभावना यह है कि एक ओर तो मुसलमान होंगे और दूसरी ओर गैर-मुसलमान। और यह जानना दिलचस्प है कि हंटिंग्टन की भविष्यवाणी है कि यदि वास्तव में विश्वयुद्ध हुआ तो चीन, जापान और अधिकांश इस्लामी देशों के विरुद्ध अमेरिका, यूरोप, रूस और भारत का गठबंधन बनेगा।

बहरहाल, हंटिंग्टन यह भी बतलाता है कि विश्व के प्रमुख धर्म भले ही मानवता को कितना ही विभाजित करें, इन धर्मों में कुछ प्रमुख मूल्य एक समान हैं। यदि मानव को एक वैश्विक सभ्यता को विकसित करना है तो वह इन साझा मूल्यों की खोज और विस्तार के जरिए उभरेगी।

हंटिंग्टन की परिकल्पना की अनुभववादी समीक्षा

हंटिंग्टन ने सभ्यताओं के संघर्ष का जो नमूना (पैराडाइम) दिया है वह भव्य और दूरदृष्टि वाला प्रतीत होता है। इसकी ओर पूरी दुनिया का ध्यान आकर्षित हुआ और उसे प्रशंसा भी मिली है। परंतु उसकी बारीकी से परीक्षा और आलोचना भी की गई है। हम इन समीक्षाओं पर दो स्तरों पर विचार कर सकते हैं, अनुभववादी और विश्लेषण परक। इनमें से कुछ पर निम्नलिखित अनुसार विचार किया गया है।

'पश्चिमी विश्व और शेष विश्व', विशेषकर इस्लाम और पश्चिमी विश्व के बीच विभाजन के संबंध में हंटिंग्टन की धारणा के विपरीत जोनाथन फाक्स ने अध्ययन कर यह सिद्ध किया है कि शीतयुद्ध के बाद इस्लामी और पश्चिमी सभ्यताओं के बीच बहुत थोड़ी संख्या में ही (6.7 प्रतिशत) नस्ली संघर्ष हुए हैं। आंद्रेज ट्यूसीसिस्नी का अध्ययन 2004 में जरनल ऑफ पीस रिसर्च में प्रकाशित हुआ था और फिलिप रूडर का अध्ययन

कम्परेटिव पोलीटिकल स्टडीज में प्रकाशित हुआ था। ये दोनों अध्ययन विस्तृत सांख्यिकीय आँकड़ों पर आधारित थे और इन दोनों के निष्कर्ष भी एक समान थे।[7]

इस परिकल्पना कि शीतयुद्ध ने संघर्षों को दबा दिया था और ये संघर्ष शीतयुद्ध युग के बाद बढ़ गए, के विपरीत आंद्रेज ट्यूसीसिस्त्री ने 'सिविलाइजेशनल कांफ्लिक्ट्स' में कहा है कि शीतयुद्ध के दौरान सभ्यताओं का संघर्ष 43.9 प्रतिशत था जो शीतयुद्ध के बाद घटकर 33.1 प्रतिशत रह गया। हेंडरसन और टकर ने 'क्लीयर एंड प्रजेंट स्ट्रेंजर्स' शीर्षक आलेख में तीन अवधियों–शीतयुद्ध के पहले, शीतयुद्ध के दौरान और शीतयुद्ध के बाद– में हुए अंतर–सभ्यतात्मक संघर्षों की घटनाओं का अध्ययन किया है। सांख्यिकीय विश्लेषण यह उजागर करता है कि शीतयुद्ध ने अंतर–सभ्यतात्मक संघर्षों को दबाया नहीं था। वास्तव में, इन लेखकों ने कोरिलेट्स ऑफ वार परियोजना के आँकड़ों के आधार पर पाया कि हंटिंग्टन के अध्ययन, 'क्लैश ऑफ सिविलाइजेशंस' में व्यक्त अवधारणा के ठीक उलटी बात सही है–शीतयुद्ध ने संघर्ष दबाया नहीं था बल्कि क्षेत्रीय संघर्षों को बढ़ा दिया था।[8]

अनुभव सिद्ध अध्ययनों के ये कुछ उदाहरण हैं। ये उदाहरण यह बतलाते हैं कि शीतयुद्ध के बाद होने वाली घटनाओं के प्रमाणित करने योग्य आँकड़ों के आधार पर बारीकी से परीक्षण करने पर हंटिंग्टन की परिकल्पनाओं की पुष्टि नहीं होती है। बहरहाल, हंटिंग्टन ने जो दूरदर्शीपूर्ण और कायल कर देने वाला चित्र प्रस्तुत किया था उसे ऐसे कुछ अध्ययनों को उद्धृत कर जो ऐसे आँकड़ों पर आधारित हों जो हो सकता है कि चुन–चुन कर लिए गए हों, असत्य नहीं ठहराया जा सकता है। यह आवश्यक है कि हंटिंग्टन की परिकल्पना का तार्किक आधार पर विश्लेषण किया जाए, उस आधार पर जिस पर उसके अनुमान और निष्कर्ष की परीक्षा की जा सकती हो और उस पर सवाल उठाए जा सकते हो।

तार्किक आधार पर विपरीत बिंदु

अमर्त्य सेन ने अपनी मौलिक रचना आइडेंटिटी एंड वायलेंस : द इल्युजन ऑफ डेस्टिनी में कुछ नए परिप्रेक्ष्य उपलब्ध कराए हैं जिनके आधार पर हंटिंग्टन की परिकल्पना के मुख्य तत्त्वों की समीक्षा की जा सकती है। हंटिंग्टन द्वारा किए गए अनुमानों और निष्कर्षों में जो अधूरापन, अभाव और अंतर्विरोध हैं उन्हें सेन के विश्लेषण के द्वारा रेखांकित किया जा सकता है।

सबसे पहला, हंटिंग्टन ने सभ्यताओं का जो वर्गीकरण किया है वह मोटे तौर पर धार्मिक विभाजन के अनुसार है। इस तरह हंटिंग्टन ईसाई सभ्यता को इस्लामी सभ्यता, हिंदू सभ्यता, बौद्ध सभ्यता आदि के विरुद्ध खड़ा करता है। वास्तव में दुनिया के लोगों को अलग–अलग करने की अनेक व्यवस्थाओं, जैसे वर्ग, व्यवसाय, सामाजिक स्तर, भाषा, राजनीति आदि, के अनुरूप वर्गीकृत किया जा सकता है। केवल धर्म के आधार पर वर्गीकरण करना अनुपयुक्त और अपूर्ण है।

अमर्त्य सेन बिलकुल सही तौर पर रेखांकित करते हैं कि हंटिंग्टन ने जिस प्रकार का वर्गीकरण किया है वह विश्व के इतिहास के संबंध में उसकी अस्पष्ट समझ को उजागर करता है, क्योंकि वह इस सभ्यता मूलक वर्गीकरण के भीतर आंतरिक विविधता के विस्तार को अनदेखा करता है, प्रबुद्ध लोगों की परस्पर क्रिया का विस्तार और प्रभाव तथा बौद्धिक सामग्री तथाकथित सभ्यताओं की क्षेत्रीय और धार्मिक सीमाओं में आबद्ध नहीं होती।

पहचान का मुद्दा

यह जरूरी नहीं है कि किसी व्यक्ति का धर्म उसकी सर्व-समावेशी और विशिष्ट पहचान हो। सेन ने अपनी खुद की पहचान का निम्नलिखित अनुसार वर्णन एक उदाहरण के रूप में प्रस्तुत किया है :

> मैं, एक ही समय में, एक एशियाई, एक भारतीय नागरिक, बांग्लादेशी वंश परम्परा वाला बंगाली, अमेरिका या ब्रिटेन का एक निवासी, एक अर्थशास्त्री, दर्शनशास्त्र का एक शौकिया अध्येता, एक लेखक, एक संस्कृतवादी, धर्मनिरपेक्षता और लोकतंत्र में कट्टर आस्था रखने वाला, एक पुरुष, स्त्रियों के अधिकारों का समर्थक, एक विलिंगकामी, 'गे' और 'लेस्बियन' लोगों के अधिकारों का रक्षक, अधार्मिक जीवन शैली वाला, हिंदू पृष्ठभूमि से आया एक गैर ब्राह्मण, और मरणोत्तर जीवन में भरोसा न करने वाला (और यदि प्रश्न पूछा जाए तो 'पूर्व जीवन' में भी भरोसा न करने वाला) हो सकता हूँ।[9]

चूँकि हंटिंग्टन ने अपना ध्यान इस्लाम और इस्लाम के द्वारा गैर-इस्लामी सभ्यताओं के लिए पैदा किए गए खतरों पर केंद्रित किया है, यह उल्लेख करना आवश्यक है कि मुसलमान लोग भी खुद को अलग-अलग दृष्टियों से देखते हैं। उदाहरण के लिए एक बांग्लादेशी मुसलमान न केवल एक मुसलमान है बल्कि एक बंगाली और एक बांग्लादेशी भी है जो बांग्लादेशी भाषा, साहित्य और संगीत पर अपने ढंग से बहुत गर्व करता है। उसकी उसके वर्ग, लिंग, व्यवसाय, राजनीतिक संबंधों आदि से जुड़ी हुई कई अन्य पहचानें भी हो सकती हैं। यह उल्लेखनीय है कि पाकिस्तान से अलग होने के लिए बांग्लादेशियों का आंदोलन (1971 में) उनकी धार्मिक पहचान, जो पाकिस्तानियों के समान थी, के बजाय बंगाली पहचान से कहीं अधिक प्रेरित था। यह एक स्पष्ट उदाहरण है जिसमें एक मुसलमान बहुसंख्यक देश ने जब किसी अन्य देश से, जिसमें सत्ता का नियंत्रण गैर-बंगाली समान-धर्म वालों के हाथ में था, राजनीतिक स्वतंत्रता पाने के लिए जीवन-मरण का संघर्ष का अवसर आया तब अपनी धार्मिक पहचान के बजाय भाषा और संस्कृति के उत्तराधिकार को महत्त्व दिया।

पहचान के मुद्दे पर यह गौर करने की बात है कि, हम सब अपने-अपने जीवन में, हमारे संबंधों या सामाजिक गतिविधियों की पृष्ठभूमि से उभरती, बिलकुल अलग-अलग संदर्भों के लिए, अलग-अलग प्रकार की पहचान लिये हुए होते हैं। उदाहरण के लिए हम एक ऐसे व्यक्ति पर विचार कर सकते हैं जिसका जन्म उड़ीसा में हुआ है, जिसकी

मातृभाषा उड़िया है, जो एक महाविद्यालय में दर्शनशास्त्र का प्राध्यापक है, उसके शौक में फोटोग्राफी और वाद्य संगीत शामिल हैं, जो एक संगीत समिति का सदस्य है, जो अपनी आवासीय कालोनी की आवासीय कल्याण समिति का अध्यक्ष है, जो नॉन वेजेटेरियन भोजन पसंद करता है, एक हिंदू और एक भारतीय नागरिक है।

यह बात अवश्य ही स्वीकृत की जानी चाहिए कि लोगों की पहचानें बहुलतावादी होती हैं और यह जरूरी नहीं है कि एक पहचान दूसरी पहचानों का उन्मूलन करे। व्यक्ति को अपनी पहचानों में से किसी एक को, उसकी तुलनात्मक महत्ता के आधार पर, और एक विशेष संदर्भ में, अलग-अलग निष्ठाओं और प्राथमिकताओं में से जो वरीयता के लिए प्रतियोगिता करती हैं, चुनना पड़ता है। यह स्पष्ट है कि किसी व्यक्ति की एक विशिष्ट पहचान उसके सामाजिक संदर्भ पर आधारित होगी। किसी उड़िया भाषी व्यक्ति के लिए जब वह किसी रात्रि भोज के लिए जा रहा हो, तब फोटोग्राफी में उसकी प्रवीणता के बजाय उसके नॉन वेजेटेरियन होने की पहचान ज्यादा महत्त्वपूर्ण हो जाएगी।

इस तर्क का केंद्र बिंदु यह है कि किसी व्यक्ति के एकाकी संबंध के बजाय उसके बहुलतावादी संबंध ज्यादा महत्त्वपूर्ण हैं, इसके बावजूद कि उसके एकाकी संबंध उसकी धार्मिक पहचान से संबंधित हों। कोई भी व्यक्ति संदर्भों के आधार पर अपनी पहचान चुनने के लिए स्वतंत्र है। व्यक्ति की बहुलतावादी पहचानों को उसकी एकाकी सबसे प्रधान पहचान अपने में विलीन नहीं कर सकती। स्वाभाविक रूप से ऐसे लोग जो राजनीतिक या अन्य कारणों से किसी व्यक्ति की धार्मिक पहचान का दोहन करना चाहते हैं, इस बात का जोरदार तरीके से विरोध करेंगे क्योंकि यह बात उनके मनसूबों को पूरा नहीं करती है। एक विश्व हिंदू परिषद कार्यकर्ता या एक मुसलमान मौलवी धार्मिक पहचान की प्रधानता पर अनिवार्यतः जोर देगा जिससे कि जैसे और जब जरूरत हो तब लोगों को एकजुट किया जा सके।

संस्कृतियों के बीच आंतरिक विविधता

जब हंटिंग्टन विभिन्न संस्कृतियों और मूल्य व्यवस्थाओं की वजह से होने वाले संघर्ष का चित्र प्रस्तुत करता है तब ऐसा प्रतीत होता है कि वह इस तथ्य को अनदेखा कर रहा है कि इनमें से अनेक संस्कृतियों में आंतरिक विविधता है। उदाहरण के लिए, ''भारतीय परंपराओं को अकसर धर्म से अंतरंग रूप से संबद्ध माना जाता है और कई मायनों में ऐसा है भी, फिर भी ग्रीक या रोमन या हिब्रू या अरबी जैसी अन्य शास्त्रीय भाषाओं की तुलना में संस्कृत और पाली में कहीं ज्यादा वृहत् अनीश्वरवादी और द्वंद्वात्मक साहित्य उपलब्ध है। जब सिद्धांतवादी सूक्ति संग्रह, जैसे-चौदहवीं शताब्दी के संस्कृत ग्रंथ 'सर्वदर्शनसंग्रह', धार्मिक मुद्दों की सोलह अलग-अलग स्थितियों पर (अनीश्वरवाद से शुरू कर) संवेदनशील शैली में सोलह अध्याय प्रस्तुत करता है। इसका उद्देश्य एक-दूसरे मुद्दे की स्थिति की गूढ़ता को बताने के बजाय एक जानकारीपूर्ण और विचारशील विकल्प उपलब्ध कराना है।''[10]

समकालीन भारत में भी विविधता हर जगह दिखाई पड़ती है। मुसलमानों में ऐसे लोग हैं जो उदारतावादी सूफी रास्ते का अनुगमन करते हैं जबकि अन्य लोग कट्टरपंथी रीति-रिवाज में भरोसा करते हैं। उत्तर भारत और दक्षिण भारत में हिंदुओं की परंपराएँ अलग-अलग है। दक्षिण भारत में भी, वैष्णव और शैव लोग अलग-अलग धार्मिक परंपराओं और रीति-रिवाजों का अनुगमन करते हैं। भारत के मामले में 'विविधता में एकता' जैसे घिसे-पीटे मुहावरे में बहुत अर्थ समाया हुआ है।

एक-आयामी दृष्टिकोण

हंटिंग्टन ने लोगों को 'पश्चिमी विश्व', 'इस्लामी विश्व', 'हिंदू विश्व' या 'बौद्ध विश्व' के सदस्यों के रूप में वर्गीकृत कर लोगों को एक आयाम में विघटित कर दिया है। यह एक ऐसी कमी है जिस पर उस परिकल्पना पर, विचार करने से पहले ध्यान देना जरूरी है जिसके अनुसार इन विश्वों के लोग आपस में 'संघर्ष' करेंगे।

यह एक महत्त्वपूर्ण मुद्दा है क्योंकि जब यह तर्क दिया जाता है कि इस्लामी विश्व, हिंदू विश्व या ईसाई जगत के लोग शांति प्रिय हैं और वे अन्य लोगों के साथ सौहार्द्रपूर्ण संबंध बनाना पसंद करते हैं, तो इस तर्क में यह स्वीकार करना शामिल होता है कि पूरे विश्व के लोगों को अलग-अलग उनकी सभ्यताओं के आधार पर समझा जा सकता है और उनके चरित्र का निर्धारण किया जा सकता है। उदाहरण के लिए, इस सामान्यीकरण का, कि इस्लाम के अनुयायी युद्ध के लिए तत्पर रहने वाले सांस्कृतिक लोकाचार का पालन करते हैं, प्रतिवाद करने के लिए यह तर्क किया जाता है कि उनकी संस्कृति वास्तव में शांति और सद्भाव पर जोर देती है, तो निर्विवाद रूप से यह स्वीकार किया जाता है कि मुसलमान लोग बुनियादी रूप से अधिकांश मामलों में एक-दूसरे के समान होंगे। अमर्त्य सेन जैसे विचारक इस अनुमान पर सवाल खड़ा करते हैं क्योंकि पूरी दुनिया के लोगों को एक संबद्धता, चाहे फिर वह धर्म संबंधी ही क्यों न हो, के आधार पर वर्गीकृत नहीं किया जा सकता।

क्या भारत एक 'हिंदू' सभ्यता है ?

यह वह पृष्ठभूमि है जिसे लेकर एक हिंदू सभ्यता के रूप में भारत का वर्गीकरण किए जाने पर सवाल उठाया जा सकता है। यदि तर्क के लिए भी हम लोगों की एकाकी संबद्धता वाले मॉडल को विचार में लें तो यह ध्यान देना होगा कि दुनिया में, इंडोनेशिया के बाद, मुसलमानों की दूसरे नंबर की सबसे बड़ी आबादी, भारत में बसती है। वे भारत की आबादी का चौदह प्रतिशत हिस्सा हैं। इसके अतिरिक्त ईसाइयों, सिखों, पारसियों, जैनों, बौद्धों आदि के अनेक अल्पसंख्यक समूह हैं जो इस देश के नागरिक हैं। अतीत में और समकालीन भारत में मुसलमानों ने भारतीय कलाओं, साहित्य, संगीत, फिल्म के संवर्धन में बहुत योगदान किया है और इन क्षेत्रों में उनका योगदान और अन्य का योगदान पूरी तरह मिला-जुला है।

भारत का एक हिंदू सभ्यता के रूप में चित्रण राजनीतिक रूप से भड़काने वाला मुद्दा है। जैसा कि अमर्त्य सेन ने स्पष्ट रूप से बताया है कि, ''हिंदू पंथवादी राजनीतिज्ञों ने भारत की 'हिंदू सभ्यता' वाले दृष्टिकोण को बढ़ावा देने की कोशिश की है, यह दृष्टिकोण हमारी वर्तमान सच्चाई को होशियारी के साथ बदलने और इतिहास के असाधारण विकृतिकरण को अत्यंत छलपूर्ण वैधानिकता प्रदान करता हुआ प्रतीत होता है। राजनीतिक रूप से सक्रिय 'हिंदुत्व' आंदोलन के कई नेताओं द्वारा हंटिंग्टन को वास्तव में बार-बार उद्धृत किया जाता है। और यह आश्चर्यजनक बात भी नहीं है क्योंकि हंटिंग्टन द्वारा भारत को एक 'हिंदू सभ्यता' के रूप में देखने और हिंदुत्व के राजनीतिक गुरुओं को प्रिय भारत के 'हिंदूवादी रूप' का प्रसार करने में समानता है।''[11]

सेन ने यह भी उल्लेख किया है कि चुनाव के मामले में उन दलों का भाग्य ऊपर-नीचे होता रहा है, जो भारत के हिंदू रूप के लिए प्रतिबद्ध हैं, किंतु भारत को एक हिंदू सभ्यता के रूप में देखने की राजनीतिक कोशिशें आसानी से ठंडी नहीं पड़ने वाली हैं। इसके अतिरिक्त कि यह दृष्टिकोण वर्णनात्मक रूप से गलत है, कृत्रिम रूप से एकमात्र धार्मिक संबद्धता के आधार पर भारत का जरूरत से ज्यादा सरल चित्रण करना राजनीतिक रूप से विस्फोटक सिद्ध हो सकता है।

क्या पश्चिमी मूल्य अनन्य हैं?

बीसवीं शताब्दी की राजनीतिक विचारधाराओं में उदारतावाद, समाजवाद, अराजकतावाद, अनुराज्य निगमवाद, मार्क्सवाद, साम्यवाद, सामाजिक लोकतंत्र, अनुदारतावाद, राष्ट्रवाद, फासीवाद और क्रिश्चियन डेमोक्रेसी शामिल हैं। हंटिंग्टन के मतानुसार इन सब विचारधाराओं में एक बात समान है : ये सब पश्चिमी सभ्यता की देन हैं और अन्य किसी सभ्यता ने कोई उल्लेखनीय राजनीतिक विचारधारा पैदा नहीं की है। हंटिंग्टन जिस तरह अन्य सभ्यताओं की तुलना में पश्चिमी सभ्यता को और विश्व में अमेरिका की भूमिका को देखता उसे निम्नलिखित उद्धरण से जाना जा सकता है, जो इस बाबत उसके अहंकार को भी उजागर करता है :

> पश्चिमी विश्व अन्य सभ्यताओं से केवल इस मामले में अलग नहीं है कि वह विकसित है, बल्कि इस मामले में भी कि उसके मूल्यों और संस्थाओं का चरित्र विशिष्ट है। इनमें मुख्य रूप से उसका ईसाई धर्म, बहुलतावाद, व्यष्टिवाद और कानून का राज शामिल है जिनके कारण पश्चिम के लिए आधुनिकतावाद का आविष्कार करना और उसे पूरे विश्व में फैलाना संभव हुआ, और वह अन्य समाजों के लिए ईर्ष्या का केंद्र बन गया। विशेषताओं का यह समूहन पश्चिम की विशिष्टता है। जैसा कि आर्थर एम. श्लेसिंगर, जूनियर, ने कहा है कि यूरोप ''व्यक्तिगत स्वतंत्रता, राजनीतिक लोकतंत्र, कानून के राज, मानव अधिकार और सांस्कृतिक स्वतंत्रता का स्रोत-अनन्य स्रोत हैं...ये यूरोपीय विचार हैं, न एशियाई, न अफ्रीकी और न मध्यपूर्वी, सिवाय इसके कि वे वहाँ अपनाएँ गए।'' ये बातें पश्चिमी सभ्यता को अनन्य बनाती हैं और पश्चिमी सभ्यता इसलिए मूल्यवान नहीं है कि वह विश्वजनीन है बल्कि इसलिए कि वह अनन्य है। फलतः पश्चिमी नायकों

की मुख्य जिम्मेदारी अन्य सभ्यताओं को पश्चिम के प्रतिबिंब के अनुसार नया रूप देने की कोशिश करना नहीं है, जो उनकी घटती शक्ति के परे हैं, बल्कि पश्चिमी सभ्यता की अनन्य विशेषताओं को परिरक्षित, संरक्षित और नवीनीकृत करना है। चूँकि संयुक्त राज्य अमेरिका सर्वाधिक शक्तिशाली पश्चिमी देश है इसलिए उस पर जबरदस्त जिम्मेदारी आती है।[12]

यह बात इस पुस्तक के मुख्य विषय से दूर हटने जैसी लगेगी किंतु पश्चिमी और पूर्वी मूल्यों के बीच दो टूक विभाजन को राष्ट्रों, राज्यों और उनके लोगों के बीच विभाजन के मुख्य कारक के रूप में देखा गया है–विशेषकर धर्मनिरपेक्षता विरोधियों और दक्षिण पंथियों द्वारा–इसलिए पश्चिमी मूल्यों की 'अनन्यता' के दावे का समीक्षात्मक परीक्षण आवश्यक है। अमर्त्य सेन ने अपनी पुस्तकों, 'द आर्ग्युमेंटेटिव इंडियन' और 'आईडेंटिटी एंड वायलेंस', में यह बतलाने के लिए उदाहरण दिए हैं कि यह दावा मान्य करने के काबिल नहीं है। हंटिंग्टन के तर्कों की कमियों की बाबत सेन की टिप्पणियों का यहाँ उल्लेख करना उचित होगा :

अपने समग्र समकालीन रूप में राजनीतिक स्वतंत्रता और धार्मिक सहनशीलता का बड़ा समर्थन करना पश्चिमी विश्व के किसी देश या सभ्यता की कोई प्राचीन ऐतिहासिक विशेषता नहीं है। सम्राट अशोक ने ईसा पूर्व तीसरी शताब्दी में जो आदेश जारी किए थे वे बताते हैं कि वह धर्म और अन्य प्रकार की सहनशीलता का बड़ा समर्थक था। सम्राट अकबर ने इसी तरह धार्मिक सहनशीलता के संबंध में उद्घोषणाएँ जारी की थीं। उस समय समकालीन यूरोप में धार्मिक जाँच-पड़ताल बहुत व्यापक थी और ईसाई धर्म के धर्मविरोधी माने जाने वाले लोगों को खंभे में बाँधकर जिंदा जला दिया जाता था।

इसी तरह यह तर्क गलत है कि लोकतंत्र अनिवार्यत: एक पश्चिमी विचार है जो गैर पश्चिमी विश्व के लिए विदेशी है। अमर्त्य सेन ईरान, बैकट्रिया और भारत से उदाहरण देकर बताते हैं कि इन देशों के नगरीय शासन में लोकतंत्र के तत्त्व शामिल थे...एथेनियन लोकतंत्र के उभरने के बाद की शताब्दियों में और यूरोपीय देशों में इन प्रथाओं के उदय होने के काफी पहले।

यह भी उल्लेख किया जा सकता है कि लोकतंत्र का मतलब सिर्फ मतपत्र या वोट नहीं है। लोकतंत्र का प्रमाण चिह्न है 'विचार विमर्श द्वारा शासन।' यह प्रथा भारत में उस समय प्रचलन में थी, जब ग्रीस में उसका चलन था। उस समय बौद्ध परिषदों में खुले रूप से आम बैठकें हुआ करती थीं, जिनका मुख्य उद्देश्य भिन्न-भिन्न मतों के बीच विवाद का निराकरण करना होता था। सम्राट अशोक ने ईसा पूर्व तीसरी शताब्दी में, भारत की तत्कालीन राजधानी पाटलिपुत्र में तीसरी और सबसे विशाल बौद्ध परिषद का आयोजन किया था। अशोक ने भारत में जन-विमर्श के नियमों का सबसे पहले सूत्रीकरण कर उन्हें संहिताबद्ध करने और उसका प्रचार करने का प्रयास किया था।

विश्व इतिहास में बहुत पहले गैर-पश्चिमी विश्व में स्थापित लोकतांत्रिक संस्थाओं और मूल्यों के अन्य उदाहरण भी हैं। जापान में सातवीं शताब्दी में, एक राजा ने सत्रह

अनुच्छेदों वाला संविधान लागू किया था जो अन्य बातों के साथ-साथ यह आदेश देता था कि "महत्त्वपूर्ण मामलों में किसी एक व्यक्ति द्वारा अकेले ही निर्णय नहीं लिया जाना चाहिए। उन पर अनेक लोगों द्वारा विचार-विमर्श करना चाहिए।" यह घटना इंग्लैंड में तेरहवीं शताब्दी में मैग्ना कार्टा पर हस्ताक्षर किए जाने के 600 वर्ष पहले की है। जापान के सातवीं शताब्दी के संविधान को प्रबुद्ध लोगों ने लोकतंत्र की ओर पहले कदम के रूप में देखा है।

मध्यपूर्व के इतिहास और मुसलमान लोगों के इतिहास में भी जन-विमर्श और संवाद के द्वारा राजनीतिक भागीदारी के अनेकों विवरण उपलब्ध हैं। अत: , हंटिंग्टन के दावे के विपरीत, लोकतांत्रिक विचारों पर पश्चिमी विश्व का मालिकाना हक नहीं है। जहाँ लोकतंत्र के आधुनिक संस्थात्मक रूप हर जगह तुलनात्मक रूप से नए हैं, वहीं जन भागीदारी और तर्क करने वाले लोकतंत्र का इतिहास विश्व भर में पहले से ही रहा है। और समकालीन विश्व में सबसे बड़ा जीवन्त लोकतंत्र 'पश्चिम' से भौगोलिक रूप से काफी दूर वाले क्षेत्र में स्थित है।

चूँकि इस्लाम को युद्ध की ओर उसके आरोपित झुकाव के लिए निशाना बनाया गया है, अत: यह बिंदु रेखांकित करना जरूरी है कि इतिहास में मुसलमानों की सहनशीलता और विविधता के उदाहरण भरे पड़े हैं। उदाहरण के लिए सम्राट शाहजहाँ का सबसे बड़ा बेटा दारा शिकोह (और उसका वैधानिक उत्तराधिकारी), जिसकी उसके छोटे भाई औरंगजेब द्वारा हत्या कर दी गई थी, संस्कृत का विद्यार्थी और हिंदू धर्म का गंभीर अध्येता था। उपनिषदों का संस्कृत से फारसी में उसके द्वारा किया गया अनुवाद हिंदू धार्मिक दर्शनशास्त्र में यूरोपीय दिलचस्पी का मुख्य आधार था।

निष्कर्ष

चूँकि हंटिंग्टन द्वारा लोगों, देशों और सभ्यताओं को लेकर किए गए वर्गीकरण ने कुछ विशिष्ट लोगों के चरित्र निरूपण को और उन्हें अपरिवर्तनीय रूप से खाँचाबद्ध करने को विपरीत ढंग से प्रभावित किया है, हमने 'सभ्यताओं के संघर्ष' के संबंध में हंटिंग्टन की परिकल्पना की द्वंद्वात्मकता का अध्ययन किया है। यह बात इस्लाम धर्म का अनुगमन करने वालों पर विशेष रूप से लागू होती है। इस विश्लेषण में यह भी बात उभर कर आती है कि सभ्यताओं, देशों और लोगों को संकुचित दायरों में बंद करना और उसके बाद उनका निश्चित अपरिवर्तनीय रूप में चरित्र निरूपण करना व्यर्थ का और विपरीत परिणाम देने वाला कार्य है। यह सर्वोत्तम है कि ऐसे सामान्यीकरणों से बचा जाए जो पूर्वग्रह निर्मित करते हैं और जिस कारण संघर्ष तथा हिंसा होती है।

यह धारणा "विश्व में शीतयुद्ध के पहले मुठभेड़ का कारण विचारधारा रही और उसके बाद सभ्यताओं का संघर्ष रहा है" बड़ी आकर्षक लगती है जब उस पर विवाद हो और चुनिंदा आँकड़ों को देकर उसे स्वीकार करने योग्य तथा निर्णायक रूप में दिखलाया जाए। किंतु वास्तव में ये सब पूर्व अनुमान हैं। यथार्थ रूप में, यदि हम विश्व में होने वाले

विविध संघर्षों पर विचार करें तो पाते हैं कि इन संघर्षों के लिए भिन्न-भिन्न और अनगिनत कारण हैं। इन कारणों को 'विचारधारात्मक' या 'सांस्कृतिक' प्रकृति के एकाकी लेवल के अधीन वर्गीकृत नहीं किया जा सकता। यह बहुत संभव है कि, इन संघर्षों की जड़ में आर्थिक हितों का संघर्ष हो या फिर पुरानी दुश्मनी निपटाने का मामला हो। हम शायद इसे यहाँ ऐसा ही छोड़ सकते हैं।

टिप्पणियाँ

1. सैम्युअल पी. हंटिंग्टन, द क्लैश ऑफ सिविलाइजेशंस, फारेन अफेयर्स 1953, पृ. 1
2. सैम्युअल पी. हंटिंग्टन, द क्लैश ऑफ सिविलाइजेशंस एंड रीजनिंग ऑफ वर्ल्ड आर्डर (न्यू डेल्ही : पेंग्विन, 1997)
3. सैम्युअल पी. हंटिंग्टन, हू आर वी : द चैलेंज टू अमेरिकाज नेशनल आइडेंटिटी (न्यूयार्क : साइमन एंड शूमस्टर, 2005)
4. गुहा, इंडिया आफ्टर गांधी, पृ. 769
5. हंटिंग्टन, 'क्लैश ऑफ सिविलाइजेशंस', वही, पृ. 9
6. वही, पृ. 217-218
7. राधिका मित्तल, 'इस्लाम वांट्स डेमॉक्रेसी, लिबरल एथॉस', द हिंदुस्तान टाइम्स, 2 अक्टूबर, 2006
8. वही
9. अमर्त्य सेन, इंडेंटिटी एंड वायलेंस : द इल्युजन ऑफ डेस्टिनी (लंडन : पेंग्विन 2006), पृ. 19
10. वही पृ. 35
11. वही पृ. 48
12 वही पृ. 311

अतीत दर्शन : कुछ प्रकरण–अध्ययन

जबलपुर, मध्य प्रदेश, 1961

भारत का विभाजन होने के पहले और उसके ठीक बाद भी बड़े पैमाने पर सांप्रदायिक दंगों और नरसंहार की घटनाएँ हुई थीं। विभाजन के आघात के बाद देश में सांप्रदायिक हिंसा कम हो गई थी। 1950 के दशक में इस तरह की घटनाएँ बहुत थोड़ी ही हुईं। इस अवधि में अन्य मुद्दे और आंदोलन उभर कर आए, जैसे भाषाई आधार पर राज्यों के पुनर्गठन की माँग। ज्यादातर यह विश्वास किया जाता था, किंतु शायद भोलेपन में, कि देश का विभाजन होने और पाकिस्तान का निर्माण होने के साथ, सांप्रदायिक तनाव सामान्य हो गए हैं और बड़े पैमाने पर होने वाली सांप्रदायिक गड़बड़ियाँ अब अतीत की बात होंगी। इस पृष्ठभूमि में जबलपुर और उसके आसपास के क्षेत्रों में 4 फरवरी, 1961 और उसके बाद के दिनों में जो सांप्रदायिक दंगे हुए वे परिस्थितियों में परिवर्तन का संकेत देने वाले सिद्ध हुए। 1950 के तुलनात्मक रूप से शांतिपूर्ण दशक के बाद, होने वाला यह पहला बड़ा सांप्रदायिक संघर्ष था और आने वाले दशकों में होने वाले ऐसे दंगों में भी पहला था।

इस विशेष दंगे को मैंने विश्लेषण के लिए चुना है, उसका एक कारण यह है कि यह दंगा दो प्रमुख समुदायों के बीच बनी हुई तुलनात्मक समरसता वाले मध्यांतर के बाद हिंदू-मुसलमान दंगों के दोबारा भड़कने का संकेतक था। और फिर, दैवयोग से मैं उस समय जबलपुर में सहायक कलेक्टर और मजिस्ट्रेट के रूप में पदस्थ था। इस वजह से मुझे इस दंगे को भड़कते और फैलते हुए देखने का निजी अनुभव प्राप्त हुआ था। मुझे जबलपुर शहर के एक क्षेत्र में मजिस्ट्रीयल ड्यूटी पर लगाया गया था और मैं स्थिति से निपटने वाले प्रशासनिक तंत्र का एक हिस्सा था। तत्कालीन जिला मजिस्ट्रेट आर.सी. श्रीवास्तव मेरे प्रशिक्षण के लिए जिम्मेदार थे। उन्होंने मुझे सीधे अपने अधीन रखा था। दंगों के दौरान मैंने अपना बहुत समय उनके साथ बिताया था और इस प्रक्रिया में मैंने दंगों से निपटने का विशेष ज्ञान प्राप्त किया था।

मध्य प्रदेश शासन ने इन गड़बड़ियों की जाँच करने के लिए मध्य प्रदेश उच्च न्यायालय के कार्यरत न्यायाधीश, न्यायाधिपति शिव दयाल श्रीवास्तव को नियुक्त किया था। इस जाँच आयोग का प्रतिवेदन 1962 में प्रकाशित हुआ था।[1] इन गड़बड़ियों के होने के कारणों, घटनाओं और उससे संबंधित विभिन्न मुद्दों का विवरण देने के लिए मैंने न्यायाधिपति शिव दयाल आयोग के प्रतिवेदन और निजी स्मृति को आधार बनाया है।

दंगों के भड़कने का कारण वह एक घटना थी जिसमें उषा भार्गव नामक लगभग 20 वर्षीय हिंदू अविवाहित युवती ने, जो जबलपुर एक स्थानीय महाविद्यालय में पढ़ती थी, आत्महत्या कर ली थी। 3 फरवरी, 1961 को उसने अपने शरीर पर कैरासिन तेल डालकर और आग लगाकर आत्महत्या करने की कोशिश की थी। उसे एक स्थानीय अस्पताल में इलाज के लिए शीघ्र ले जाया गया, जहाँ उसकी देखभाल करने वाले डॉक्टरों के अनुसार, जिन्होंने आयोग के समक्ष गवाही दी थी, उषा भार्गव गंभीर रूप से 90 प्रतिशत तक जल गई थी। उसे बचाया नहीं जा सका और जल जाने के कारण उसकी मृत्यु हो गई। ड्यूटी पर तैनात डॉक्टरों ने उसका मृत्यु पूर्व बयान रिकार्ड किया था, क्योंकि उस समय किसी मजिस्ट्रेट से संपर्क नहीं हो सका था और न ही बयान रिकार्ड करने के लिए मजिस्ट्रेट को अस्पताल लाया जा सका था।

आयोग के प्रतिवेदन में यह उल्लेख किया गया है कि जाहिराना तौर पर सारे मजिस्ट्रेट और वरिष्ठ पुलिस अधिकारी भी संभागीय आयुक्त सी. एल. गुप्ता के निवास पर गुप्ता की पुत्री के विवाह के सिलसिले में व्यस्त थे। आयोग ने टिप्पणी की है कि मृत्यु पूर्व बयान को रिकार्ड करने के लिए मजिस्ट्रेट को बुलाने के लिए कोई गंभीर कोशिश नहीं की गई थी–इस बात को प्रदर्शित करने का कोई सबूत नहीं है कि किसी मजिस्ट्रेट से संपर्क किया गया हो और उसने अस्पताल आने में टाल–मटोल किया हो। बहरहाल, इस बात का कोई स्पष्टीकरण नहीं दिया गया है कि किसी मजिस्ट्रेट की अनुपस्थिति में किसी पुलिस अफसर ने मृत्यु पूर्व बयान को क्यों नहीं रिकार्ड किया। मुझे याद है, मैं आयुक्त के निवास के विशाल लॉन पर भव्य विवाह, स्वागत समारोह में शामिल हुआ था। जब यह समारोह चल रहा था तो लोग शहर में कहीं और हो रही उन घटनाओं से बेखबर थे जो देश के विभाजन के समय हुए दंगों के बाद की सबसे भयावह सांप्रदायिक हिंसा का रूप लेने वाली थीं।

यह आरोप लगाया गया था कि उषा भार्गव के साथ दो मुसलमान युवकों, लतीफ और मकसूद ने बलात्कार किया था। मकसूद शहर के एक प्रमुख बिड़ी व्यापारी का बेटा था। लतीफ और मकसूद दोनों को पुलिस ने 3 फरवरी, 1961 की रात में गिरफ्तार कर लिया था।

इस घटना के बाबत शहर में अफवाहें फैलीं। एक स्थानीय हिंदी दैनिक समाचार-पत्र 'युगधर्म' ने जिसका राष्ट्रीय स्वयं सेवक संघ और जनसंघ के संगठनों के साथ संपर्क था, बलात्कार की घटना का समाचार भड़काऊ भाषा में निम्नलिखित शीर्षक के साथ प्रकाशित किया :

"मुसलमान गुंडे द्वारा छुरे की नोक पर हिंदू लड़की के साथ बलात्कार"
"असहाय छात्रा ने मिट्टी तेल छिड़ककर खुद को जला लिया"
"आरोपी एक उद्योगपति का बेटा"
"पूरे शहर में सनसनी और तनाव का माहौल"

यह उल्लेख किया जा सकता है कि अन्य स्थानीय दैनिक समाचार-पत्रों ने इस घटना के समाचार को बिना सनसनीखेज बनाए प्रकाशित किया था। उन्होंने यह बतलाने से

अपने को रोका कि वह युवती एक हिंदू थी जबकि आरोपी बलात्कारी मुसलमान थे। यह उल्लेख करना उचित होगा कि सांप्रदायिक दंगों को नियंत्रित करने या उन्हें भड़काने में समाचार-पत्र एक महत्त्वपूर्ण भूमिका निभाते हैं और समाचार-पत्रों की यह भूमिका उनके पूर्वानुराग पर निर्भर करती है।

4 फरवरी को सुबह करीब 9 बजे स्थानीय महाविद्यालयों के विद्यार्थियों द्वारा उत्तेजक और भड़काऊ नारे लगाते हुए एक जुलूस निकाले जाने के साथ ही गड़बड़ी शुरू हुई। पुलिस ने स्थिति को नियंत्रित करने की कोशिश की और उन्हें यह बतलाकर कि आरोपियों को गिरफ्तार करने की उनकी मुख्य माँग पहले ही पूरी हो चुकी है, जुलूस भंग कर वापस जाने के लिए मनाने की कोशिश की। बहरहाल, जुलूस तितर-बितर नहीं हुआ और वह अंजुमन इस्लामिया स्कूल पहुँच गया। चूँकि इस स्कूल के विद्यार्थी, जिनमें से अधिकांश मुसलमान थे, जुलूस में शामिल होने को राजी नहीं थे, स्कूल पर हमला किया गया और उस पर पत्थर फेंके गए। इस तरह इस घटना ने सांप्रदायिक संघर्ष को भड़का दिया। अन्य बस्तियों से और भी भीड़ आकर इस जुलूस से जुड़ गई और जुलूस बड़ा हो गया। रास्ते में अनेक घटनाएँ हुईं और स्थानीय निवासियों के साथ संघर्ष होना शुरू हो गया। ओमती चौराहा नामक स्थान पर मुसलमानों की भीड़ इकट्ठा हो गई और उसका जुलूस के साथ संघर्ष हो गया। नगर पुलिस अधीक्षक के नेतृत्व में पुलिस बल ने भीड़ को तितर-बितर करने के लिए आँसू गैस के प्रयोग का सहारा लिया।

अपराह्न में जिला दंडाधिकारी द्वारा कोड ऑफ क्रिमिनल प्रोसिजर की धारा 144 के अंतर्गत आदेश लागू किया गया जिसके तहत जुलूस निकालने, 5 या उससे अधिक लोगों के एकत्र होने, आदि पर पाबंदी लगा दी गई। 4 फरवरी को अपराह्न लगते ही मुझे जिला मजिस्ट्रेट ने सेंट्रल कोतवाली के पुलिस नियंत्रण कक्ष में बुलाया। जिला दंडाधिकारी और पुलिस अधीक्षक ने, अन्य मजिस्ट्रेटों और पुलिस अधिकारियों के साथ हमें घटनाओं और हमारी ड्यूटी के बाबत समझाया। मुझे, एक वरिष्ठ पुलिस अधिकारी के साथ, ओमती पुलिस थाना क्षेत्र का भार सौंपा गया और उस बस्ती में शांति सुनिश्चित करने का दायित्व दिया गया।

बहरहाल, शहर के अन्य इलाकों में गड़बड़ी पहले ही फैल चुकी थी और आगजनी के मामले हो रहे थे जिनमें मुसलमानों की आवासीय और वाणिज्यिक संपत्ति शामिल थी। कुछ जाने-पहचाने संस्थानों को, जैसे सुलेमानजी गनीभाई की पेंट, वार्निश आदि की बड़ी दुकान में आग लगा दी गई। कुछ मस्जिदों पर हमला किया गया, ऐसी एक मस्जिद अंधेरदेव की थी जहाँ पेश इमाम को लाठी से बुरी तरह से पीटा गया। जिला मजिस्ट्रेट ने महसूस किया कि स्थिति गंभीर है और वह आसानी से नियंत्रण में नहीं आएगी। अतः उन्होंने स्थानीय कंटोनमेंट से सेना को आने और सिविल प्रशासन की सहायता करने के लिए आग्रह किया। मेजर डी. बी. लाहिरी के नेतृत्व में एक सैन्य टुकड़ी ने शहर की पेट्रोलिंग की। जब लाहिरी ओमती इलाके में थे तब मैं उनके साथ था। सैन्य दस्ते को घूमते देखकर स्थानीय जनता पर उसका जो शांत करने वाला प्रभाव पड़ा वह मेरे लिए

एक रहस्योदघाटन सरीखी बात थी–पुलिस द्वारा पेट्रोलिंग करने से ऐसा कोई प्रभाव नहीं पड़ा था।

अपराह्न में लगभग 5 बजे बिड़ी व्यापारी अनवर खाँ (मकसूद के पिता) के घर पर 600–800 हिंदू लोगों की भीड़ ने हमला किया। सेना के एक दस्ते को घटना स्थल के लिए एक मजिस्ट्रेट के साथ भेजा गया जिसने स्थिति को सेना की इकाई के कमांडिंग अफसर के हवाले कर दिया। स्थिति को सेना द्वारा बिना शक्ति का प्रयोग किए नियंत्रण में ले आया गया।

नियंत्रण कक्ष को यह भी सूचना दी गई कि मुसलमानों की भीड़ ने खेरमाई मंदिर पर हमला कर दिया है। पुलिस दल के साथ एक मजिस्ट्रेट घटना स्थल पर गया। घटना स्थल पर हिंदुओं की भीड़ भी इकट्ठा हो गई थी और दोनों समूहों के बीच संघर्ष हो रहा था। स्थिति को नियंत्रण में लाने के लिए, अंततः पुलिस को गोली चालन का सहारा लेना पड़ा था।

एक मुसलमान लड़की (खैरून्निसा) के बलात्कार की दुर्भाग्यजनक घटना भी हुई थी। इस घटना के सिलसिले में पुलिस ने तेरह लोगों को गिरफ्तार किया था। 4 फरवरी की घटनाओं में अनेक व्यक्ति हताहत हुए। 64 मुसलमानों और 6 हिंदुओं की संपत्ति भी क्षतिग्रस्त हुई थी।

पड़ोस के जिलों से अतिरिक्त पुलिस बल के आने से स्थिति 5–6 फरवरी को धीरे-धीरे नियंत्रण में लाई गई, यद्यपि किसी हिंदू और किसी मुसलमान के बीच आपसी या उनके छोटे समूहों के बीच संघर्ष की कुछ छिटपुट घटनाएँ होती रही थीं।

7 फरवरी को ऐसा लगा कि स्थिति लगभग नियंत्रण में आ गई है। मैं अपने नियमित कामकाज में वापस लग गया क्योंकि मजिस्ट्रेट को उनके आवंटित क्षेत्रों से बुला लिया गया था। बहरहाल, उसी दिन देर शाम 9 बजे के बाद, नियंत्रण कक्ष को सूचना मिली कि 200 मुसलमानों की एक भीड़ जमा हो गई है और वह हनुमान ताल पुलिस स्टेशन से लगी कुछ बस्तियों में हिंदुओं पर हमला कर रही है। स्थिति से निपटने के लिए एक पुलिस दल को भेजा गया। यह बतलाया गया कि यह भीड़ धार्मिक नारे लगा रही थी। चूँकि एक मुसलमान भीड़ द्वारा हिंदुओं के मकानों पर हमला किए जाने की खबर फैल गई थी, हिंदुओं की भीड़ भी इकट्ठा हो गई और दोनों समूहों के बीच पत्थर आदि एक-दूसरे पर फेंके जाने लगे। पुलिस ने भीड़ को नियंत्रित करने के लिए पहले लाठीचार्ज का सहारा लिया, फिर उसे आँसू गैस छोड़ने और भीड़ पर गोली चालन करने का रास्ता अपनाना पड़ा।

आयोग को दी गई गवाही के अनुसार, पड़ोस की बस्तियों में लोगों के अनेक समूह भी इकट्ठा हो गए थे और उन्हें नियंत्रित करने के लिए पुलिस दल भेजने पड़े थे। इन पुलिस दलों ने भिन्न-भिन्न प्रकार का बल प्रयोग कर उन्हें नियंत्रित किया था। यह बतलाया गया था कि अधिकांश भीड़ मुसलमानों की थी और वे बहुत आक्रामक थे और 'पाकिस्तान जिंदाबाद' जैसे नारे लगा रहे थे। मुझे याद है कि बड़ी सुबह मुझे

बुलाया गया और ओमती पुलिस थाने में अपनी जगह लेने को निर्देशित किया गया। वहाँ पहुँचकर, मैंने अपने पुलिस सहकर्मियों और सशस्त्र रक्षक दल के साथ एक जीप में इलाके की पेट्रोलिंग की। अनेक स्थानों पर हमने पाया कि लूट करने और दंगा करने के इरादे से भीड़ इकट्ठा हो रही थी। किंतु हमारे द्वारा चेतावनी देने पर ये भीड़ तितर-बितर हो गई।

8 फरवरी को बड़ी सुबह, नियंत्रण कक्ष में वरिष्ठ अधिकारियों की एक बैठक हुई थी जिसमें मैं भी मौजूद था। जिला मजिस्ट्रेट और वरिष्ठ पुलिस अधीक्षक का यह मत था कि शहर में कर्फ्यू लगाया जाए। परंतु, संभागीय आयुक्त ने उन्हें ऐसा ना करने के लिए राजी किया। आयोग ने अपने प्रतिवेदन में संभागीय आयुक्त के हस्तक्षेप के बाबत विपरीत टिप्पणी की थी। सही बात तो यह है कि कानून और व्यवस्था की स्थिति से निपटने के मामले में संभागीय आयुक्त की कोई भूमिका नहीं होती है। इसके उपरांत 8 फरवरी को छिटपुट घटनाएँ लगातार होती रहीं जिनमें लोगों, अधिकांशतः मुसलमान समुदाय के लोगों, को चोटें आईं और उनकी संपत्ति को नुकसान पहुँचा। यदि कर्फ्यू का आदेश जारी कर उसे लागू कर दिया जाता तो ये घटनाएँ टाली जा सकती थीं।

अतिरिक्त पुलिस बल के आने से, और प्रभावित क्षेत्र की पेट्रोलिंग से स्थिति धीरे-धीरे नियंत्रण में आ गई, यद्यपि मामूली घटनाएँ 12 फरवरी तक होती रहीं।

यह धारणा व्यक्त करते हुए कि कुल मिलाकर, प्रशासन और पुलिस द्वारा स्थिति को नियंत्रण में लाने के लिए की गई कार्रवाई की आलोचना नहीं की जा सकती, आयोग ने 3 फरवरी को क्रिमिनल प्रोसिजर कोड की धारा 144 के आदेश को लगाने में देर करने और 8 फरवरी को कर्फ्यू न लगाने के बारे में विपरीत टिप्पणियाँ की थीं।

आसूचना की असफलता पर भी विपरीत टिप्पणी की गई थी क्योंकि जब 7 फरवरी की देर शाम मुसलमानों की हिंसक भीड़ इकट्ठा हो गई थी और शहर में फिर से दंगे शुरू हो गए थे तब प्रशासन बेखबर था। दंगों से पीड़ित बस्तियों में जिला प्रशासन की पहल पर, शांति समितियाँ गठित की गईं जिनमें हिंदू और मुसलमान समुदायों के प्रतिनिधि शामिल किए गए। इन समितियों का उद्देश्य मोहल्लों और बस्तियों में दोनों समुदायों के बीच सौहार्द्रपूर्ण संबंधों की पुनः स्थापना के लिए कार्य करना था। परंतु, आयोग ने वरिष्ठ पुलिस अधीक्षक की गवाही का उल्लेख कर कहा कि ये समितियाँ प्रभावी नहीं थीं।

जहाँ तक जबलपुर में हुए दंगों के भड़कने के कारणों की बात है, 'तत्काल' कारण तो एक हिंदू युवती के साथ दो मुसलमान युवकों द्वारा किया गया आरोपित बलात्कार था। इस घटना को प्रेस ने, विशेषकर एक हिंदी समाचार-पत्र ने, खूब उछाला जिसके फलस्वरूप हिंदुओं की भावनाएँ भड़कीं और वे इस अपराध का बदला लेने के लिए सड़कों पर उतर आए। दोनों समुदायों की भीड़ के द्वारा हमले और फिर जवाबी हमले करने का दुष्चक्र शुरू हो गया था, जो इस प्रकार के मामलों में एक सामान्य घटना है। जबलपुर जिले के लगे हुए ग्रामीण इलाकों में और पड़ोसी जिलों सागर, दमोह तथा

नरसिंहपुर में गड़बड़ियाँ फैल गईं, परंतु, इन स्थानों में जबलपुर की तुलना में समस्या छोटी थी और स्थिति को न्यूनतम बल प्रयोग के द्वारा नियंत्रण में लाया जा सका था। यह ध्यान देने की बात है कि जबलपुर में गड़बड़ियों को नियंत्रण में लाने के लिए पुलिस को 9 बार अलग-अलग अवसरों पर गोली चालन का सहारा लेना पड़ा था।

हिंदू युवती के साथ बलात्कार और उसके द्वारा आत्महत्या के मामले को लेकर, जिसे दंगों की घटनाओं के शुरू होने का कारण माना गया था, कुछ अलग बातें भी बताई गई थीं। एस.बी. कोलपे ने जबलपुर में हुई सांप्रदायिक हिंसा की रिपोर्टिंग 'फ्री प्रेस जरनल' के लिए की थी। उसने रिपोर्ट[2] किया था कि पुलिस सूत्रों के अनुसार, आरोपित बलात्कार के मामले में गिरफ्तार किए गए मुसलमान युवकों में से एक के साथ वह युवती मुक्त होकर घूमा-फिरा करती थी। उस युवती का उस युवक के साथ प्रेम संबंध था और और युवती ने शायद इसलिए आत्महत्या की होगी कि प्रचलित कट्टरपंथ के कारण संबंधित युवक के साथ उसकी शादी संभव नहीं थी।

असगर अली इंजीनियर[3] ने मत व्यक्त किया है कि दंगों का मुख्य कारण यह था कि बिड़ी व्यवसाय का एक बड़ा मुसलमान व्यवसायी स्थानीय बिड़ी उद्योग पर नियंत्रण स्थापित करने में सफल हो गया था। इस मुसलमान व्यवसायी का बेटा एक आरोपी बलात्कारी था। बिड़ी व्यवसाय में मुसलमान व्यवसायी के बढ़े हुए प्रभाव से आए इस परिवर्तन के कारण उसके हिंदू व्यवसायी प्रतियोगी बहुत खिन्न हो गए थे और फिर, दंगों के परिणामस्वरूप मुसलमानों के बिड़ी उद्योग को भारी नुकसान उठाना पड़ा था। स्पष्टतः इस बात का निहित अर्थ यह है कि युवती द्वारा आत्महत्या किए जाने के बाद, सफल मुसलमान बिड़ी व्यवसायी के व्यवसाय-प्रतिद्वंद्वियों ने ये दंगे करवाए थे।

आयोग के प्रतिवेदन के परिशिष्टों में दिए गए आँकड़ों के अनुसार जबलपुर (शहर) के दंगों में 22 व्यक्ति मारे गए जिनमें से 21 मुसलमान थे। जबलपुर (ग्रामीण) में 19 व्यक्ति मारे गए थे जिनमें 18 मुसलमान थे। जहाँ तक घायल लोगों और संपत्ति के नुकसान का मामला है, मुसलमानों को इसी अनुपात में शिकार होना पड़ा था।

जहाँ तक मौतों और संपत्ति को नुकसान पहुँचने की बात है हिंदुओं की तुलना में मुसलमानों को बहुत अधिक कष्ट उठाना पड़ा था किंतु यह बतलाया गया कि जिस घटना के कारण दंगे हुए उस घटना में अपराध करने वाले मुसलमान थे और एक बार स्थिति शांत होने के बाद जब दंगे दोबारा भड़के तो फिर आक्रामक लोग मुसलमान समुदाय के ही थे। अधिकांश हिंदू-मुसलमान दंगों की एक सामान्य विशेषता है कि न्यस्त पक्षों के द्वारा, मीडिया के कुछ वर्गों सहित, एक विशिष्ट घटना को इस तरीके से उछाला जाता है, कि जिससे सांप्रदायिक भावनाएँ भड़कें और हिंसा शुरू हो जाए। इस तरह किसी सांप्रदायिक दंगे को तथाकथित रूप से 'भड़काने वाली घटना' में आमतौर पर मुसलमानों को आक्रामक के रूप में चित्रित किया जाता है और हिंदुओं को घटना के शिकार के रूप में प्रस्तुत किया जाता है। सामान्य ज्ञान यह बतलाता है कि दंगों में जब सर्वाधिक नुकसान उठाने वाले अंततः मुसलमान होते हैं, तो फिर वे दंगों को क्यों भड़काएँगे?

जबलपुर दंगों से उभरे मुद्दे

जबलपुर दंगों की कुछ विशिष्टताएँ हैं जो देशभर में होने वाली ऐसी कई घटनाओं में समान रूप से पाई जाती हैं :

(1) 'भड़काने वाली' घटना, जिसमें एक हिंदू युवती पर मुसलमान युवकों द्वारा आरोपित रूप से हमला किया गया था, वह सत्यापित हो सकती है, या नहीं भी हो सकती है; यह संभव है कि न्यस्त स्वार्थों द्वारा इस घटना का लाभ लिया गया हो और समुदायों के बीच वैमनस्य पैदा करने के लिए उसे जानबूझकर उछाला गया हो।

(2) भाषायी प्रेस के एक वर्ग ने इस घटना को जाहिराना तौर पर सांप्रदायिक रंग देकर हिंदू समुदाय की भावनाओं को भड़काया था और यह रिपोर्टिंग दंगों के भड़कने के लिए सीधे जिम्मेदार थी।

(3) दंगों के फिर से होने का अनुमान लगाने में आसूचना की असफलता थी, विशेषकर 7 फरवरी को। दंगों को नियंत्रण में ले आने का दावा करने के लिए जिला प्रशासन अपने आप को बहुत जल्दी बधाई देने में लग गया था।

(4) क्रिमिनल प्रोसिजर कोड की धारा 144 के अंतर्गत प्रतिबंधात्मक आदेश को निष्प्रभावी ढंग से लागू किया गया। 7 फरवरी को दंगे भड़कने के बाद कर्फ्यू लगाने में असफलता दिखाई गई जो बाद में महँगी भूल सिद्ध हुई थी।

(5) स्थिति की गंभीरता को देखते हुए, सिविल प्रशासन की सहायता के लिए सेना को बुलाने में देर की गई थी।

टिप्पणियाँ

1. न्यायाधिपति शिव दयाल श्रीवास्तव, 'ए रिपोर्ट ऑफ द कमीशन ऑफ इंक्वायरी ऑन जबलपुर रायट्स 1961' (एम.पी : /एम. पी. भोपाल गवर्नमेंट सेंट्रल प्रेस, 1962)
2. एस.बी. कोलपे, 'कास्ट एंड कम्युनल वायलेंस एंड द रोल ऑफ द प्रेस' कम्युनल रायट्स इन पोस्ट-इंडिपेंडेंस इंडिया, सं., असगर अली इंजीनियर (मुंबई : संगम, 1997), पृ. 340-341
3. असगर अली इंजीनियर, कम्युनल रायट्स आफ्टर इंडिपेंडेंस : ए काम्प्रेहेंसिव एकाउंट (डेल्ही : शिप्रा, 2004), पृ. 32

इंदौर, मध्य प्रदेश, 1969

इंदौर मध्य प्रदेश का सबसे बड़ी आबादी वाला शहर है और राज्य की वाणिज्यिक राजधानी भी है। सुदूर अतीत में इस शहर में कुछ सांप्रदायिक संघर्ष हुए थे किंतु आमतौर पर कहा जाए तो इस शहर में सांप्रदायिक वैमनस्य का कोई इतिहास नहीं था।

यहाँ 2 जून, 1969 से पहले की अवधि में कुछ अवसरों पर सांप्रदायिक तनाव होने की बात सामने आई थी किंतु उनमें शांति भंग नहीं हुई थी। एक ऐसी घटना, मुसलमान समुदाय के कुछ लोगों द्वारा अवन्ति सोनकर नामक महिला की आरोपित हत्या से संबंधित है। 1 जनवरी, 1969 को हिंदुओं ने मृत महिला के शव को लेकर एक जुलूस निकाला था। जुलूस में भाग लेने वाले लोगों ने मुसलमान विरोधी नारे लगाए और यह जुलूस श्मशान घाट जाने के लिए निर्धारित रास्ते से हटकर दूसरे रास्ते से गया था। लेकिन, इस जुलूस के साथ चल रहे पुलिस दस्ते ने यह सुनिश्चित किया कि कोई अनपेक्षित घटना न हो। श्मशान घाट पर जो भड़काऊ भाषण दिए गए थे उनसे हिंदू लोग मुसलमानों के विरुद्ध हिंसा करने के लिए उत्तेजित हो सकते थे।

इसके बाद कुछ दिनों तक शहर के कुछ इलाकों में तनाव बना रहा था। मैं उस समय इंदौर में जिला दंडाधिकारी के रूप में पदस्थ था, और सी.एस.कदम वहाँ पुलिस अधीक्षक थे। हमने तनाव को दूर करने के लिए एहतियाती कदम उठाए। शहर के प्रतिष्ठित हिंदू और मुसलमान नागरिकों को लेकर एक शांति समिति का गठन किया था और इन लोगों ने संवेदनशील बस्तियों में निगरानी रखने में प्रशासन की सहायता की थी। मार्च माह में, होली के समय, यह सुनिश्चित करने के लिए कि त्योहार शांतिपूर्वक संपन्न हो, विशेष एहतियाती कदम उठाए गए थे। इन कोशिशों के कारण शांति भंग की कोई घटना नहीं हुई। मुझे स्मरण है कि इस तनावपूर्ण और नाजुक स्थिति का सफलता पूर्वक सामना करने के लिए मुझे राज्य शासन से एक प्रशंसा पत्र प्राप्त हुआ था।

मार्च माह में ही बाद में, महावीर जयंती के अवसर पर, शहर में जुलूस निकाले गए थे और कुछ स्थानों से तनाव की सूचनाएँ प्राप्त हुई थीं किंतु फिर से पर्याप्त एहतियात बरतने के कारण यह जयंती शांति पूर्वक संपन्न हो गई थी। इसी तरह 29 जनवरी, 1969 को बारावफात के अवसर पर मुसलमानों ने एक जुलूस निकाला था। यह जानकारी मिली थी कि कुछ नारों के कारण बहुसंख्यक समुदाय में रोष फैल सकता था, किंतु फिर भी कोई भी अनपेक्षित घटना नहीं हुई।

इस बात को बिना ध्यान में लिए कि इंदौर में अतीत में दोनों बड़े समुदायों के बीच सौहार्द्रपूर्ण संबंध बने रहे थे, उपर्युक्त घटनाओं का उल्लेख किया गया है क्योंकि जून माह की घटनाओं के पहले शहर में तनाव के कुछ लक्षण दिखाई दिए थे। यह शहर 2 जून, 1969 को और उसके बाद के दिनों में तब तक सांप्रदायिक हिंसा की आग में घिरा रहा जब तक कि स्थिति नियंत्रण में नहीं आ गई थी। जिला मजिस्ट्रेट के रूप में मुझे इंदौर में स्थिति से निपटना था, हिंसा को दबाने के लिए सभी आवश्यक उपाय करने थे और सामान्य स्थिति को पुनः बहाल करना था।

हिंसा का भड़कना

'दुग्ध विक्रेता संघ' नामक एक संगठन ने सुप्रसिद्ध पहलवान मास्टर चंदगीराम को सम्मानित करने के लिए एक आयोजन किया था। एक अन्य पहलवान, मेहर दीन को हराने के बाद मास्टर चंदगीराम को 'भारत केसरी' की उपाधि दी गई थी। चंदगीराम के स्वागत समारोह ने सांप्रदायिक रंग अख्तियार कर लिया था किंतु प्रशासन को यह बात पता नहीं चली थी। इंदौर पहुँचने पर चंदगीराम का रेलवे स्टेशन पर स्वागत किया गया और फिर उन्हें लेकर वहीं से एक जुलूस निकाला गया। पुलिस एक्ट की धारा 30 के अंतर्गत इस जुलूस को, एक मार्ग निर्धारित कर कुछ शर्तों के साथ, निकालने की अनुमति दी गई थी। निर्धारित मार्ग पर जुलूस के साथ नगर पुलिस अधीक्षक एस.पी. शुक्ला, लगभग 60 पुलिस वालों को लेकर चल रहे थे।

उसी शाम को नेहरू स्टेडियम में फ्री स्टाइल कुश्ती का प्रदर्शन भी आयोजित किया गया था जिसमें किंग कांग और रंधावा जैसे मशहूर पहलवान भाग ले रहे थे। यह सुनिश्चित करने के लिए कि यह आयोजन शांतिपूर्वक संपन्न हो जाए पर्याप्त पुलिस व्यवस्था की गई थी।

चंदगीराम के जुलूस का रास्ता मुंबई बाजार नामक क्षेत्र से होकर जाने वाला था। मुंबई बाजार मुख्य रूप से मुसलमानों के रहने और व्यापार करने का इलाका है। ऐसा प्रतीत होता है कि मुंबई बाजार चौराहे पर भीड़ इकट्ठा हो गई थी और जब इस स्थान पर जुलूस पहुँचा तो लोगों के बीच कहासुनी हो गई। जुलूस का रास्ता रोक दिया गया जिससे जुलूस में भाग लेने वालों और वहाँ एकत्र भीड़ के बीच संघर्ष हो गया। मुंबई बाजार चौराहे के पास ही जवाहर मार्ग के दोनों ओर दोनों समुदायों की भीड़ जमा हो गई और फिर होने वाले हंगामे में सोडा वाटर बोतलों, लोहे की छड़ों आदि का उपयोग किया गया था। इस हंगामे में नगर पुलिस अधीक्षक शुक्ला और कुछ अन्य पुलिस वालों को चोटें आईं। स्थिति को नियंत्रण में लाने के लिए पुलिस को गोली चालन करना पड़ा।

रात्रि में लगभग 9:30 बजे जब मैं आफिस से अपने घर पहुँचा ही था कि मुझे नगर पुलिस अधीक्षक शुक्ला का टेलीफोन आया। उसने मुझे इस गड़बड़ी के गंभीर स्वरूप की बाबत बताया और यह आशंका जतलाई कि यद्यपि भीड़ को तितर-बितर कर दिया गया है फिर भी शहर के दूसरे हिस्सों में गड़बड़ी फैल सकती है। मैं तत्काल निकलकर नेहरू

स्टेडियम पहुँचा जहाँ यद्यपि कुश्ती प्रदर्शन समाप्त हो चुका था और अधिकांश दर्शक जा चुके थे फिर भी कुछ मजिस्ट्रेट और पुलिस दस्ते वहाँ मौजूद थे। मैंने स्वयं निर्देश देकर एक नगर निरीक्षक के नेतृत्व में पुलिस दस्ते को मुंबई बाजार भेजा और एक दूसरे नगर पुलिस अधीक्षक भटनागर तथा वहाँ उपस्थित मजिस्ट्रेटों को सलाह दी कि वे कंट्रोल रूम जाएँ जिससे कि स्थिति को वहाँ से मानीटर किया जा सके और हिंसा को और अधिक भड़कने से रोकने के लिए आवश्यक उपाय किए जा सकें। स्थिति को नियंत्रण में करने के लिए मैं भी लगभग 10 बजे कंट्रोल रूम पहुँच गया। पुलिस अधीक्षक सी.एस. कदम छुट्टी पर बाहर गए हुए थे और उस समय पुलिस बल का नियंत्रण एक तुलनात्मक रूप से अनुभवहीन अतिरिक्त पुलिस अधीक्षक के पास था।

शहर के विभिन्न इलाकों में पुलिस दस्तों की तैनाती की जा सके उसके पहले ही पूरे मुंबई बाजार इलाके और उससे जुड़ी बस्तियों में गड़बड़ी फैल गई थी। इंदौर शहर बहुत घने रूप में बसा हुआ है और उसकी सड़कें संकरी हैं। भिन्न-भिन्न स्थानों पर भीड़ इकट्ठा हो गई थी और वह पत्थर फेंक रही थी। नगर पुलिस अधीक्षक भटनागर गड़बड़ी वाले कुछ स्थानों पर पहुँचे और दंगाइयों को तितर-बितर करने के लिए उन्हें गोली चालन का सहारा लेना पड़ा था। नियंत्रण कक्ष का गठन करने के बाद मैं पुलिस बल को लेकर मुंबई बाजार और अन्य इलाकों की ओर बढ़ा जहाँ भीड़ द्वारा आगजनी और हिंसा की जा रही थी। फायर ब्रिगेड को बुलाया गया था और फायर ब्रिगेड के लोग आग को फैलने से रोकने की कोशिश कर रहे थे और जहाँ कहीं संभव हो रहा था वहाँ आग को बुझा रहे थे।

नियंत्रण कक्ष में वापस आकर मैंने राज्य मुख्यालय में शीर्ष अधिकारियों से और इंदौर में संभाग आयुक्त से उनके घर पर संपर्क किया और उनसे अतिरिक्त पुलिस बल उपलब्ध कराने के लिए आग्रह किया। एक वरिष्ठ पुलिस अधिकारी, एस. पी. मिश्रा पहले इंदौर के पुलिस अधीक्षक रह चुके थे और विशेष सशस्त्र बल के कमांडेंट के रूप में अब भी इंदौर में पदस्थ थे। पुलिस अधीक्षक कदम की अनुपस्थिति में मिश्रा को आने और पुलिस बल का भार ग्रहण करने के लिए कहा गया।

मुंबई बाजार इलाके में स्थिति पर शीघ्र नियंत्रण पा लिया गया किंतु जूनी इंदौर, मल्हार गंज जैसे अन्य इलाकों में हिंसा कम होने का नाम नहीं ले रही थी। इंदौर के महापौर और अन्य राजनीतिज्ञ भी कोतवाली आए और उन्होंने शहर के विभिन्न हिस्सों में हो रही घटनाओं की बाबत जानकारी दी और अपने सुझाव भी दिए कि क्या कार्रवाई की जानी चाहिए। मैंने एक बार फिर से गड़बड़ी वाले स्थानों का दौरा किया और भीड़ को नियंत्रित करने तथा आगजनी के मामलों की ओर शीघ्रता से ध्यान देने के संबंध में व्यापक निर्देश दिए।

3 जून को सुबह 3 बजे कोतवाली में बना नियंत्रण कक्ष तेजी से काम कर रहा था और हम इंदौर शहर के लिए आंतरिक सुरक्षा योजना को लागू करने में लगे थे। तदनुसार, थानेदारों को निर्देश दिए गए कि वे सूचीबद्ध गुंडों की प्रतिबंधात्मक गिरफ्तारी करें जिनकी बाबत यह आशंका थी कि वे हिंसा और आगजनी में शामिल हो सकते थे। शहर

को पाँच सेक्टर में बाँटा गया। हर एक सेक्टर का प्रभार एक पुलिस अधिकारी को, एक मजिस्ट्रेट के साथ, सौंपा गया।

कर्फ्यू

शहर के कुछ चिह्नित इलाकों में क्रिमिनल प्रोसिजर कोड की धारा 144 के अंतर्गत कर्फ्यू लागू करने के आदेश जारी किए गए। महत्त्वपूर्ण स्थानों पर पुलिस पिकेट लगाए गए और मोबाइल वैन से पेट्रोलिंग शुरू की गई। यहाँ यह अवश्य बताना होगा कि मजिस्ट्रीयल आदेश के द्वारा कर्फ्यू लगाना एक बात है और उसका प्रभावी क्रियान्वयन करना एक अलग बात है जो इस कार्य के लिए उपलब्ध पुलिस कर्मियों की पर्याप्तता पर निर्भर करती है। उस वक्त हम वास्तव में असहाय थे क्योंकि कर्फ्यू आदेश को उचित ढंग से क्रियान्वित करने के लिए व्यापक रूप से ड्यूटी के लिए पुलिस बल उपलब्ध नहीं था। फलस्वरूप उस रात-भर और 3 जून को दिन-भर भीड़ द्वारा आगजनी और हिंसा की छिटपुट घटनाएँ की जाती रहीं। एस.पी. मिश्रा और मैंने शहर के कई बार दौरे किए और हम गड़बड़ियों वाले कुछ स्थानों पर गए। पुलिस बल के साथ हमारे वहाँ पहुँचने पर अधिकांश भीड़ भाग गई।

हम जब नियंत्रण कक्ष में बैठे हुए थे, वहाँ पर महापौर तेजी से अंदर आए और उन्होंने हमें बताया कि हिंदुओं पर हमला करने के उद्देश्य से हम्मालों की मस्जिद के अंदर पूरी तौर पर हथियार बंद मुसलमानों की भीड़ इकट्ठा हो गई है। वहाँ पर पहुँचने पर हमने पाया कि मस्जिद के बाहर हिंदू भीड़ इकट्ठा हो गई थी और वह मस्जिद पर पत्थर फेंक रही थी। वहाँ कुछ लोगों ने उसी बात को दोहराया जो महापौर ने हमें पहले बतलाई थी कि मस्जिद परिसर में बड़ी संख्या में मुसलमानों ने अपने आप को हथियारबंद कर लिया है और बाहर आकर शहर में हिंदू बस्तियों पर हमला करने की योजना बना रहे हैं।

हमने भीड़ को वहाँ से जाने के लिए राजी कर लिया और उसके बाद हमने मस्जिद के दरवाजे खुलवाए। हमनें पाया कि कुछ महिलाओं और बच्चों सहित लगभग 12 व्यक्ति मस्जिद के अंदर इकट्ठा बैठे थे। वहाँ घातक हथियारों या किसी प्रकार की बारूद का कोई संग्रह नहीं था। हम पुलिस सुरक्षा के अधीन इन लोगों को बाहर ले जाने में सफल हुए। यह इस बात का एक छोटा सा उदाहरण है कि ऐसे दंगों के दौरान अल्पसंख्यक समुदाय को लक्ष्य बनाकर झूठी अफवाहें किस प्रकार फैलाई जाती हैं।

उस समय इंदौर में छः बड़ी सूती कपड़ा मिलें थीं जिनमें लगभग 22 हजार मजदूर काम करते थे। इन मजदूरों में करीब 500 मुसलमान थे और शेष हिंदू थे। इंदौर में सांप्रदायिक दंगा शुरू होने के साथ ही मुसलमान मजदूरों को मिल में काम करने के लिए आने से रोक दिया गया था। यदि ये मजदूर बात नहीं मानते तो उन्हें अपनी जान का खतरा था। यह एक दुर्भाग्यजनक बात थी क्योंकि इसके पहले औद्योगिक क्षेत्र सांप्रदायिकता के जहर से मुक्त रहा था।

हमने श्रमिक संघों को विश्वास में लिया और इस मामले को सुलझाने के लिए उनकी सहायता ली, जिससे कि मुसलमान कामगार काम पर वापस जा सकें। यह मुसलमानों का आर्थिक बायकाट था जो यदि चलने दिया जाता तो उससे एक अत्यंत गलत परंपरा की शुरुआत हो जाती। सौभाग्यवश, 10 दिनों के बाद, मजदूर संघों की सहायता से हम इस बात में सफल हो सके कि मुसलमान कामगार कपड़ा मिलों में अपना काम फिर से करने लगें। इस तरह समस्या का निदान हो सका।

सेना को बुलाना

3 जून को अपराह्न में यह देखकर कि स्थिति गंभीर है और अकेले पुलिस बल के उपयोग से इसे नियंत्रण में शायद नहीं लाया जा सकता, मैंने महू में सेना के स्टेशन कमांडर को सिविल प्रशासन की सहायता के लिए आने को तैयार रहने के लिए सावधान किया और इंदौर में एक सैन्य संपर्क अधिकारी को पदस्थ करने के लिए आग्रह किया। तदनुसार उसके शीघ्र बाद कैप्टन रघुवीर सिंह ने नियंत्रण कक्ष में आकर अपनी उपस्थिति दी। इस बीच इंदौर में उपलब्ध बल को बढ़ाने के लिए पड़ोसी जिलों से पुलिस बल ने भी आना शुरू कर दिया था।

यहाँ मैं कहना चाहूँगा कि स्थिति का मेरे अपने आकलन और महापौर तथा अन्य स्थानीय नेताओं के सुझावों के आधार पर, सेना को बुलाने का निर्णय मुझे स्वयं लेना पड़ा था, यद्यपि वरिष्ठ पुलिस अधिकारी इस बाबत दुविधा में थे। मैं विश्वास करता हूँ कि ऐसी परिस्थितियों में पुलिस की यह स्वाभाविक प्रतिक्रिया है क्योंकि वे अकसर यह महसूस करते हैं कि सेना को बुलाया जाना–स्थिति को नियंत्रण में लाने की उनकी क्षमता के संबंध में एक विपरीत छवि प्रस्तुत करता है।

शाम को महू कंटोनमेंट से आंतरिक सुरक्षा दस्ते आ गए और जिला प्रशासन के द्वारा दिए सुझाव के अनुसार इन सैन्य दस्तों ने अगले दिन शहर में चिह्नित मार्ग पर फ्लैग मार्च किया जिसका मुख्य उद्देश्य उनकी उपस्थिति की घोषणा करना था। सैन्य बलों के आने और उनके द्वारा फ्लैग मार्च करने का आम लोगों पर गहरा प्रभाव पड़ा। अतिरिक्त पुलिस बल के पहुँचने के पश्चात, उनके द्वारा सघन पेट्रोलिंग करने और कर्फ्यू आदेश को प्रभावकारी ढंग से लागू करने से शांति स्थापना की प्रक्रिया में उल्लेखनीय रूप से तेजी आई। इसके बावजूद, 5 और 6 जून को शहर की विभिन्न बस्तियों में छुरेबाजी और आगजनी की छिटपुट घटनाएँ होती रहीं। कुछ स्थानों पर भीड़ इकट्ठा हो गई थी, वहाँ जब लाठीचार्ज तथा आँसू गैस का प्रयोग प्रभावकारी सिद्ध नहीं हुआ तब भीड़ को तितर-बितर करने के लिए गोली चालन करना पड़ा। 6 जून के बाद जब स्थिति में सुधार हुआ तो कर्फ्यू की अवधि में छूट दी गई और 7 जून को सेना के आंतरिक सुरक्षा दस्ते वापस चले गए। शहर में सामान्य स्थिति फिर से बहाल हो गई और उसके बाद पुलिस की सतर्कता को बनाए रखा गया और किसी भी अनपेक्षित घटना को नहीं होने दिया गया।

शहर में हिंसा की समाप्ति तक, 12 लोग मारे गए थे जिनमें 10 मुसलमान थे। आवासीय और वाणिज्यिक संपत्ति को भारी क्षति पहुँची और इसमें भी पीड़ित लोगों में अधिकांशतः मुसलमान थे। राज्य सरकार ने पीड़ितों और उनके परिवारों को मृत व्यक्तियों तथा संपत्ति के नुकसान के लिए मुआवजा मंजूर किया। जिले में राजस्व विभाग के जरिए हमने सहायता और पुनर्वास के उपाय किए जो प्रभावी सिद्ध हुए थे और सभी संबंधितों, जैसे स्थानीय नेताओं तथा संगठनों के द्वारा सराहे गए थे।

हिंसा के शांत हो जाने के बहुत बाद, 26 जून, 1969 को शहर में किसी जगह एक घायल गाय देखी गई। अफवाह फैल गई कि गाय को चोट बंदूक के छर्रों से लगी है और उसकी जीभ किसी तेज हथियार से काट डाली गई है। गाय का पशु चिकित्सकों ने परीक्षण किया और यह पाया गया कि उसे घाव सामान्य कारणों से हुए थे। इस मामले में झूठी अफवाह के द्वारा गड़बड़ी को पुनः भड़कने से रोकने के लिए वास्तविक स्थिति की जानकारी देने के लिए एक प्रेस विज्ञप्ति जारी की गई।

प्रेस की भूमिका

इस पूरी अवधि में, विशेषकर 3 जून से 14 जून तक, हमने इंदौर की स्थिति के बाबत हर दिन प्रेस विज्ञप्ति जारी की थी और हर शाम कोतवाली में पत्रकारों से वार्ता की थी। प्रशासन की भूमिका के संबंध में प्रेस का रुख आमतौर पर समर्थनकारी रहा था। परंतु, एक हिंदी दैनिक, 'स्वदेश' ने–जिसका जनसंघ और राष्ट्रीय स्वयं सेवक संघ संगठनों के साथ करीबी संबंध है–ऐसे अनेक समाचार प्रकाशित किए जिनका उद्देश्य समुदायों के बीच बैर की भावना भड़काना था। चूँकि प्रेस को इस तरह की असत्य और भड़काने वाली खबरों को प्रकाशित करने से रोकने के लिए राजी नहीं किया जा सका, मैंने इस स्थिति की जानकारी शासन को दी और यह निवेदन किया कि जन सुरक्षा अधिनियम की धारा 12 के अंतर्गत प्रेस के विरुद्ध कार्रवाई की जाए। 'स्वदेश' के प्रकाशक को एक औपचारिक चेतावनी दी गई किंतु उसका उस पर कोई प्रभाव नहीं पड़ा।

अंततः कुछ देर से, राज्य सरकार ने 9 जुलाई, 1969 को एक अधिसूचना जारी कर इस समाचार-पत्र के प्रकाशन को एक माह के लिए रोक दिया। पुलिस द्वारा भी भारतीय दंड संहिता की धारा 153-ए के तहत समाचार-पत्र के विरुद्ध अभियोग चलाने के लिए कार्रवाई की गई थी। इसी तरह इसी धारा के अंतर्गत 'साप्ताहिक मातृभूमि' के प्रकाशन के विरुद्ध कार्रवाई की गई थी। स्वदेश प्रेस से प्रकाशित होने वाले 'दैनिक किरण' का घोषणा-पत्र अनुविभागीय दंडाधिकारी द्वारा रद्द कर दिया गया था।

ऐसी स्थितियों में प्रेस की भूमिका अत्यंत महत्त्वपूर्ण बन जाती है और एक जिम्मेदार प्रेस स्थिति का निराकरण करने, और जल्दी से जल्दी शांति तथा सामान्य स्थिति को बहाल करने में सहायता कर सकता है। इसके विपरीत ऐसे समाचारों का प्रकाशन, जो या तो झूठे हैं या अतिरंजनापूर्ण हैं, अफवाहों को हवा देने का काम करता है और इससे अनिवार्यतः तनाव बढ़ता है तथा संबंधित समुदायों के बीच हिंसक प्रतिक्रिया होती है।

बार-बार यह देखा गया है कि क्षेत्रीय भाषा के समाचार-पत्र ऐसी स्थितियों में अकसर गैर जिम्मेदाराना तरीके से पेश आते हैं। हमारे संविधान में जहाँ प्रेस की स्वतंत्रता की गारंटी दी है, वहाँ यह जरूरी है कि ऐसी गैर जिम्मेदाराना रिपोर्टिंग पर कुछ कठोर प्रतिबंध लगाए जाए जो सांप्रदायिक हिंसा भड़का सकते हैं।

न्यायिक जाँच

इंदौर में हुई गड़बड़ियों की जाँच के लिए राज्य सरकार ने एक न्यायिक जाँच आयोग का गठन किया। मध्य प्रदेश उच्च न्यायालय के सेवा निवृत्त न्यायाधीश, न्यायाधिपति टी. सी. श्रीवास्तव को एक सदस्यीय आयोग नियुक्त किया गया। आयोग ने प्रशासन, जनता की प्रतिनिधि संस्थाओं और अन्य से तथ्यों का विवरण आमंत्रित किया, मौखिक सुनवाई की और सैकड़ों गवाहों की गवाही रिकार्ड की। मजिस्ट्रेट के रूप में मैंने औपचारिक विवरण दाखिल किया। मेरा मौखिक रूप से परीक्षण और प्रतिपरीक्षण दो दिनों तक किया गया। मैंने जो विवरण दाखिल किया था वह, बिना संपादन के, इस पुस्तक के परिशिष्ट में दिया गया है। उसमें महत्त्वपूर्ण अतिरिक्त जानकारी है और उससे पाठक को उस समकालीन परिस्थिति का आभास होगा जिसमें उक्त घटना हुई थी।

कमीशन का प्रतिवेदन राज्य शासन को प्रस्तुत किया गया था। यद्यपि उक्त प्रतिवेदन प्रकाशित नहीं किया गया था फिर भी बाद में मुझे उसका अवलोकन करने का मौका मिला था। कुल मिला कर, आयोग ने पाया था कि स्थानीय प्रशासन ने स्थिति का बहुत अच्छी तरह से सामना किया था और हमने जो कार्रवाई की थी उसे आयोग ने सही ठहराया था।

इंदौर में हुई गड़बड़ी से उभरे मुद्दे

यहाँ जो मुद्दे उभरे वे अन्य हिंदू मुसलमान दंगों से उभरने वाले मुद्दों से अलग नहीं हैं :

(1) जिला प्रशासन को ऐसी कोई विशिष्ट आसूचना नहीं मिल पाई थी जिसके आधार पर पूर्वानुमान किया जा सके कि दो कार्यक्रमों-फ्री स्टाइल कुश्ती प्रतियोगिता और मास्टर चंदगीराम के स्वागत-को एक साथ संपन्न करने की अनुमति देने से संभावित हिंसा भड़कने पर उसे नियंत्रित करने में पुलिस बुरी तरह कमजोर पड़ जाएगी। दूरदृष्टि की इस कमी के लिए जिला मजिस्ट्रेट के रूप में मैं जिम्मेदारी लेता हूँ। फिर भी मेरी इस चूक को न्यून करते हुए यह कहा जा सकता है कि समग्र परिस्थितियों को ध्यान में रखते हुए आयोग ने इस मुद्दे पर हमारी कोई गलती नहीं पाई।

(2) सेना को बुलाने का प्रश्न विवाद योग्य है क्योंकि जब ऐसा किया जाता है तब स्थानीय पुलिस आमतौर पर उपेक्षित महसूस करती है।

(3) कपड़ा मिलों में मुसलमानों का आर्थिक और सामाजिक बायकाट किया जाना एक दुर्भाग्यजनक बात थी और उस समय उसे सांप्रदायिक संघर्ष का एक

असामान्य परिणाम माना गया था। वह घटना वास्तव में भविष्य के लिए एक पूर्व लक्षण सरीखी थी। कुछ इसी प्रकार का घटनाक्रम कहीं बहुत बड़े पैमाने पर, 1992–93 में मुंबई में दंगों के दौरान देखा जाना था।

(4) प्रेस की भूमिका पर भी ध्यान केंद्रित हुआ था क्योंकि कम से कम एक समाचार-पत्र ने स्थिति को गंभीर बनाने में योगदान किया था और अपनी रिपोर्टिंग में वह लगातार अर्थ का अनर्थ करता रहा था।

(5) ऐसी परिस्थितियों में राजनीतिक नेता अकसर गैर जिम्मेदाराना तरीके से पेश आते हैं और झूठी अफवाह फैलाने में योगदान करते हैं जिसके परिणामस्वरूप लोगों की भावनाएँ भड़कती हैं और फिर उसके परिणामस्वरूप हिंसा होती है। हम्मालों की मस्जिद की घटना का पहले उल्लेख किया जा चुका है जिसमें महापौर हमें उस गलत और पूर्वग्रहयुक्त जानकारी को देने के लिए जिम्मेदार थे, और जो जानकारी जाँच करने पर पूरी तौर पर झूठी सिद्ध हुई। यद्यपि यह लगभग 40 साल पहले हुई एक घटना का उदाहरण है किंतु परिस्थितियाँ बदली नहीं हैं–वास्तव में, वे और बदतर हो गई हैं। जमीनी स्तर के राजनीतिक नेता 'कार्यान्वयन विशेषज्ञ' के रूप में कार्य करने के आदी हो गए हैं। 'कार्यान्वयन विशेषज्ञ' वह संज्ञा पद है जिसका प्रयोग पाल ब्रास[1] ने किया था और जिस पर इस पुस्तक के हिंदू-मुसलमान दंगों के कारक और गतिकी अध्याय में चर्चा की जा चुकी है।

टिप्पणी

1. ब्रास, प्रोडक्शन ऑफ हिंदू-मुस्लिम वायलेंस

भागलपुर, बिहार, 1989

बिहार में भागलपुर सांप्रदायिक रूप से संवेदनशील शहर रहा है जिसका इतिहास हिंदू-मुसलमान वैमनस्य का रहा है। शहर की काफी बड़ी आबादी मुसलमानों की है, और इसमें काफी बड़ी संख्या में हिंदू और मुसलमान अपराधी रहते हैं।

भागलपुर में 1989 में दंगों के समय दो कुख्यात आपराधिक गैंग थे : इनमें से एक 'सल्लन ग्रुप' था जिसके संरक्षक भगवत झा आजाद थे और दूसरा 'अंसारी ग्रुप' था जिसके संरक्षक शिव चंद्र झा थे। भगवत झा आजाद और शिव चंद्र झा दोनों ही बिहार के पूर्व मुख्यमंत्री थे।[1] ये गैंग आपस में लड़ते रहते थे किंतु वे गड़बड़ी करने के लिए हर अवसर का लाभ उठाने को भी तैयार रहते थे। 24 अक्टूबर को दंगे भड़कने पर और उसके बाद उन्हें ऐसे ढेरों अवसर मिल गए।

अयोध्या में राम मंदिर के निर्माण के मुद्दे पर हिंदुत्व शक्तियों द्वारा राजनीतिक एकजुटता कार्रवाई के एक हिस्से के रूप में, राम शिला पूजन जुलूस देश में विभिन्न स्थानों पर निकाले जा रहे थे। ऐसा ही एक जुलूस भागलपुर में 24 अक्टूबर को निकाला जाना था और जिसे शहर की एक मुसलमान बहुल बस्ती ततारपुर में से होकर गुजरना था। मुसलमानों ने जुलूस के इस रास्ते पर आपत्ति दर्ज की, फिर भी जिला मजिस्ट्रेट और पुलिस अधीक्षक ने जुलूस को निकालने की अनुमति दी और वे स्वयं जुलूस के साथ हो गए थे।

यह बताया गया कि जुलूस में शामिल लोगों ने आपत्तिजनक मुसलमान विरोधी नारे लगाए। अपने मुहल्ले में जुलूस के प्रवेश का विरोध करने के लिए कई मुसलमान ततारपुर के निकट इकट्ठा हो गए थे। जुलूस पर कुछ बम, शायद निकट खड़े हुए अंसारी गैंग के द्वारा, फेंके गए थे।[2] जुलूस भंग हो गया और अनियंत्रित भीड़ को शहर में हत्या करते, लूटते और आग लगाते हुए बेरोक-टोक घूमने दिया गया। जिला मजिस्ट्रेट और पुलिस अधीक्षक बाल-बाल बच गए थे। जिला मजिस्ट्रेट भीड़ पर गोली चालन की अनुमति देने के लिए अनिच्छुक था किंतु पुलिस अधीक्षक ने, ऐसी अनुमति के बिना ही, भीड़ पर गोली चला दी। यह बतलाया गया कि इस गोली चालन में चार लोग मारे गए थे।[3] मुसलमान असामाजिक तत्त्वों ने पलटकर हमले किए, हिंदुओं को मार डाला और उनकी संपत्ति को नष्ट कर डाला।

एक झूठी अफवाह फैलाई गई कि मुसलमानों द्वारा सैकड़ों हिंदू विद्यार्थी मार डाले गए हैं और उनके शव निकट के कुओं में फेंक दिए गए हैं। इस अफवाह के फैलने के

कारण हिंदू और उत्तेजित हो गए और उन्होंने अपने पड़ोस में रहने वाले मुसलमानों पर हमले किए। शहर की विभिन्न बस्तियों में, हिंदू भीड़ मुसलमानों की हत्या करने और संपत्ति नष्ट करने में जुट गई। अनेक मुसलमानों की दुकानों को लूटा गया। बड़ी संख्या में मस्जिदों और मजारों को भी नष्ट किया गया।

26 अक्टूबर को मिन बस्ती में एक भयावह नरसंहार की घटना हुई जिसमें 18 लोग–5 पुरुष, 2 महिलाएँ और 11 बच्चे–निर्ममतापूर्वक मार डाले गए।[4]

दंगे भागलपुर शहर के बाहरी इलाकों वाले गाँवों में फैल गए। असगर अली इंजीनियर ने इन गाँवों में दंगाइयों द्वारा किए गए अत्याचार की कुछ घटनाओं का विस्तृत विवरण दिया है।[5] चंदेरी गाँव में कई परिवारों के सदस्यों को मार डाला गया। इस नरसंहार में अकेली बचने वाली महिला, मल्लिका बेगम, ने पटना उच्च न्यायालय में अपने बयान में यह बतलाया कि किस तरह उसकी उपस्थिति में कुछ लोगों द्वारा, जिनका उसने नाम भी बताया था, उसके पिता, माँ और मामा की हत्या की गई थी। 26 अक्टूबर को पूरा तिमोनी गाँव उजाड़ दिया गया। सभी 125 मुसलमानों के घर–बार उस सुबह उनके साथ किए गए वीभत्स व्यवहार की व्यथा का बयान करते हैं। दस हजार लोगों की भीड़ ने हर घर को जला डाला और लूट लिया। घरों की लकड़ी की चौखटों और दरवाजों को निकाल डाला गया। सौभाग्यवश, मरने वालों की संख्या यहाँ कम थी। नाथनगर के सर्कल आफिसर मोहम्मद रहमतुल्लाह के अनुसार उपद्रवकारी भीड़ के हाथों 11 लोगों ने अपनी जान गँवाई थी। मृत लोगों की संख्या तुलनात्मक रूप से कम होने का कारण यह था कि अधिकांश वृद्ध पुरुषों, महिलाओं और बच्चों को 25 अक्टूबर की रात ही तिमोनी से निकाल ले जाया गया था।

हत्या के मामले केवल शहर में और पड़ोस के गाँव में ही नहीं हुए बल्कि भागलपुर के निकट मुरापुर स्टेशन में हुई एक घटना में लगभग 100 हथियारबंद लोगों ने 115–अप तिनसुकिया एक्सप्रेस से चार लोगों को बाहर निकाला और उनकी हत्या कर दी। इसी स्टेशन पर आजमगढ़ पैसेंजर ट्रेन में सफर कर रहे 5 यात्रियों को मौत के घाट उतार दिया गया।[6]

27 अक्टूबर को, भागलपुर जिले के जगदीशपुर थाने के अंतर्गत लोगैन गाँव में 116 मुसलमानों के निर्मम नरसंहार की घटना हुई। मृत व्यक्तियों को एक सामूहिक कब्र में दफना दिया गया था, और उसे फूलगोभी के खेत का रूप देकर छिपा दिया गया था जिससे कि कब्र का पता न चले। इस प्रकरण में न्याय तब हुआ जब 18 वर्ष बाद अपराधियों में से 14 लोगों को दोषी ठहराया गया। इन्हें आजीवन कारावास की सजा दी गई। शुरू में 24 व्यक्तियों को आरोपी बनाया गया था, जिनमें से अभियोजन के दौरान 6 व्यक्तियों की मृत्यु हो गई और 4 व्यक्तियों को न्यायालय ने भगोड़ा घोषित किया और उनकी संपत्ति को कुर्क करने के आदेश दिए।[7]

यह अकेला मामला है जिसमें न्याय किया गया था, भले ही अनेक वर्षों बाद, क्योंकि हमारी न्याय व्यवस्था में न्याय का पहिया वास्तव में बहुत धीरे चलता है। इस मामले को

छोड़कर जिसमें अपराधी कम-से-कम पकड़े तो गए, उन पर मुकद्दमा चला और वे दोषी करार दिए गए, ऐसे बहुत से दूसरे मामले हैं जिनमें अपराधी हत्या करके वास्तव में भाग निकले।

यह बतलाया गया है कि दंगों की कीमत इस तरह चुकाई गई थी :

प्रभावित गाँव	206
पूरी तरह जला दिए घर	3932
लूटी और जला दी गई दुकानें	891
लूटे और जला दिए गए बिजली चलित करघे	3000
मारे गए मुसलमान	876
मारे गए हिंदू	150
लापता लोग	106
गिरफ्तार हिंदू	1100
गिरफ्तार मुसलमान	900
जिन्होंने अपनी आजीविका के साधन खो दिए	50000 से 60000

37 मस्जिदों, 7 मदरसों, 8 मकबरों और 5 शिव मंदिरों को भी नष्ट किया गया था। कितने हिंदुओं के मकान पूरी तरह जला दिए गए, इसकी पक्की जानकारी मालूम नहीं है किंतु यह संख्या 300 से अधिक है।[8]

भागलपुर दंगों के कुछ विशिष्ट पक्ष

(1) अयोध्या में राम मंदिर के निर्माण के लिए चलाए जाने वाले आंदोलन के उतार-चढ़ाव को हिंदुत्व वाले अध्याय में विस्तार से वर्णित किया गया है। इस आंदोलन के परिणामस्वरूप और बाबरी मस्जिद के ध्वस्त होने के बाद अनेक हिंदू-मुसलमान दंगे हुए हैं। 1989 में भागलपुर में हुए दंगे ऐसी ही एक घटना थी जिसे राम शिला पूजन जुलूस ने, जिसमें अयोध्या के लिए राम शिलाएँ ले जाई जानी थीं, चिंगारी दी थी।

(2) 1969 के इंदौर दंगों, जिसे पहले वर्णित किया जा चुका है, सहित अन्य अनेक मामलों में 'दंगों के भड़कने का कारण' बनने वाली घटना किसी जुलूस पर आरोपित हमला थी किंतु उसमें अंतर्निहित कारण उस समय भागलपुर में हिंदुओं और मुसलमानों के बीच संबंधों की गतिकी में पाए जा सकते हैं। दंगे तो होने ही वाले थे और जुलूस पर हमला तो बस बारूद को चिंगारी लगाने जैसा था।

(3) यह फिर से एक उदाहरण है जिसमें जुलूस को निकालने से सांप्रदायिक हिंसा भड़की थी। इस बात के सभी संकेत थे कि जुलूस का संभावित परिणाम यही होना है और जुलूस को निकाले जाने की अनुमति देना जिला प्रशासन के निर्णय की एक स्पष्ट चूक थी।

जुलूस और मध्य प्रदेश के गुना जिले में चंदेरी में हुई एक घटना

भागलपुर में हुए दंगे सांप्रदायिक संघर्षों के अनेक उदाहरणों में से एक हैं जिसमें दंगे तब हुए जब भारत में कई शहरों और नगरों के सड़कों पर धार्मिक प्रतीकों को प्रदर्शित करते हुए जुलूसों को निकाले जाने की अनुमति दी गई है। इस संदर्भ में, मैं अपने अनुभव से एक घटना का वर्णन करना चाहूँगा जिसमें 1965 में मोहर्रम के दौरान ताजिया जुलूस को निकालने की अनुमति देने से मना कर सांप्रदायिक संघर्ष को टालने में हम सफल हुए थे। मैं उस समय मध्य प्रदेश के गुना जिले में जिला दंडाधिकारी के रूप में पदस्थ था।

गुना जिले का छोटा सा नगर चंदेरी अपने उन करघों के लिए मशहूर है जो चंदेरी साड़ी तैयार करते हैं। चंदेरी में शिया मुसलमान मोहर्रम के 9 दिनों में हर दिन ताजिया लेकर शहर में से होकर एक जुलूस निकालते थे। अंतिम दिन ताजिया जुलूस एक ऐसे रास्ते से निकाला जाता था जिस पर एक मंदिर बना हुआ था और फिर वह उस तालाब तक जाता जिसमें ताजिए ठंडे किए जाते।

1965 में मोहर्रम के दौरान, हिंदुओं ने ताजिया जुलूस के रास्ते के संबंध में आपत्ति उठाई क्योंकि जुलूस को उस रास्ते में स्थित एक मंदिर पर से गुजरना था। इस मुद्दे को लेकर हिंदुओं और मुसलमानों के बीच गत्यावरोध उत्पन्न हो गया था। पुलिस अधीक्षक और मैंने बहुत कोशिश की कि दोनों समुदाय किसी समझौते पर पहुँच जाएँ। हमने मुसलमानों को सुझाव दिया कि वे अपने रास्ते को थोड़ा बदल दें जिससे रास्ते में मंदिर न आए। परंतु, मुसलमान इस बात पर राजी नहीं हुए। हमारी राय में, यदि जुलूस इसी रास्ते से निकलता तो उसके परिणामस्वरूप निश्चय ही सांप्रदायिक हिंसा होती। इसलिए हमनें निर्णय लिया कि हम संवेदनशील क्षेत्र से जुलूस को निकलने की अनुमति नहीं देंगे। इससे स्थिति सँभल गई किंतु पारंपरिक मार्ग से जुलूस को निकालने की अनुमति न दिए जाने के कारण शिया समुदाय में कुछ रोष निश्चित रूप से आ गया था।

यद्यपि हम इस मामले को सौहार्द्र पूर्वक नहीं निपटा सके थे, फिर भी मैं महसूस करता हूँ कि अनेक जुलूसों के निकलने से होने वाली सांप्रदायिक हिंसा के अनुभव को देखते हुए, हमारे निर्णय से जनहित हुआ था। मोहर्रम के समय ताजिया जुलूस को निकालने को लेकर ऐसे संघर्षों के अनेक उदाहरण हैं जो या तो हुए थे या टाल दिए गए थे–संघर्ष का होना या उन्हें टाल देना जिला अधिकारियों की समझदारी पर निर्भर करता है। इस संबंध में निम्नलिखित विवरण दिलचस्प है :

> किसी जुलूस में ले जाने वाली सामग्री की ऊँचाई एक मामूली बात लग सकती है किंतु ऐसे अनेक मामले हैं जिनमें ताजियों को ले जाने वाले मुसलमान-जुलूस के कारण हिंसा तब भड़क गई जब जुलूस में चल रहे कुछ लोगों ने किसी हिंदू के अधिकार वाले पेड़ की शाखाओं को काटने या बिना ताजियों को झुकाए जुलूस को आगे ले जाने के लिए आने वाली बाधा को हटाने की माँग की। उदाहरण के लिए, एक ऐसी घटना अप्रैल 1935 में बिहार के हजारीबाग में हुई थी जब मुसलमानों के जुलूस में चलने वालों ने यह दावा किया कि उनके रास्ते में लगे हिंदू बैनर ताजिए को अपवित्र कर

देंगे। ऐसे मामलों में कभी-कभी पुलिस अफसर सड़क को गहरा खोद कर संघर्ष को टालने की कोशिश करते हैं जिससे कि ताजियों को छोटा न करना पड़े और वह पेड़ से भी न टकराए। एक पूर्व वरिष्ठ पुलिस अधिकारी, एम.के.सिन्हा, ने अपने संस्मरणों में 1930 के दशक में बिहार में सिवान में इस तरह एक दंगे को टालने के संबंध में अच्छा विवरण दिया है।[9]

टिप्पणियाँ

1. असगर अली इंजीनियर, लिफ्टिंग द वेल (हैदराबाद : संगम, 1995), पृ. 174-175
2. वही, पृ. 176
3. वही, पृ. 176
4. वही, पृ. 171
5. वही, पृ. 179-181
6. वही, पृ. 182
7. '14 कनविक्टेड ऑफ किलिंग 116 पीपुल इन भागलपुर रायट्स', द हिंदुस्तान टाइम्स, 18 जून, 2007, 'लाइफ टर्म फार 14 भागलपुर रायट्स एक्युज्ड', द हिंदुस्तान टाइम्स, 7 जुलाई, 2007
8. इंजीनियर, लिफ्टिंग द वेल, पृ. 182-183
9. विलकिंसन, वोट्स एंड वायलेंस, पृ. 39, फुटनोट 72

बम्बई, दिसंबर 1992 से जनवरी 1993

दिसंबर 1992 और जनवरी 1993 में बम्बई शहर में स्वतंत्र भारत के सबसे बुरे साम्प्रदायिक दंगे हुए थे। दंगे की जाँच करने वाले श्रीकृष्ण आयोग[1] ने निम्नलिखित जीवन्त विवरण के साथ अपने प्रतिवेदन की शुरुआत की है। "दिसंबर 1992 (6 से 10 दिसंबर) के पाँच दिन और जनवरी 1993 (6 से 20 जनवरी) के पंद्रह दिन देश का सबसे प्रमुख शहर बम्बई अभूतपूर्व विस्तार और क्रूरता वाले दंगों और हिंसा से दहल गया था, मानो वहाँ शैतान की सेना को खुला छोड़ दिया गया था, जो समग्र मानव मूल्यों और सभ्य व्यवहार को नष्ट कर रही थी। पड़ोसी ने पड़ोसी की हत्या की, मकानों को खँगाला, लूटा और जला दिया, सब कुछ धर्म के नाम पर...।"

महाराष्ट्र शासन ने 1993 में दंगों की विशिष्ट संदर्भों में जाँच करने के लिए जो जाँच आयोग नियुक्त किया था उसके प्रमुख न्यायाधिपति बी.एन. श्रीकृष्ण थे, न्यायाधिपति बेल्लूर नारायणस्वामी श्रीकृष्ण, तब 52 वर्ष के थे, और वे बम्बई उच्च न्यायालय के कनिष्ठ न्यायाधीश थे जो 1990 में अतिरिक्त न्यायाधीश और 1991 में स्थायी न्यायाधीश बने थे। वे अनेक विषयों के विशेषज्ञ हैं, बारह भाषाओं के ज्ञाता हैं और संस्कृत में स्नातकोत्तर उपाधि तथा उर्दू में डिप्लोमा प्राप्त हैं। न्यायाधिपति श्रीकृष्ण धर्मपरायण और सामाजिक रूप से संवेदनशील व्यक्ति हैं जिन्होंने पाँच वर्षों तक सावधानी के साथ पीड़ितों, गवाहों और आरोपी अपराधियों का परीक्षण किया और गवाही दर्ज की। आयोग के काम के बीच कुछ माहों का व्यवधान आया था जब शिवसेना सरकार ने जनवरी 1996 में आयोग को भंग कर दिया था, किन्तु मार्च 1996 में उसे पुनः गठित किया। आज तक इस आयोग की सिफारिशों को महाराष्ट्र सरकार द्वारा न तो स्वीकार किया गया है और न उन पर कोई कार्रवाई की गई है। यह समझने की बात है कि जाँच आयोग यद्यपि अपनी कार्रवाई एक न्यायालय की भाँति संचालित करता है, पर उसका प्रतिवेदन या सिफारिशें कार्यपालिका के लिए बंधनकारी नहीं हैं।

बम्बई दंगों पर श्रीकृष्ण आयोग के अद्भुत और व्यापक प्रतिवेदन से खुलकर जानकारी लेकर निम्नलिखित विवरण प्रस्तुत है।

पृष्ठभूमि

जब से भारत का विभाजन हुआ है, बंबई में मुसलमान और हिंदू समुदायों के बीच अविश्वास का वातावरण नासूर की भाँति पकता रहा है। मुसलमानों में असुरक्षा की भावना अयोध्या में

जहाँ बाबरी मस्जिद खड़ी थी वहाँ भगवान राम का मंदिर बनाने के लिए हिंदू संप्रदायवादियों (जिन्हें न्यायाधिपति श्रीकृष्ण ने हिंदुत्ववादी कहा है) द्वारा किए गए आह्वान की पृष्ठभूमि में और बढ़ गई थी। एल.के. अडवाणी के नेतृत्व में निकली रथयात्रा ने रामजन्म भूमि पर फिर से ध्यान केन्द्रित[2] कर दिया। जिस भूमि पर बाबरी मस्जिद थी उसे ही रामजन्म स्थान होने की मान्यता दिए जाने के कारण दोनों समुदायों के बीच मतभेद बना रहा। इसी कारण रथयात्रा के रास्ते में हुए संघर्ष और दंगों की घटनाओं के परिणामस्वरूप दोनों समुदायों के बीच सारे देश में तनाव फैल गया था और बम्बई में भी यही परिस्थिति थी। जुलाई 1992 से भाजपा अयोध्या में राम मंदिर के निर्माण के लिए विभिन्न अभियान चलाती रही थी और माहौल को गर्म करती रही। उसने इस मुद्दे पर हिंदुओं को उकसाने की दृष्टि से धार्मिक जुलूस, चौक सभाएँ और बैठकें आयोजित कीं और हिंदुओं से आग्रह किया कि वे इस मामले में पार्टी के साथ खड़े हों। इन अवसरों पर दिए जाने वाले भाषण और लगाए जाने वाले नारे बेहद भेदभाव वाले होते थे, जैसे 'मंदिर वहीं बनाएँगे' और 'इस देश में रहना होगा तो वंदेमातरम् कहना होगा।'

अक्टूबर 1992 के बाद से भाजपा और उसके सहयोगी संगठनों, जैसे विश्व हिंदू परिषद्, बजरंग दल और राष्ट्रीय स्वयं सेवक संघ, ने कार सेवा के लिए तेजी से तैयारियाँ कीं। हिंदुत्ववादियों द्वारा आमसभा में भाषणों, परचों के वितरण आदि के द्वारा आंदोलन को बहुत तेज किया गया। केंद्रीय शासन द्वारा बातचीत करने और स्थिति को शांत करने के लिए किया गया हस्तक्षेप बेदम था और वह व्यर्थ भी सिद्ध हुआ। तत्कालीन प्रधानमंत्री नरसिंह राव ने बाबरी मस्जिद की सुरक्षा के लिए आश्वासन दिया था। उत्तर प्रदेश के मुख्य मंत्री ने सर्वोच्च न्यायालय में स्पष्ट रूप से वचन दिया था कि कार सेवा के दौरान बाबरी मस्जिद को किसी भी प्रकार की हानि नहीं पहुँचाने दी जाएगी। इन आश्वासनों के बाद जो कुछ हुआ, वह सबको पता है, कार सेवकों के हुजूम को उस स्थान पर उपस्थित पुलिस और अर्द्धसैनिक बलों ने बेरोक-टोक जाने दिया। यह हुजूम बाबरी मस्जिद के परिसर में घुस गया और उसने मस्जिद को ध्वस्त कर दिया।

मस्जिद ध्वस्त किए जाने के दिन से ही, बम्बई में गड़बड़ी की सुगबुगाहट शुरू हो गई थी और 6 दिसंबर को ही सिलसिलेवार छोटी-छोटी घटनाएँ हुईं जिनका श्रीकृष्ण आयोग के प्रतिवेदन में विस्तार से वर्णन किया गया है-जो उनके बाद होने वाले दंगों के उभरने की प्रक्रिया का संकेत थीं।

दंगे

इस अति उत्तेजना वाले वातावरण में, बाबरी ढाँचे के ध्वंस पर हिंदुत्व दलों द्वारा उत्सव मनाने और संतुष्टि प्रदर्शित करने से बम्बई में मुसलमानों की नाराजगी और बढ़ गई और वे रोषपूर्वक प्रदर्शन करने के लिए सड़कों पर आ गए। कुछ और भी घटनाएँ थीं जिन्होंने स्थिति को और ज्यादा भड़का दिया, जैसे-बम्बई की एक बस्ती में गणेश की मूर्ति अपने स्थान हटी हुई और खंडित की गई पाई गई। आमतौर पर यह संदेह किया

गया कि इस अपवित्रीकरण के लिए मुसलमान धर्मांध जिम्मेदार हैं। देवनार क्षेत्र में मुसलमानों ने एक स्थानीय भाजपा नेता के घर पर पत्थरबाजी की और क्षेत्र के मंदिरों पर भी कुछ हमले किए। दंगे को दबाने के लिए पुलिस को गोली चालन का सहारा लेना पड़ा।

7 दिसंबर से स्थिति और गम्भीर हो गई और बम्बई के विभिन्न क्षेत्रों में बड़े पैमाने पर हिंसा होने लगी। बाबरी मस्जिद ध्वंस का विरोध करती हुई मुसलमान भीड़ें सड़क पर आ गईं और इन भीड़ों तथा पुलिस के बीच झड़पें होने लगीं। मुसलमानों की भीड़ ने कई मंदिरों को नुकसान पहुँचाया और हिंदुओं ने मस्जिदों तथा मदरसों पर हमला कर प्रतिशोध लिया। बेस्ट की बसों को लक्ष्य बनाया गया। देवनार क्षेत्र में मुसलमानों की भीड़ द्वारा दो पुलिस सिपाहियों की कसाइयों के छुरों और तलवारों से हत्या कर दी गई। पुलिस को दो अवसरों पर गोली चालन का सहारा लेना पड़ा, जिसमें बीस हिंदू और बहत्तर मुसलमान मारे गए। फिर भी, स्थिति को नियंत्रण में लाने के उपायों का कोई खास असर नहीं हुआ।

बाद में कई दिनों तक हिंसा चलती रही और वह बम्बई की विभिन्न बस्तियों में फैल गई। पुलिस को अनेक स्थानों पर गोली चालन का सहारा लेना पड़ा जिसमें अधिकांशत: मुसलमान मारे गए। 8 और 9 दिसंबर को हिंदू और मुसलमान समूहों के बीच संघर्ष अपने चरम पर था। 10 दिसंबर से स्थिति में सुधार होना शुरू हुआ और केवल छिटपुट घटनाएँ ही हुईं। 12 दिसंबर के बाद हिंसा समाप्त हो गई।

जहाँ तक पुलिस की भूमिका का सवाल है, आयोग ने पाया कि इस अवधि में, यह स्पष्ट था कि पुलिस का दृष्टिकोण मुसलमानों के प्रति भेदभाव पूर्ण था, जो विभिन्न रूपों में स्पष्ट दिखाई दिया, जैसे–मुसलमानों द्वारा की गई शिकायतों पर अपराध कायम न करना।

13 दिसंबर और 5 जनवरी के बीच कुछ छिटपुट घटनाएँ हुईं जिनमें दोनों समुदायों के सदस्यों पर छुरे से हमले किए गए। बहरहाल, मस्जिदों में नमाज में मुसलमानों की और हिंदुओं की महा आरती में हिंदुओं की उपस्थिति बढ़ने से, जिनमें साम्प्रदायिकता उभारने वाले भाषण होते थे, तनाव लगातार बढ़ता गया।

1 जनवरी, 1993 को (शिवसेना द्वारा संचालित मराठी समाचार-पत्र) 'सामना' में 'हिंदुन्नी आक्रामक व्हायला हवे' (अब हिंदू भी अनिवार्यत: आक्रामक बनें) शीर्षक से एक लेख प्रकाशित हुआ जो हिंदुओं को हिंसा के लिए खुलेआम भड़काने वाला था। 5 जनवरी की रात कुछ अज्ञात व्यक्तियों द्वारा कुछ मथाड़ी मजदूरों की हत्या करने के फलस्वरूप, यह आरोप लगाते हुए कि हत्यारे मुसलमान हैं, शिवसेना कार्यकर्ताओं ने हंगामा मचा दिया। उन्होंने हिंदुओं को एकजुट होने और बदला लेने के लिए आह्वान किया। उसके बाद के दिनों में इससे बम्बई शहर की विभिन्न बस्तियों में बड़े पैमाने पर हिंसा हुई। हिंदू प्रतिरोध कई दिनों तक बेरोक-टोक चला। अकेले 8 जनवरी को भीड़ द्वारा हिंसा की 48 वारदातें की गईं। 9 जनवरी को हिंसा 43 पुलिस थानों के क्षेत्र में फैल

गई थी। मुसलमानों पर सैन्य-श्रेष्ठता के साथ हमले करने के लिए शिव सैनिक, मतदाता सूची और मुसलमानों के संस्थानों की सूची को साथ लेकर, संगठित हो गए थे।

10 जनवरी को थल सेना को बुलाया गया और हिंसा को नियंत्रित करने के लिए तैनात किया गया। इस वक्त तक 51 पुलिस थाना क्षेत्र प्रभावित हो चुके थे। हिंदू और मुसलमान दोनों ही एक दूसरे पर हमला करने के लिए हथियार और बारूद का इस्तेमाल कर रहे थे, फलत: छुरेबाजी से लोगों को मार डालने और आग लगाकर सम्पत्ति को नुकसान पहुँचाने के बहुतेरे मामले हुए थे। और फिर पुलिस को अनेक अवसरों पर गोली चालन का सहारा लेना पड़ा।

12 जनवरी को एक निर्मम घटना हुई जिसमें दो मुसलमान महिलाओं पर हमला किया गया था। उम्रदराज महिला तो भागने में कामयाब हो गई, किंतु हिंसक भीड़ द्वारा 19 वर्षीय युवती को पीटा गया और जिंदा जला दिया गया। स्थिति में 13 दिसंबर को कुछ सुधार दिखाई दिया, यद्यपि उस दिन भी छुरेबाजी की 36 घटनाएँ, भीड़ द्वारा हिंसा की 67 घटनाएँ और आगजनी की 51 घटनाएँ हुई थीं। पुलिस को 21 अवसरों पर गोली चालन करना पड़ा था।

14 जनवरी से स्थिति में काफी सुधार हुआ, हालाँकि विभिन्न क्षेत्रों से हिंसा की छिटपुट घटनाओं की सूचनाएँ 19 जनवरी तक आती रहीं। इस बीच, सैन्यबल में वृद्धि कर दी गई थी। 20 जनवरी के बाद शहर धीरे-धीरे सामान्य स्थिति में लौट आया।

श्रीकृष्ण आयोग ने बम्बई में दिसंबर 1992 और ज़नवरी 1993 के दंगों में हताहतों की जो संख्या बताई है वह निम्नलिखित उद्धरण में है :

समुदाय	*मृत (900)*	*घायल (2036)*
मुसलमान	575	1105
हिंदू	275	893
अज्ञात	45	–
अन्य	5	38

कारण	*संख्या*
पुलिस गोली चालन	356
छुरेबाजी	347
आगजनी	91
भीड़ की कार्रवाई	80
निजी गोली चालन	22
अन्य	4

दंगों में लोगों के हताहत होने के अलावा, बम्बई में व्यापार और उद्योग पर पड़ने वाला विपरीत आर्थिक प्रभाव बहुत बड़ा था। यह अनुमान किया गया है कि उत्पादन, विक्रय, कर, राजस्व और संपत्ति को होने वाला नुकसान करीब रु. 9000 करोड़ का था।

सिंथेटिक वस्त्र, चमड़े, आभूषण, बेकरी तथा शासकीय विनिर्माण इकाइयों, जिनमें ज्यादा बड़ी संख्या में मुसलमान रोजगार में लगे थे, को बहुत नुकसान पहुँचा था। बड़ी संख्या में मुसलमान कामगारों को अपने घर, अधिकांशत : उत्तर प्रदेश और बिहार में, वापस जाने पर मजबूर होना पड़ा। बड़े पैमाने पर पलायन होने से देश की अर्थव्यवस्था पर बहुत अधिक प्रभाव पड़ा। बम्बई से नियमित रूप से जो धनराशि आती थी अब उसके रुक जाने से प्रवासियों के अपने-अपने राज्यों के गृह क्षेत्र में गरीबी आई।[3]

दंगे होने के कारण

श्रीकृष्ण आयोग ने बम्बई में दिसंबर '92-जनवरी '93 में हुए दंगों का राजनीतिक, सामाजिक, आर्थिक और जनांकिकीय परिप्रेक्ष्य में विश्लेषण करने के लिए टाटा इंस्टीट्यूट ऑफ सोशल साइंसेज से 'विशेषज्ञों की समिति' को नियुक्त किया। संक्षेप में, यह कहा जा सकता है कि समिति ने अपने प्रतिवेदन में हिंदुओं और मुसलमानों के बीच वर्ग संघर्ष या आर्थिक प्रतियोगिता को दंगे होने का कारण नहीं माना। बहरहाल, समिति ने यह रेखांकित किया कि बम्बई में संगठित क्षेत्र में रोजगार की कमी और अनौपचारिक क्षेत्र की वृद्धि होना-एक सहयोगी कारण था। इसका कारण यह है कि अनौपचारिक क्षेत्र में बेहद उत्पीड़न होता है। ये मजदूर जो दंगों के शुरू होने पर सबसे पहले पीड़ित हुए, भविष्य में हुए सांप्रदायिक दंगों में संभावित आक्रामक बन गए।

समिति ने जिन अन्य कारकों की पहचान की थी, वे थे-फुटपाथों पर और झुग्गियों में रहने वालों की संख्या में वृद्धि, उनकी यह भावना कि वे वंचित हैं, कुछ विशिष्ट स्थानों पर अल्पसंख्यकों का केंद्रीयकरण जिससे उनमें अलग-थलग होने की भावना बढ़ी। ये सब वे कारक थे जो दंगों के भड़कने की स्थिति निर्मित करने में सहायक थे।

ज्यादा महत्त्वपूर्ण बात यह है कि समिति ने देश में बदलती राजनीतिक जनचर्चा को दंगों का एक अंतर्निहित कारण बतलाया। हिंदुत्व विचारधारा और उग्र हिंदूवाद का प्रसार धीरे-धीरे सामने आ गया था। मुसलमानों को भी अपनी पहचान का दावा करने के लिए ज्यादा-से-ज्यादा बाध्य किया गया था और हिंदुत्व शक्ति का उदय होने से वे ज्यादा-से-ज्यादा अलग-थलग रहने वाले बन गए थे।

निष्कर्ष यह था कि कुछ सामाजिक-आर्थिक और जनांकिकीय कारकों ने नस्ली हिंसा भड़काने वाली स्थिति को बनाने में योगदान किया। राजनीतिक कारकों ने दोनों समूहों के बीच दरार को और गहरा कर दिया था। ये राजनीतिक कारक बम्बई में दंगे और हिंसा को भड़काने के लिए आसन्न सहयोगी कारक के रूप में कार्य कर रहे थे।

दंगे भड़कने का, निश्चय ही तात्कालिक कारण था-बाबरी मस्जिद का ध्वंस, और उसके बाद हिंदुओं द्वारा इस ध्वंस पर उत्सव मनाने पर मुसलमानों की भावनाओं का भड़कना।

श्रीकृष्ण आयोग ने पेशेवर अपराधियों की अपने हित के लिए सांप्रदायिक भावना भड़काने में निबाही गई भूमिका और मुद्रण माध्यम की, विशेषकर 'सामना' और 'नवकार'

की भड़काऊ सामग्री का प्रकाशन करने की भूमिका का उल्लेख किया है, जिसने मुसलमानों द्वारा, बेहतर हथियारों का उपयोग कर, संभावित हमला किए जाने की अफवाह को फैलाने में योगदान किया था। शिवसेना के प्रमुख बाल ठाकरे, जिन्होंने 'प्रतिशोध' के सिद्धांत का प्रतिपादन किया था, द्वारा अमेरिकी समाचार पत्रिका 'टाइम' में दिया गया एक साक्षात्कार और शाह पोद्दार तथा मुरली मनोहर जोशी जैसे अन्य लोगों द्वारा दिए गए साक्षात्कार शिव सैनिकों के गलत सतर्कतावाद के लिए जिम्मेदार हैं।

पुलिस की अन्य बातों के साथ-साथ, बाबरी मस्जिद के ध्वंस के कारण होने वाली घटनाओं का पूर्वानुमान लगाने में आसूचना तंत्र की असफलता, महाआरती को पूर्ण रूप से धार्मिक गतिविधि मानने, सांप्रदायिक भावनाओं के उभार को अनदेखा करने, कर्फ्यू लागू करने में और पाँच या पाँच से अधिक लोगों के एकत्र होने पर पाबंदी को लागू करने में असफल रहने के लिए आलोचना की गई है।

यह आरोप है कि पुलिस ने सांप्रदायिक गुंडों की सूची बनाकर नहीं रखी थी और आगजनी तथा हिंसा करने वाले ऐसे गुंडा तत्त्वों के खिलाफ वह कोई भी कार्रवाई करने में असफल रही थी।

यद्यपि सेना को 6 दिसंबर को ही सतर्क कर दिया गया था, फिर भी उसकी तैनाती और उसका उपयोग देर से किया गया। दंगों को तेजी से और निर्णायक रूप से रोकने के लिए सेना को कोई सक्रिय भूमिका नहीं सौंपी गई थी।

यह रेखांकित किया गया है कि हताश पीड़ितों, विशेषकर मुसलमानों द्वारा सहायता माँगने पर, पुलिस की प्रतिक्रिया छिद्रान्वेषी और बेहद उदासीनता भरी थी। आयोग ने पुलिस अधिकारियों और विशेषकर कनिष्ठ स्तर पर कर्मियों के मन में मुसलमानों के विरुद्ध अंतर्निहित भेदभाव पर भी टिप्पणी की है। पुलिस उन कुछ समाचार-पत्रों के विरुद्ध कार्रवाई करने में भी असफल रही थी जिन्होंने झूठे और भड़काऊ समाचार प्रकाशित किए थे। यद्यपि आईपीसी की धारा 153 ए के तहत कुछ प्रकरण दर्ज किए गए थे किंतु उन पर भी ठीक से कार्रवाई नहीं की गई थी।

यूँ तो हर दंगे की अपनी अलग विशेषताएँ होती हैं, फिर भी ऐसे दंगों में कुछ साझा तत्त्व या विषय होते हैं जो बम्बई दंगों में फिर से दिखाई दिए थे। अतः ''हम इन्हें तो पहले से ही जानते हैं'' की भावना के साथ निम्नलिखित पहलुओं को नीचे सूचीबद्ध करते हैं :

(1) आसूचना की असफलता और हिंसा भड़कने की स्थिति से निपटने के लिए राज्य के अधिकारियों और पुलिस की पूर्व-तैयारी में बेहद कमी।

(2) अफवाह फैलाने और भड़काऊ लेखन के द्वारा सांप्रदायिक भावना उभारने में भाषाई समाचार-पत्रों की कुटिल भूमिका।

(3) क्रिमिनल प्रोसिजर कोड की धारा 144 के अंतर्गत प्रतिबंधात्मक आदेश प्रभावकारी ढंग से लागू करने में पुलिस की असफलता।

(4) अल्पसंख्यक समुदाय के प्रति पुलिस द्वारा प्रदर्शित भेदभाव।

(5) पुलिस असामाजिक तत्त्वों को स्थिति का लाभ उठाने से रोकने में असफल रही थी। यह ज्ञात है कि ऐसे तत्त्वों का सांप्रदायिक भावना को भड़काने में न्यस्त स्वार्थ होता है, जैसा कि दंगों के कारक और गतिकी अध्याय में प्रदर्शित किया जा चुका है।

(6) दंगों को नियंत्रित करने के लिए सेना के दस्तों की तैनाती और उसका उपयोग अप्रभावी था।

(7) भाजपा, राष्ट्रीय स्वयं सेवक संघ, विश्व हिंदू परिषद और बजरंग दल जैसे संगठनों ने हिंदू उग्रवादी आदर्शों का प्रचार कर हिंसा भड़काने में अपनी भूमिका निबाही थी।

टिप्पणियाँ

1. न्यायाधिपति बी.एन. श्रीकृष्ण, 'ए रिपोर्ट ऑफ द कमीशन ऑफ इंक्वायरी आन रायट्स इन बाम्बे इन डिसेंबर 1992–जैन्यूअरि 1993' (1997)
2. संघर्ष के इतिहास के लिए 'धार्मिक राष्ट्रवाद और हिंदुत्व' अध्याय देखें
3. विलकिंसन, वोट्स एंड वायलेंस, पृ. 14–15

गुजरात, 2002

इस बात पर आमतौर पर सहमति है कि विभाजन-उपरांत हुए दंगों के बाद गुजरात में 2002 में हुआ नरसंहार स्वतंत्र भारत में होने वाली सबसे बुरी घटना थी।

यद्यपि इस दंगे से संबंधित घटनाओं के संबंध में मीडिया में विस्तार से समाचार प्रकाशित हो चुके हैं, फिर भी 27 फरवरी, 2002 को गोधरा में साबरमती एक्सप्रेस को जलाए जाने और उसके बाद के दिनों में राज्य में हुए दंगों से संबंधित घटनाओं का हमारे पास कोई प्रामाणिक त्रिवरण उपलब्ध नहीं है।

जहाँ तक गोधरा कांड का सवाल है, दो न्यायिक जाँच आयोगों ने जाँच करके अपने प्रतिवेदन दिए हैं। दंगों के शीघ्र बाद, गुजरात सरकार ने सभी हुई घटनाओं की जाँच करने और प्रतिवेदन देने के लिए 6 मार्च, 2002 को सर्वोच्च न्यायालय के सेवानिवृत्त न्यायाधीश, न्यायाधिपति जी.टी. नानावटी के नेतृत्व में एक आयोग गठित किया। इस आयोग ने केवल गोधरा कांड के संबंध में अपना प्रथम अंतरिम प्रतिवेदन दिया था परंतु, केंद्रीय शासन के रेल मंत्रालय द्वारा 2 सितंबर, 2002 को नियुक्त यू.सी. बैनर्जी आयोग ने नानावटी प्रतिवेदन के पहले ही अपना प्रतिवेदन दे दिया। न्यायाधिपति यू.सी. बैनर्जी भी सर्वोच्च न्यायालय के सेनानिवृत्त न्यायाधीश थे जिन्होंने यह जाँच की थी।[1]

इन दोनों प्रतिवेदनों में किसी एक को भी पूर्णतः विश्वसनीय मानना कठिन है क्योंकि दोनों ही बिलकुल अलग-अलग निष्कर्षों पर पहुँचे हैं। शायद इस कारण ही, इन दोनों प्रतिवेदनों पर राजनीतिक रूप से पूर्वग्रहयुक्त होने का कलंक लगा है, भारत में वर्तमान राजनीतिक विभाजक के दोनों पक्षों-कांग्रेस के नेतृत्व वाले यूपीए और भाजपा के नेतृत्व वाले एनडीए--द्वारा यह आरोप लगाया गया है। राष्ट्रीय मानव अधिकार आयोग के अध्यक्ष, न्यायाधिपति राजेन्द्र बाबू को यह कहते हुए उद्धृत किया गया है कि "एक चीज जो आमतौर पर नहीं की जाती वह है पक्षपात पूर्ण प्रतिवेदन देना। नानावटी और बैनर्जी दोनों ने ही पक्षपात पूर्ण प्रतिवेदन दिए हैं।"[2]

अतः घटनाओं के विवरण प्रस्तुत करने के लिए मीडिया द्वारा की गई जाँच और उनकी रिपोर्ट्स तथा न्यायालयों और राष्ट्रीय मानव अधिकार आयोग द्वारा की गई टिप्पणियों का सहारा लेना पड़ता है। यह बात भी सही है कि इन सामग्रियों पर निर्भर होकर घटनाओं को विवरण देना और निष्कर्ष निकालना एक जोखिम भरा काम है क्योंकि इन स्रोतों की सच्चाई को चुनौती दी जा सकती है और उन्हें विवरण देने वाले के पूर्वग्रह तथा उनके संगठन के रुझान

के अनुसार पक्षपातपूर्ण माना जा सकता है। अत: मैं विभिन्न अंतर्कथाओं और घटनाओं का विस्तार में वर्णन नहीं करना चाहूँगा। मैं अपना विवरण कुछ प्रमुख घटनाओं तक ही सीमित रखूँगा, जिनके तथ्य निर्विवाद हैं और जिन्हें विश्वसनीय सूत्रों से लिया गया है।

गोधरा में ट्रेन में आगजनी

गुजरात राज्य में हिंसा की शुरुआत करने वाली घटना तब हुई जब 27 फरवरी, 2002 को फैजाबाद से अहमदाबाद जाने वाली साबरमती एक्सप्रेस में, उसके गोधरा रेलवे स्टेशन से रवाना होने के कुछ मिनट बाद ही, आग लगी थी। इस आग में 59 लोग मारे गए थे, जिनमें से अनेक वे कार सेवक थे जो अयोध्या की तीर्थयात्रा से लौट रहे थे। यह बात भी है कि आगजनी में मरने वालों में, इस दुर्भाग्यशाली ट्रेन में सफर करने वाली महिलाएँ और बच्चे भी शामिल थे। गोधरा मुसलमान बहुसंख्यक वाला नगर है, जो घांची समुदाय के हैं। ज्यादातर यह संदेह किया गया था कि इस समुदाय के बदमाश लोग ट्रेन पर हमला करने और कोच को जलाने के लिए जिम्मेदार थे।

घटना किस प्रकार हुई, इस बाबत एक कथन यह है कि स्टेशन पर कुछ कार सेवकों और एक मुसलमान चाय बेचने वाले के बीच कहासुनी हुई थी। कार सेवकों ने चाय बेचने वाले पर हमला किया, एक मुसलमान युवती का अपहरण किया और उसे जबरदस्ती ट्रेन के डिब्बे में ले गए। इसके परिणामस्वरूप, उस रेल के डिब्बे पर जवाबी हमला किया गया। अहमदाबाद स्थित अपराध विज्ञान प्रयोगशाला ने विवादास्पद रूप से यह निष्कर्ष निकाला कि चूँकि इस डिब्बे के दरवाजे अंदर से बंद थे, इस बात की क्षीण संभावना है कि रेल के डिब्बे में आग लगाने से पहले ज्वलनशील द्रव पदार्थ बाहर से फेंका गया था।

यू.सी. बैनर्जी आयोग प्रतिवेदन में भी यह निष्कर्ष दिया गया है कि आग आकस्मिक रूप से लगी थी, न कि जानबूझकर लगाई गई थी। यू.सी. बैनर्जी ने उन मतों को खारिज कर दिया जिनमें षड्यंत्र की बात कही गई थी और यह अटकल लगाई कि रेल के डिब्बे एस-6 के अंदर खाना पकाए जाने के कारण आग लगी होगी।

इसके विपरीत, नानावटी आयोग इस निष्कर्ष पर पहुँचा है कि साबरमती एक्सप्रेस के डिब्बों में आग लगना स्थानीय मुसलमानों द्वारा रचा गया एक पूर्व-नियोजित षड्यंत्र था। उसके समक्ष प्रस्तुत साक्ष्य के आधार पर, आयोग ने निष्कर्ष निकाला है कि जलते हुए चिथड़े तथा अन्य सामग्री डिब्बे में फेंकी जाने के कारण आग लगी थी। उसके उपरान्त, कुछ लोगों ने ट्रेन के डिब्बों एस-6 और एस-7 को जोड़ने वाले दरवाजे को जबरदस्ती खोला और 60 लीटर अत्यधिक ज्वलनशील द्रव सामग्री डिब्बे के अंदर फेंकी गई। इस वजह से लगी भयावह आग से 59 लोग मारे गए और अनेक घायल हुए थे।

आयोग के अनुसार मौलवी उमरजी नामक एक व्यक्ति ने इस षड्यंत्र की योजना बनाई थी जिसे अमन गेस्ट हाऊस में अंतिम रूप दिया गया था। पेट्रोल खरीदने और रेल के डिब्बे पर हमले करने में आरोपित रूप से शामिल अनेक व्यक्तियों और षड्यंत्रकारियों का नाम भी बताया गया है। गोधरा रेलवे स्टेशन से साबरमती एक्सप्रेस के रवाना होने के कुछ समय पहले, सिगनल फालिया बस्ती में–जाहिराना तौर पर षड्यंत्रकारियों द्वारा–यह

झूठी अफवाह फैलाई गई कि एक घांची मुसलमान युवती को जबरदस्ती ट्रेन के अंदर ले जाया गया है। यह अफवाह बस्ती के लोगों को स्टेशन आने और ट्रेन पर हमला करने के लिए उभारने के उद्देश्य से फैलाई गई थी।[3]

नानावटी आयोग ने व्यक्त किया है कि ऐसा कोई साक्ष्य नहीं प्राप्त हुआ जिसके आधार पर निष्कर्ष निकाला जा सके कि गोधरा कांड में मुख्यमंत्री, या उनकी मंत्रिपरिषद् के किसी मंत्री, या पुलिस अधिकारियों की कोई भूमिका थी।[4]

गुजरात सरकार ने गोधरा में ट्रेन पर हमले के सिलसिले में आरोपी 134 व्यक्तियों के विरुद्ध मार्च 2002 में पोटा (प्रिवेंशन ऑफ टेररिज्म एक्ट) के तहत कार्रवाई शुरू की। बहरहाल, गोधरा कांड के बाद हुए दंगों, जिनका विवरण आगे दिया गया है, में शामिल लोगों के विरुद्ध सामान्य कानूनों के अंतर्गत, प्रकरण दर्ज किए गए, पोटा के अंतर्गत नहीं। गुजरात के उच्च न्यायालय द्वारा 12 फरवरी, 2009 को दिए गए एक निर्णय में इस विवाद को एक नया मोड़ दिया गया।[5] इस निर्णय में यह कहा गया कि गोधरा ट्रेन घटना आतंक से संबंधित कार्रवाई नहीं थी अतः इस घटना के सिलसिले में गिरफ्तार लोगों पर पोटा नहीं लागू होता है। उच्च न्यायालय की खंडपीठ ने सेंट्रल पोटा रिव्यू कमेटी की सिफारिशों को उचित ठहराया जिनमें मई 2005 में कहा गया था कि गोधरा में किसी आरोपित षड्यंत्र की रचना नही की गई थी और इसलिए आरोपियों के विरुद्ध पोटा लागू नहीं किया जा सकता। इस न्यायिक उद्घोषणा ने गुजरात में राज्य सरकार द्वारा अपनाए गए भेदभाव वाले नजरिये का भेद खोल दिया।

गोधरा के उपरांत गुजरात में हुई हिंसा

घटना की जाँच करने वाले दो प्रमुख विधिवेत्ताओं द्वारा दिए गए परस्पर विरोधी निष्कर्षों के प्रकाश में, यह सत्य कभी भी उजागर नहीं हो सकेगा कि गोधरा में वास्तव में हुआ क्या था। रेल के डिब्बे को जलाने के बाबत जो भी सच हो, वह ऐसा कारण नहीं हो सकता जिसके आधार पर राज्य में अल्पसंख्यक समुदाय पर की गई अभूतपूर्व हिंसा को उचित ठहराया जा सके।

संघ परिवार और यहाँ तक कि राज्य सरकार ने भी इसे साबरमती एक्सप्रेस को जलाए जाने की घटना को लेकर हुई हिंसक घटनाओं को एक स्वाभाविक प्रतिक्रिया बताया। यह बतलाया जाता है कि एक महत्त्वपूर्ण पद पर आसीन वरिष्ठ राजनीतिज्ञ ने गोधरा कांड के बाद हुई हिंसा को 'क्रिया और प्रतिक्रिया' के रूप में उचित ठहराया था। इस तरह, भौतिकी के सिद्धांतों को भ्रांतिपूर्वक लागू कर, मुसलमानों के अनेक धर्म स्थानों, मुसलमान पुरुषों, महिलाओं और बच्चों की हत्या और उनके व्यापार तथा संपत्ति के विनाश को न्यायोचित ठहराने की कोशिश की गई थी।

अहमदाबाद, वडोदरा और साबरकांठा जिलों में विभिन्न स्थानों पर भीड़ के विशाल समूहों द्वारा हमला किया जाना 25 फरवरी को शुरू हुआ था। दूसरे दिन ये हमले पंचमहाल, मेहसाना, खेड़ा, जूनागढ़, बनासकांठा, पाटन, आनंद और नर्मदा जैसे ग्रामीण जिलों में फैल गए। इसके बाद के दिनों में, भड़ोच, राजकोट और सूरत भी प्रभावित हो गए।[6] गुजरात की राजधानी गांधीनगर, जो अहमदाबाद से कुछ दूर पर स्थित है, पहली बार

सांप्रदायिक हिंसा से प्रभावित हुआ था। वक्फ बोर्ड और अल्पसंख्यक विकास बोर्ड के दफ्तर जला डाले गए। राज्य शासन और न्यायपालिका की अनेक संस्थाओं पर भी हमला किया गया। उच्च न्यायालय के मुख्य द्वार के सामने अनेक ट्रकों को, उनके ड्राइवरों के साथ, आग के हवाले कर दिया गया। शासन की संपत्तियों को जब इस तरह विनष्ट किया जा रहा था, तब कहा गया है कि पुलिस ने अपनी निगाहें दूसरी तरफ कर रखी थीं।

इन दंगों का विस्तार और भयावहता बहुत जबरदस्त थी। गोधरा कांड के बाद की हिंसा में कुल मिलाकर राज्य के 25 जिलों में से 15 से 16 जिलों के 151 नगर और 993 गाँव प्रभावित हुए थे। यह हिंसा लगभग 5 या 6 जिलों में विशेष रूप से भयावह थी। यह हिंसा 28 फरवरी और 3 मार्च के बीच मुख्य रूप से हुई थी। काफी हिचकिचाहट के बाद, 28 फरवरी की शाम को 27 नगरों में कर्फ्यू लागू किया गया। यद्यपि अल्पसंख्यक नेता और संबंधित नागरिक राज्य शासन से बार-बार आग्रह कर रहे थे कि दंगों को नियंत्रण में लाने के लिए सेना को बुलाया जाए किंतु यह कार्य केवल एक मार्च को अपराह्न में ही किया गया।[7] 15 मार्च को दंगे फिर से शुरू हुए जो जून माह के मध्य तक चलते रहे। उत्तर और मध्य गुजरात, और उसके साथ ही उत्तरपूर्वी आदिवासी क्षेत्र, जहाँ हिंदुत्व एकजुटीकरण की कोशिशें जोरदार तरीके से की गई थीं, सबसे बुरी तरह प्रभावित हुए थे जबकि सौराष्ट्र और कच्छ क्षेत्र आमतौर पर शांत बने रहे थे।

यहाँ शुरू में ही यह उल्लेख करने की आवश्यकता है कि गुजरात में हुए दंगे इकतरफा, जिनमें केवल मुसलमान पीड़ित हुए हों, नहीं थे। गुजरात में अहमदाबाद शहर में दानी लिमदा, मोदसा, हिम्मत नगर, भड़ोच, सिंधी मार्केट, भांडेरी पोल तथा अन्य बस्तियों में हिंदुओं पर मुसलमानों द्वारा हमले किए गए थे।[8] इन हमलों में जन-धन की उल्लेखनीय हानि हुई थी और अनेक हिंदू, जिनमें दलित शामिल थे, अपने घरों को छोड़कर अस्थायी कैंपों में रहने के लिए चले गए थे। बहरहाल, यह निर्विवाद है कि इन दंगों में मुसलमानों को काफी ज्यादा तकलीफें उठानी पड़ीं। इन दंगों को बारंबार मुसलमानों के विरुद्ध 'पूर्व निर्धारित हत्याकांड' योजना के रूप में निरूपित किया गया है।[9]

एक शासकीय अनुमान के अनुसार इस हिंसा में 1044 व्यक्ति मारे गए थे : 790 मुसलमान और 254 हिंदू, इनमें वे लोग भी शामिल हैं जो गोधरा ट्रेन आगजनी में मारे गए थे। इनके अलावा, 223 व्यक्ति लापता बताए गए थे, 2540 घायल हुए थे, 919 महिलाएँ विधवा हो गई थीं और 606 बच्चे अनाथ हो गए थे। गैर शासकीय अनुमान के अनुसार लगभग 2000 व्यक्ति मारे गए थे जिनमें मुसलमानों की संख्या समानुपाती रूप से बहुत ज्यादा थी।[10]

गोधरा कांड के बाद जो मूल रूप की हिंसा हुई थी उसकी कुछ घटनाओं पर मैं ध्यान केंद्रित करूँगा।

गुलबर्ग हाउसिंग सोसायटी पर हमला और एहसान जाफरी की हत्या

गुलबर्ग हाउसिंग सोसायटी में रहने वाले मुसलमानों में, पूर्व कांग्रेस सांसद एहसान जाफरी शामिल थे। 28 फरवरी को जब एक भीड़ ने इस कॉलोनी पर हमला किया तो जाफरी ने

पुलिस आयुक्त, मुख्यमंत्री के कार्यालय और केंद्र में लोगों से सहायता की माँग की, किंतु आश्वासनों के बाद भी उन्हें कोई सहायता नहीं मिली। कॉलोनी में रहने वाले मुसलमान परिवारों ने व्यर्थ ही पाँच घंटे से अधिक का समय इस इंतजार में बिताया कि कोई आकर उन्हें बचा लेगा।[11]

जब कहीं से सहायता नहीं आई और उस तक के घर पर हमला किया गया तब जाफरी ने गोली चालन किया जिससे कुछ लोग घायल हो गए। उन्होंने हमलावर भीड़ से प्रार्थना कि उनकी और अन्य मुसलमानों की जान बख्श दी जाए। परंतु जाफरी पर हमला किया गया, उन्हें मार डाला गया और उनके शरीर को बोटी-बोटी काट डाला गया और छिन्न-भिन्न कर दिया गया। कई घंटों के बाद पुलिस आई और जो लोग भीड़ के भयंकर कोप से बच गए थे उन्हें बचा लिया। राष्ट्रीय मानव अधिकार आयोग के दल के प्रतिवेदन का वह हिस्सा, जिसमें इस घटना का उल्लेख है, यहाँ प्रस्तुत किए जाने लायक है क्योंकि इसमें वह तथ्य रेखांकित किया गया है कि राज्य सरकार और पुलिस के शीर्षस्थ पदाधिकारी हिंदू भीड़ के भयावह हमलों को झेलते मुसलमानों के भाग्य के प्रति पूरी तरह उदासीन थे :

> श्री अमर सिंह चौधरी, पूर्व मुख्यमंत्री, गुजरात, ने इस टीम को पूर्व सांसद श्री एहसान अली के लिए पुलिस सहायता प्राप्त करने के अपने व्यर्थ गए उपायों का विवरण दिया था। उन्होंने दावा किया कि उन्होंने 28 फरवरी को प्रात: 10:30 बजे पुलिस आयुक्त, पी.सी. पांडे, से स्वत: संपर्क किया था और श्री जाफरी के जीवन के लिए आसन्न संकट के संबंध में उन्हें अवगत कराया था। पुलिस आयुक्त ने उन्हें आश्वस्त किया था कि पुलिस सहायता शीघ्र भेजी जाएगी। एहसान जाफरी की व्याकुलता भरा एक और टेलीफोन आने पर उन्होंने पुलिस आयुक्त को फिर से याद दिलाया कि जाफरी के घर कोई अतिरिक्त पुलिस बल नहीं पहुँचा है और जो थोड़े से पुलिसकर्मी वहाँ मौजूद थे वे निष्प्रभावी थे तथा हिंसक भीड़ को नियंत्रित करने को उत्सुक नहीं थे। श्री चौधरी ने कहा कि उन्होंने अपराह्न में मुख्यमंत्री नरेंद्र मोदी से भी चर्चा की और यह पाया कि मुख्यमंत्री इस बात से पूरी तरह वाकिफ हैं कि श्री जाफरी के घर के बाहर हिंसक भीड़ मौजूद है। उन्होंने मुख्य सचिव और गृह सचिव से भी अपराह्न में 12:30 और 2 बजे के बीच चर्चा की थी। श्री जाफरी को उनके परिवार तथा 39 अन्य के साथ जिंदा जला दिया गया (कुल मारे गए लोग-50)।[12]

नरोदा पाटिया में हिंसा

गोधरा कांड के तत्काल बाद, दंगों से सर्वाधिक प्रभावित होने वाला शहर अहमदाबाद था। यह आरोपित है कि बजरंग दल के कार्यकर्ताओं ने नरोदा पाटिया और नरोदा गाँव में मुसलमान बस्तियों पर हमला किया था। इस क्षेत्र में मारे गए लोगों की संख्या का अनुमान अलग-अलग बताया गया है। यदि शासकीय आँकड़ा सही है तो, 83 मुसलमान मारे गए थे। गैर शासकीय अनुमान के अनुसार हताहतों की संख्या कहीं ज्यादा थी।

मीडिया ने नरोदा पाटिया में मुसलमानों पर हुए हमले से संबंधित कई भयावह घटनाओं को रिपोर्ट किया है : "कौशर बानो को 9 माह का गर्भ था, उसके पेट को चीरकर खोल दिया गया और उसके भ्रूण को मरोड़कर निकाला गया, उसे तलवार की

नोक पर ऊपर उठाया गया, फिर जमीन पर पटका गया और आग में फेंक दिया गया...एक अन्य पीड़िता, 22 वर्षीय सूफिया बानो का, उसके पिता के सामने, बलात्कार किया गया और उसे जला दिया गया''।[13]

इन इलाकों में हुए अपराधों को छिपाने के मामले को लेकर पुलिस पर संगीन आरोप लगाए गए थे। अधिकांश बचे हुए लोग भाग गए थे और उनका पुनर्वास होना अब भी बाकी है। मीडिया द्वारा यह आरोप लगाया गया कि पुलिस द्वारा की गई जाँच धीमी थी, अधिकांश साक्ष्य नष्ट हो गया था और बलात्कार संबंधी मामलों को अनदेखा कर दिया गया था। न्यायालय में प्रस्तुत प्रकरणों में अभियोजन को रोक दिया गया है क्योंकि राष्ट्रीय मानव अधिकार आयोग ने इन प्रकरणों को राज्य से बाहर स्थानांतरित करने के लिए सर्वोच्च न्यायालय से हस्तक्षेप की याचना की थी।

इसके बाद से इस प्रकरण में कई महत्त्वपूर्ण परिवर्तन हुए हैं। इस प्रकरण की जाँच के लिए सर्वोच्च न्यायालय ने एक विशेष जाँच टीम को नियुक्त किया। इस टीम ने गुजरात उच्च न्यायालय से आग्रह किया कि इस प्रकरण में आरोपी राज्य महिला और बाल कल्याण मंत्री माया कोडनानी की अग्रिम जमानत रद्द की जाए।[14] इस तरह माया कोडनानी को गिरफ्तार किया गया। गुजरात शासन के एक उच्च पदस्थ व्यक्ति का इन दंगों में आरोपित रूप से शामिल होने का यह एक उदाहरण है।

बेस्ट बेकरी प्रकरण

बड़ोदरा शहर के हनुमान टेकरी इलाके में एक छोटी दुकान, बेस्ट बेकरी, पर एक भीड़ द्वारा 1 मार्च, 2002 को हमला किया गया था। हमलावरों ने बेकरी के साथ 14 लोगों को, जिनमें 12 मुसलमान थे, जला डाला। 19 वर्षीय युवती जहीरा शेख ने इस बाबत प्रथम सूचना रिपोर्ट दाखिल की थी। वह इस प्रकरण में एक महत्त्वपूर्ण गवाह थी। उसने कहा था कि उसने सांप्रदायिक नारे लगाती हुई भीड़ को अपने परिवार के सदस्यों को जलाकर मार डालते देखा था।[15]

इस प्रकरण के अभियोजन में काफी उतार-चढ़ाव आए। जहीरा शेख सहित अनेक गवाह पलट गए, यह कहते हुए कि उन्होंने हमले की रात में कुछ नहीं देखा था। फास्ट ट्रेक कोर्ट ने 27 जून, 2003 को आरोपी 21 हिंदुओं को दोषमुक्त कर दिया। अपने निर्णय में कोर्ट ने कहा कि यह बिना शक सिद्ध हुआ है कि एक हिंसक भीड़ ने बेकरी पर हमला किया था और करीब 12 लोगों को मार डाला था, किंतु कानूनी रूप से स्वीकार किए जाने वाला ऐसा कोई साक्ष्य नहीं था कि कोर्ट के समक्ष प्रस्तुत इन आरोपियों में से किसी एक ने भी अपराध किया था। कोर्ट ने प्रथम सूचना रिपोर्ट दर्ज करने में विलंब करने, घटिया जाँच करने आदि के लिए पुलिस की आलोचना की थी।

प्रकरण में पुनः अभियोजन चलाने का आदेश दिया गया। जहीरा शेख पर मिथ्या शपथ देने के लिए अलग से मुकदमा चलाया गया। सर्वोच्च न्यायालय ने हत्या के मामले में मिथ्या शपथ के लिए जहीरा को एक साल की कैद की सजा दी और उस पर 50 हजार

रूपए का दंड भी लगाया गया। फरवरी 2006 में, पुनः अभियोजन के बाद बेकरी हत्या कांड के 21 आरोपियों को दोषी करार दिया गया और उन्हें आजीवन कारावास की सजा दी गई। न्यायालय ने अन्य 8 को दोषमुक्त कर दिया और 4 लापता लोगों की गिरफ्तारी के लिए वारंट जारी किए। यह मामला इस तरह अनन्य है कि अपराधियों को पहले दोषमुक्त कर दिया गया था किंतु सर्वोच्च न्यायालय के आदेश पर उन पर आरोपों के लिए गुजरात राज्य के बाहर अभियोजन चलाया गया और उन्हें दोषी ठहराया गया।

बिलकिस बानो प्रकरण

बिलकिस बानो का प्रकरण भी असाधारण है क्योंकि एक यंत्रणापूर्ण प्रक्रिया में इस त्रासदी को दबा दिए जाने के बाद, वह फिर से प्रकाश में आया था और अंततः उसमें न्याय हुआ।

बिलकिस एक सीधी-सादी अनपढ़ ग्रामीण युवती है। पत्रकार शीला भट्ट ने उससे मुलाकात की थी। भट्ट ने लिखा है कि, "वह उस घटना को समझ नहीं पा रही थी जिसने उसके जीवन को बर्बाद कर दिया था। उसके लिए सर्वाधिक समझ में न आने वाला और न सहन किया जा सकने वाला पक्ष यह था कि जो कुछ हुआ है वह एक सच्चाई है कि वह जिन्हें बचपन से जानती थी, जो उसके लिए भाई सरीखे थे, उन्होंने उसके साथ बलात्कार किया था।"[16]

यह घटना 3 मार्च, 2002 की है। दाहोद जिले में 6 माह की गर्भवती इस युवती के साथ सामूहिक बलात्कार किया गया और उसे पीटा गया। वह अपने परिवार के 14 सदस्यों के नरसंहार की गवाह थी। उसकी तीन वर्ष की बेटी के सिर को एक पत्थर पर कुचल दिया गया था जिससे उसकी मौत हो गई थी।

सर्वोच्च न्यायालय के हस्तक्षेप से बिलकिस का प्रकरण वह दूसरा मामला था जो गुजरात के बाहर स्थानांतरित किया गया था। अभियोजन अहमदाबाद के बदले मुंबई में चला। 6 वर्ष की लंबी अवधि के बाद इस अपराध के लिए बारह लोगों को दोषी घोषित किया गया जिनमें से 11 को आजीवन कारावास की सजा दी गई। एक आरोपी पुलिसकर्मी को तोड़-मरोड़कर शिकायत दर्ज करने के लिए तीन वर्ष के लिए जेल की सजा दी गई।

यह आवश्य ही कहा जाना चाहिए कि एक बिलकिस बानो को तो न्याय मिल गया किंतु ऐसे अनेक थे जिन्हें न्याय नकार दिया गया था।

विस्थापन और समाज से बाहर होना

विभिन्न नगरों और शहरों में हिंसा की शुरुआत होने के तुरंत बाद अपनी जान को खतरा महसूस करते हुए अनेक मुसलमानों ने अपना घर छोड़ दिया और स्वयंसेवी संगठनों तथा राज्य सरकार द्वारा स्थापित सहायता कैम्पों में झुंड बनाकर पहुँच गए। 27 मार्च तक लगभग 101 सहायता केंद्रों में एक लाख लोग पहुँच चुके थे। अगले दो सप्ताहों में यह संख्या बढ़कर 104 सहायता-कैम्पों में एक लाख पचास हजार हो गई।[17]

मीडिया की रिपोर्टों में बतलाया गया है कि सरकारी अमले ने कैम्पों में रहने वालों को विभिन्न अवसरों पर कैम्प छोड़कर जाने को किस तरह मजबूर किया क्योंकि सरकारी अमला इन कैम्पों को बन्द करने की कोशिश कर रहा था। अधिकांश मुसलमान अपने पुराने घरों को लौटने में असुरक्षित महसूस करते थे, और वे केवल मुसलमान बाहुल्य क्षेत्रों में ही वापस जाने में सुरक्षित महसूस करते थे। इससे मुसलमानों का घेट्टोईकरण हुआ।

प्रारंभ में राज्य सरकार ने गोधरा ट्रेन आगजनी में मृत लोगों के परिवारों को दो लाख रुपये का मुआवजा, और जो बाद के दंगों में मरे उनके परिवारों को एक लाख रुपये का मुआवजा घोषित किया था। यह बाद में बढ़ाकर एक लाख पचास हजार रुपये किया गया था। मुसलमानों ने इसे भेदभावपूर्ण माना। काफी बाद में, 23 मई, 2008 को केंद्र सरकार ने गुजरात हिंसा में मृत लोगों के परिवारों के लिए तीन लाख पचास हजार रुपये और 2540 घायल प्रत्येक व्यक्ति को एक लाख पचास हजार रुपये का मुआवजा मंजूर किया।[18]

राष्ट्रीय मानव अधिकार आयोग दल ने, एकत्र साक्ष्य के आधार पर हिंसा के दौरान अल्पसंख्यक समुदाय के सामाजिक–आर्थिक बायकाट के संबंध में कुछ टिप्पणियाँ की हैं। आयोग के प्रतिवेदन की एक प्रासंगिक टिप्पणी निम्नलिखित अनुसार है :

> अनेक लोगों ने जोर देकर बताया कि अल्पसंखक समुदाय के सामाजिक और आर्थिक बायकाट को लागू करने के लिए संगठित कोशिशें इस दंगे की एक और कष्टदायी विशेषता थी। बड़े पैमाने पर पैम्पलेट और परचे बाँटे गए जिनमें हिंदुओं का आह्वान किया गया था कि वे रोजगार और व्यापारिक गतिविधियों में मुसलमानों का बायकाट करें। श्री आर.के. सैयद, भारत सरकार के सेवानिवृत्त सचिव और जम्मू–कश्मीर के राज्यपाल के पूर्व सलाहकार, ने बहुत दुखपूर्वक कहा कि उनकी नौकरानी, रईसा बानू के पति से कहा गया था कि वह मोटर गैरेज में काम करने नहीं आए क्योंकि इस गैरेज के हिंदू मालिक को धमकी दी गई थी कि वह किसी मुसलमान कामगार को रोजगार में न लगाए। उन्होंने आगे कहा कि डॉन बास्को स्कूल के अधिकारियों को भी धमकियाँ मिली थीं कि वे मुसलमान समुदाय के विद्यार्थियों को स्कूल में न आने दें।[19]

मीडिया रिपोर्ट में बताया गया था कि कई मुसलमानों की दुकानें और वाणिज्यिक संस्थान फिर से नहीं खोले गए थे और उनके व्यापार को हानि पहुँची थी।

आपराधिक अभियोजन

गुजरात दंगों के संबंध में बहुत बड़ी संख्या में प्रकरण दर्ज किए गए थे। गुजरात पुलिस ने जिस तरह प्रकरणों की जाँच की थी, उस पर बहुत सवाल उठाए गए हैं। दंगे के लिए अपराधी बनाए गए लोगों की राज्य सरकार के द्वारा जिस तरह जाँच की गई और अभियोजन चलाए गए उसकी सर्वोच्च न्यायालय ने कड़ी आलोचना की और पुलिस को निर्देश दिए कि वह साक्ष्य के अभाव में बंद कर दिए गए दंगे के 4000 प्रकरणों में से

2000 की पुनः समीक्षा करे। इसके बाद पुलिस ने 1600 प्रकरणों को पुनः जाँच में लिया, 640 अपराधियों को गिरफ्तार किया और 40 अधिकारियों के विरुद्ध कर्तव्य निर्वहन में लापरवाही के लिए जाँच शुरू की।[20]

हमारी आपराधिक न्याय व्यवस्था किस प्रकार कार्य करती है, उसका एक नमूना यह है कि दंगे के सात वर्ष बीत जाने पर भी, उन मामलों में से जिनके लिए न्यायालयों में चार्जशीट दाखिल कर दी गई थी, बहुत थोड़े से ही मामलों का निपटारा हुआ है। अन्य मामलों में अभियोजन अभी चल ही रहा है। इनमें बेस्ट बेकरी और बिलकिस बानो प्रकरण अपवाद हैं, जिनके निष्कर्ष एकदम अलग ही निकल कर आए हैं, शायद सर्वोच्च न्यायालय के हस्तक्षेप की वजह से।

राज्य सरकार और प्रेस की भूमिका

दंगों से निपटने में राज्य सरकार की भूमिका की प्रेस ने कटु आलोचना की थी। राष्ट्रीय टी.वी. चैनल और अंग्रेजी के प्रमुख समाचार-पत्रों ने स्थिति से निपटने में राज्य सरकार की असफलताओं को उजागर किया था। हिंदू कार्यकर्ताओं द्वारा किए गए मुसलमानों के उत्पीड़न में राज्य सरकार की मिलीभगत होने के बाबत आरोप लगाया गया था। राज्य में अनेक स्थानों पर मुसलमानों, उनकी दुकानों, संस्थाओं, घरों तथा प्रार्थना स्थानों पर उत्पाती भीड़ द्वारा किए जाने वाले हमलों को रोकने में असफल रहने का आरोप भी सरकार पर लगा था।

तीन प्रमुख पत्रकारों, दिलीप पडगांवकर (द टाइम्स ऑफ इंडिया के पूर्व कार्यपालक प्रबंध संपादक), आकार पटेल (मिड डे के पूर्व संपादक) और वी.जी. वर्गीज (द हिंदुस्तान टाइम्स के पूर्व संपादक) को एडीटर्स गिल्ड ऑफ इंडिया ने तथ्यों की खोज के मिशन पर लगाया था और उनकी रिपोर्ट का नाम था 'राइट्स एंड रांग्ज-आरडियल बाय फायर इन द किलिंग फील्ड्स ऑफ गुजरात।'[21] इस रिपोर्ट में मिशन ने कुछ प्रसंगोचित टिप्पणियाँ की हैं जो गुजरात में स्थिति को बिगाड़ने में मीडिया और राज्य सरकार द्वारा निबाही गई भूमिका के संबंध में हैं।

राज्य सरकार द्वारा जारी अनेक उत्तेजक प्रेस नोट्स को उद्धृत किया गया है। उदाहरणार्थ, मुख्यमंत्री की 27 फरवरी को गोधरा-यात्रा के तत्काल बाद जारी किए गए प्रेस नोट में साबरमती एक्सप्रेस में आग लगाने को एक 'पूर्व-नियोजित, अमानवीय, आतंकवाद की सामूहिक हिंसक कार्रवाई' के रूप में बतलाया गया था। राज्य सरकार के प्रेस नोट्स में गोधरा कांड को अकसर 'अमानवीय जनवध', 'अमानवीय हत्याकांड' और 'जन संहार' के रूप में वर्णित किया गया, जबकि बाद में हुए दंगों को निरपवाद रूप से 'गड़बड़ियाँ' और कभी-कभी 'हिंसक गड़बड़ियाँ या घटनाएँ' बतलाया गया। एल.के. आडवाणी की 4 मार्च को गुजरात-यात्रा के अवसर पर जारी प्रेस नोट में कहा गया था कि ''गृह मंत्री एल.के. आडवाणी ने आज कहा कि गोधरा जनवध ने गुजरात में भारतीय जनता पार्टी के चार वर्ष के शांत शासन को धक्का पहुँचाया है।''[22]

गुजराती के दो प्रमुख समाचार-पत्रों, 'संदेश' और 'गुजरात समाचार', जो प्रसार-संख्या बढ़ाने के लिए एक-दूसरे से प्रतियोगिता करते थे, ने हिंदुत्ववादी दृष्टिकोण अपनाया और अपनी रिपोर्ट्र्स को सनसनीखेज बनाया था। इन समाचार-पत्रों के इस रुख ने मुसलमानों के प्रति नफरत पैदा करने और इसके फलस्वरूप मुसलमान समुदाय के विरुद्ध हिंसा कर गुजरने में योगदान किया था। फलतः दोनों समाचार-पत्रों की प्रसार संख्या बढ़ी और उन्होंने लाभ कमाया। तथ्य खोज-मिशन ने रिपोर्ट किया था कि 'संदेश' की प्रसार संख्या दंगे शुरू होने के बाद करीब 1 लाख 50 हजार से बढ़ गई।

अंग्रेजी मीडिया और राष्ट्रीय टी.वी. न्यूज चैनलों ने अधिकांशतः एक स्वतंत्र दृष्टि अपनाई और मुसलमानों पर हुए अत्याचारों को भी कई बार उजागर किया और इसीलिए उनकी यह कहकर आलोचना की गई कि वे हिंदुओं के विरुद्ध भेदभाव बरतते हैं। विश्व हिंदू परिषद के एक अग्रिम दस्ते ने, जिसके क्रोध का सामना एडीटर्स गिल्ड ऑफ इंडिया[23] के मिशन को करना पड़ा था, माँग की कि 'आज तक' का 'लाइसेंस' रद्द किया जाए। यह चैनल संभवतः पहला चैनल था जिसने गुजरात में दंगों का लाइव प्रसारण किया था। 'द टाइम्स ऑफ इंडिया' और 'द इंडियन एक्सप्रेस' को भी विश्व हिंदू परिषद के कार्यकर्ताओं के रोष का सामना करना पड़ा था।

चूँकि नानावटी आयोग ने अब तक केवल गोधरा ट्रेन आगजनी घटना के बाबत ही प्रतिवेदन प्रस्तुत किया है और गुजरात दंगों की बाद की घटनाओं पर कुछ नहीं कहा है, घटनाओं का जो एकमात्र प्रामाणिक विवरण उपलब्ध है, वह राष्ट्रीय मानव अधिकार आयोग के प्रतिवेदन का सार संक्षेप है, जो लोकसभा में 16 जुलाई, 2002 को एक तारांकित प्रश्न के उत्तर में प्रस्तुत किया गया था।[24]

राष्ट्रीय मानव अधिकार आयोग ने राज्य सरकार की भूमिका के लिए अन्य बातों के साथ मानव के सम्मान और महत्त्व पर, विशेषकर महिलाओं और बच्चों के बलात्कार तथा हिंसा और क्रूरता के अन्य अप्रतिष्ठाकारी अपराधों द्वारा हमलों के लिए फटकार लगाई है। आयोग इस निश्चित निष्कर्ष पर पहुँचा कि यहाँ 'res ipsa loquitur' अर्थात 'प्रत्यक्ष को प्रमाण की क्या आवश्यकता' का सिद्धांत लागू होता है, और गुजरात के लोगों के सांविधानिक अधिकारों की रक्षा करने में गोधरा में 27 फरवरी, 2002 को हुई त्रासदी से शुरू कर और फिर उसके बाद कई सप्ताह तक चली हिंसा के दौरान राज्य व्यापक रूप से असफल रहा है।''[25]

राष्ट्रीय मानव अधिकार आयोग ने राज्य सरकार को कई मामलों में दोषी बताया है, जिनमें आसूचना की असफलता शामिल है। उस समय अयोध्या में बन रही विस्फोटक स्थिति को ध्यान में रखकर और यह विचार करते हुए कि प्रेस अंतर-सांप्रदायिक हिंसा के खतरे के प्रति सचेत कर रहा था, गुजरात इंटेलिजेंस ब्यूरो को उत्तर प्रदेश और केंद्रीय इंटेलिजेंस ब्यूरो में अपने सह-अधिकारियों से निकट का और निरंतर संपर्क बनाकर रखना चाहिए था। आसूचना के एक-दूसरे के साथ आदान-प्रदान की व्यवस्था स्थापित करने में उनकी असफलता इन त्रासदायी परिणामों के लिए आंशिक रूप से उत्तरदायी है।

आसूचना की असफलता के अतिरिक्त, ''हिंसा को फैलने और उसके निरंतर चलने को रोकने के लिए उपयुक्त प्रत्याशित और अनुगामी कार्रवाई करने में असफल रही थी। गोधरा कांड की गंभीरता को देखते हुए, उसके संभावित परिणाम को, विशेषकर गुजरात बंद के लिए किए गए आह्वान की पृष्ठभूमि में, नियंत्रित करने के लिए राज्य सरकार की अनुक्रियाशीलता का स्तर ऊँचा होना चाहिए था। इसके विपरीत, राज्य सरकार ने बंद के आह्वान के लिए खुलेआम अपना समर्थन घोषित किया।

जहाँ तक दंगों के दूसरे पक्षों से निपटने की बात है, आयोग ने पाया कि राज्य सरकार स्थानीय कारकों और भूमिका निबाहने वालों की पहचान करने में असफल रही थी, बड़े प्रकरणों को ठीक तरह से नहीं निपटा सकी थी, प्रथम सूचना रिपार्ट को विकृत रूप में दर्ज किया गया था, वगैरह। यद्यपि राज्य के मुख्यमंत्री ने दावा किया था कि स्थिति को 72 घंटो के भीतर नियंत्रण में ले आया गया था, किंतु, वास्तविकता में, सांप्रदायिक हिंसा जून, 2002 के मध्य तक चलती रही थी।

अपने अध्यक्ष के नेतृत्व में, राष्ट्रीय मानव अधिकार आयोग की उच्चस्तरीय टीम ने गुजरात का 19-22 मार्च, 2002 की अवधि में दौरा किया था। अपने प्रतिवेदन में राष्ट्रीय मानव अधिकार आयोग ने पाया कि :

> यद्यपि पिछले दंगों में भी राजनीतिक तत्त्वों ने महत्त्वपूर्ण भूमिका निबाही थी और पुलिस तथा प्रशासन हिंसा को नियंत्रित करने में असफल रहा था, किंतु उन पर संहार करने के कृत्य में सीधे शामिल होने का आरोप नहीं लगा था। इन दंगों में पुलिस और प्रशासन की असफलता का कारण उनकी पेशेवर-अक्षमता को नहीं बताया गया है बल्कि सामान्य रूप से उदासीनता और निर्दयता को और कुछ मामलों में मौन सहमति और सहभागिता को बताया गया है।[26]

राज्य प्रशासन और पुलिस की उदासीनता और या सहभागिता के संदर्भ में इस अध्याय में पहले ही पूर्व कांग्रेस सांसद एहसान जाफरी के प्रकरण का उल्लेख किया जा चुका है। राष्ट्रीय मानव अधिकार आयोग की टीम ने इस तरह दूसरे कई प्रकरणों का उल्लेख किया है जिनमें उसने लूटपाट करती भीड़ द्वारा की गई आगजनी और लूट की घटनाओं में पुलिस की मौन सहमति के साक्ष्य पाए थे। इस तरह की घटनाओं ने न केवल गरीब वर्ग के मुसलमानों बल्कि उच्च स्थिति वाले मुसलमानों के भी मन में असुरक्षा की भावना पैदा कर दी थी। प्रतिवेदन का निम्नलिखित उद्धरण इस बात को साफ तौर पर पेश करता है :

> अल्पसंख्यक समुदाय के सदस्यों के मन में घर कर चुकी असुरक्षा और भय की भावना का विवरण देते हुए गैर सरकारी संगठनों/कार्यकर्ताओं, जिनमें ए. सी. रावानी, पूर्व मुख्य न्यायाधिपति, राजस्थान शामिल थे, ने न्यायाधिपति ए. दिवेचा, गुजरात उच्च न्यायालय के पूर्व न्यायाधीश, जिन्हें अपना घर छोड़ने को मजबूर किया गया था और फिर उनके घर को जला दिया गया था; तथा न्यायाधिपति कादरी, उच्च न्यायालय के न्यायाधीश, जिन्हें लॉ गार्डन एरिया में अपना बंगला छोड़ने और जजेज कॉलोनी में जाने पर मजबूर होना पड़ा था, क्योंकि कोई भी उनकी और उनके परिवार की सुरक्षा और रक्षा के संबंध में आश्वस्त नहीं कर सका था; के प्रकरणों का उल्लेख किया था।

अल्पसंख्यक समुदाय के पुलिस अमले को भी लूटपाट करती भीड़ की धमकियों का लक्ष्य बनाया गया था। अल्पसंख्यक समुदाय के कई राजपत्रित पुलिस अधिकारियों को उनके वरिष्ठ अधिकारियों द्वारा सलाह दी गई थी कि वे हिंसा की अवधि में अपने घरों के भीतर ही रहें। कई वक्ताओं ने उस घटना का उल्लेख किया जिसमें पुलिस महानिरीक्षक सैयद को, जो यूनिफार्म पहने हुए थे और उनकी नाम-पट्टी भी लगी हुई थी, कुछ पुलिस कर्मियों की उपस्थिति में एक भीड़ ने डराते हुए संबोधित किया था।[27]

ये उदाहरण इस आरोप को प्रमाणित करते प्रतीत होते हैं कि गोधरा कांड के बाद के दंगों में मुसलमानों के उत्पीड़न में प्रशासन और पुलिस की अकसर सहभागिता थी। बहरहाल, यहाँ यह आपत्ति भी जोड़ना जरूरी है कि राष्ट्रीय मानव अधिकार आयोग जैसे उत्तरदायी संगठनों की खोज के परिणाम से यह निष्कर्ष निकलता हुआ प्रतीत होता है, किंतु अब भी इस बाबत कोई निश्चित निष्कर्ष नहीं निकाला जा सकता है।

भारत के राष्ट्रपति द्वारा टिप्पणी

तत्कालीन भारत के राष्ट्रपति, के. आर. नारायण, द्वारा प्रेस को दिए एक साक्षात्कार से यह बात सामने आई कि उन्होंने तत्कालीन प्रधानमंत्री, अटल बिहारी वाजपेयी, के साथ पत्राचार किया था, जिसमें उन्होंने जिस ढंग से केंद्र और राज्य शासन द्वारा गुजरात दंगों से निपटा जा रहा है, उस पर अपनी चिंता व्यक्त की थी। सूचना का अधिकार अधिनियम, 2005, के अंतर्गत मुख्य सूचना आयुक्त के माध्यम से इस पत्राचार को सार्वजनिक करने की माँग की गई थी। बहरहाल, शासन इस पत्राचार को सार्वजनिक करने के लिए यह कहकर राजी नहीं हुआ कि ''उसका खुलासा भारत की सार्वभौमिकता और एकता को और राज्य की सुरक्षा, रणनीतिक, वैज्ञानिक तथा आर्थिक हितों, आदि को प्रतिकूल ढंग से प्रभावित करेगा। इन परिस्थितियों में प्रतिलिपियाँ उपलब्ध नहीं कराई जा सकती हैं।''[28] मुख्य सूचना आयुक्त ने यह तर्क स्वीकार नहीं किया परंतु मामला सुलझा नहीं है और पत्राचार को अब तक सार्वजनिक किया जाना बाकी है। फिर भी, नारायणन ने खुद ही मार्च 2005 में एक प्रेस साक्षात्कार में पत्राचार के स्वरूप को उद्घाटित किया, जो नीचे उद्धृत है :

> गुजरात में सांप्रदायिक दंगों के लिए शासकीय और प्रशासकीय समर्थन था। मैंने इस समस्या के इस पहलू पर प्रधानमंत्री वाजपेयी को कई पत्र भेजे थे। मैंने उनसे स्वयं भेंट की और उनसे सीधे बात की थी। परंतु वाजपेयी ने कोई भी प्रभावकारी कार्य नहीं किया...यदि शूट करने की शक्ति सेना को दी गई होती तो हत्याकांड को बड़ी हद तक टाला जा सकता था। मैं महसूस करता हूँ कि गुजरात दंगों के पीछे एक षड्यंत्र था जिसमें राज्य और केंद्र की सरकारें शामिल थीं।[29]

यह स्पष्ट है कि गुजरात में दंगों को नियंत्रित करने के लिए प्रभावी कार्रवाई करने में शासन ने जिस तरह हीला हवाला किया, उसको लेकर राष्ट्रपति चिंतित हुए थे और वे इस

बाबत राज्य और केंद्र की सरकारों के बीच षड्यंत्र होने का संकेत देने की हद तक चले गए थे। निश्चय ही, एक अत्यंत क्षतिकारक दोषारोपण था।

दूरगामी प्रभाव

दंगे जून 2002 में समाप्त हो गए किंतु लोगों के जीवन और मानस पर उसका दीर्घ कालीन प्रभाव पड़ा है। दंगों में अपने घरों से विस्थापित हुए अनेक मुसलमान परिवारों का अब तक पूरी तरह पुनर्वास नहीं हुआ है। रिलीफ कैंप में रहने की छोटी अवधि में उन्हें अपना सब कुछ छिन जाने की भावना और भेदभाव दोनों का सामना करना पड़ा था। इसके फलस्वरूप वे राज्य के भीतर की व्यवस्था और बहुसंख्यक समाज से वे अलग-थलग हो गए।

जिस तरह भाजपा 2002 के बाद के लगातार दो राज्य निर्वाचनों में बड़े बहुमत के साथ सत्ता में वापस आई उससे स्पष्ट है कि इन दंगों से भाजपा को राजनीतिक लाभ मिला, संभवत: गुजरात में मतदाताओं के ध्रुवीकरण के सीधे परिणाम के कारण। बहरहाल, गुजरात के लोगों के पास हिंदुओं और मुसलमानों के बीच तनावपूर्ण संबंधों और निरंतर परस्पर बैर का उत्तराधिकार बचा है।

अन्य उदाहरणों में जैसा होता आया है, वैसा ही यहाँ भी हुआ जिसके अनुसार भाषायी मीडिया द्वारा निबाही गई भूमिका आप

त्तिजनक पाई गई थी। यह स्थिति इस बात पर जोर देती है कि ऐसे नाजुक अवसरों पर मीडिया में जो कुछ प्रकाशित होता है उसको नियंत्रित किए जाने की आवश्यकता है, क्योंकि इस बाबत अभी कोई भी कठोर तंत्र नहीं है। भारत की प्रेस परिषद् की शक्तियाँ बेहद सीमित हैं। अब समय आ गया है कि इस संस्था को ऐसी प्रभावी शक्तियाँ उपलब्ध कराई जाएँ जिनसे वह मीडिया के उन पथभ्रष्ट वर्गों को नियंत्रित कर सके जो समुदायों के बीच वैमनस्य पैदा करने वाले तरीके से काम करने के अभ्यस्त हैं। प्रेस की स्वतंत्रता पवित्र है, फिर भी उसे देश के बड़े हित में खुद पर कुछ रोक लगाई जाने के लिए सहमत होना चाहिए।

टिप्पणियाँ

1. जब बीजेपी के नेतृत्व वाले गठबंधन एनडीए को हटाकर विपक्ष का गठबंधन, यूपीए, केंद्र में सत्ता में आया तब यू.सी. बैनर्जी आयोग, गुजरात दंगों के दो वर्ष बाद, गठित किया गया था
2. 'गोधरा प्रोब फाइंडिंग्ज आर पार्शियल', प्रेस ट्रस्ट ऑफ इंडिया, 12 अक्टूबर, 2008 http://newsx.com/story/31184
3. जी.टी. नानावटी एंड ए.एच. मेहरा, ''रिपोर्ट बाय द कमीशन ऑफ इंक्वायरी इन टू द फैक्ट्स, सरकमस्टांसेज एंड आल द कोर्स ऑफ इवेंट्स ऑफ द इंसिडेंट्स दैट लेड टू सेंटिंग आन फायर सम कोचेज ऑफ द साबरमती एक्सप्रेस ट्रेन ऑन 27-2-2002 नियर गोधरा रेल्वे स्टेशन एंड द सब्सिक्वेंट इंसिडेंट्स ऑफ वायलेंस इन द स्टेट इन आफ्टरमाथ ऑफ द गोधरा इंसिडेंट'' (18 सेप्टेंबर, 2008) अहमदाबाद
4. 'बोथ गोधरा प्रोब रिपोर्ट्स आर पार्शियल, सेज राइट्स पैनल', द फायनेसियल एक्सप्रेस, 13 अक्टूबर, 2008

5. 'पोटा नॉट एप्लीकेबल इन गोधरा रायट्स केस : गुज. एचसी', द टाइम्स ऑफ इंडिया, 13 फरवरी, 2008
6. '2002 गुजरात वायलेंस', http://en.wikipedia.org/wiki/2002_ गुजरात-वायलेंस
7. अच्युत याज्ञनिक और सुचित्रा शेठ, 'विदर गुजरात? वायलेंस एंड आफ्टर', इकॉनॉमिक एंड पोलिटिकल वीकली, 16 मार्च, 2002, जैसा कि द गुजरात कार्नेज, सम्पा. असगर अली इंजीनियर (न्यू डेल्ही : ओरियंट लांगमैन, 2003), पृ. 85-86 में दिया है
8. वही
9. ब्रास, प्राडक्शन ऑफ हिंदू-मुस्लिम वायलेंस, पृ. 386-392
10. वही
11. 'सेफहाउस ऑफ हॉटर्स', तहलका 4 (43), 3 नवंबर, 2009 पृ. 74-76
12. 'रिपोर्ट ऑफ एन एच आर सी टीम' http://nhrc.nic.in/guj_annex_1.him
13. 'नरोदा पाटिया मासाकर : मुस्लिम्स, दे डोंट डिजर्व टू लिव', तहलका 4(43), 3 नवंबर, 2007, पृ. 66-73
14. आईबीएन लाईव, ीजजच : http://ibnlive.in.com/news/guj-minister-maya-kodnanis-bail-to-com/concelled/86156-3.html
15. 'बेस्ट बेकरी केस', http://en.wikipedia.org/wiki/Best-Bakery_case
16 शीला भट्ट, 'द ट्रेजेडी ऑफ बिलकिस बानो' (7 अगस्त, 2004), http://in.rediff.com/news/2004/aug/07specl.htm
17. ब्रास, प्राडक्शन ऑफ हिंदू-मुस्लिम वायलेंस, पृ. 388
18. बी बी सी न्यूज, http://news.bbc.co.uk/2/hi/south_asia/7416073.stm.
19. 'रिपोर्ट ऑफ एन एच आर सी टीम', http://nhrc.nic.in/guj_annex_1.htm
20. 'गुजरात वायलेंस', ीजजच : http://en.wikipedia.org/wiki/2002_Gujarat_violence
21. आकार पटेल, दिलीप पडगांवकर और बी.जी.वर्गीस, 'राइट्स एंड रांग्ज-आर्डियल बाय फायर इन द किलिंग फील्ड्स ऑफ गुजरात' (3 मई, 2002), सम्पा. गिल्ड फैक्ट फाइंडिंग मिशन रिपोर्ट, नई दिल्ली, पृ. 2
22. वही, पृ. 16
23. वही, पृ. 20
24. लोकसभा तारांकित प्रश्न क्रमांक 23, विलास मुत्तमवार और ज्योतिरादित्य सिंधिया द्वारा, गुजरात पर राष्ट्रीय मानव अधिकार आयोग की रिपोर्ट पर तथा चौ. विद्यासागर राव, राज्यमंत्री, गृह मंत्रालय, भारत शासन द्वारा दिया गया उत्तर
25. वही
26. 'रिपोर्ट ऑफ एन एच आर सी टीम', http://nhrc.nic.in/guj_annex_1.htm
27. वही
28. ए.जी. नूरानी, 'मैटर्स ऑफ पॉलिसी : ए प्रेसीडेंट्स लेटर्स ऑन द गुजरात पोग्राम टू ए पीएम आर द नेशन्स प्रापर्टी-डियर अटलजी', द हिंदुस्तान टाइम्स, 23 मई, 2002
29. वही, साक्षात्कार केरल के एक विधायक पी.टी. थामस को दिया गया था जो पहले मलयालम मासिक पत्रिका 'मानव संस्कृति' में प्रकाशित हुआ http://in.rediff.com/cms/print.jsp?docpath=//news/2005/mar/07interl.htm

गैर-ज्योतिषीय भविष्य-दर्शन

वैश्विक परिप्रेक्ष्य में, यह दृष्टिकोण वास्तव में शंकास्पद है कि भविष्य में संघर्ष सभ्यतामूलक मतभेदों को लेकर होंगे। यह अधिक सम्भावित है कि राजनीतिक और आर्थिक कारक और वैश्विक या क्षेत्रीय प्रभुता हासिल करने की अनिवार्यताएँ ऐसे संघर्षों को संचालित करें। ऐसे संघर्ष होंगे या नहीं, और कब तथा कहाँ होंगे, ये बातें भी इस पर निर्भर करेंगी कि संयुक्त राष्ट्र संघ जैसी अंतरराष्ट्रीय संस्थाएँ अपनी भूमिका निभाने में कितनी प्रभावशील या अप्रभावशील हैं जिन पर संघर्ष-निराकरण के मंचों के रूप में कार्य करने का दायित्व है।

बहरहाल, क्षेत्रीय, उप-क्षेत्रीय और राष्ट्रीय स्तरों पर होने वाले ऐसे संघर्ष जैसे- लेबनान में इजराइल और हेजबोल्लाह के बीच, गाजा में इजराइल और हमस के बीच, इराक में शिया और सुन्नी के बीच, श्रीलंका में तमिल और सिंहल-प्रभुता वाली सरकार के बीच, और भारत में हिंदू और मुसलमान के बीच निकट भविष्य या बाद के समय में भी आसानी से थमने वाले नहीं हैं।

हमने देखा है कि हिंदू-मुसलमान दंगे एक शताब्दी से अधिक समय से चली आ रही स्थायी घटना है। अंग्रेजी राज के प्रारंभिक काल उन्नीसवीं सदी में, सांप्रदायिक दंगे बिलकुल नहीं के बराबर थे, और अगर होते भी तो काफी अंतराल में। साम्राज्यवादी शासन के विरुद्ध राष्ट्रवादी शक्तियों के एकजुटीकरण और ऐसे एकजुटीकरण को टालने के लिए 'बाँटो और राज करो' नीति को अपनाकर अंग्रेजों द्वारा क्रियान्वित की गई रणनीति के फलस्वरूप हिंदुओं और मुसलमानों के बीच की खाई चौड़ी हो गई। फलस्वरूप, बीसवीं सदी के प्रारंभिक हिस्से में यहाँ-वहाँ हिंदू-मुसलमान हिंसा भड़कने लगी। इस अवधि में ऐसी आग लगने का एक उदाहरण 1930 में कानपुर में हुआ दंगा है।

इसके बाद, देश के विभाजन का आघात लगा और विभाजन के पहले तथा बाद में सीमा के दोनों ओर खून की नदियाँ बही थीं। उस समय प्रशासन अस्त-व्यस्त था और उसकी यह क्षमता नहीं थी कि वह उस स्तर पर होने वाली हिंसा से निपट सके। शासन थमा हुआ था, एक व्यक्ति, महात्मा गांधी के भगीरथ प्रयत्नों से लोगों में कुछ विवेकशीलता आई और धीरे-धीरे जीवन वापस सामान्य हुआ। हिंसा का अति विस्तार ही हिंसा को सीमित कर सका, महात्मा गांधी के एक हत्यारे की गोली का शिकार होने के बाद पचास का दशक सांप्रदायिक वैमनस्य और हिंसा से लगभग मुक्त रहा था।

1960 के दशक से लेकर अब तक, हिंदू और मुसलमानों के बीच समय-समय पर संघर्ष होते रहे हैं, इन संघर्षों के होने की बारंबारता और प्रचंडता अलग-अलग होती रही है, पर हमारे लिए यह समस्या बनी रही।

इन संघर्षों को धार्मिक या सांस्कृतिक विसंगति निरुपित करना रोषजनक है क्योंकि ना तो कोई धर्म और ना हमारी अंतर्निहित सांस्कृतिक परंपराएँ हिंसा को अनुमोदित करती हैं। हमने देखा है कि किस तरह राजनीतिक और आर्थिक कारक, प्राथमिक रूप से राजनीतिक, अधिकांश संघर्षों के लिए उत्तरदायी रहे हैं। पॉल ब्रास जैसे अध्येता यह तर्क देते हैं कि सांप्रदायिक दंगों के किसी कारण या विभिन्न प्रकार के कारणों को पता लगाने की कोशिश करना या उन्हें पहचानना व्यर्थ है क्योंकि 'दंगा-उत्पादन' की गतिकी ऐसी है जो कारणगत विश्लेषण को नकारती है। बहरहाल, यह निश्चित है कि अलग-अलग समय पर कुछ भावनात्मक मुद्दों को लेकर राजनीतिक एकजुटीकरण के द्वारा दो प्रमुख समुदायों के बीच के मतभेदों को उभारा गया है और उसके परिणामस्वरूप सांप्रदायिक हिंसा भड़की है।

अब तक का जो सर्वाधिक उल्लेखनीय राजनीतिक एकजुटीकरण रहा है, जिसने हिंदुत्व के समर्थकों के लिए पर्याप्त राजनीतिक आकर्षण जुटाया, वह अयोध्या में राम मंदिर के निर्माण के मुद्दे को लेकर था। स्वतंत्र भारत के सबसे भयावह सांप्रदायिक अग्निकांड इसी राजनीतिक एकजुटीकरण के परिणाम थे। इनमें से तीन का, भागलपुर (1989), बम्बई (1992-93) और गुजरात (2003) का, इसी पुस्तक में विवरण दिया गया है।

यह तथ्य, कि गुजरात दंगों के बाद कोई बड़ी हिंदू-मुसलमान हिंसा नहीं हुई है, हमें यह अवसर उपलब्ध कराता है कि हम इस बात पर विचार करें और भविष्य में ऐसी त्रासदायी घटनाएँ न हों–इस सम्भावना पर चिंतन करें। यद्यपि अयोध्या मंदिर मुद्दा हल नहीं हुआ है, परंतु, यह लगता है कि इस मुद्दे का और अधिक राजनीतिक और चुनावी लाभ लेने की सम्भावनाएँ बेहद कम हो गई हैं।

2004 के आम चुनाव और 2007 के उत्तर प्रदेश में राज्य विधान सभा के चुनाव इस बात का संकेत देते हैं। यह बात 2009 के आम चुनाव के परिणाम से और भी ज्यादा पुष्ट हो गई, जो यह बतलाती है कि पुनरुत्थानवादी ब्रांड वाली विचारधारा से जुड़े मुद्दे मतदाताओं को अब आकर्षित या विकर्षित नहीं करते हैं। इसका अर्थ यह कहना नहीं है कि इसी प्रकार के भावनात्मक मुद्दों पर भविष्य में संवेदनाओं को उभारा नहीं जा सकता है। जब तक राजनीतिक दलों और धार्मिक नेताओं, महंतों, शंकराचार्यों, इमामों और उलमाओं के मध्य यह आम सहमति नहीं हो जाती कि नया समर्थक बनाने या अपने समर्थकों को एकजुट करने के लिए ऐसे मुद्दों का दोहन नहीं करेंगे, प्रसंगानुकूल हिंसा का चक्र चलता रहेगा।

हाल के समय में, जब कई राज्यों में चुनाव होने को थे और उनके बाद 2009 के मध्य में आम चुनाव होने थे, ऐसा प्रतीत हुआ था कि वर्गगत हिंसा के भड़कने से लाभ उठा सकने वाली शक्तियाँ सक्रिय हो गई हैं।

अप्रैल 2008 के बाद कुछ माहों में कई राज्यों में विभिन्न स्थानों, जैसे–मध्य प्रदेश में बुरहानपुर, महाराष्ट्र में धुले, मध्य असम के जिलों (जहाँ बोडो आदिवासी और मुसलमानों के बीच संघर्षों में लगभग 50 व्यक्ति मारे गए थे), और आंध्र प्रदेश में आदिलाबाद में लगभग 150 व्यक्ति मारे गए थे। उड़ीसा और कर्नाटक राज्यों में बजरंग दल के कार्य कर्ताओं और ईसाइयों के बीच हुए अनेक संघर्षों में बहुत से लोगों की जानें गईं। ये घटनाएँ भविष्य के लिए शुभ संकेत नहीं हैं।

वास्तव में मुद्दा यह है कि पहचान की राजनीति से दूर रहा जाए क्योंकि ऐसी राजनीति के शीघ्र ही नफरत की राजनीति में ढल जाने की संभावना रहती है। वर्तमान में अधिकांश राजनीतिक दल इस प्रकार की राजनीति करने के दोषी हैं। जिन पहचानों को लेकर खेल किया जाता है वे धार्मिक, जाति–आधारित, क्षेत्रीय या भाषायी होती हैं और इन पहचानों को लेकर मतदाताओं की तीव्र भावनाओं को उभारने की कोशिश की जाती है। इस बात की संभावना बिलकुल कम है कि राजनीतिक चर्चा का स्वरूप इन पहचान संबंधी मुद्दों से ऊपर उठेगा।

हाल के वर्षों में, इस युग–युगीन समस्या में आतंकवाद की घटनाओं ने नया आयाम जोड़ा है। इस विषय पर आधारित अध्याय में हमने आतंकवाद की कार्रवाइयों और सांप्रदायिक हिंसा भड़कने के बीच स्पष्ट अंतर बतलाया है, किंतु आम लोगों की धारणाओं में ये दोनों एक-साथ जुड़ी बातें हैं। आतंकवादी हिंसा के शिकार हुए बहुतेरे लोग मुसलमान हैं, फिर भी जब कभी आतंकवाद की घटना होती है, मुसलमानों का विपरीत ढंग से ही चरित्र–चित्रण किया जाता है।

विशेषज्ञों का दृढ़ मत है कि इन आतंकवादी हमलों का लक्ष्य समुदायों के बीच वैमनस्य पैदा कर हमारे समाज को अस्थिर करना है। आरोप लगने से बचने के लिए पुलिस, और नए दर्शकों तथा पाठकों की संख्या बढ़ाने के लिए मीडिया संदिग्ध आरोपियों की पहचान को खासकर बतलाते हैं, जिससे भारतीय मुसलमानों का प्रतिकूल ढंग से चरित्र–चित्रण होता है। अकसर ही, ये सूत्र गलत सिद्ध होते हैं और संदिग्ध आरोपी निर्दोष निकलते हैं। किंतु नुकसान तो हो जाता ही है। इस तरह की तथाकथित 'पता लगा लेने' की खबर को समय–पूर्व प्रचारित करने से रोकने के लिए जब तक कोई कानून लागू नहीं किया जाता है, स्थिति बद से बदतर होती जाएगी। हम यह चर्चा कर चुके हैं कि इस समस्या को तब ही हल किया जा सकता है जब हम आतंक से जुड़ी घटनाओं को होने से रोकने के संबंध में अपनी एजेंसियों की क्षमता को विकसित करेंगे।

बिलकुल निकट भविष्य में सांप्रदायिक दंगों को भड़कने से रोके जाने की संभावना नगण्य है। चूँकि 'मानव हृदय में आशा का दरिया बहता रहता है' इसलिए सुरंग के आखिरी छोर पर धुँधली रोशनी दिखाई देती है। विकसित देशों में ऐसे संघर्ष बिरले ही होते हैं। नस्ली रूप से विभिन्नता वाले और बहु संस्कृति वाले समाज, जैसे यूनाइटेड स्टेट्स में काकेशियन और अफ्रीकन–अमेरिकन (साथ ही, हिस्पैनिक और एशियन भी) ने अपनी शत्रुता को सार्वजनिक रूप से प्रदर्शित किए बिना, जो उसे उस घटना में

रूपान्तरित कर देती है जिसे हम 'दंगे' कहते हैं, एक साथ रहना सीख लिया है। अतः आर्थिक-विकास इस समस्या के निदान की कुंजी है। जैसे-जैसे लोगों को गरीबी से ऊपर लाया जाता है और ज्यादा लोग, जिनमें अल्पसंख्यक लोग भी शामिल होते हैं, लाभकारी रोजगार में लग जाते हैं, वैसे-वैसे स्वार्थ साधने वालों के लिए अपनी जघन्य योजनाओं के लिए पैदल-सिपाही जुटाना ज्यादा-से-ज्यादा मुश्किल होता जाएगा।

हमारी अर्थ-व्यवस्था द्विअंकीय वृद्धि के दौर में शीघ्र प्रवेश कर सकती है और यह बात हमारे राजनीतिज्ञों का ध्यान पहचान की राजनीति से दूर ले जाकर, विभाजनकारी जातिवादी मुद्दों से हटाकर, चुनावी रणनीतियों में 'विकास के मुद्दों' पर सच्चे मन से केंद्रित करा सकती है।

हम उम्मीद करते हैं कि इस एशियाई शताब्दी में, भविष्य में कुंजी खुलने पर, हम पाएँगे कि भारत विश्व की तीसरी बड़ी अर्थव्यवस्था बन चुका होगा और पहचान की राजनीति को केवल एक ऐतिहासिक तथ्य के रूप में देखा जा सकेगा।

परिशिष्ट

पी.के. लाहिरी, जिला मजिस्ट्रेट, इंदौर का बयान, न्यायाधिपति टी.सी. श्रीवास्तव न्यायिक जाँच आयोग को दिया गया

आरंभ

1. 2 जून, 1969 को मास्टर चंदगीराम 'हिंद केसरी' इंदौर आए। उनका अभिनंदन करने के लिए कुछ कार्यक्रम आयोजित किए गए थे, जिसमें 3 जून को होने वाला स्वागत समारोह शामिल था। करीब 7:30 बजे अपराह्न में रेलवे स्टेशन पर अगवानी की जाने के बाद उन्हें दुग्ध विक्रेता संघ, इंदौर द्वारा आयोजित एक जुलूस में ले जाया गया।
2. उसी दिन शाम को कुछ अन्य प्रायोजकों द्वारा नेहरू स्टेडियम में एक फ्री स्टाइल कुश्ती प्रदर्शन भी आयोजित किया गया था। ऐसे अवसरों पर पिछले समय में हुई गड़बड़ियों को देखते हुए, राजपत्रित पुलिस अधिकारियों और दंडाधिकारियों के अधीन एक बड़ा बल व्यवस्था के लिए तैनात किया गया। पुलिस अधीक्षक, इंदौर की अनुपस्थिति में मैंने स्टेडियम में और चंदगीराम के जुलूस के लिए पुलिस द्वारा की गई व्यवस्था के संबंध में नगर पुलिस अधीक्षक-1 श्री भटनागर के साथ चर्चा की थी। उन्होंने मुझे स्टेडियम में की गई पुलिस व्यवस्था की बाबत विस्तार से बताया था और यह सूचित किया था कि चंदगीराम के जुलूस की व्यवस्था के लिए पुलिस बल के एक बड़े दस्ते के साथ नगर पुलिस अधीक्षक-2 श्री शुक्ला को तैनात किया गया है। किसी गड़बड़ी की आशंका नहीं थी, फिर भी चंदगीराम के स्वागत में जुलूस को निकालने की अनुमति नगर पुलिस अधीक्षक-1 के द्वारा एहतियाती उपाय के रूप में पुलिस एक्ट की धारा 30 के अंतर्गत, मार्ग निर्धारित करते हुए और एक विशेष शर्त के साथ कि जुलूस के साथ कोई अखाड़ा संबद्ध नहीं होगा, दी गई। जुलूस को अहिल्या चौक पर समाप्त होना था और यह सुनिश्चित करने के लिए कि जुलूस सुचारू रूप से निकले, श्री एस.एल.शुक्ला, नगर पुलिस अधीक्षक के अधीन एक निरीक्षक, पाँच उपनिरीक्षक, 15 हवालदार और 50 सिपाहियों वाला पुलिस बल जुलूस के साथ चला। जब मास्टर चंदगीराम का जुलूस अहिल्या चौक की ओर चला तब रास्ते में उनका हिंदुओं और मुसलमानों समेत जनता द्वारा, उत्साहपूर्वक स्वागत किया गया था। शुरू में जुलूस में करीब 300 लोग शामिल थे और विभिन्न बस्तियों में से होते हुए यह जुलूस लगभग 9 बजे अपराह्न जवाहर मार्ग के मुंबई

बाजार क्षेत्र में जब पहुँचा तब तक कोई घटना नहीं हुई थी। जुलूस प्रारंभ होने के समय से ही उसके साथ लाठी लिये हुए कुछ स्वयं सेवक थे जो जुलूस के लक्ष्य तक पहुँचने के रास्ते की रुकावटों को दूर कर रहे थे।

3. मुंबई बाजार चौरस्ते पर लगभग 300 दर्शकों की भीड़ खड़ी थी जिनमें से अधिकांश अल्पसंख्यक समुदाय के थे। शुरू में ऐसा प्रतीत हुआ कि ये वे दर्शक हैं जो चंदगीराम के रास्ते में सम्मान में खड़े हैं। किंतु उनकी उपस्थिति से जुलूस के आगे बढ़ने में कुछ बाधा आई थी। जुलूस को आगे बढ़ने देने के लिए पुलिस अफसरों ने रुकावट को दूर करने की कोशिश की। जुलूस के कुछ सदस्यों ने जुलूस के लिए जबरदस्ती रास्ता बनाने के लिहाज से लाठी चलाई। संभवतः इससे भीड़ नाराज हो गई और जुलूस पर पत्थर फेंके गए। इसका कुछ विरोध भी हुआ था। पुलिस अधिकारियों ने बुद्धिमत्तापूर्वक कार्य करते हुए चंदगीराम को ले जा रही जीप को उस स्थान से निकालकर तेजी से सुरक्षित स्थान में भेज दिया। जुलूस अपने आप भंग हो गया और लोग तितर-बितर हो गए। इस बीच मुंबई बाजार चौरस्ते के निकट जवाहर मार्ग के दोनों ओर दोनों समुदायों की भीड़ एकत्र हो गई और फिर हुए हंगामे में सोडा वाटर बोतलों, लोहे की छड़ों, पत्थरों, आदि का उपयोग किया गया। स्थिति को नियंत्रण में लाने का उपाय करने के दौरान नगर पुलिस अधीक्षक शुक्ला और नगर निरीक्षक को चोटें पहुँचीं। परंतु जब स्थिति बिगड़ गई तो नगर पुलिस अधीक्षक ने निकटतम पुलिस थाने, अर्थात पुलिस थाना सराफा से हथियार और गोली-बारूद मँगाए। हथियार प्राप्त हो जाने पर नगर पुलिस अधीक्षक और उसके दस्ते को हिंसा करती भीड़ों को तितर-बितर करने के लिए 21:20 बजे गोली चालन करना पड़ा। इस मुकाम पर 11 राउंड गोलियाँ चलाई गई थीं।

4. लगभग 9:30 बजे अपराह्न नगर पुलिस अधीक्षक श्री शुक्ला का मेरे निवास पर एक टेलीफोन आया जिसमें स्थिति अनियंत्रित हो जाने की वजह से अतिरिक्त पुलिस बल की माँग की गई। मैं तत्काल निकल कर स्टेडियम पहुँचा, जहाँ, जैसा कि पहले वर्णित किया जा चुका है, फ्री स्टाइल कुश्ती का आयोजन किया जा रहा था। कुश्ती हो चुकी थी और मेरे द्वारा नगर निरीक्षक श्री सुगन सिंह के साथ दो प्लाटून कमांडरों, छः हवलदारों और 65 सिपाहियों वाला एक दस्ता एक पुलिस ट्रक में करीब 9:35 बजे अपराह्न में मुंबई बाजार भेजा गया। इसके शीघ्र बाद मैंने नगर पुलिस अधीक्षक-1 श्री भटनागर और नगर दंडाधिकारी श्री सिंह, को स्टेडियम में पाया और उन्हें लगभग 9:50 बजे अपराह्न में मुंबई बाजार भेजा। मैंने श्री कैलाश सक्सेना, उप पुलिस अधीक्षक, को समस्त उपलब्ध पुलिस बल को एकजुट करने के लिए नियंत्रण कक्ष तत्काल जाने के लिए निर्देश दिए। स्टेडियम में बचे शेष बल को नियंत्रण कक्ष जाने के लिए निर्देश दिए गए। इसके बाद मैं और श्री सी.एस. कदम के छुट्टी पर होने के कारण उनकी अनुपस्थिति में, अतिरिक्त पुलिस अधीक्षक स्थिति का नियंत्रण करने के लिए नियंत्रण कक्ष की ओर बढ़े और वहाँ लगभग 10:00 बजे अपराह्न पहुँचे।

बाद की घटनाएँ

5. गड़बड़ी सबसे पहले मुंबई बाजार और पड़ोस की बस्तियों में तेजी से फैली। मुख्य जवाहर मार्ग पर अनेक दुकानों को लूटा गया और कुछ दुकानों तथा लूटी हुई सामग्रियों को सड़क पर इकट्ठा कर जला दिया गया। मुख्य सड़क से निकली गलियों में बेतहाशा पत्थरबाजी हो रही थी, खासकर आवासीय घरों की छतों, खिड़कियों और अन्य खुली जगहों से।

   नगर पुलिस अधीक्षक भटनागर और उनके दस्ते तथा नगर निरीक्षक को लोगों तथा संपत्ति की रक्षा के लिए और भयावह भीड़ों को तितर-बितर करने के लिए कुछ स्थानों पर गोली चालन करना पड़ा था। इस इलाके में कुल 36 राउंड गोलियाँ चलाई गई थीं।

6. नियंत्रण कक्ष पहुँचने पर मैंने अतिरिक्त जिला दंडाधिकारी ठाकुर से संपर्क किया और उन्हें तत्काल नियंत्रण कक्ष पहुँचने के लिए कहा। श्री माथुर, डिप्टी कलेक्टर और दंडाधिकारी, से भी मेरे द्वारा फोन पर संपर्क किया गया और उन्हें अन्य डिप्टी कलेक्टरों/मजिस्ट्रेटों के साथ नियंत्रण कक्ष शीघ्रता से आने के लिए कहा गया। श्री भटनागर नगर पुलिस अधीक्षक-1 ने 11:00 बजे अपराह्न के थोड़ी देर बाद पुलिस थाना सराफा से टेलीफोन कर मुझे मुंबई बाजार क्षेत्र की स्थिति के बाबत जानकारी दी। उन्होंने गंभीर स्थिति को देखते हुए कर्फ्यू लगाने का सुझाव दिया और इस पर मैंने इंदौर शहर की सीमा में कर्फ्यू लगाने का निर्णय लिया और उसे यह कहा कि कर्फ्यू लगाए जाने की उद्घोषणा लाउड स्पीकरों के जरिए की जाए। इसी तरह की उद्घोषणा करने के लिए नियंत्रण कक्ष से अन्य कर्मियों को भेजा गया। कर्फ्यू की उद्घोषणा मध्य रात्रि से 3.6.1969 को 8:00 बजे पूर्वाह्न तक के लिए प्रभावशील की गई थी।

7. जब श्री ठाकुर, अतिरिक्त जिला मजिस्ट्रेट, पहुँच गए तब मैंने उन्हें एक पुलिस अधिकारी और बल के साथ मुंबई बाजार क्षेत्र को लगभग 10:45 बजे अपराह्न में भेजा। इस बीच, मुझे सूचित किया गया कि मुंबई बाजार क्षेत्र में बिजली फेल हो गई है और मैंने टेलीफोन पर आयुक्त से निवेदन किया कि वे मध्य प्रदेश विद्युत मंडल के अधिकारियों से इस विषय में चर्चा करें और कुछ समय बाद फेल हुई बिजली ठीक कर दी गई। मैंने आयुक्त से भोपाल तथा अन्य स्थानों से और पुलिस बल बुलाने के लिए भी निवेदन किया। बाद में आयुक्त ने मुझे सूचित किया कि उज्जैन से एसएएफ की एक कम्पनी तत्काल भेजी जा रही है और भोपाल से एक या दो कंपनियाँ रवाना होंगी।

8. इस बीच मुझे पता चला कि यद्यपि मुंबई बाजार क्षेत्र में स्थिति कुछ सुधर गई है, फिर भी गड़बड़ी करने वाले उस क्षेत्र में, विशेषकर गलियों और छोटी गलियों में, अब भी पत्थर फेंक रहे हैं, आगजनी कर रहे हैं और गुंडागर्दी की अन्य कार्रवाइयाँ कर रहे हैं। अतः मैंने करीब 10:40 अपराह्न में पुलिस बल के एक दस्ते के साथ मुंबई बाजार जाने का निर्णय लिया। घटना स्थल पर पहुँचने पर मैंने पाया कि मुख्य सड़क को साफ कर दिया गया है किंतु कुछ स्थानों पर सड़क पर लूटी गई सामग्री

के ढेर पड़े हुए हैं जिन्हें बदमाशों ने आग लगा दी थी। फायर ब्रिगेड आग बुझाने के काम में लगा हुआ था और आगजनी के किसी भी मामले में आग को बड़े इलाके में फैलने नहीं दिया गया था। मैंने पाया कि सड़कों और गलियों पर पत्थर बिखरे पड़े हैं और कुछ स्थानों पर काँच के टुकड़े भी पड़े हैं। जवाहर मार्ग के दोनों ओर छोटी गलियों में गड़बड़ी फैलाने वाले लोगों को देखा जा सकता था। मैंने उनके द्वारा कुछ पत्थर फेंके जाते हुए भी देखे। जब मैं आश्वस्त हो गया कि क्षेत्र गड़गड़ी फैलाने वालों से मुक्त हो गया है, मैं नियंत्रण कक्ष वापस आ गया।

9. समस्त उपलब्ध पुलिस बल को तेजी के साथ सेंट्रल कोतवाली लाया गया था। किंतु जब गड़बड़ी बढ़ी और अन्य बस्तियों में फैली तब स्थिति का सामना करने और कर्फ्यू को प्रभावशाली ढंग से लागू किया जाना सुनिश्चित करने की दृष्टि से उपलब्ध पुलिस बल पूरी तौर पर अपर्याप्त प्रतीत हुआ। मुझे भोपाल से उप पुलिस महानिरीक्षक, प्रशासन, श्री नागू का टेलीफोन आया और मैंने अधिक-से-अधिक पुलिस बल इंदौर तत्काल भेजने की आवश्यकता पर जोर दिया। मैंने अतिरिक्त बल के लिए निवेदन करने की दृष्टि से आयुक्त से कई बार संपर्क किया और उन्होंने मुझे सूचित किया कि भोपाल तथा अन्य स्थानों से पुलिस बल प्राप्त करने के लिए वे हर प्रकार की कोशिश कर रहे हैं। उन्होंने मुझे यह भी बताया कि उन्होंने ग्वालियर में पुलिस महानिरीक्षक से संपर्क किया है और पुलिस महानिरीक्षक ने उन्हें कहा है कि इस तथ्य के प्रकाश में कि श्री सी.एस. कदम छुट्टी पर हैं और श्री सोरांग इंदौर के लिए बिलकुल नए हैं, वे श्री एस.पी. मिश्रा, कमांडेंट, पहली बटालियन एसएएफ, इंदौर को पुलिस अधीक्षक इंदौर के रूप में स्थिति का भार सँभालने के लिए कहें। श्री एस.पी. मिश्रा को पहले ही नियंत्रण कक्ष में बुला लिया गया था। और जैसे ही वे आए मैंने उन्हें इन आदेशों के बाबत सूचित किया। मध्यरात्रि के कुछ बाद श्री एस.पी. मिश्रा ने तदनुसार स्थिति का कार्यभार सँभाला।

10. मुंबई बाजार क्षेत्र में जब स्थिति नियंत्रण में लाई जा रही थी तब जूनी इंदौर क्षेत्र से आगजनी, पत्थरबाजी, आदि की सूचनाएँ प्राप्त हुईं। उपलब्ध बल में से कुछ को मेरे द्वारा तत्काल दंडाधिकारी श्री माथुर को एक राजपत्रित पुलिस अधिकारी के साथ लगभग 11:40 अपराह्न में जूनी इंदौर के प्रभावित क्षेत्र में जाने के लिए निर्देश दिया गया। जैसा कि पहले कहा जा चुका है, उसी समय मैंने मुंबई बाजार के लिए प्रस्थान किया और मध्यरात्रि के कुछ बाद लौटकर आया।

पुलिस थाना मल्हार गंज क्षेत्र में कुछ गड़बड़ी थी और मध्यरात्रि के कुछ समय बाद वहाँ एक दंगा कर रही और आगजनी करने को उतारू भीड़ को तितर-बितर करने के लिए पुलिस दस्ते को चार राउंड गोलियाँ चलानी पड़ी थीं।

11. श्री सुरेश सेठ, महापौर, तथा अन्य कुछ स्थानीय नेता नियंत्रण कक्ष में आए और उन्होंने मुझे सूचित किया कि जूनी इंदौर क्षेत्र में स्थिति नियंत्रण में नहीं आ रही है। नगर पुलिस अधीक्षक-1 श्री भटनागर मुंबई बाजार क्षेत्र से नियंत्रण कक्ष में वापस

आ गए थे और मैं उन्हें और पुलिस बल के एक दस्ते को लेकर करीब 12:50 बजे पूर्वाह्न में जूनी इंदौर की ओर बढ़ा। मैंने पाया कि यद्यपि फायर ब्रिगेड के कई इंजन काम कर रहे हैं फिर भी बड़ी संख्या में मकान आग से घिरे हुए हैं और आग का फैलाव रुक नहीं रहा है। मैंने पाया कि चौरस्ते पर स्थित मस्जिद के चारों ओर बने हुए मिट्टी के मकान जल रहे हैं और यह तत्काल जरूरी था कि मस्जिद को बचाने के लिए इन मकानों में लगी आग को बुझाने पर ध्यान केंद्रित किया जाए। तदनुसार मैंने श्री ऋषि, फायर ब्रिगेड के अधीक्षक, से कहा कि वे अपनी सारी कोशिशें इन मकानों को बचाने के लिए करें। कुछ समय बाद इलाके में लगी आग नियंत्रण में ले आई गई थी फिर भी इस क्षेत्र में, अधिकांशतः झुग्गियों और मिट्टी के मकानों को, काफी नुकसान हो चुका था। बहरहाल, मस्जिद व्यावहारिक रूप से अप्रभावित रही थी और उसे बचा लिया गया। इस बीच नगर पुलिस अधीक्षक भटनागर पुलिस बल के साथ दौड़कर गए और उन्होंने सड़क के दाईं और बाईं ओर आगे बनी गलियों और छोटी गलियों में इकट्ठी भीड़, जो आगजनी और गड़बड़ी करने में लगी थी, का पीछा कर उसे भगा दिया। उन्हें जन और संपत्ति की रक्षा करने और गड़बड़ी फैलाने वालों को भगाने के लिए गोली चालन का आदेश देना पड़ा था।

12. इस इलाके में जब स्थिति सुधर गई थी और आग को नियंत्रण में लाया जा रहा था, मैं नगर पुलिस अधीक्षक भटनागर के साथ नियंत्रण कक्ष में लौट आया और स्थिति को नियंत्रण में लाने के लिए उपायों के संबंध में निर्देश देते हुए भोर होने तक वहाँ बना रहा। इस अवधि में अतिरिक्त पुलिस बल आना शुरू हो गया था। बल जैसे ही पहुँचा उसे स्थिति को नियंत्रण में लाने के लिए शहर के विभिन्न हिस्सों में तैनात किया गया था।

13. नियंत्रण कक्ष में उपलब्ध वरिष्ठ पुलिस अधिकारियों, शहर के थाना प्रभारियों और दंडाधिकारियों की एक बैठक 3.6.1969 को लगभग 3 बजे पूर्वाह्न में की गई। मैंने और श्री एस.पी. मिश्रा ने अधिकारियों को संबोधित किया। इंदौर शहर के लिए 'आंतरिक सुरक्षा योजना' को क्रियान्वित करने का निर्णय लिया गया। तदनुसार, थाना प्रभारियों को निर्देश दिया गया कि वे सूचीबद्ध बुरे चरित्र वालों, अन्य असामाजिक तत्त्वों और गुंडों को, जिनकी सांप्रदायिक दंगे में शामिल होने की संभावना है, गिरफ्तार करना शुरू करें। श्री एस.पी. मिश्रा ने शहर को पाँच सेक्टरों में बाँटा, प्रत्येक सेक्टर को एक राजपत्रित पुलिस अधिकारी के अधीन रखा गया। आंतरिक सुरक्षा योजना में सूचीबद्ध किए गए महत्त्वपूर्ण स्थानों और कुछ अन्य रणनीतिक रूप से महत्त्वपूर्ण स्थानों पर पुलिस पिकेट की तैनाती को भी अंतिम रूप दिया गया। राज्य के विभिन्न हिस्सों से जब अतिरिक्त पुलिस बल आया तो इन पिकेटों को और सशक्त बनाया गया तथा बढ़ाया गया। बहरहाल, दो और तीन जून को पूरे समय हम पर्याप्त पुलिस बल के अभाव में बिगड़ी हुई परिस्थिति को सम्हालने में दिक्कत महसूस करते रहे। पिकेटों को तैनात करने और शहर को विभिन्न क्षेत्रों में बाँटने के

साथ-साथ, नगर में सघन गश्त करने के लिए कई मोबाईल दस्ते गठित किए गए थे। उप पुलिस महानिरीक्षक, इंदौर भी 3 जून को बड़ी सुबह भोपाल से वापस आ गए थे।

14. 3 जून, 1969 को कर्फ्यू की अवधि बढ़ा दी गई थी क्योंकि गड़बड़ी कुछ अन्य इलाकों, विशेषकर जिंसी और पुलिस थाना मल्हारगंज के पड़ोसी क्षेत्रों, में फैल चुकी थी। दिन के समय आगजनी और अन्य बदमाशी की कुछ छिटपुट घटनाएँ हुई थीं। शहर में तनाव फैल गया था और स्वदेशी तथा मालवा मिलों में पहली पारी में काम नहीं हुआ था।

पुलिस थाना मल्हारगंज क्षेत्र में अपराह्न के समय आगजनी और हमलों की कई वारदातें हुई थीं। अल्पसंख्यक समुदाय के एक सदस्य के घर में आग लगने की भी सूचना मिली थी। अनियंत्रित भीड़ को तितर-बितर करने और आगजनी को रोकने के लिए इस इलाके में पुलिस को गोली चालन करने का सहारा लेना पड़ा था। जिंसी इलाके में 3.6.1969 को बहुसंख्यक समुदाय का एक युवक गोली से घायल होने से मर गया।

15. अपराह्न के दौरान श्री खादीवाला और श्री झांझरिया सहित कुछ जन नेता नियंत्रण कक्ष में आए और शिकायत की कि जिंसी इलाके में स्थिति नियंत्रण के बाहर है। नगर पुलिस अधीक्षक, मजिस्ट्रेट तथा पुलिस बल को पहले ही उस इलाके में भेजा जा चुका था। बहरहाल, स्थिति की गंभीरता को देखते हुए मैंने और श्री एस.पी.मिश्रा ने घटना स्थल पर खुद ही जाने का निर्णय लिया। पुलिस थाना मल्हारगंज पहुँचने पर हमे मालूम पड़ा कि श्री भटनागर, नगर पुलिस अधीक्षक-1 के साथ के पुलिस बल ने जिंसी चौराहे पर एकत्र भीड़ को तितर-बितर कर दिया है, परंतु मल्हारगंज क्षेत्र में हम्मालों की मस्जिद के पास एक बड़ी भीड़ इकट्ठा हो गई है और वह मस्जिद को आग लगा रही है। जैसे ही फायर ब्रिगेड आया उसे मौके पर भेज दिया गया। इसी समय, मैंने कुछ लोगों को, जो दौड़ते हुए पुलिस थाने आए थे, पास में एक लड़के के गोली से मारे जाने पर रोते हुए सुना। पुलिस थाने में जो एम्बुलेंस गाड़ी उपलब्ध थी उसे इस आकस्मिकता से निपटने के लिए भेजा गया। बाद में हमें यह मालूम पड़ा कि यह बहुसंख्यक समाज का वही लड़का है जो बंदूक की गोली से घायल होकर मरा है।

16. मैं और श्री एस.पी. मिश्रा कुछ सिपाहियों को लेकर हम्मालों की मस्जिद को गए। मस्जिद के सामने के हिस्से को उस भीड़ द्वारा आग लगा दी गई थी जो अब मस्जिद के पीछे इकट्ठा थी और जिसका इरादा गड़बड़ी करने का मालूम पड़ता था। हमारे साथ जो थोड़ा सा पुलिस बल था उसने इस भीड़ को भगा दिया। भीड़ के कुछ लोग यह चिल्लाए कि मस्जिद के अंदर अल्पसंख्यक समुदाय के लोगों की एक बड़ी भीड़ घातक हथियारों के साथ एकत्र है और वह हमले की तैयारी कर रही है। इस भीड़ को बल के प्रदर्शन से तेजी से तितर-बितर कर दिया गया और हम मस्जिद के अंदर के लोगों को इस बात पर राजी करने में सफल हो सके कि वे दरवाजा खोलें और बाहर आएँ। हमने पाया कि कुछ महिलाओं और बच्चों सहित कोई बारह लोग, मस्जिद में इकट्ठा बैठे थे। जब वे बाहर आए तो वे बेहद डरे हुए और आतंकित अवस्था में थे।

उन्हें सुरक्षा के लिए पुलिस थाने में साथ-साथ पहुँचा दिया गया। मस्जिद धुएँ से भरी हुई थी और हम जहाँ तक देख सके थे वहाँ अंदर घातक हथियारों का कोई संग्रह नहीं था। यदि मस्जिद के अंदर के लोगों को हमारी पहल पर बचाया नहीं गया होता तो शायद उन्हें एक त्रासद भविष्य का सामना करना पड़ा होता; और इंदौर में सांप्रदायिक गड़बड़ियों के दौरान यह सच में सबसे बुरी विपदा होती।

17. हमने यह अफवाह सुनी थी कि एक हैदर पहलवान द्वारा बहुसंख्यक समुदाय के एक लड़के को गोली से मार डाला गया है। अतः मैं और श्री मिश्रा कदाबीन इलाके की ओर गए जहाँ हैदर पहलवान के घर की तलाशी ली गई और कुछ लाठियाँ, भाले आदि को जब्त किया गया जो घर के बाहर फेंक दिए गए थे। हैदर पहलवान को हिरासत में ले लिया गया। हैदर पहलवान और प्यारे मियाँ के बाबत यह मालूम था कि वे कदाबीन में एक कुख्यात जुआ अड्डा चलाते हैं। श्री मिश्र ने सेक्टर कमांडर श्री नायडू को निर्देश दिया कि वे दो कुख्यात गुंडों गंगाचरण और देवीचरण को भी गिरफ्तार करें जो जुए की बुराई को बढ़ावा देकर फल-फूल रहे हैं। 3 तारीख को ही हैदर पहलवान और गंगाचरण की गिरफ्तारी का मल्हारगंज इलाके में गड़बड़ी को और ज्यादा बढ़ने में रोकने पर उल्लेखनीय प्रभाव पड़ा।

18. यह सुनिश्चित कर लेने के बाद कि मल्हारगंज में स्थिति अब नियंत्रित होने के रास्ते पर है, मैं और श्री मिश्रा नियंत्रण कक्ष लौट आए जहाँ स्थिति से निपटने में सहायता प्राप्त करने के लिए प्रमुख नागरिकों और स्थानीय नेताओं की एक बैठक बुलाई गई थी। हमने बैठक में भाग लेने वाले विभिन्न लोगों द्वारा दिए गए सुझावों को सुना और उनको यह समझाया कि सांप्रदायिक सामंजस्य की पुनः स्थापना के लिए एकजुट होकर खड़े होने की आवश्यकता है।

सेना को बुलाया जाना

19. अपराह्न के दौरान मैंने महू में स्टेशन मुख्यालय को सचेत कर दिया था कि हमें उनकी सहायता की जरूरत पड़ने की स्थिति के लिए सेना के आंतरिक सुरक्षा दस्तों को तैयार रखें। मैंने इंदौर में नियंत्रण कक्ष में एक संपर्क अधिकारी तैनात करने के लिए भी निवेदन किया था और तदनुसार बीसवीं पंजाब के कैप्टन रघुवीर सिंह स्वयं ही सेंट्रल कोतवाली में तैनाती के लिए आ गए। 5:15 बजे अपराह्न मैंने रघुवीर सिंह को महू से सैन्य दल बुलाने के लिए कहा। मैंने प्रशासकीय कमांडेंट, स्टेशन मुख्यालय, को भी फोन किया और उन्होंने मुझसे कहा कि एक तार भेजकर इस आवश्यकता की पुष्टि करें। यह किया गया। महू से आंतरिक सुरक्षा दस्ते देर शाम को आ गए और उन्हें नियंत्रण कक्ष में तैयार रहने के लिए कहा गया।

पुलिस अधीक्षक इंदौर श्री कदम 9:00 बजे अपराह्न के कुछ समय बाद वापस आ गए, उनके साथ ग्वालियर से पुलिस महानिरीक्षक भी उपायों की देख-रेख के लिए आ गए।

20. 3 तारीख को ही अल्पसंख्यक समुदाय के सदस्यों के दो शव पाए गए–एक हवाई अड्डे के पास और दूसरा मल्हारगंज क्षेत्र में। एक अन्य मुसलमान, जो छुरेबाजी के जख्मों से मरा था, का शव बैनगंगा में पाया गया। यह भी बतलाया गया कि उसकी पत्नी के साथ बलात्कार किया गया था। पुलिस थाना जूनी, इंदौर के टोड़ा इलाके में कुछ बदमाशों ने 3.6.1969 को बाद में शाम को एक पुलिस दल पर गोली चलाई और सातवीं वाहिनी एसएएफ का एक सिपाही मारा गया और डीईएफ का एक अन्य सिपाही घायल हुआ। पुलिस ने आत्मरक्षा में वापस गोली चलाई। बदमाशों द्वारा चलाई गई गोली के कारण अल्पसंख्यक समुदाय का एक सदस्य मारा गया। दौलतगंज इलाके में भी लोगों और संपत्ति की रक्षा करने और आगजनी तथा लूट को रोकने के लिए पुलिस को हिंसा में लगी भीड़ पर सात राउंड गोलियाँ चलानी पड़ी थीं।

21. बाहर से अतिरिक्त पुलिस बल आ जाने पर पुलिस पिकेट को सशक्त करने और अधिकारियों द्वारा तथा पेट्रोलिंग दलों द्वारा सघन पेट्रोलिंग करने का उल्लेखनीय प्रभाव पड़ा था। 3 और 4 जून की दरम्यानी रात को कर्फ्यू प्रभावकारी ढंग से लागू किया गया। बुरे चरित्र वालों की गिरफ्तारी का काम तत्काल किया गया। 3 तारीख और बाद में क्रिमिनल प्रोसिजर कोड की धारा 151 के तहत बड़ी संख्या में गुंडों और असामाजिक तत्त्वों को और गड़बड़ियों के फलस्वरूप हुई घटनाओं के संदर्भ में समय-समय पर दर्ज किए विशिष्ट अपराधों के लिए अन्य आरोपियों को गिरफ्तार किया गया।

22. 4 जून, 1969 से स्थिति में क्रमशः सुधार हुआ। सुबह के समय इंदौर शहर की सड़कों पर सेना के दस्ते द्वारा एक फ्लैग मार्च निकाला गया। ऐसा प्रतीत हुआ कि इसका नागरिकों पर हितकारी मनौवैज्ञानिक प्रभाव पड़ा। नगर निरीक्षक सुगन सिंह को पुलिस थाना तुकोगंज के गोमा-की-फेल इलाके में लाल-का-बगीचा में कठिन स्थिति को नियंत्रण में लाने के लिए आत्मरक्षा में हवा में एक राउंड गोली चलानी पड़ी थी। आगजनी और लूट के कुछ और मामलों की सूचना मिली थी। स्थिति का जायजा लेने के लिए श्री गंगाराम तिवारी, श्रम मंत्री भी इंदौर आए।

प्रशासन और पुलिस द्वारा किए गए एतिहाती और प्रतिबंधात्मक उपायों के परिणामस्वरूप तथा नागरिकों और स्थानीय नेताओं की सहायता से 4 तारीख से संगठित हिंसा की कार्रवाइयों को रोक दिया गया था, यद्यपि कुछ और दिनों तक छिटपुट घटनाएँ होती रहीं। पुलिस महानिरीक्षक की पहल पर, इस समय तक राज्य के विभिन्न स्थानों से अतिरिक्त पुलिस बल बड़ी संख्या में आ गया और उसने स्थिति से निपटने में स्थानीय प्रशासन के हाथ को मजबूत किया। जैसा कि मैंने पहले जोर देकर बताया था कि 2 और 3 जून को पर्याप्त पुलिस बल की कमी गंभीरता से महसूस की गई थी।

23. 5 जून, 1969 को आगजनी की 19 घटनाएँ हुई थीं जिनमें अधिकांश संपत्ति अल्पसंख्यक समुदाय की थी। छोटी ग्वाल टोली में आगजनी की सबसे गंभीर घटना हुई जहाँ कुछ गड़बड़ी करने वालों ने कुछ आटो-गैराजों में आग लगा दी थी। इस मामले की जाँच पूरी हो गई है और कुछ आरोपियों को गिरफ्तार कर लिया गया है।

आगजनी के मामलों को नियंत्रण में लाने में फायर ब्रिगेड ने प्रशंसनीय कार्य किया और अधिकांश मामलों में संपत्ति को मामूली नुकसान ही पहुँचा था। दो शव नेहरू नगर और नयापुरा में पाए गए थे जिनमें से क्रमशः एक सुलेमान नाम का मुसलमान व्यक्ति था, जिसे बाद में पहचाना गया था, और दूसरा व्यक्ति एक अज्ञात हिंदू था जिसे एक भिखारी के रूप में पहचाना गया था। हत्या का मामला दर्ज कर लिया गया था। भिखारी की मौत का संबंध सांप्रदायिक गड़बड़ियों से होना प्रतीत नहीं हुआ था। 5 जून की देर शाम दौलतगंज में पुलिस दल ने एक राउंड गोली चलाई थी जिससे कोई हानि नहीं हुई। उसके पहले करीब 4:30 बजे अपराह्न में लूट के मामले में पुलिस द्वारा ग़िरफ्तार दो लोगों को आक्रामक भीड़ द्वारा अगुवा कर लेने से बचाने के लिए शक्कर बाजार इलाके में एक हवालदार को दो राउंड गोलियाँ चलानी पड़ी थीं। कोई भी आहत नहीं हुआ था।

24. 6 जून को स्थिति में कुछ सुधार हुआ था। यह स्थिति 6 जून को बनी रही, यद्यपि एक घायल व्यक्ति की जख्मों के कारण अस्पताल में मृत्यु हो गई। उसी दिन करीब 4:15 बजे अपराह्न बहुसंख्यक समाज के कुछ लोगों के बाबत जानकारी मिली कि वे लाठी, लोहे की छड़ों आदि से लैस होकर और पत्थर फेंकते हुए थाना मल्हारगंज के मुकेरीपुरा इलाके की एक मस्जिद की ओर बढ़ रहे हैं। इस भीड़ को तितर-बितर करने के लिए पुलिस पिकेट को दो राउंड गोलियाँ चलानी पड़ी थीं। देर शाम करीब 11:15 बजे अपराह्न कुछ गड़बड़ी करने वाले लोग पाटनीपुरा इलाके में एक मुसलमान के घर में जबरदस्ती घुस गए और कुछ घरेलू समान लूटकर चले गए। भीड़ को डराकर भगाने के लिए पुलिस को एक राउंड गोली हवा में चलानी पड़ी थी।

जैसा कि पहले उल्लेख किया जा चुका है, 4 जून से स्थिति ज्यादातर नियंत्रण में बनी रही और केवल आगजनी, लूट, आदि की छिटपुट घटनाएँ होती रहीं। कर्फ्यू को कड़ाई से लागू किया जाता रहा, बीच में छूट की अल्प अवधि को छोड़कर। कर्फ्यू की अवधि को धीरे-धीरे कम किया जाता रहा और पहली बार 16 जून, 1969 को कर्फ्यू पूरी तौर पर उठा लिया गया। क्रिमिनल प्रोसिजर कोड की धारा 144 के तहत प्रतिबंधात्मक आदेश समय-समय पर बढ़ाया जाता रहा और इस समय उसे 24 जुलाई, 1969 तक बढ़ा दिया गया है।

नतीजा

25. सेना का आंतरिक सुरक्षा दस्ता इंदौर में रिजर्व की स्थिति में रहने के उपरांत 7 तारीख को महू वापस चला गया। पुलिस द्वारा कुल 135 राउंड गोलियाँ चलाई गई थीं। इन गड़बड़ियों में 12 लोगों की मृत्यु हुई थी यद्यपि इनमें से एक मृत्यु का संबंध सांप्रदायिक घटनाओं से नहीं रहा होगा। कुल आहतों की संख्या 258 रही; जिनमें से 22 को बंदूक की गोलियों से जख्म हुए थे, 10 लोगों को धारदार हथियारों से चोट पहुँची थी शेष को भारी और भोथरी चीजों से चोट पहुँची थी। आगजनी के कुल

मामले 112 थे। अब तक कुल 1727 लोगों को गिरफ्तार किया जा चुका है। इनमें से 76 लोगों को विशिष्ट अपराधों के लिए, 625 गुंडों और असामाजिक तत्त्वों को क्रिमिनल प्रोसिजर कोड की धारा 151 के अंतर्गत और 944 लोगों को कर्फ्यू उल्लंघन के लिए गिरफ्तार किया गया है।

पुलिस महानिरीक्षक की पहल पर, जो 12 जून, 1969 तक रुके रहे और पुलिस व्यवस्था की निगरानी करते रहे थे, शांति की पुन: स्थापना के लिए स्थानीय प्रशासन को सहायता देने के लिए कई अनुभवी अधिकारी इंदौर आए थे। इनमें से कुछ पुलिस अधिकारियों, सीआईडी निरीक्षकों सहित, ने महत्त्वपूर्ण अपराधों की जाँच शुरू कर दी।

सूती मिलें

26. गड़बड़ियों की शुरू की अवस्था में सूती मिलों में अल्पसंख्यक समुदाय के कामगारों ने काम से छुट्टियाँ ले ली थीं। इंदौर की सूती मिलों में इस तरह के कामगारों की संख्या की स्थिति नीचे दर्शाई गई है :

मिल का नाम	*हिंदू कामगार*	*मुसलमान कामगार*	*योग*
हुकुमचंद मिल्स	4,255	145	4,400
राजकुमार मिल्स	1,773	144	1,917
कल्याणमल मिल्स	3,038	53	3,091
मालवा मिल्स	4,479	131	4,610
स्वदेशी मिल्स	2,652	2	2,654
भंडारी मिल्स	5,597	1	5,598
महायोग	21,794	476	22,270

इस तरह मुसलमान कामगारों की कुल संख्या 476 है जो इंदौर में सूती मिल कामगारों की कुल संख्या की तुलना में नगण्य अल्प संख्या है। मुसलमान कामगार 3 जून से लेकर 13 जून, 1969 तक काम पर जाने से अपने मन से दूर रहे। बहरहाल, 14 जून को जब इनमें से कुछ लोग मिलों में गए तो बहुसंख्यक समुदाय के कामगारों ने उनके प्रवेश का विरोध किया और माँग की कि मुसलमान कामगारों को काम नहीं करने दिया जाना चाहिए। स्थानीय प्रशासन, पुलिस और श्रम विभाग द्वारा अल्पसंख्यक समुदाय के कामगारों को वापस काम में लाने को सुनिश्चित करने के लिए हर प्रकार का उपाय किया गया। इस काम के लिए विभिन्न संघों के श्रमिक नेताओं का सहयोग भी लिया गया। बहरहाल, कुछ समय के लिए समस्या बनी रही और जब कभी भी मुसलमान कामगार मिलों में अंदर आए तो बहुसंख्यक समुदाय के कामगारों ने काम करने से मना कर दिया। अधिकारियों और मिल प्रबंधनों द्वारा प्रदर्शित सतर्कता से किसी भी प्रकार की अनपेक्षित घटना नहीं हो सकी। अंतत: 2 जुलाई को समस्या को सुलझा लिया गया और उस समय से मुसलमान और हिंदू कामगार मित्रता तथा सांप्रदायिक एकता के वातावरण में काम कर रहे हैं। इस

समस्या को प्रशासन ने जिम्मेदार श्रमिक नेताओं और मिल प्रबंधन की सहायता से बहुत होशियारी और संयत तरीके से सुलझाया था।

गड़बड़ियों के दौरान इंदौर शहर में काफी कटुता पैदा हो गई थी, वह सूती मिलों में कामकाज सामान्य होने के साथ धीरे-धीरे समाप्त हो गई।

संपत्ति को क्षति

27. गड़बड़ियों के दौरान संपत्ति को हुई क्षति का मौके पर आकलन करने के लिए 5 जून को ही मेरे आदेशों पर एक आकलन दल बनाया गया था जिसमें एक अतिरिक्त तहसीलदार नजूल, इंदौर, लोक निर्माण विभाग का एक सहायक यंत्री और इन दोनों की सहायता के लिए एक पुलिस अधिकारी को लिया गया था। यह दल शहर के सभी प्रभावित क्षेत्रों में गया और उसने इन गड़बड़ियों के दौरान संपत्ति की हुई क्षति का विस्तृत आकलन किया। इस दल की रिपार्ट के अनुसार संपत्ति की हुई क्षति के आकलन का सार संक्षेप नीचे दिया गया है :

प्रभावित वर्ग	*व्यक्ति*	*क्षति का मूल्यांकन*
लघु व्यापारी	220	रु. 4,41,720
भवन	99	रु. 1,74,455
स्वचलित वाहन (स्कूटर आदि)	6	रु. 23,500
गैरेज	12	रु. 80,100
महायोग	337	रु. 7,19,775

टिप्पणी : गड़बड़ियों के दौरान घरेलू सामान को हुए नुकसान को उपर्युक्त विवरण में शामिल नहीं किया गया है, परंतु इस बाबत एक बिलकुल मोटा अनुमान रु. 93,440 का है। आकलन दल ने जिस तत्परता के साथ अपना काम किया उससे हमें सहायता उपाय आयोजित करने में मदद मिली और इसका प्रभावित क्षेत्र में नागरिकों के मनोबल को ऊँचा उठाने के मामले में वांछित प्रभाव पड़ा था।

सहायता उपाय

28. राज्य शासन ने सहायता के लिए प्रारंभ में रु. 20,000 मंजूर किए। इसके बाद समय-समय पर अतिरिक्त मंजूरियाँ प्राप्त हुईं और राज्य सरकार को सौंपे गए कुछ प्रस्तावों के अनुरूप रु. 3,25,000 हमारे नियंत्रण में दिए गए हैं। जिस तरह सहायता उपाय संचालित किए गए और पीड़ित व्यक्तियों को सहायता पहुँचाई गई उसका संक्षिप्त विवरण नीचे दिया गया है।

29. श्री वी.के. मंडलोई, अध्यक्ष, नगर सुधार न्यास, इंदौर को, और उनकी मदद के लिए सुधार न्यास के अमले और अनेक अनुभवी राजस्व अधिकारियों के साथ, सहायता उपायों का प्रभारी बनाया गया।

सबसे पहला कदम पीड़ित परिवारों को तत्काल सहायता पहुँचाने का था, विशेषकर उन्हें जो ज्यादा गरीब वर्ग के थे, जो बेघर हो गए थे या जो निराश्रित थे।

प्रत्येक पीड़ित परिवार से संपर्क किया गया था और उनकी रोजाना की जरूरतों को पूरा करने के लिए रु. 50 तक की राशियाँ तत्काल सहायता के रूप में मंजूर की गई थीं। दंगों के दौरान गंभीर रूप से घायल कुछ व्यक्तियों को सहायता के रूप में रु. 200 तक की राशियाँ दी गई थीं। इस तरह कुल रु. 11380 की राशि 249 पीड़ित व्यक्तियों और परिवारों को तत्काल सहायता के रूप में वितरित की गई है।

30. मुख्यमंत्री ने गड़बड़ियों के दौरान मारे गए व्यक्तियों के निकटतम संबंधी को अनुग्रह अनुदान के रूप में रु. 3000 दिए जाने की घोषणा की थी। तदनुसार, 9 मृत व्यक्तियों के परिवारों के सदस्यों को रु. 27000 वितरित किया जा चुका है।

31. स्थानीय प्रशासन ने पीड़ित व्यक्तियों के रहने के लिए 2 शाला भवनों को खोल दिया था किंतु अधिकांश पीड़ितों ने अपने संबंधियों के साथ रहना पसंद किया। नगर निगम के अधिकारियों ने इसी तरह दो कैंप खोले थे और इन कैंपों में कुछ परिवार थोड़े दिनों रहे थे।

32. राज्य सरकार ने गड़बड़ियों के दौरान क्षतिग्रस्त हुए धार्मिक स्थानों की मरम्मत का काम भी हाथ में लिया। 4 मस्जिदें, एक मंदिर और एक कब्रस्तान क्षतिग्रस्त हुए थे और इनकी मरम्मत का काम किया जा रहा है।

33. गड़बड़ियों से प्रभावित छोटे व्यापारियों को उनका धंधा फिर से स्थापित करने के लिए, इस श्रेणी के व्यापारियों को रु. 500 तक की अनुग्रह राशियाँ वितरित की गई हैं और इस पर कुल रु. 81,874 व्यय किया गया है।

34. राज्य सरकार की मंजूरी से उन व्यक्तियों को सहायता पहुँचाने का निर्णय लिया गया जिनके मकान और संरचनाएँ क्षतिग्रस्त हुई हैं। इस सहायता को देने का आधार यह है कि मालिकों को अधिकतम रु. 3000 की राशि वितरित की जाएगी यदि उनकी संपत्तियों को हुई क्षति का आकलन रु. 3000 से अधिक का है। अनुग्रह सहायता के रूप में दी जाने वाली राशि हुई क्षति की उस राशि के बराबर होगी जिसका आकलन इस उद्देश्य से बनाए गए दल द्वारा किया गया होगा। जिन लोगों के मकान और संरचनाएँ क्षतिग्रस्त हुई हैं ऐसे 56 मकान मालिकों को सहायता के रूप में रु. 45,565 वितरित किए जा चुके हैं। राशि वितरण का काम चल रहा है और स्वामित्वाधिकार, आदि की उपयुक्त जाँच के बाद राशियाँ वितरित की जा रही हैं।

35. इस तरह यह देखा जाएगा कि दंगों के दौरान प्रभावित हुए लोगों को सहायता पहुँचाने में प्रशासन फुर्तीला रहा है। विभिन्न समुदायों के धार्मिक स्थलों की मरम्मत ने भी आहत भावनाओं को स्वस्थ बनाने का काम किया है।

क्षति के संबंध में ठीक-ठीक आकलन किए जाने से गड़बड़ियों के दौरान संपत्ति को हुए व्यापक नुकसान के संबंध में फैली अफवाहें और बढ़ा-चढ़ा कर बतलाए गए विवरण झूठे साबित हुए हैं। पीड़ित लोगों को पहुँचाई गई सहायता ने

कल्याणकारी राज्य की छवि सही परिप्रेक्ष्य में प्रदर्शित की है और नागरिकों के विश्वास को पुनः स्थापित किया है।

प्रेस के साथ संबंध

36. प्रेस के साथ संबंध पूरे समय सामान्यतः मधुर बने रहे। मैंने स्वयं, वरिष्ठ पुलिस अधिकारियों की उपस्थिति में, पत्रकारों को घटनाओं के संबंध में समय-समय पर जानकारियाँ दीं, कई बार तो एक ही दिन में दो बार। पत्रकारों को विश्वास में लिया गया था। इसके अतिरिक्त, आधिकारिक प्रेस विज्ञप्तियाँ भी नियमित रूप से जारी की गई थीं।

37. इंदौर से प्रकाशित, हिंदी दैनिक 'स्वदेश' प्रारंभ से ही समुदायों के बीच नफरत पैदा करने के उद्‌देश्य से समाचार प्रकाशित करता रहा। जब उन्हें इस मामले में किसी तरह राजी नहीं किया जा सका तो मेरे द्वारा इस मामले की जानकारी राज्य शासन को जन सुरक्षा अधिनियम की धारा 12 के अंतर्गत कार्रवाई की जाने के लिए मेरे पत्र क्रमांक क्यू/एसटी./69 दिनांक 8.6.1969 द्वारा दी गई। आपत्तिजनक माने गए प्रकाशनों को भी राज्य सरकार के ध्यान में लाया गया। राज्य शासन के आदेश के अनुसार 'स्वदेश' के संपादक और प्रकाशक को मेरे पत्र क्रमांक क्यू/एसटी./69 दिनांक 17.6.1969 के द्वारा चेतावनी दी गई थी। इस चेतावनी को संप्रेषित कर दिए जाने के संबंध में जानकारी राज्य सरकार को दिए जाने के साथ मैंने अपने पत्र क्रमांक 490/एसटी./69 दिनांक 28.6.1969 के द्वारा जन सुरक्षा अधिनियम की धारा 12 के अंतर्गत कार्रवाई करने के लिए पुनः निवेदन किया। अंततः असाधारण राजपत्र दिनांक 9 जुलाई, 1969 को जारी, राज्य शासन की अधिसूचना क्रमांक 1707-3424/1-एक्स/69 दिनांक 9 जुलाई, 1969 के द्वारा इस समाचार-पत्र का प्रकाशन एक माह के लिए रोक दिया गया।

समुदायों के बीच नफरत पैदा करने के उद्‌देश्य से प्रकाशित विशेष सामग्री के लिए इस समाचार-पत्र पर अभियोजन चलाने के लिए इंडियन पीनल कोड की धारा 153-ए के तहत भी पुलिस द्वारा कार्रवाई की गई है और इस संबंध में दो चालान क्रमशः 30 जून, 1969 और 1 जुलाई, 1969 को प्रस्तुत किए गए थे।

38. पुलिस ने स्वदेश प्रेस से निकलने वाले एक 'साप्ताहिक मातृभूमि' के प्रकाशन के विरुद्ध प्रेस और पुस्तक रजिस्ट्रीकरण अधिनियम के कुछ प्रावधानों का उल्लंघन करने के लिए और इंडियन पीनल कोड की धारा 153-ए के तहत कार्रवाई की। सब डिवीजनल मजिस्ट्रेट ने भी एक 'दैनिक किरण', जो स्वदेश प्रेस से प्रकाशित हो रहा था, का घोषणा पत्र कुछ कानूनी आधार पर निरस्त कर दिया।

हमारे मत से, स्वदेश प्रेस के प्रकाशन शहर और मिल इलाकों में तनाव बनाए रखने के लिए जिम्मेदार थे और इस संदर्भ में मैं यह महसूस करता हूँ कि ऐसे प्रकाशनों को नियंत्रित करने के लिए जिला अधिकारियों को ज्यादा शक्तियाँ दी

जानी चाहिए। सांप्रदायिक भावनाओं को भड़काने वाली सामग्री को, प्रेस की स्वतंत्रता के नाम पर दंडमुक्ति के साथ, प्रकाशित नहीं करने दिया जाना चाहिए।

39. टेलीग्राफ अधिकारियों द्वारा 12.6.1969 को संदर्भित किए जाने पर एक आपत्तिजनक टेलीग्राम को, जिसका लोकव्यवस्था पर प्रतिकूल प्रभाव पड़ सकता था, मैंने इंडियन टेलीग्राफ एक्ट की धारा 5 के तहत रोका था।

स्थानीय नेताओं और नागरिकों का सहयोग

40. गड़बड़ियों के दौरान, सामान्य स्थिति बहाल करने के लिए स्थानीय नेताओं और नागरिकों की सहभागिता प्राप्त करने के लिए हर स्तर पर कोशिशें की गई थीं। जैसा कि पहले उल्लेख किया जा चुका है, 3 जून, 1969 को विभिन्न राजनीतिक दलों के स्थानीय नेताओं की एक बैठक सेंट्रल कोतवाली में आयोजित की गई थी और शांति तथा सांप्रदायिक सद्भाव बहाल करने के लिए अपनाए जाने वाले तरीकों के संबंध में उनके अभिमत प्राप्त किए गए थे और जहाँ तक व्यावहारिक हुआ, उन पर कार्रवाई भी की गई थी। स्थानीय नेताओं ने भी शहर में सामान्य जीवन बहाल करने के लिए कार्य करने का संकल्प लिया। 6 जून को विभिन्न राजनीतिक दलों के नेता तथा अन्य लोग सेंट्रल कोतवाली में फिर से एकत्र हुए और उन्होंने शहर में शांति तथा अमन-चैन बनाए रखने के लिए कार्य करने का आश्वासन दिया। उनकी ओर से एक संयुक्त अपील भी स्थानीय दैनिक समाचार-पत्रों में प्रकाशित की गई थी। विभिन्न प्रभावित बस्तियों में पुलिस और स्थानीय प्रशासन के सक्रिय प्रोत्साहन से शांति समितियाँ गठित की गई थीं। कागदीपुरा, सिलावटपुरा, टाटपट्टी बाखल और छत्रीबाग इलाकों में दोनों समुदायों को मिलाकर बनी शांति समिति ने प्रशंसनीय कार्य किया था। जवाहर मार्ग पर लाबरियाभेरू, जूनारिसाला, ताजीकुवर और जिंसी, शंकरगंज तथा मल्हार पलटन क्षेत्रों में भी शांति समितियाँ बनाई गई थीं। विभिन्न शांति समितियों ने बस्तियों में शांति और व्यवस्था बनाए रखने के लिए ईमानदारी के साथ काम किया।

41. 12.6.69 को शहर के लिए एक केंद्रीय शांति समिति गठित की गई जिसमें श्री कन्हैयालाल खादीवाला अध्यक्ष और जौहरी लाल झांझरिया सचिव के रूप में शामिल थे। 16.6.69 को श्री सुरेश सेठ, इंदौर के महापौर की अध्यक्षता में एक सर्वदलीय शांति समिति गठित की गई। जख्मों पर मरहम लगाने और समुदायों के बीच तनाव कम करने में इन दोनों समितियों ने अपनी भूमिका निबाही।

42. शांति समितियों के अलावा, कुछ अन्य संस्थाओं ने भी, लोगों की जीवन की न्यूनतम आवश्यकताओं को पूरा करने में अपना योगदान किया। भारत युवक समाज ने सर्वाधिक प्रभावित बस्तियों में से दो, जूनी इंदौर और जिंसी इलाकों, में उत्साहपूर्वक कार्य किया। जनसंघ ने एक सहायता समिति गठित की, और मुसलमानों ने भी इसी प्रकार की एक सहायता समिति गठित की जिसके संयोजक एक पार्षद

खुर्शीद हसन खान थे। इंदौर के मेयर श्री सुरेश सेठ ने शहर में सांप्रदायिक सद्भाव पुनः स्थापित करने के लिए अथक रूप से कार्य किया। जिला प्रशासन और पुलिस के लिए वे सदैव शक्ति के स्रोत थे। श्री गंगाराम तिवारी, श्रममंत्री, सर्वाधिक कठिन समय में पूरे समय इंदौर में रहे और उनकी उपस्थिति से अमूल्य सहायता मिली।

निष्कर्ष

43. यद्यपि इंदौर के लिए सांप्रदायिक गड़बड़ियाँ अभूतपूर्व प्रकृति की थीं, पुलिस और स्थानीय प्रशासन द्वारा की गई कोशिशों के फलस्वरूप और प्रेस, स्थानीय नेताओं तथा जनता से मिले सहयोग को लेकर, आपदा को सीमित कर दिया गया था। स्थिति को शीघ्र ही नियंत्रण में लाया गया था और गड़बड़ी कुछ बस्तियों के बाहर फैल नहीं पाई थी। मैं यह उल्लेख अवश्य करूँगा कि इंदौर में स्थित पुलिस फायर ब्रिगेड ने, उज्जैन से आने वाले फायर३ इंजिनों की सहायता से, आगजनी के अनेक मामलों को नियंत्रित करने का उत्कृष्ट कार्य किया था। आगजनी से होने वाली कुल क्षति बहुत ज्यादा होती यदि फायर ब्रिगेड ने तेजी और सक्षमता प्रदर्शित नहीं की होती।

44. ऐसा लगता है कि आपदा अभी टल गई है। भविष्य में यह फिर से न उभरे, उसे रोकने के लिए सांप्रदायिक गड़बड़ी भड़काने में रुचि रखने वाले असामजिक तत्त्वों पर कड़ी नजर अवश्य रखी जानी चाहिए। प्रेस के माध्यम से सांप्रदायिक जहर फैलाने वाली एजेंसियों के विरुद्ध तत्काल और निवारक कार्रवाई करने के लिए जिला अधिकारियों और पुलिस को ज्यादा शक्ति अवश्य सौंपी जानी चाहिए। स्थानीय पुलिस की क्षमता को बढ़ाया जाना चाहिए और हमारा यह अनुभव था कि पर्याप्त शक्ति न होने के कारण, विशेषकर प्रारंभिक अवस्थाओं में, स्थिति से निपटने में स्थानीय शासन बेहद असहाय था। शहर के रणनीतिक क्षेत्रों में कुछ और पुलिस थाने खोलने होंगे। ऐसे पुनर्गठन की विस्तृत जानकारी पुलिस विभाग द्वारा शीघ्रता से अनिवार्यतः तैयार कर लेनी चाहिए और शासन की स्वीकृति प्राप्त कर लेनी चाहिए।

टिप्पणी

1. न्यायाधिपति टी. सी. श्रीवास्तव, 'ए रिपोर्ट ऑफ द कमीशन ऑफ जुडीशियल इंक्वायरी ऑन कम्युनल डिस्टर्बेंसेस इन इंदौर, एम.पी. इन जून, 1969' (1969)

संदर्भ ग्रंथ सूची

अकबर, एम.जे., नेहरू : द मेकिंग ऑफ इंडिया, न्यू डेल्ही : रोली, 2003

अय्यर, मणि शंकर, कंफेशंस ऑफ ए सेक्युलर फंडामेंटेलिस्ट, न्यू डेल्ही : पेंग्विन, 2004

अलेक्जेंडर, योना, कांबैटिंग टेरारिज्म : स्ट्रैटेजीज ऑफ टेन कंट्रीज, न्यू डेल्ही : मानस

अजीज, के.के., मुस्लिम्स अंडर कांग्रेस रूल 1937-1939 : ए डाक्युमेंटेरी रिकार्ड, इस्लामाबाद : नेशनल कमीशन आन हिस्टोरिकल एंड कल्चरल रिसर्च, 1979

बर्क, एस.एम., एंड सलीम एल-दीन कुरैशी, द ब्रिटिश राज इन इंडिया : एन हिस्टोरिकल रिव्यू, कराची : ऑक्सफोर्ड, 2004

ब्रास, पॉल आर., द प्रॉडक्शन ऑफ हिंदू-मुस्लिम वायलेंस इन कंटेंपोरेरी इंडिया, न्यू डेल्ही : ऑक्सफोर्ड, 2003

ब्रास, पॉल आर., संपा. रायट्स एंड पोग्रोम्स, लंडन : मैकमिलन, 1996

बसु, अमृता एंड अतुल कोहली, संपा. कम्युनिटी कॉफ्लिक्ट्स एंड द स्टेट इन इंडिया, न्यू डेल्ही : ऑक्सफोर्ड, 2000

चांढोक, नीरा, बियांड सेक्युलरिज्म : द राइट्स ऑफ रिलीजियस माइनारिटीज, न्यू डेल्ही : ऑक्सफोर्ड, 2002

चंद्र, बिपन, कम्युनलिज्म इन मार्डर्न इंडिया, न्यू डेल्ही : विकास, 1984

कोलिंस, लारी, एंड डामीनिक लापीएर, फ्रीडम एट मिड नाइट, न्यू डेल्ही : विकास, 1976

डेलरिम्पल, विलियम, द लास्ट मुगल : द फाल ऑफ ए डायनेस्टी, डेल्ही, 1857, न्यू डेल्ही : पेंग्विन, 2007

दास, वीणा, संपा. मिरर्स ऑफ वायलेंस : कम्युनिटीज़, रायट्स एंड सरवाइवर्स इन साउथ एशिया, न्यू डेल्ही : ऑक्सफोर्ड, 1990

इंजीनियर, असगर अली, द गुजरात कार्नेज़, न्यू डेल्ही : ओरियंट लांगमैन, 2004

इंजीनियर, असगर अली, कम्युनल रायट्स इन पोस्ट-इंडिपेंडेंस इंडिया, मुंबई : संगम, 1997

इंजीनियर, असगर अली, कम्युनल रायट्स आफ्टर इंडिपेंडेंस : ए कांप्रिहेंसिव्ह एकाउंट, डेल्ही : शिप्रा, 2004

इंजीनियर, असगर अली, लिफ्टिंग द वेल : कम्युनल वायलेंस एंड कम्युनल हार्मोनी इन कंटेम्पोरेरी इंडिया, हैदराबाद : संगम, 1995

इंजीनियर असगर अली, एसेज इन कंटेम्पोरेरी पॉलिटिक्स ऑफ आइडेंटिटी, रिलीजन, एंड सेक्युलरिज्म, डेल्ही : अजंता, 1999

इंजीनियर, असगर अली, एंड उदय मेहता, स्टेट सेक्युलरिज्म एंड रिलीजन–वेस्टर्न एंड इंडियन एक्सपीरियंस, डेल्ही : अजंता, 1996

इंजीनियर, असगर अली, एंड प्रदीप नायक, कम्युनलिज्म ऑफ पॉलिटिक्स एंड टेंथ लोकसभा इलेक्शंस, डेल्ही : अजंता 1993

इंजीनियर, असगर अली, कम्युनल चैलेंज एंड सेक्युलर रिसपांस, डेल्ही : शिप्रा, 2003

इंजीनियर, असगर अली, संपा. बाबरी–मस्जिद राम जन्म भूमि कांट्रोवर्सी, डेल्ही : अजंता, 1999

गांधी, राजमोहन, अंडरस्टैडिंग द मुस्लिम माइंड, न्यू डेल्ही : पेंग्विन, 2000

गांधी, एम.के., हिंदू धर्म, अहमदाबाद : नवजीवन पब्लिशिंग हाउस, 1950

गोबा, से.एल., एसेसिनेशन ऑफ महात्मा गांधी, अहमदाबाद : नवजीवन पब्लिशिंग हाउस, 1969

ग्रे, आर.एम., एंड मणिलाल सी. पारेख, बिल्डर्स ऑफ माडर्न इंडिया : महात्मा गांधी, एन एसे इन एप्रिसिएशन, कलकत्ता : एसोसिएशन प्रेस, 1931

गोपाल, सर्वपल्ली, जवाहरलाल नेहरू : ए बायोग्राफी, वाल्युम वन, 1889–1947 ऑक्सफोर्ड, यूके : ऑक्सफोर्ड, 1984

गुहा, रामचंद्र, इंडिया आफ्टर गांधी : द हिस्ट्री ऑफ द वर्ल्ड्स लार्जेस्ट डेमोक्रेसी, लंडन : पिकाडोर, 2007

हसन, मुशीरूल, इस्लाम इन द सबकांटिनेंट : मुस्लिम्स इन ए प्लूरल सोसायटी, न्यू डेल्ही : मनोहर, 2002

हसन, मुशीरूल, माडरेट ऑर मिलिटेंट : इमेजेज ऑफ इंडियाज मुस्लिम्स, न्यू डेल्ही : ऑक्सफोर्ड, 2008

हसन, मुशीरूल, संपा. इंडियाज पार्टिशन : प्रासेस, स्ट्रेटेजी एंड मोबिलाइजेशन, न्यू डेल्ही : ऑक्सफोर्ड 2005

हेंसन, थामस ब्लॉम, द सेफ्रन वेव : डेमोक्रेसी एंड हिंदू नेशनलिज्म इन माडर्न इंडिया, प्रिंसटन (एनजे) : प्रिंसटन 1999

हंटिंग्टन, सैम्युअल पी, द क्लैश ऑफ सिविलाइजेशंस और द मेकिंग ऑफ वर्ल्ड आर्डर, न्यू डेल्ही, पेंग्विन 1997

हंटिंग्टन, सैम्युअल पी, हू आर वी : द चैलेंजेज टू अमेरिकाज नेशनल आईडेंटिटी, न्यूयार्क : साईमन एंड शूस्टर, 2005

जालान, बिमल, द फ्यूचर ऑफ इंडिया : पालिटिक्स, इकॉनामिक्स एंड गवर्नेस, न्यू डेल्ही : पेंग्विन, 2005

जैफरलॉट, क्रिस्टोफ, द हिंदू नेशनलिस्ट मूवमेंट एंड इंडियन पॉलीटिक्स : 1925 टू द 1990 ज, न्यू डेल्ही, पेंग्विन, 1999

कौर रविन्दर, संपा. रिलीजन, वायलेंस एंड पोलिटिकल मोबिलाईजेशन इन साउथ एशिया, न्यू डेल्ही : सेज, 2005

खेर, वी.बी., संपा. इन सर्च ऑफ द सुप्रीम, वाल्युम थ्री, अहमदाबाद : नवजीवन पब्लिशिंग हाउस, 1962

कृपलानी, कृष्णा, टैगोर : ए लाईफ, न्यू डेल्ही : ओरियंट लांगमैन, 1971

कृपलानी, कृष्णा, ऑल मेन आर ब्रदर्स : लाइफ एंड थॉट्स ऑफ महात्मा गांधी ऐज टोल्ड इन हिज वर्ड्स, अहमदाबाद : नवजीवन पब्लिशिंग हाउस, 1960

लेसी, जिम., संपा. ए टेररिस्ट्स काल टू ग्लोबल जिहाद : डेसिफरिंग अबू मुसाव अल-सूरीज इस्लामिक जिहाद मेनिफेस्टो अन्नापोलिश, मैरीलैंड : नेवल इंस्टीट्यूट प्रेस, 2006

ममदानी, महमूद, गुड मुस्लिम, बैड मुस्लिम : इस्लाम, द यूएसए एंड द ग्लोबल बार अगेंस्ट टेरर, डेल्ही : परमानेंट ब्लैक, 2006

मदन, टी.एन., माडर्न मिथ्स, लॉक्ड : सेक्युलरिज्म एंड फंडामेंटलिज्म इन इंडिया, न्यू डेल्ही : ऑक्सफोर्ड, 2005

मेहता, जे.के., गांधियन थॉट : एन एनालिटिकल स्टडी, न्यू डेल्ही : आशीष, 1985

मुशर्रफ, परवेज, इन द लाइन ऑफ फायर : ए मेम्वार, न्यूयार्क : फ्री प्रेस, 2006

मुखर्जी, हीरेन, द जेंटल कोलोसस : ए स्टडी ऑफ जवाहर लाल नेहरू कैलकटा : मनीष, 1964

मुखर्जी, हीरेन, गांधी : ए स्टडी : न्यू डेल्ही : पीपुल्स पब्लिशिंग हाउस, 1960

नानावटी, जस्टिस जी.टी. और जस्टिस अक्षय एच. मेहता, रिपोर्ट बाय द कमीशन ऑफ आन गुजरात रायट्स 2002, सेप्टेंबर, 2008

नारायण, श्रीमन, संपा. द सलेक्टेड वर्क्स ऑफ महात्मा गांधी, वाल्युम फोर, द बेसिक वर्क्स, अहमदाबाद : नवजीवन पब्लिशिंग हाउस, 1968

नारायण, श्रीमन, संपा. द सलेक्टेड वर्क्स ऑफ महात्मा गांधी, वाल्युम वन, एन ऑटोबॉयोग्राफी, अहमदाबाद : नवजीवन पब्लिशिंग हाउस, 1968

नायर, पी.एम., काम्बैटिंग आर्गेनाइज्ड क्राइम, न्यू डेल्ही : कोणार्क, 2002

नेहरू, जवाहरलाल, जवाहरलाल नेहरू : एन ऑटोबॉयोग्राफी विद म्यूजिंग्ज आन रिसेंट इवेंट्स इन इंडिया, लंडन : जॉन लेन द बॉडले हेड, 1947

निखिलानंद, स्वामी, विवेकानंद : ए बॉयोग्राफी, कैलकटा, अद्वैत आश्रम, 1982

नूरानी, ए.जी., द आरएसएस एंड बीजेपी : ए डिवीजन ऑफ लेबर, न्यू डेल्ही, लेफ्टवर्ड, 2000

नूरानी, ए.जी., द मुस्लिम्स ऑफ इंडिया : ए डाक्युमेंटरी रिकार्ड, न्यू डेल्ही, ऑक्सफोर्ड, 2004

नूरानी, ए.जी., सिटीजंस राइट्स, जजेज एंड एकाउंटेबिलिटी, न्यू डेल्ही, ऑक्सफोर्ड, 2002

पणिक्कर, के.एन., कम्युनल थ्रेट, सेक्युलर चैलेंज, मेड्रास : अर्थवर्ग, 1997

पेज, डेविड (तथा अन्य), द पार्टिशन ओम्नीबस, न्यू डेल्ही : ऑक्सफोर्ड, 2004

प्रकाश, वीरेंद्र, हिंदुत्व डिमिस्टीफाइड, न्यू डेल्ही, वर्गो, 2002

पुनियानी, राम, संपा. रिलीजन, पॉवर एंड वायलेंस : एक्सप्रेशन ऑफ पालिटिक्स इन कंटेंपोरेरी टाइम्स, न्यू डेल्ही : सेज, 2005

प्यारेलाल, महात्मा गांधी, द लास्ट फेज, वाल्युम वन, अहमदाबाद : नवजीवन पब्लिशिंग हाउस, 1958

राजेश्वरी, बी., कम्युनल रायट्स इन इंडिया : ए क्रोनोलॉजी (1947–2003) आईपीसीएस रिसर्च पेपर्स, मार्च 2004

राय, वी.एन., कांबैटिंग कम्युनल कांफ्लिक्ट : परसेप्शन ऑफ पुलिस न्यूट्रेलिटी ड्यूरिंग हिंदू-मुस्लिम रायट्स इन इंडिया, न्यू डेल्ही : मानस, 2008

राय, आनंद शंकर, यस, आर्ठ सॉ गांधी, बाम्बे : भारतीय विद्या भवन, 1976

रोजन, हेनरी एस, प्रॉस्पेक्ट्स फार पीस इन साउथ एशिया, स्टैनफोर्ड (सीए) : स्टैनफोर्ड, 2005

रायटर, क्रिस्टोफ, माई लाइफ इज ए वेपन : ए माडर्न हिस्ट्री ऑफ स्यूसाइड नाम्बिंग, न्यू डेल्ही : मानस, 2004

शर्मा, ज्योर्तिमय, हिंदुत्व : एक्सप्लोरिंग द आइडिया ऑफ हिंदू नेशनलिज्म, न्यू डेल्ही : 2006

शर्मा, राजीव, ग्लोबल जिहाद : करेंट पैटर्न्स एंड फ्यूचर ट्रेड्स, न्यू डेल्ही : कावेरी, 2006

सेन, अमर्त्य, द आर्ग्युमेंटेटिव इंडियन : राइटिंग आन इंडियन हिस्ट्री, कल्चर एंड आईडेंटिटी, लंडन : पेंग्विन, 2005

सेन, अमर्त्य, आईडेंटिटी एंड वायलेंस : द इल्युजन ऑफ डेस्टिनी, लंडन : पेंग्विन, 2006

सफी, ओमिद, संपा. प्रोग्रेसिव मुस्लिम्स : ऑन जस्टिस, जेंडर एंड प्लूरलिज्म, ऑक्सफोर्ड : वन वर्ल्ड, 2006

स्मिथ, डोनाल्ड यूजीन, नेहरू एंड डेमोक्रेसी : द पोलिटिकल थॉट ऑफ एन एशियन डेमोक्रेट, कैलकटा : ओरिएंट लांगमैन, 1958

थरूर, शशी, द एलिफैंट, द टाइगर एंड द सेलफोन : रिफ्लेक्शंस ऑन इंडिया इन द ट्वेंटी-फर्स्ट सेंचुरी, न्यू डेल्ही : पेंग्विन वाइकिंग, 2007

वार्ष्णेय, आशुतोष, एथनिक कांफ्लिक्ट एंड सिविक लाइफ, हिन्दूज एंड मुस्लिम्स इन इंडिया, न्यू डेल्ही : ऑक्सफोर्ड, 2005

विलकिंसन, स्टीवन आई, वोट्स एंड वायलेंस : इलेक्टोरल काम्पीटिशन एंड कम्युनल रायट्स इन इंडिया, कैम्ब्रिज (यूके) : कैम्ब्रिज, 2005

वेबर, कार्ल एंड मोहम्मद युनूस, क्रियेटिंग ए वर्ल्ड विदाउट पावर्टी : सोशल बिजनेस एंड द फ्यूचर ऑफ कैपिटलिज्म, न्यूयार्क : पब्लिक अफेयर्स, 2007

जकारिया, रफीक, द मैन हू डिवाइडेड इंडिया, मुंबई : पापुलर प्रकाशन, 2004

जकारिया, रफीक, कम्युनल रेज इन सेक्युलर इंडिया, मुम्बई : पापुलर प्रकाशन, 2003

□□□